新民主主义革命时期

中国共产党公债政策研究

● 刘晓泉

著

中国财经出版传媒集团

经济科学出版社
Economic Science Press

图书在版编目（CIP）数据

新民主主义革命时期中国共产党公债政策研究/刘晓泉著．
—北京：经济科学出版社，2019.6
ISBN 978 - 7 - 5141 - 8912 - 4

Ⅰ．①新…　Ⅱ．①刘…　Ⅲ．①革命根据地 - 国债 - 财政
政策 - 研究 - 中国　Ⅳ．①F812.96

中国版本图书馆 CIP 数据核字（2017）第 327406 号

责任编辑：顾瑞兰
责任校对：刘　昕
责任印制：邱　天

新民主主义革命时期中国共产党公债政策研究

刘晓泉　著

经济科学出版社出版、发行　新华书店经销
社址：北京市海淀区阜成路甲 28 号　邮编：100142
总编部电话：010 - 88191217　发行部电话：010 - 88191522
网址：www. esp. com. cn
电子邮件：esp@ esp. com. cn
天猫网店：经济科学出版社旗舰店
网址：http://jjkxcbs. tmall. com
固安华明印业有限公司印装
710×1000　16 开　24 印张　400000 字
2019 年 6 月第 1 版　2019 年 6 月第 1 次印刷
ISBN 978 - 7 - 5141 - 8912 - 4　定价：78.00 元
（图书出现印装问题，本社负责调换。电话：010 - 88191510）
（版权所有　侵权必究　打击盗版　举报热线：010 - 88191661
QQ：2242791300　营销中心电话：010 - 88191537
电子邮箱：dbts@ esp. com. cn）

本书系国家社科基金青年资助项目（立项号11CDJ005）的最终研究成果，并受到江西财经大学马克思主义学院（江西省重点建设马克思主义学院）资助出版，谨此致以诚挚的谢意！

前　言

我国自实施积极财政政策以来，公债发行规模逐渐扩大，尤其是新的《预算法》实施，地方政府开始全面铺开自主发行债券，公债在经济社会发展中的积极作用日益凸显，当然问题也随之浮现。如何进一步完善现有的公债政策使其更加适应新形势发展的需要？如何进一步发挥公债的有利作用而避免其不利因素？这仍是我们需要思考的问题。

新民主主义革命时期，中国共产党领导革命根据地政权发行了近70项公债。这些公债大多是在社会经济落后、金融机构不完备、群众公债意识缺乏等条件下发行的。按照公债经济学理论，这些公债是很难发行的，但多数根据地公债却得到顺利发行，甚至有不少公债超额完成发行任务，从而对争取革命战争胜利以及根据地建设起了十分重要的作用。根据地公债为什么能取得良好的发行效果？从根本上讲，是党领导的革命根据地政权代表了人民群众的利益，从而得到了人民群众的衷心拥护。从具体层面来看，则是党领导根据地政权制定了一系列符合革命形势需要的公债政策，从而使公债发行、流通、使用、偿还的各个环节得以有效实施。新民主主义革命时期我们党留下的公债政策经验是一笔宝贵的财富，对于我们当前公债政策的完善仍具有重要的参考价值。

然而，关于新民主主义革命时期党的公债政策问题却一直没有引起学术界的重视。为此，2011年，在中国共产党成立90周年之际，我以"新民主主义革命时期党的公债政策"为题申报了国家社科基金项目，且有幸获得立项（立项号11CDJ005）。本书就是这一国家社科基金项目的最终成果。历时7载，终于付梓出版，内心充满感激！

本书的完成，得益于江西财经大学马克思主义学院各位领导和老师的帮助。大家给予了我一个积极向上、团结拼搏的良好环境和氛围。从课题的申报论证，到中期研究，再到最后结项，陈始发院长、江水法书记、温锐教授、黄欣荣教授、张定鑫教授、许静教授等均给予了大量的指导。本书的出版，还得到了马克思主义学院重点学科建设经费资助。感谢学院领导和老师的指导、支持和帮助！

这一项目是我在获得江西省社科规划项目"近代江西地方公债研究"（08JL16）、江西省高校人文社科项目"近代江西公债对江西经济社会发展的影响"（LS0903）、教育部人文社科项目"近代中国地方公债发行制度研究"（10YJC770056）之后，完成的第四个"公债史"研究项目。在学术研究道路上，衷心感谢我的两位恩师！博士硕士生导师、湖南师范大学饶怀民教授将我引入中国近现代史研究的大门，并使我对"公债史"研究有了自己独立的思考。博士后导师、中国财政科学研究院（原财政部财政科学研究所）刘尚希教授将我引入财政学研究领域，并使我对于中国近代以来的财政经济问题研究有了更深的感悟、更为宏观的思维。导师的恩情，我将铭记！没有导师的细心关爱和指导，就没有我的所有进步。

最后，感谢全国哲学社会科学规划办公室给予经费资助！感谢各位评审鉴定专家提出的宝贵意见和建议！感谢经济科学出版社顾瑞兰副主编付出的辛勤劳动！感谢家人对我的长期支持！

由于本人水平有限，书中难免存有疏漏之处，敬请各位学界同仁批评指正！

刘晓泉

2018 年 10 月 26 日

目 录

绪　　论

一、国内外研究现状述评

关于中国革命根据地公债史研究，在很长一段时期内，并没有引起学界的重视，只有一些财政经济史料的出版。直到最近十几年，以革命根据地公债为研究对象的成果才逐渐多了起来。现有的研究成果，大致可以分为以下几类：

1. 根据地财政经济史的文献整理与研究

这类成果颇丰，代表作有：《革命根据地经济史料选编（上、中、下）》（中国社会科学院经济研究所中国现代经济史组，1986）；《抗日战争时期陕甘宁边区财政经济史料摘编（第 1 ～ 9 编）》（中国财政科学研究院，2016）；《中原解放区财政经济史资料选编》（王礼琦，1995）；《中国财政通史（革命根据地卷）》（项怀诚，2006）；《中央革命根据地财政经济史长编（上、下）》（许毅，1982）；《革命根据地的财政经济》（财政科学研究所，1985）；《中央苏区财政经济史》（张侃、徐长春，1999）；《中央苏区经济史》（余伯流，1995）；《抗日战争时期陕甘宁边区财政经济史稿》（星光、张杨，1988）；《晋察冀抗日根据地财政经济史稿》（魏宏运，1990）；《抗日战争时期晋冀鲁豫边区财政经济史》（赵秀山，1995）；《晋察冀边区财政经济史稿》（张伟良，2005）；《闽粤赣边区财政经济简史》（孔永松、邱松庆，1988）；《晋绥边区财政经济史 1937.7 ～ 1949.9》（刘欣，1993）；《东北解放区财政经济史稿 1945.8 ～ 1949.9》（朱建华，1987）等。这些成果虽然不是直接关于根据地公债史文献的整理和研究，但其中也不乏根据地公债史资料的记载，对属于财政史范畴的公债史研究而言，这些成果起着基础性作用。

2. 根据地公债史的资料汇编

《中国革命根据地债券文物集》（财政部财政科学研究所、财政部国债金融司，1999）收集了包括新民主主义革命各个历史时期各个根据地发行的公债券和相关的公债史料，这是目前研究革命根据地公债史最为重要的文献资料。另外，《财政研究资料》（财政部财政科学研究所，1981 年第 31 期）刊载了46 个革命根据地公债条例。《中国革命根据地货币》（中国人民银行金融研究所、财政部财政科学研究所，1982）、《债券收藏》（贺强、于捷，2009）也收录了不少革命根据地公债券图样。特别值得一提的是，江西省档案局编辑的《防尘扫埃　地净天蓝　回望中央苏区反腐倡廉岁月》（江西省档案馆，2013）中有相当篇幅是关于中央苏区公债发行情况的资料记载。

3. 中国共产党公债政策的宏观研究

代表作有：《中国共产党公债政策的历史考察及经验研究》（万立明，2015）对中国共产党从土地革命到改革开放新时期的公债政策进行了宏观梳理和分析，其中有部分章节对新民主革命时期的公债政策进行了研究；《中国革命根据地票据研究（1927～1949）》（何伟福，2012）中有专门章节对革命根据地发行的公债进行了梳理。

4. "单个时期"公债的梳理

《抗战时期革命根据地公债述论》（潘国旗，2006）对抗日战争时期革命根据发行的公债进行了评述；《解放战争时期中国共产党对公债发行的新探索》（万立明，2015）对解放战争时期中国共产党所发行的公债进行了梳理。

5. "单个根据地"公债的探讨

主要是土地革命时期中央苏区公债史的研究成果。《中央苏区的公债发行述论》（万立明，2017）对中央苏区三次公债发行的概况、组织系统、推销计划、推销方式、偿还形式等进行了分析；《浅议中央苏区所发行的三次公债》（张启安，2001）、《论苏区公债发行及其历史启示》（李霞，1999）、《中央革命根据地公债问题述评》（唐启炎，2008）分别从不同角度对中央苏区公债进行了评述。

6. "单项"公债的个案分析

《中华苏维埃共和国第一期公债发行述论》（刘晓泉，2015）对中华苏维埃共和国革命战争公债发行进行了论述。《中央苏区"二期公债"政策及其当代启示》（刘晓泉，2017）对中华苏维埃共和国二期革命战争公债相关政策进行了梳理和分析。《中华苏维埃共和国经济建设公债券考略》（刘庆礼，2009）

对中华苏维埃共和国经济建设公债券进行了考订。《湘赣省革命战争公债券有关问题调查研究》（刘吉德、唐武云，2010）、《湘赣省革命战争公债券考略》（解武军、毛赛蓉，2006）对湘赣苏区革命战争公债发行情况进行了考证。《谈湘赣苏区第二期革命公债发行量》（陈洪模，2005）对湘赣苏区二期革命公债发行数量进行了探讨。《抗战时期陕甘宁边区的建设救国公债》（王研峰，2016）对陕甘宁边区建设救国公债发行情况进行了论述。《抗战初期晋察冀边区发行救国公债的历史意义》（司学红、郑立柱，2009）、《浅析1938年晋察冀根据地救国公债的发行》（刘丽周，2012）对晋察冀建设救国公债发行及历史意义进行了分析。《东江根据地路东生产建设公债券考述》（安跃华，2011）对路东生产建设公债（即东江纵队第二支队生产建设公债）发行情况进行了考述。《1946年苏皖边区政府发行的救灾公债券》（邹志谅，2011）对苏皖边区救灾公债发行基本情况、债券样式进行了概述。《滇黔桂边区贸易局流通券改作"云南人民革命战争公债券"考释》（王小龙，2012）考证了云南人民革命战争公债券变通使用情况。《浅析苏皖边区政府救灾公债券》（王卫清、毛汝婷、何善川，2012）简要分析了苏皖边区救灾公债的发行情况。

　　从现有成果来看，革命根据地公债史研究取得了一定的成绩。上述成果为我们进一步研究根据地公债史奠定了良好的基础，但至少存在两个不足：一是从微观研究来看，革命根据地发行了70余项公债，尽管有学者已对其中的部分公债进行了个案分析，但总体来看，还有大量公债，特别是一些有代表性、具有典型意义的公债仍然无人问津。现有成果中不少文章仅从收藏角度对债券的样式等方面进行了简单介绍，缺乏对公债发行的前因后果等详细情形进行深入探究。二是从宏观研究来看，目前对于中国共产党自成立至今的公债政策有了宏观梳理，对各个时期、各个根据地公债发行的整体情况也都已有涉及，但是对于新民主主义革命这一时段各个根据地公债发行、流通、使用、偿还等方面政策的探讨仍不够深入，也缺乏宏观、整体性的数据分析。

二、研究意义

1. 学术价值

　　如上所述，新民主主义革命时期根据地公债史研究还存有不足。事实上，这些不足是急需弥补的。大量无人问津的根据地公债个案，有不少是非常具有代表性的，它们不但政策内容丰富、翔实，而且对革命根据地争取革命战争的胜利或是发展根据地建设事业等方面发挥了突出的作用，有必要对其进行深入的个案研究、微观探讨。新民主主义革命时期是党的公债政策形成和逐步走向完善的阶段，期间创造的诸多有效的公债政策经验至今仍是一笔宝贵的财富，非常有必要对此进行全面、系统、深入地研究和吸取。

本书旨在对新民主主义革命时期根据地公债政策进行深入、细致地研究，包括诸多未被学界重视而又具有代表性公债的个案研究，包括根据地公债发行、流通、使用、偿还政策内容的制定、实施及其影响的全方位探讨，包括公债发行规模、利率、价格、期限、债票面额等基本条件的宏观数据分析等，对于弥补现有学术研究这些方面存在的不足，具有一定的理论意义和学术价值。

2. 现实意义

我国自实施积极财政政策以来，公债发行规模逐渐扩大，尤其是2015年新的《预算法》实施，地方政府开始全面铺开自主发行债券，公债在经济社会发展中的积极作用日益得到显现。与此同时，公债政策不能及时适应新形势发展需要等问题也仍然存在。在新的历史时期，如何进一步完善我国现有的公债政策？如何进一步发挥其有利作用而避免其不利因素？这是需要认真思考的问题。回答这些问题，除了要有现实的审视之外，还要有历史的借鉴。新民主主义革命时期留下的公债政策经验是一笔宝贵的财富，对于当前公债政策的完善仍具有重要的参考价值。因此，对党的公债"政策"史进行研究并从中吸取有效经验显得尤为必要。

本书在全方位研究新民主主义革命时期党的公债政策内容的制定、实施及其影响的基础上，总结其历史经验教训，为当前我国公债、财政政策的完善提供启示，具有较强的现实借鉴意义和实践参考价值。

三、相关概念的界定

1. "公债"概念的界定

公债是"中央和地方政府举借的各项债务"，按照举借的地域划分，分为国内公债（又称内债）和国外公债（又称外债）；按照举借的政府级别来分，分为中央公债（一般也称国债）和地方公债；按照举借的形式归类，分为公债券、国库券和契约性借款。狭义上的公债，专指公债券（有时也包括国库券）；广义上的公债，既包括公债券、国库券，也包括契约性借款。本书所指的公债，是中国共产党领导建立的革命根据地各级政府发行的国内公债券（包括以债券形式出现的粮食借券）。

2. "公债政策"含义的界定

关于公债政策的含义，学术界有多种论述。较具代表性的有：

（1）邓子基在《公债经济学——公债历史、现状与理论分析》一书中认为，公债政策是政府在公债运行过程中所制定的活动规范和管理的手段，也就是公债应按什么样的规则运行，它与其他经济活动如何协调。在既定的规模中，公债总量应是多少；公债应以什么样的结构为宜；公债如何发行、流通、偿还、使用；等等。这些都要有切实有效的公债政策加以界定和协调。因此，公债政策的内容就是对公债运行过程中所出现的诸种关系加以界定、规范和协调。公债政策的内容可以从不同角度加以分类。从公债运行的不同阶段来看，有公债的发行政策、公债的流通政策、公债的使用政策、公债的偿还政策；从对公债的调节与控制角度看，有公债的总量政策、公债的结构政策等。[①]

（2）李俊生在《公债管理》一书中认为，公债政策是国家根据客观经济规律的要求，为达到一定目标而制定的指导公债管理工作的基本方针和准则，是国家财政政策的重要组成部分。它包含两个最基本要素：实施某种政策所要达到的目标；为达到该目标而使用的手段和措施。公债政策目标包括资源的合理配置、收入的公平分配、经济的稳定与增长，以及公债自身管理的一些目标，如：弥补财政赤字；降低公债利息成本、调节金融市场，减少债券价格波动；满足不同投资者的需求，保证公债的顺利发行。公债政策手段包括公债的总量，公债的结构，如期限构成和持有者结构等。[②] 肖鹏在《公债管理》一书中也持相近观点。[③]

（3）张雷宝在《公债经济学 理论·政策·实践》一书中认为，公债政策内容，从公债运行的不同阶段来看，可以分为公债的发行政策、流通政策、使用政策和偿还政策；从对公债的调节和控制角度来看，可分为公债的总量政

---

① 邓子基：《公债经济学 公债历史、现状与理论分析》，中国财政经济出版社 1990 年版，第 525 页。

② 李俊生主编：《公债管理》，中国财政经济出版社 1994 年版，第 201～206 页。

③ 肖鹏：《公债管理》，北京大学出版社 2010 年版，第 337～343 页。

策、结构政策。公债的发行政策包括对发行方式、发行对象的选择以及发行价格的确定方式。公债流通政策是指公债发行后的交易、买卖或者转让政策，它涉及公债流通市场参与者的行为规范、公债交易方式的创新和完善、健全交易的清算和托管等设施的建设以及市场法规的健全。公债使用政策是对公债收入的使用方向和结构的决策，它涉及如何实现公债资金的收益率大于应支付的利息率，并合理安排公债资金，促进经济结构的调整。公债偿还政策，即政府根据不同时期的政府经济目标和财政金融形势，选择适当的方式和时间偿还公债本息。公债总量政策，是指根据一国的财政经济实力以及公债管理水平来发行公债，实现公债的适度规模。公债结构政策，是指对公债的期限结构、利率结构、持有人结构等进行优化决策，以实现公债结构的合理化。①

（4）陈万明在《公共经济学》一书中认为，公债政策是指政府为达到一定目的而制定的公债的发行、流通、使用和偿还的具体行为准则，是在政府的宏观经济政策意向指导下的现代公债运作准则，它由公债的发行政策、流通政策、使用政策和偿还政策所组成。公债发行政策，指公债由谁发行、如何发行、用什么方式发行和通过什么渠道发行以及公债的期限、结构、利率、发行价格等政策问题。公债流通政策，指公债发行后，与公债券的转让、售卖等相关的二级市场问题。公债使用政策，指公债收入的使用方向、结构和效益等问题，牵涉公债发行、偿还以及经济增长等方面。公债偿还政策，指公债的不同偿还方法相互结合，既要保证到期公债如期足额偿还，又要使公债偿还的成本最低。在不同情况下，采取不同的偿还方式，对于实现公债政策目标的作用不同，关键是要根据当时的经济社会条件、国家财力状况，因时制宜、灵活运用。②

根据以上相关论述，结合新民主主义革命时期根据地公债发行实际情况，本书的"公债政策"，主要包括革命根据地公债的发行政策、流通政策、使用政策、偿还政策四个方面。各项公债政策的具体内容为：（1）公债发行政策，包括公债的发行总额、利息、价格、票面种类、发行对象、发行方式等。（2）公债流通政策，是指公债发行后的交易、买卖或者转让政策，包括公债能否自由买卖、转让；能否向银行抵押、贴现等。（3）公债使用政策，包括公债用途

---

① 张雷宝主编：《公债经济学 理论·政策·实践》，浙江大学出版社 2007 年版，第 134~138 页。

② 陈万明主编：《公共经济学》，中国农业出版社 2003 年版，第 219~220 页。

范围、使用监管等。（4）公债偿还政策，包括偿还基金、偿还期限、偿还机构等。

3."新民主主义革命时期中国共产党公债政策"概念的说明

革命根据地政权是中国共产党领导建立的政权，革命根据地政权的公债政策是中国共产党领导制定的政策，在革命根据地建立以前，中国共产党也没有公债政策的具体实施，所以，本书"新民主主义革命时期中国共产党公债政策"与"革命根据地公债政策"或"革命根据地政权的公债政策"等概念属同一个含义。为了行文的方便，有时"革命根据地"简称"根据地"。

四、研究的主要内容框架

根据以上相关概念及研究范围的界定，本书研究的主要内容为：

（1）新民主主义革命时期党的公债政策制定和实施。分三个阶段（土地革命战争时期、抗日战争时期、解放战争时期）对党的公债政策制定及实施过程进行微观梳理。

（2）新民主主义革命时期党的公债政策内容分析。从公债的发行政策、流通政策、使用政策和偿还政策等方面，对新民主主义革命时期党的公债政策的内容进行整体、宏观分析。

（3）新民主主义革命时期党的公债政策评价。从政治、经济、军事、财政等多方面入手，对新民主主义革命时期党的公债政策的特征、作用和不足进行分析，评价其利弊得失。

（4）新民主主义革命时期党的公债政策的当代启示。通过对新民主主义革命时期党的公债政策的研究，总结其对于当前我国公债政策的一些启示，为我国当前的公债、财政政策完善提供借鉴。

五、研究的基本思路和方法

（1）以马克思主义唯物史观为指导，坚持史学研究的基本方法，深入挖掘、整理相关史料，梳理新民主主义革命时期党的公债政策制定及实施过程。

（2）微观梳理与宏观分析相结合，在对根据地各项公债政策制定及实施进行个案、微观梳理的基础上，对各项公债发行基本条件、动员政策、流通及使用政策、偿还政策等内容进行宏观、综合性分析与比较。

（3）运用公债经济学理论和方法，对新民主主义革命时期党的公债政策的特征、作用和不足等方面进行评价，总结其经验和教训。从政治、经济、军事、财政等方面评价新民主主义革命时期党的公债政策的利弊得失。

第一章　新民主主义革命时期党的
公债政策制定和实施

新民主主义革命时期，中国共产党为了解决革命根据地财政困难、争取革命战争的胜利、发展根据地经济、改善人民生活，领导革命根据地政权制定、实施了一系列公债政策，发行了 70 余项公债。这些革命根据地公债，随着我国新民主主义革命的兴起而产生和发展起来，伴随着我国革命的胜利而结束。本章主要从微观角度，通过对革命根据地各项公债发行基本情况的个案介绍，梳理新民主主义革命时期党的公债政策制定和实施过程。

第一节　土地革命时期党的公债政策

中国共产党的公债政策是从土地革命时期开始产生的。为了反抗国民党的反动统治，1927 年，以毛泽东为代表的中国共产党人开辟了农村包围城市、武装夺取政权的革命新道路，首先建立了井冈山革命根据地，随后逐渐建立了湘赣、湘鄂赣、湘鄂西、闽浙赣、川陕、湘鄂川黔、左右江等十几个革命根据地，中国革命开始走向复兴，进入土地革命时期。面对国民党的疯狂"围剿"，为了解决财政困难，各苏区制定、实施了中国共产党早期的公债政策。这一时期，中央、湘鄂西、湘赣、湘鄂赣、闽浙赣五个革命根据地发行了 18 项公债。

一、湘鄂西革命根据地公债政策

为解决军需困难和战胜洪水灾害，湘鄂西鹤峰县苏维埃政府和湘鄂西省苏维埃政府，先后于 1930 年春、1931 年冬发行了鹤峰借券、湘鄂西水利借券。

这两次公债是党的公债政策的最早制定和实施。

（一）鹤峰县苏维埃政府借券

湘鄂西革命根据地开创初期，红军的给养主要靠自筹解决。根据地形成之后，红军负有保卫与扩大苏区之责，无法自筹给养。1929 年 12 月，中共鄂西二大决定，红军的经费由苏维埃政府发给，在未成立苏维埃的地方，则由农民协会担任。1930 年以后，根据地各级苏维埃政府普遍成立，红军军费从此主要由苏维埃政府承担。1930 年春，贺龙率领红二军团（原称红四军）东进洪湖时，军需粮饷极度困难。为解决军需供给，红军以鹤峰县苏维埃政府名义，发行了"鹤峰县苏维埃政府借券"（简称"鹤峰借券"），总额 2 万串（合银圆 1 万元），发行对象为鹤峰县城及走马、五里坪等地的商人和居民。① "鹤峰借券"是迄今为止发现的革命根据地最早发行的公债。这一借券的发行，为红二军顺利东下，筹集了资金，解决了军需供给困难问题。1931 年，贺龙率红二军团重返鹤峰，在县城教场坝召开群众大会，向借券持有人加倍兑付了银圆，还清了全部借款。②

（二）湘鄂西省苏维埃政府水利借券

1931 年夏天，长江中下游发生了几十年不遇的大水灾，洪湖革命根据地有 60% 以上的地区受灾，其中，监利、沔阳、汉川尤为严重，渍涝面积达 80%。长江、汉水大堤溃口数以百计，这些险堤和溃口能否迅速堵复，直接关系到苏区人民生命财产的安全和政权的巩固。水灾之后，苏区党和政府立即贷款帮助受灾群众购买种子、农具，尽快恢复生产。同时，为了预防和减轻可能再次出现的水灾，组织群众开展以堵口复堤为中心的水利建设。由于修复堤坝工程量很大，估计所需经费在 250 万元以上。因此，1931 年冬，中共湘鄂西省委决定，从各级苏维埃政府每月总收入中，抽出 30% 作为修堤费用。同时，决定由湘鄂西省苏维埃政府发行"水利借券"（简称"湘鄂西水利借券"）80 万元，以弥补修复堤坝经费的不足③，并制定《湘鄂西苏维埃政府水利借券条例》。根据这一条例，公债发行主要规则如下：（1）借券是必要的水利经费，

---

① ③　财政部财政科学研究所、财政部国债金融司编：《中国革命根据地债券文物集》，中国档案出版社 1999 年版，第 7 页。

②　刘崇明、祝迪润主编：《湘鄂西革命根据地货币史》，中国金融出版社 1996 年版，第 102 页。

只占整个水利经费的20%。各县按照本县水利经费20%的数目来省府领取推销，将来按照所推销的数目全部收回，送交省府焚毁。（2）借券必须100%的用在整顿水利上面，绝对不准移作别用。（3）借券是无息借券，以下一年的土地税作担保。（4）借券推销的主要对象是商人和富农；其他热心水利者，可按自己经济力量自愿承销。（5）借券与"借粮（据）"性质相同，能够出售，但不能购买货物。[①]

水利借券由湘鄂西省苏维埃政府赤色造币厂印刷，面额为1元券。券面长13.1厘米，宽7.6厘米，正面图案为白底枣红色，长12.1厘米，宽7厘米；背面图案为白底蓝色，长11厘米，宽6.8厘米。正面主图为托花中的壹圆连接的两个风景图。[②] 水利借券得到了顺利发行，并为洪湖堤坝修建提供了重要经费，使堤坝修筑任务得以完成。

二、中央革命根据地公债政策

1931年11月，中华苏维埃共和国临时中央政府成立后，因为国民党政府的军事"围剿"和经济封锁，加上根据地征收的税收非常有限，财政状况十分困难。为此，自1932年起，临时中央政府发行了中央苏区革命战争公债、二期公债、经济建设公债、临时借谷、六月借谷、秋收借谷共6项公债，以缓解严重的财政压力。

（一）中华苏维埃共和国第一期革命战争公债

1. 发行背景及政策制定

中华苏维埃共和国成立后，国民政府于1932年分别向鄂豫皖、湘鄂西以及中央苏区发动大规模军事"围剿"。为了筹集革命战争费用，1932年6月25日，中央人民委员会第十七次常会决定发行"革命战争"公债（简称"中央苏区革命战争公债"）[③]，同日，发布《临时中央政府布告（第九号）》（以下

---

① 财政部财政科学研究所、财政部国债金融司编：《中国革命根据地债券文物集》，中国档案出版社1999年版，第7页；刘崇明、祝迪润主编：《湘鄂西革命根据地货币史》，中国金融出版社1996年版，第102页。

② 刘崇明、祝迪润主编：《湘鄂西革命根据地货币史》，中国金融出版社1996年版，第101页。

③ 《人民委员会第十七、十八次常会》，载《红色中华》1932年7月7日第4版。

简称《布告》)、《革命战争短期公债条例》①（以下简称《条例》)。6 月 26 日，发布《临时中央政府执行委员会第 13 号训令》②（以下简称《训令》)。这些中央文件对公债发行的相关办法做了明确的规定。

根据《条例》内容，公债名称定为"革命战争公债"；目的是"发展革命战争""充裕战争经费"；发行总额确定为国币 60 万元；债票面额分为三种：5 角、1 元、5 元；利率为每年 1 分；公债从 1932 年 7 月 1 日开始发行，偿还期限为半年，即从 1933 年 1 月 1 日起还本付息，利息随同本金一起支付；公债可以用来抵缴商业税、土地税等国家税收，但用于抵缴 1932 年税款的则没有利息；公债可以买卖、抵押，也可以当作其他各种现款的担保品；公债发行、还本付息机构分为以下几种：一是政府部门的财政机关；二是军队系统的红军经理部；三是金融系统的国家银行；四是政府委托、授权的地方工农银行和合作社。为了维护公债信用，《条例》还明确规定，故意损害公债信用和价格的，要以破坏"苏维埃"和"革命战争"罪进行惩罚。③

根据《训令》要求，中央苏区（江西和福建）负责发行 50 万元，其余 10 万元由湘赣、湘鄂赣两省推销。湘赣、湘鄂赣两省公债推销事宜，按照中央苏区公债推销原则，由该两省苏维埃政府负责执行。关于中央苏区 50 万元公债发行数额的分配、发行和收款日期、款项集中地点等公债发行的具体办法，《训令》进行了详细部署。兹介绍如下：（1）发行数额分配：红军共 4 万元；城市商人共 6 万元；各县共 39 万元；其他党团政府共 1 万元。（2）发行和收款日期：分五期发行，每期 10 万元；发出日期分别为 7 月 1 日、7 月 5 日、7 月 10 日、7 月 15 日、7 月 20 日，款项集中日期分别为 7 月 15 日、7 月 20 日、7 月 30 日、8 月 10 日、8 月 15 日。（3）款项集中地点：福建各县及军区集中于汀州省苏转解中央（土地革命时期诸多文件，将省、县、区苏维埃政府分别简称为省苏、县苏、区苏，本书的省苏、县苏、区苏，即分别指省苏维埃政府、县苏维埃政府、区苏维埃政府）；江西、石城、宁都、会昌、瑞金红校直接将款集中于中央国家银行；江西、永丰、乐安、胜利、公略、万泰、赣县、兴国集中于江西省苏；江西、于都、安远、寻乌、会昌后方江西军医集中于安

---

①③ 财政部财政科学研究所、财政部国债金融司编：《中国革命根据地债券文物集》，中国档案出版社 1999 年版，第 8 页。

② 财政部财政科学研究所、财政部国债金融司编：《中国革命根据地债券文物集》，中国档案出版社 1999 年版，第 9 页。

远江西军区；后方红军集中于总经理部。①

2. 发行动员部署

第一期革命战争公债对于粉碎国民政府军事"围剿"、争取革命战争的胜利具有重要作用，为此，苏维埃政府高度重视，进行了积极的动员工作，主要表现在以下几个方面：

（1）《布告》《训令》等中央文件着重强调和部署。为了发动工农群众购买公债，《布告》指出并强调，"凡我工农劳苦群众及苏维埃境内之居民，每个人都有购买公债之义务，这是工农群众对于革命应尽的义务，大家踊跃购买公债，即是积极参加革命战争的工作"②。《训令》要求，各级苏维埃政府必须尽快行动起来，向工农群众阐明公债发行的意义，说明购买公债的义务，激励大家积极购买，要形成一种"不买公债券是一件革命战士的耻辱"的氛围。《训令》就各级政府如何进行公债发行的动员工作作出详细部署：第一，用宣传鼓动的方法进行动员。除了富农和大、中商人之外，对于普通工农群众要杜绝采取命令、强迫的方式。第二，通过召集会议的方式进行动员。一是由区、市、乡召开乡代表会议，共同讨论推销公债、激励群众购买公债的办法；二是由城乡政府和代表召开商民大会，阐述公债发行的意义和公民购买公债的义务。在这一过程中，特别需要从政治意义、参加革命战争的意义方面来进行动员，最大限度地使工农群众自愿购买。第三，用革命竞赛的办法进行动员。以行政区域、机构团体为单位，进行比赛，看谁购买公债数量多、交款速度快。胜利的一方，由上一级政府颁发"奖旗和名誉奖"。以此激励各地群众踊跃购买。第四，各村各市由代表及城乡政府，负责将款转解上级。第五，各级政府根据以上各项来决定本身执行的具体办法（如分配方法、鼓动方法、收款方法等）。③

（2）革命报刊进行舆论宣传和报道。为了做好公债发行动员工作，中央机关报《红色中华》专门刊发文章——《怎样发动群众热烈的来购买"革命

① 《中华苏维埃共和国临时中央政府执行委员会第 13 号训令》，载《红色中华》1932 年 6 月 23 日第 5 版。

② 财政部财政科学研究所、财政部国债金融司编：《中国革命根据地债券文物集》，中国档案出版社 1999 年版，第 8 页。

③ 财政部财政科学研究所、财政部国债金融司编：《中国革命根据地债券文物集》，中国档案出版社 1999 年版，第 10 页。

战争"公债?》①，指出动员过程中要注意的若干问题以及动员工作的具体办法，强调动员工作：一是要详细解释公债的特征和作用。二是各级苏维埃政府要切实负责动员工作，要坚决改变以前那种命令、强迫等脱离群众的方法。另外，《红色中华》还对公债发行情况进行了大量的报道，并号召苏区革命群众踊跃购买公债，营造浓厚的认购氛围。

（3）各级党政机关、社会团体召开动员大会。在中央号召动员之后，各级苏维埃政府、党团机关和革命团体认真执行中央指示精神，召开动员大会，进行了广泛的动员实施。如：6月28日，中央政府机关和中央印刷局工作人员召开支部大会，号召工农积极参加革命战争、购买革命战争公债，实行革命竞赛②；7月4日晚，中央局列宁室召开紧急会议，讨论节省1分伙食费为购买公债充裕革命战费问题，决定发动"革命竞赛"，来实现并超过额定的数目③；7月6日晚，中华苏维埃全国总工会苏区执行局全体工作人员召开会议，讨论节省经济购买公债票，说明公债发行的意义，激励大家踊跃购买④；会昌县政府召集各区主席联席会议，各区再召集各乡苏主席、代表、各群众团体会议，进行动员，分配公债推销数额⑤，等等。

3. 群众踊跃认购情形

在各级苏维埃政府以及相关机构、团体的广泛动员下，从中央到地方，从政府机关工作人员、红军部队前线战士到普通工农劳动群众，表现出极大的革命热情和牺牲精神，纷纷掏出现金甚至节衣缩食购买公债，出现了踊跃认购情形：

（1）中央政府、机关工作人员认购情形。中央政府机关工作人员热烈开展竞赛活动，中央印刷局工人踊跃拿出工资，积极购买公债。⑥中华苏维埃全国总工会苏区执行局全体工作人员7月6日当晚购买了公债15元（共11人），并且决定每日只吃两顿饭，节省伙食费，再买革命公债。⑦

---

① 伯钊：《怎样发动群众热烈的来购买"革命战争"公债》，载《红色中华》1932年6月23日第7版。

②⑥ 《中央机关工作人员购买"革命战争"公债的热烈》，载《红色中华》1932年6月30日第3版。

③ 《苏区中央局列宁室紧急会议 购买公债节省经济帮助红军》，载《红色中华》1932年7月7日第4版。

④⑦ 《执行局工作人员节省经济购买公债票的热忱》，载《红色中华》1932年7月7日第4版。

⑤ 《会昌群众踊跃购买公债票》，载《红色中华》1932年8月4日第3版。

（2）地方政府、机关工作人员认购情形。中共胜利县委全体工作人员都表示出奋勇争先、冲锋竞赛的精神，少共县委及县少队儿童团全体青年同志也都要求购买公债。多的购买八九块现款，少的也有一二块大洋。尤其是伙夫同志，身上没有现款，也唯恐落后，表示要尽力购买，而且还要求到前方去当红军。[①]

（3）红军部队认购情形。江西军区政治部及直属队原定推销公债票 50元，至 8 月 4 日，已经筹足 200 元，并且准备再销 50 元，力争达到 250 元。[②]工农红军独立四师原定推销公债 600 元，经过广泛动员，至 9 月 6 日，除四个独立团外，一、二、三团及直属队，就已推销了 700 元。[③]

（4）普通群众认购情形。会昌县工农群众在 8 月 4 日之前，已超过规定的 2.7 万元推销任务，达到了 3.5 万元。[④] 胜利县半迳区虎井乡，本是新苏区，但该乡工农群众购买公债票，争先恐后，只经过 3 天，就已超过分配公债数额的一半以上。[⑤]

在苏维埃政府的广泛动员和广大群众的热烈拥护和支持下，第一期革命战争公债发行"十分顺利"[⑥]，在很短的时间内就超额完成了任务。江西募集数额达到 367105.5 元。[⑦] 按照原定计划，该公债由湘赣、湘鄂赣两省推销 10 万元，后来因为江西和福建两省超额完成任务，加上战时交通不便，此后江西又承担了一些公债数额，剩余 7.4 万元由湘赣革命根据地发行。[⑧]

公债发行对于补充中央苏区革命战争经费起了一定的作用，但由于该公债在政策制定上经验不足，对公债用于抵缴商业税、土地税等国家租税的时间没有限制，所以在偿还期限来临前的两三个月，"50 万公债已经差不多回收完了"[⑨]，公债补充革命战争经费的作用没有得到充分发挥。

---

① 《争先购买公债的热闹》，载《红色中华》1932 年 7 月 21 日第 5 版。
② 《江西军区政治部直属队工作人员热烈购买公债组织夏收队的情形》，载《红色中华》1932 年 8 月 4 日第 3 版。
③ 《独立第四师推销革命战争公债热烈》，载《红色中华》1932 年 9 月 6 日第 6 版。
④ 《会昌群众踊跃购买公债票》，载《红色中华》1932 年 8 月 4 日第 3 版。
⑤ 《虎井工人群众购买公债热烈》，载《红色中华》1932 年 8 月 30 日第 7 版。
⑥ 张侃、徐长春：《中央苏区财政经济史》，厦门大学出版社 1999 年版，第 295 页。
⑦ 《江西省苏报告》，载《红色中华》1932 年 11 月 28 日第 7 版。
⑧ 《中央对于湘赣省苏的指示》，载《红色中华》1932 年 9 月 13 日第 8 版。
⑨ 财政部财政科学研究所、财政部国债金融司编：《中国革命根据地债券文物集》，中国档案出版社 1999 年版，第 10 页。

（二）中华苏维埃共和国第二期革命战争公债

1. 发行背景及政策制定

1932 年 10 月，蒋介石在进攻鄂豫皖、湘鄂西根据地成功之后，旋即把"围剿"重点转移到中央根据地。面对国民党军队的疯狂进攻，10 月 13 日，中华苏维埃共和国中央执行委员会主席毛泽东、副主席项英和张国焘联合签署下达《战争紧急动员令》，要求各级政府、各红军、各军区除了在军事上"以最积极的敏捷的进攻行动""击破敌人的进攻""猛烈扩大红军"之外，在经济上也"必须立即征收土地税、商业税、房租等开发财源""节省一切费用和粮食，来充裕战争的准备"[①]。但是，在经济上"充裕战争的准备"却并非易事。为克服财政上的困难，"充分准备战争的经济"，保障反"围剿"战争的完全胜利，中华苏维埃共和国临时中央政府决定发行"第二期革命战争公债"（简称"中央苏区二期公债"）。1932 年 10 月 21 日，中央执行委员会主席毛泽东、副主席项英、张国焘联合签署下达《第 17 号训令——为发行第二期革命战争公债》（以下简称《训令》），要求各级政府接此训令后，"必须根据过去的经验，马上讨论推销计划，限期执行"[②]。同日，公布《发行第二期公债条例》（以下简称《条例》）。为了发行此次公债，临时中央政府制定并实施了详细的公债政策，包括公债发行基本条件、公债发行具体办法（数额分配、时间安排、发行机构、收款地点、债券印制等）、公债发行动员政策、公债偿还政策等方面。

2. 公债发行基本条件和具体办法

（1）公债发行基本条件：公债发行目的是"充裕战费，彻底粉碎国民党的大举进攻，争取江西首先胜利"；总额国币 120 万元；利率周年 1 分；债券分为 5 角、1 元、5 元三种；公债准许买卖抵押及代其他种现款的担保品之用。公债期满准予完纳一切租税，十足通用。但期未满前不准抵纳租税。[③]

（2）公债发行数额分配：商家共 15 万元；各县共 98.6 万元；红军共 6 万

---

① 《中央执行委员会第 12 号命令——关于战争紧急动员》，载《红色中华》1932 年 10 月 16 日第 2 版。

② 《中央执行委员会第 17 号训令——为发行第二期革命战争公债》，载《红色中华》1932 年 11 月 1 日第 1 版。

③ 《发行第二期公债条例》，载《红色中华》1932 年 11 月 1 日第 2 版。

元；党政团体共 4000 千元。①

（3）公债发行和收款日期。公债正式发行日期为 1932 年 11 月 1 日。② 分五期发行，每期发行数目、发行和收款日期如下：第一期共 30.6 万元，10 月 26 日由中央送出，11 月 1 日各地发行，11 月 15 日收清。第二期共 36 万元，10 月 30 日送出，11 月 1 日发行，11 月 15 日收清。第三期共 31 万元，11 月 5 日送出，11 月 12 日发行，11 月底收清。第四期共 18.4 万元，11 月 8 日送出，11 月 12 日发行，11 月底收清。第五期共 4 万元，11 月 12 日送出，11 月 20 日发行，12 月 1 日收清。③

（4）公债发行机构、款项集中地点。公债发行的收款及还本付息机构，为各级政府财政机关、红军经理部、国家银行及政府所委托的各地工农银行、合作社等。④各个区域的公债款项集中地点分别为：福建各市、县及军区交中央国家银行福建分行；江西瑞金、石城、会昌、寻乌、安远、于都、胜利、宁都、广昌、江西军区、党政团体，直接解交中央国家银行；江西的兴国、赣县、公略、永丰、宜黄、万太、乐安、信丰集中江西省苏；前方红军集中总经理部。⑤

3. 发行动员政策及成效

为了顺利发行二期公债，临时中央政府积极部署，进行了大量的宣传和动员工作。主要有以下途径：

（1）中央政权机关发布《训令》强调并指导宣传动员工作。一是强调动员工作的重要性。指出公债能否顺利发行，关键看动员工作。谁能积极动员群众，谁就能够达到任务。二是指导动员工作的具体方法。第一，除了富农、大中商人可以事前派定、责令购买之外，对于普通工农群众，需用宣传鼓动的方法，让其自动购买，不能命令强迫。第二，各区、市、乡召集乡代表会议，讨论公债推销和动员办法。城乡政府和代表召集选民大会，解释公债发行意义和公民购买义务。第三，用革命竞赛方法，开展各县、区、乡、村、团体之间的

---

① 《中央执行委员会第 17 号训令——为发行第二期革命战争公债》，载《红色中华》1932 年 11 月 1 日第 1 版。

②④ 《发行第二期公债条例》，载《红色中华》1932 年 11 月 1 日第 2 版。

③ 《中央执行委员会第 17 号训令——为发行第二期革命战争公债》，载《红色中华》1932 年 11 月 1 日第 1～2 版。

⑤ 《中央执行委员会第 17 号训令——为发行第二期革命战争公债》，载《红色中华》1932 年 11 月 1 日第 2 版。

比赛。交款多而快的由上级政府颁给奖旗。第四，各村、市代表及城乡政府负责上解款项。①

（2）中央领导通过会议强调和宣传动员。1932 年 11 月 7 日，中华苏维埃共和国临时中央政府成立一周年纪念大会上，毛泽东强调，"踊跃购买公债，就是积极参加革命战争的工作"②。同日，财政人民委员部也在《一年来工作报告》中强调，"第二期公债 120 万元，更需要全体群众动员与帮助，使第二期公债能比第一期更快地销售出去"③。

（3）中央机关报《红色中华》积极宣传和报道。一是及时发布中央关于公债发行的相关文件，如《训令》和《条例》等。二是以发表社论进行动员。如《社论：以宣传鼓动、革命竞赛来推销公债》，号召"地方政府与地方政府，革命团体与革命团体"，进行"革命竞赛""看谁能推销的多，看谁能推销的快"。④ 三是发表系列文章对公债发行进行全程动员和实时报道。如《第二期公债的胜利动员，各处推销超过原数，债票印刷提前完工》《革命竞赛，推销公债》⑤《福建军区推销公债》⑥《建宁城市工人热烈购买公债》⑦，等等。这些动员号召和报道，营造了浓厚的认购氛围，有力地推动了公债的发行。

（4）地方苏维埃政府召集大会进行动员。如江西地方苏维埃政府发出财字训令，印发小册子，各县召集各区城市乡代表会议，谈论发行手续，联络各群众团体，召开群众大会，"以政治上的鼓动，革命竞赛的方法"⑧，达到迅速推销的目的。会昌县委、县苏提出"用革命竞赛的方法来完成这一工作"的口号，指示各区以工会、少共等群众团体组织为骨干，组成"推销公债委员会"⑨，负责指导各乡的推销公债工作。各乡则要求组织两人以上的冲锋队，

① 《中央执行委员会第 17 号训令——为发行第二期革命战争公债》，载《红色中华》1932 年 11 月 1 日第 1～2 版。

② 《中华苏维埃共和国临时中央政府成立周年纪念　向全体选民工作报告书》，载《红色中华》1932 年 11 月 7 日第 3 版。

③ 《财政人民委员部一年来工作报告》，载《红色中华》1932 年 11 月 7 日第 7 版。

④ 《社论：以宣传鼓动，革命竞赛来推销公债》，载《红色中华》1932 年 11 月 1 日第 3 版。

⑤ 《革命竞赛，推销公债》，载《红色中华》1932 年 11 月 28 日。

⑥ 《福建军区推销公债》，载《红色中华》1932 年 11 月 28 日。

⑦ 《建宁城市工人热烈购买公债》，载《红色中华》1933 年 2 月 19 日。

⑧ 《江西省苏报告（二）》，载《红色中华》1932 年 11 月 28 日第 7 版。

⑨ 陈启华：《会昌人民革命史》，中国文联出版社 2000 年版，第 108 页。

做好宣传工作。其他各地也都进行了大量的各种形式的宣传与动员活动。

在各级苏维埃政府的号召动员下，第二期革命战争公债出现踊跃购买情形，购买公债的竞赛此起彼伏。如：列宁师范学校与红军学校进行推销公债的革命竞赛，原定金额分别为 300 元和 2000 元，结果都超过了。11 月 17 日公布结果显示，列宁师范学校师生 524 人全部购买了公债，共计 740 元，超过原定数额 247％；红军学校 87％的师生购买了公债，共值大洋 2542 元，超过原定数额 27％。① 福建军区的红军战士深刻理解热烈推销公债的伟大意义，购买公债极为踊跃，许多军区队部超过了原定数目甚至有的超过两倍以上，如四都医院原定 300 元，至 11 月 28 日已推销了 1000 元。② 建宁城市工人在公债票寄到之前，就已经制订了革命竞赛的条例。刨烟支部的工人表示，他们那个支部一定要比别个多买些，别个买 200 元，他们就买 300 元。果然，不到三天，工人买了 1100 余元，比原来规定数目超过了 100 余元。③

尽管出现踊跃购买情形，但公债发行过程中，也出现了一些问题。一是总体上看，发行速度还不够快。按照《训令》规定，公债从 11 月 1 日开始分五期发行，最后一期款项要求 12 月 1 日收清。④ 但至 11 月底，"公债已届收清之期，各处尚多未交"⑤。二是出现了强迫摊派和弄虚作假的行为。

针对上述情况，11 月 26 日，邓子恢（财政人民委员）签署发布《中央财政人民委员会第 10 号训令》，采取了相应措施。一是对于发行速度不够快的问题，要求各县接此训令后，"必须加紧动员，限 12 月半以前必须如数收清。江西各县土地税尚未收清者，则需集中力量，先将土地税、山林税收清，以后再行收集公债款项，无论如何，土地税款须在 12 月 10 日以前收清，公债款则至迟须在 12 月 20 日以前收清，不得延缓致误战争"⑥。二是对于强迫摊派和弄虚作假的行为，苏维埃政府进行了严厉批评和及时纠正。训令指出，"公债是政府向群众所借之债款，除商人、富农可以指令摊派外，其余中农、贫农以及小商人等，概须用宣传鼓动方法，劝人自动购买，绝对不准指派强迫"⑦。对南广县苏财政部的弄虚作假行为，《红色中华》发表文章讽刺到，"南广县苏

① 《革命竞赛，推销公债》，载《红色中华》1932 年 11 月 28 日第 4 版。
② 《福建军区推销公债》，载《红色中华》1932 年 11 月 28 日第 5 版。
③ 《建宁城市工人热烈购买公债》，载《红色中华》1933 年 2 月 19 日第 4 版。
④ 《中央执行委员会第 17 号训令——为发行第二期革命战争公债》，载《红色中华》1932 年 11 月 1 日第 1～2 版。
⑤⑥⑦ 《中央财政人民委员部第 10 号训令》，载《红色中华》1932 年 11 月 28 日第 6 版。

财政部长用这样的巧妙方法来推销公债票，真不愧是管理财政的能手，恐怕宋子文（国民党财政部长）知道他的时候，必定请他去做顾问，我们苏维埃政府却用他不着"①。此外，11 月 29 日，中央人民委员会通过《关于战争动员和工作方式》的紧急决议，进一步指出战争动员中存在的问题，并对改进动员群众的工作方式和作风提出十四点要求。②

经过批评、纠正和继续动员，各地再现购买热潮，如江西军区直属部队的外籍红军得到中央政府发给的红军公谷后，只在五分钟的动员下就很踊跃地拿出全部或部分的钱买公债，结果一共买了 60 余元③；建宁城市工人在第一次购买 6025 元之后，又领去 8000 元④，等等。最终，二期革命公债超额完成了发行任务。⑤ 其中，闽西革命根据地推销了 29 万元。⑥

4. 公债偿还政策及"退还公债"运动

根据《条例》规定，第二期革命战争公债的偿还期限为半年，即 1933 年 6 月 1 日起偿还本息。由于国民党军队的疯狂"围剿"，中央苏区财政和红军给养极其困难。为了缓解苏区财政极大压力，在苏维埃政府的动员下，苏区人民掀起了一场以"退还公债"为主要内容的"节省一个铜板，退还公债，减少伙食费"运动。这场运动从 1933 年 3 月开始，一直持续到 1934 年 9 月红军长征前结束，大致可以分为三个阶段：

（1）第一阶段："退还公债"号召正式提出。1933 年 2 月 17 日，第四次反"围剿"战争正处于异常紧张激烈阶段，中央苏区"中国店员手艺工人工会"召开筹备会议，号召会员将购买的二期公债票退还给政府，不要政府偿还，将这笔款项用于充实革命战争经费。同时，苏区"苦力运输工会"也举行筹备大会，号召全体苦力运输工人退还二期公债票给政府，不要还本，全部帮助战费。⑦ "中国店员手艺工会""苦力运输工会"征调会员参军、踊跃退还

---

① 《推销公债的好办法》，载《红色中华》1933 年 1 月 14 日第 8 版。

② 江西省档案馆、中央江西省委党校党史教研室：《中央革命根据地史料选编》，江西人民出版社 1982 年版，第 656 页。

③ 《江西军区直属部队踊跃购买公债》，载《红色中华》1933 年 2 月 22 日第 3 版。

④ 《又领八千公债》，载《红色中华》1933 年 3 月 21 日第 3 版。

⑤ 罗华素、廖平之主编：《中央革命根据地货币史》，中国金融出版社 1998 年版，第 98 页。

⑥ 财政部财政科学研究所、财政部国债金融司编：《中国革命根据地债券文物集》，中国档案出版社 1999 年版，第 12 页。

⑦ 《中国店员手艺工人工会举行筹备会议决成立红军店员手艺工人师、退还二期公债票不要还本》，载《红色中华》1933 年 3 月 3 日第 4 版。

公债的行动拉开了"退还公债"运动的序幕。为了使全苏区工农劳动群众普遍响应"店员手艺工人工会"和"苦力运输工会",更大程度地支持革命战争,3月6日,《红色中华》以中央机关报的名义,向全苏区革命群众发出"立即开始'节省一个铜板,退还公债,减少伙食费'的运动"①的号召。这一号召,标志中央苏区"退还公债"运动正式开始。

（2）第二阶段:为实现"退还八十万元公债"目标而奋斗。为了更好地激发苏区群众"退还公债"的热情,3月21日,《红色中华》明确提出"退还八十万元公债,节省三十万元"的运动目标,并且号召苏区工农群众"为红五月底以前达到并且超过这个数目而斗争!"②"退还八十万元公债"目标的提出,使"退还公债"运动开始有了明确的奋斗目标,运动逐渐进入高潮。为了实现这一总体目标,一方面,《红色中华》在不同时期向各地群众、各机关、单位、团体提出了若干具体目标,如:3月30日,发出"首先要突破五千元"③的号召,4月8日,号召"突破一万元"④,6月11日,提出"为突破四万而继续斗争"⑤,等等。另一方面,除了发动红军和工人热烈地节省经济之外,还设法发动农民群众踊跃参加经济动员;除了发动后方同志,还要求前方红军以冲锋精神来取得经济动员的伟大胜利。⑥截至11月23日,退还80万元公债的奋斗目标已"百分之百的实现了"⑦。

（3）第三阶段:继续退还二期公债,争取突破一百万。退还80万元公债的奋斗目标已经实现,但第五次反"围剿"战争正在紧张激烈地进行。11月23日,《红色中华》再号召群众"战斗地动员起来,继续过去经济动员的伟绩,热烈退还第二期公债突破一百万",并以此"作为献给第二次全苏大会的赠品!"⑧"退还公债"运动持续深入开展。至1934年4月3日,已退还的二期公债达到89.57万元。此时,第五次反"围剿"战争形势极其严峻,前方红军战士正在持久艰苦地浴血奋战,后方群众和工作人员也在紧张地节衣缩食

---

①《本报号召立即开始 节省一个铜板,退还公债,减少伙食费的运动》,载《红色中华》1933年3月6日第3版。

②《经济动员的统计数字》,载《红色中华》1933年3月21日第3版。

③《三天激增七百元》,载《红色中华》1933年3月30日第3版。

④《突破七千七百元——经济动员的统计数字》,载《红色中华》1933年4月8日第2版。

⑤《为突破四万而继续斗争》,载《红色中华》1933年6月11日第3版。

⑥《各方经济动员的比较数字》,载《红色中华》1933年3月27日第2版。

⑦⑧《献给第二次全苏大会的赠品·突破一百万》,载《红色中华》1933年11月23日第3版。

支持革命战争。在决定革命生死的紧要关头，《红色中华》继续号召全苏区革命群众"要达到退还二期公债突破一百万元的数目来充裕战费"，并且"深信在广大群众拥护下，必能迅速的完成这一数目"①。在中央的号召下，苏区干部群众积极响应，踊跃退回自己手中的公债。

根据财政人民委员林伯渠发表《关于二期公债的谈话》，至5月14日，已经退还90余万元。② 9月，"节省一个铜板、退还公债、减少伙食费"运动基本结束。③

(三) 中华苏维埃共和国经济建设公债

1. 政策制定

因为国民党军队的第四次"围剿"，苏区货物贸易、经济发展受到极大阻碍，尤其是粮食供给出现严重困难。1933年6月25日~7月1日，中央苏区召开八县查田运动贫农团代表大会，通过《八县贫农团代表大会决议》，拟"请求中央政府发行300万元经济建设的公债票"④，并发布《八县查田运动贫农代表大会告苏区贫农群众书》⑤（以下简称《告群众书》）、制定《八县区查田运动竞赛条约》⑥（以下简称《竞赛条约》）。在八县查田运动大会之后，各地热烈响应，请求中央发行经济建设公债。如瑞金壬田区⑦、中央军委会总卫生部卫生材料厂⑧等。

7月11日，中华苏维埃共和国临时中央政府人民委员会召开第45次会议，讨论了发行经济建设公债的问题，并决定接受八县区以上查田大会及八县贫农团代表大会的请求，发行经济建设公债（简称"中央苏区经济建设公债"）300万元。⑨ 7月22日，临时中央政府人民委员会第46次会议议决通过

---

① 《本报号召退还二期公债突破一百万》，载《红色中华》1934年4月3日第3版。

② 《财政人民委员林伯渠关于二期公债的谈话》，载《红色中华》1934年5月14日第3版。

③ 《中央审计委员会关于四个月节省运动总结》，载《红色中华》1934年9月11日第3版。

④ 《八县贫农团代表大会决议》，载《红色中华》1933年7月5日第6版。

⑤ 《八县查田运动贫农代表大会告苏区贫农群众书》，载《红色中华》1933年7月5日第5版。

⑥ 《八县查田运动竞赛条约——在八县区以上苏维埃负责人会议上制定》，载《红色中华》1933年7月5日第6版。

⑦⑧ 《群众的热烈呼声 要求发行经济建设公债》，载《红色中华》1933年7月11日第5版。

⑨ 财政部财政科学研究所、财政部国债金融司编：《中国革命根据地债券文物集》，中国档案出版社1999年版，第13页。

经济建设公债条例。① 同日，临时中央执行委员会发布《中央执行委员会关于发行经济建设公债的决议》②（以下简称《决议》）、《中华苏维埃共和国发行经济建设公债条例》（以下简称《条例》）。根据《条例》，公债发行基本条件及办法如下：（1）中央政府为发展苏区经济建设事业，改良群众生活，充实战争力量，特发行经济建设公债，以 2/3 作为发展对外贸易、调剂粮食、发展合作社及农业与工业的生产之用，以 1/3 作为军事经费。（2）公债定额国币300 万元。（3）利率周年 5 厘。（4）利息从 1934 年 10 月起，分 7 年支付，每元每年利息大洋 5 分。（5）公债还本，从 1936 年 10 月起，分 5 年偿还。第一年还全额 10%；第二年还 15%；第三年还 20%；第四年还 25%；第五年还30%。偿还办法，届时由财政人民委员部另行制订公布。（6）公债以粮食调剂局、对外贸易及其他国营企业所得利润为还本付息基金。（7）公债准许买卖、抵押并作其他担保品之用。（8）购买本公债者，交谷、交银听其自便。交谷者谷价照当地县政府公布的价格计算。（9）债票分 5 角、1 元、2 元、3 元、5 元五种。（10）如有故意破坏本公债信用者，以破坏苏维埃经济论罪。（11）公债发行事宜，由各级政府公债发行委员会负责，所收款项，送交分支库；所收谷子，则交与仓库保管委员会。（12）《条例》自1933 年 8 月 1 日起施行。③

2. 发行宣传与动员部署

为了发动广大苏区群众购买公债，临时中央政府出台了多个文件、发表社论，进行宣传和动员部署。

（1）《社论：全体工农群众及红色战士热烈拥护并推销 300 万经济建设公债》解释公债发行意义、基本用途，发出动员号召。7 月 26 日，国民经济部部长吴亮平发表这一社论，对公债发行意义、基本用途作了解释，并号召苏区干部群众积极做好推销工作。④

（2）《怎样发行经济建设公债》对用谷子购买公债办法、动员组织、动员方法及准备工作进行指导。包括：用谷子购买公债与谷子处理办法；在县、

---

① 《人民委员会第四十六次会议通过经济建设公债条例并从速发行》，载《红色中华》1933 年 8 月 22 日第 4 版。

② 财政部财政科学研究所、财政部国债金融司编：《中国革命根据地债券文物集》，中国档案出版社 1999 年版，第 13 页。

③④ 财政部财政科学研究所、财政部国债金融司编：《中国革命根据地债券文物集》，中国档案出版社 1999 年版，第 14 页。

区、乡三级组织公债发行委员会；要依靠群众的热情与拥护，仿效扩大红军及退还公债的办法，采用革命竞赛方法；各乡村、各团体组织公债推销队，动员政府工作人员及各区、乡活动分子，派人分头前往各区、乡巡视指导，打击右倾机会主义、纠正官僚主义方式等工作方法；各级政府必须立刻开会讨论具体办法，组织公债发行委员会与仓库保管委员会，并准备一切技术工作，以使债票一到即可立刻发行。①

（3）《关于推销三百万经济建设公债的宣传大纲》（以下简称《宣传大纲》）对宣传内容进行指导。《宣传大纲》指出，公债是中央接受南部八县和北部九县贫农团代表大会及区以上苏维埃负责人员查田运动大会请求发行的；发行公债，一是为了改良工农群众的生活，二是为了争取革命战争的胜利；公债发行的具体办法。②

（4）《关于推销公债方法的训令》纠正强迫摊派错误倾向，提出八项工作要求。即：第一，省苏抓紧全省发行公债这一工作去讨论、去推动、去检查。要在省苏所在地的一个县中，收集推销公债的经验，将动员方法好的例子与坏的例子写成文件，迅速指导全省各县。第二，县苏要抓紧全县发行公债的工作去讨论、去推动、去检查。第三，区苏是发行公债动员群众的枢纽。要召集乡苏主席、贫农团主任及其他群众团体的负责人开会，详细告诉他们发行公债的意义与动员群众的方法。第四，各级政府主席团及乡苏主席，必须严格防止平均摊派的错误。第五，反对平均摊派，要鼓动群众自愿地买公债。第六，乡政府收到宣传工作的布告，应立即派人张贴到各村各屋子去。第七，公债交谷交钱，听群众自便。谷价由区苏按照当地市价规定，通知各乡。第八，各区苏应该领导各乡，订立摊销公债的竞赛条约。③

针对公债发行过程中的强迫命令现象，9月3日，国民经济部部长吴亮平发表《立刻纠正经济建设工作中的强迫命令主义》，进行了批评和纠正。④ 9月

---

① 国民经济部：《怎样发行经济建设公债》，载《红色中华》1933 年 8 月 25 日第 3 版。

② 中央政府秘书处：《关于推销三百万经济建设公债宣传大纲》（1933 年 8 月 28 日），中共江西省委党史研究室、中共赣州市委党史工作办公室、中共龙岩市委党史研究室编：《中央革命根据地历史资料文库 政权系统 7》，中央文献出版社，江西人民出版社 2013 年版，第 933~936 页。

③ 财政部财政科学研究所、财政部国债金融司编：《中国革命根据地债券文物集》，中国档案出版社 1999 年版，第 16 页。

④ 杨德寿主编：《中国供销合作社史料选编（第二辑）》，中国财政经济出版社 1990 年版，第 44~45 页。

23 日，中央政府再发出《给各级政府的信：纠正推销公债的命令主义》，批评推销公债中存在的命令主义错误，强调做好宣传动员工作。[1] 在中央的推动下，地方也开展了反对命令摊派主义的斗争。[2]

3. 各地响应与认购情形

自临时中央政府下达公债发行指示并进行宣传动员部署之后，地方不少机关、团体积极响应。8 月 12 日，江西省苏维埃政府财政部向各县区财政部发出《关于推销公债、统一税收收据等问题给各县指示信》，要求各县区财政部即刻组织县、区公债发行委员会专门负责推销公债、登记发行和收款数目。[3] 8 月 15 日，中央苏区南部十七县经济建设大会，就有关发行经济建设公债等问题进行了讨论。作出《中央苏区南部十七县经济建设大会的决议》，一致同意有关经济建设的结论[4]，并制定了《竞赛条约》[5]。中央苏区南部十七县经济建设大会给经济建设公债的发行以有力的推动。[6] 为了发行公债，不少地区进行了充分的准备，如：区委召集支书和活动分子会议，加强党、团员的领导作用；组织发行经济建设公债委员会及推销队、突击队、宣传队、仓库保管委员会；乡苏召集代表会，女工农妇代表会、儿童会、青年群众大会、工会贫农团互济会、反帝拥苏大同盟会等各团体都召集会议[7]，等。在中央号召和地方的推动下，各机关、团体和工农群众纷纷表示积极购买公债。如中府俱乐部暨各列宁室广泛宣传，用会议或个别谈话的形式，使购买公债票的意义深入每个工作人员中，所以公债票还没有发出，各部认购的数目已达 1400 元。至 9 月许多部门已经超过了原定数目。财政部、国民经济部除用各种方法动员外，还决

①　《中央政府给各级政府的信：纠正推销公债的命令主义》，李敏：《中央革命根据地词典》，档案出版社 1993 年版，第 736 页。

②　江西省档案局编：《防尘扫埃　地净天蓝　回望中央苏区反腐倡廉岁月》（下），江西人民出版社 2013 年版，第 658 页。

③　《江西省苏维埃政府财政部关于推销公债、统一税收收据等问题给各县指示信（1933 年 8 月 12 日）》，江西省档案局编：《防尘扫埃　地净天蓝　回望中央苏区反腐倡廉岁月》（下），江西人民出版社 2013 年版，第 647～648 页。

④　财政部财政科学研究所、财政部国债金融司编：《中国革命根据地债券文物集》，中国档案出版社 1999 年版，第 15 页。

⑤　中国社会科学院经济研究所中国现代经济史组：《革命根据地经济史料选编》（上册），江西人民出版社 1986 年版，第 146 页。

⑥　江西省档案局编：《防尘扫埃　地净天蓝　回望中央苏区反腐倡廉岁月》（下），江西人民出版社 2013 年版，第 701 页。

⑦　《模范区推销公债新方式》，载《红色中华》1933 年 9 月 21 日第 3 版。

定每人每天少吃一合米,余下来的伙食尾子全数拿去买公债。① 临时中央国民经济部的工作团,在瑞金下肖区青水乡召集贫农团、党支部、乡代表大会,210 余名与会人员一致决定积极发动该乡群众购买公债,并当场以革命竞赛的精神,共买了 339 元公债。② 福建军区政治部召集推销经济建设公债大会,一致通过预购公债 2 万元,并请求中央政府立刻将 2 万元公债发下,以便推销,红军战士已纷纷写信回家取款,准备购买。③ 红军学校政训部列宁室召开军人大会,与会者争先恐后报名购买公债,并决定将伙食单位喂养的肥猪也用来购买公债。④ 中央局、中央政府、中革军委三个无线电队的红色技术人员,争先恐后地报名认销经济建设公债,不到 3 分钟竟达到 600 元之多。⑤ 中革军委印刷所的工人决定每人以半个月的工资来买经济建设的公债。⑥ 瑞金云集区二乡、四乡不满半个月,就推销了 8000 多元。⑦ 赣县江口区召集了商民会议,到会 30 多个商民,共买了 700 多元。⑧

虽然根据地干部群众积极认购,但由于公债发行数额较大,根据地群众财力有限,公债发行总体进展比较迟缓。11 月,江西省苏对全省推销经济建设公债情况进行了初步总结。报告显示,8～11 三个多月来,江西全省推销公债的成绩虽然有的完成了 95%(如兴国),有的完成了 80%(如胜利),但总体效果却并不尽人意,特别是实际收到的现款与全省领去的公债数目相差甚远,还不到 20%。最好的县如永丰也只达到 40%,而杨殷、南丰、太雷、长胜、崇仁等县则尚未收到分文。⑨

---

① 江西省档案局编:《防尘扫埃 地净天蓝 回望中央苏区反腐倡廉岁月》(下),江西人民出版社 2013 年版,第 660 页。

② 《青水乡推销公债的冲锋精神》,载《红色中华》1933 年 9 月 6 日第 7 版。

③ 《福建军区预购公债两万》,载《红色中华》1933 年 9 月 3 日第 2 版。

④ 《防尘扫埃 地净天蓝 回望中央苏区反腐倡廉岁月》(下),江西人民出版社 2013 年版,第 653 页。

⑤ 江西省邮电管理局编:《华东战时交通通信史料汇编 中央苏区卷》,人民邮电出版社 1995 年版,第 289 页。

⑥ 江西省档案局编:《防尘扫埃 地净天蓝 回望中央苏区反腐倡廉岁月》(下),江西人民出版社 2013 年版,第 654 页。

⑦ 《云集区两个乡推销八千多元》,载《红色中华》1933 年 9 月 6 日第 7 版。

⑧ 《小商推销公债的热情》,载《红色中华》1933 年 10 月 9 日第 3 版。

⑨ 江西省档案局编:《防尘扫埃 地净天蓝 回望中央苏区反腐倡廉岁月》(下),江西人民出版社 2013 年版,第 667 页。

4. 收集粮食突击运动及公债发行结果

经济建设公债原定计划是要在 1933 年 12 月底完成推销数目，但根据《红色中华》报道，至 1933 年 12 月底，江西只完成 1/3，福建只完成 1/5 强，粤赣省只完成 1/4。[①] 显然，经济建设公债的推销遇到了很大的困难。随着第五次反"围剿"战争日趋激烈残酷，红军作战的粮食给养日益紧张，"谷价到处高涨""已涨到七八元一担"，而"应该收集的土地税和公债谷子还差着很大的数目，即在江西一省和瑞金直属县就有 37 万担谷子没有收清"[②]。筹集足够的粮食保证红军作战给养是当前急务，因此，中央苏区在开展"扩大红军""优待红属""节省三升米"运动的同时，大力开展"收集粮食"的突击运动。自 1934 年初开始，购买经济建设公债和交土地税都提倡交付谷物，不要现款。

鉴于经济建设公债推销和土地税缴纳工作进度缓慢，中共中央和中华苏维埃第二次全国代表大会（以下简称"二苏大"）主席团作出决定，自 2 月 1 日至 2 月底在全苏区开展突击运动，全面完成推销公债、征收土地税和收集粮食的任务，以保障红军给养。2 月 2 日，中央粮食会议决定，集中土地税一律征收谷子，倘无特别情形不得以现款替代，集中公债也应以收谷为原则；各地征收谷子，应照中央规定的价格，不能任意增加；由中央一级各机关派出特派员，到各重要的县份去领导收集粮食的突击运动，在各地组织突击队，限期完成规定的数目。[③] 2 月 6 日，《红色中华》发表《为迅速开展收集粮食的突击运动而斗争》的社论，号召苏区干部群众"要以极大的力量，迅速完成收集粮食突击运动，为保证红军给养，切实执行二苏大会与党中央的光荣战斗任务而斗争"。[④]

推销公债、收集粮食突击运动在各地取得了一定效果。如石城以前不注意收集粮食，群众付款时大多缴纳现金，收入的谷子仅占 1/3，自中央财政部派遣特派员陈光化前往领导工作后，工作有显著的转变。[⑤] 会昌踏迳区、兴国方

---

① 《完成推销经济建设公债作为献给二苏大会的礼物》，载《红色中华》1934 年 1 月 16 日。

② 财政部农业财务司：《新中国农业税史料丛编　第 1 册　第一、二次国内革命战争时期革命根据地的农业税政策法规》，中国财政经济出版社 1987 年版，第 239 页。

③ 财政部农业财务司：《新中国农业税史料丛编　第 1 册　第一、二次国内革命战争时期革命根据地的农业税政策法规》，中国财政经济出版社 1987 年版，第 240 页。

④ 财政部农业财务司：《新中国农业税史料丛编　第 1 册　第一、二次国内革命战争时期革命根据地的农业税政策法规》，中国财政经济出版社 1987 年版，第 237～239 页。

⑤ 《热烈进行收集粮食的突击运动!》，载《红色中华》1934 年 2 月 9 日第 2 版。

大区与长汀红坊区，在征收谷子的时候，进行了艰苦的群众动员工作，发动广大群众把谷子送到苏维埃来，获得了完全收清公债谷子与土地税谷的良好成绩。① 在出粮食最少的汀东，竟大多数是收到谷子，谷价在市面上每担8元，而收集的粮食却每担仅5元，粉碎了那种"谷子少的地方不能收谷子""谷价比市价低，群众不愿意拿谷子"的说法②，等等。

但粮食突击运动总体成绩仍不如意。至2月22日，收集粮食的突击运动，已经过去了2/3的时间，却还没有在各县普遍的开展，除了个别县份达到90%以上可以按时完成以外，大部分都还差很大的数目。各地完成情况大致如下：瑞金完成98%，上杭完成80%，西江完成75%，万太、宁化完成60%，长胜完成55%，龙岗、会昌、长汀、胜利、博生完成50%，新泉完成40%，门岭、洛口完成35%，杨殷完成30%，于都完成20%。还有很多县份没有得到明确的消息，大概都在百分之五十以下。③ 总体而言，此时仅完成了预定计划的40%。

由于种种原因，二月的粮食突击运动，"显然已经不能如期完成"④。2月26日，中央人民委员会作出《关于粮食突击运动的决定》⑤，要求在3月15日以前继续开展突击运动，并明确规定江西省以赣县、胜利、杨殷、公略、万泰、龙岗为突击中心，粤赣省以于都、门岭为突击中心，福建省以长汀、宁化为中心。

2月1日至3月10日，40天的收集粮食突击运动，取得了一定的成绩，但是"还有大约80万元的公债和3万担土地税还没有收集"⑥。根据粮食部长陈潭秋3月26日的《收集粮食突击运动总结》，大多数县已经完成或快要完成，收集到的谷子在60%以上，现款约占40%弱。收集粮食的数量，瑞金在90%以上，宁化、洛口、石城80%以上，长胜、西江70%以上，而且宁化、长胜推销公债都超过了原定数额。⑦ 根据以上资料显示，经济建设公债最终发行结果大约为220万元。

---

① 《热烈进行收集粮食的突击运动！》，载《红色中华》1934年2月9日第2版。
② 《猛烈开展突击，争取收集运动的全部胜利！》，载《红色中华》1934年2月16日第1版。
③ 《各地收集粮食初步结算》，载《红色中华》1934年2月22日第1版（第139页）。
④ 张闻天（洛甫）：《粮食突击运动与粮食部的工作》，载《红色中华》1934年2月27日第1版。
⑤ 《中央人民委员会关于粮食突击的决定》，载《红色中华》1934年3月3日第1版。
⑥ 古柏：《粮食突击运动总结》，载《红色中华》1934年3月27日第1版。
⑦ 陈潭秋：《收集粮食突击运动总结》，载《红色中华》1934年3月31日第5版。

（四）中华苏维埃共和国临时中央政府临时借谷

1933 年 3 月，中华苏维埃共和国临时中央政府为了解决红军战时粮食困难，还向群众进行了借谷。这次借谷，是根据地政府发行实物公债的首创，在我国历届旧政府发行的公债中都是未曾有过的。它在保证战时的军粮供给上有着特殊的意义。①

1. 政策制定

1932 年冬，国民党对中央苏区发动了第四次"围剿"，对苏区群众大肆烧杀抢掠，群众财产损失极其严重，红军粮食给养非常紧张。为了缓解红军粮食给养困难，1933 年 1 月，《红色中华》号召发起"每人借三升谷给红军"的运动。2 月 16 日，《红色中华》再发出"借二十万担谷子给红军"②的号召。少先队中央总队部也号召"每个队员节省五升谷给红军"。各地少先队热烈地进行借谷给红军的运动。各地群众也"到处都在要求中央政府发出借谷券"③。

为了保护群众的粮食免被敌人掠夺和保障红军的军粮供给，中华苏维埃共和国中央执行委员会决定向苏区群众借谷，名称为"中华苏维埃共和国临时中央政府临时借谷"（简称"中央苏区临时借谷"），并于 3 月 1 日发出第 20 号训令。根据训令，借谷办法如下：（1）各地政府应协同各群众团体来进行这一运动，限 3 月内各县要一律将群众借谷一事办完。（2）一定要靠很好的宣传鼓动工作来完成，宣传言词要非常通俗并要用各种方法，如演新剧、化装讲演、贴标语、出画报等。一定要禁止不做宣传而用强迫摊派的命令主义方法。（3）关于借谷数目的分配，必须依据当地的实际情形及群众出谷的可能性来决定，决不可普遍一律。（4）各级政府接此训令后，要马上召集各乡主席联席会议，计划分配，并派人向各地群众宣传解释，组织竞赛。（5）借到的谷子，应按照规定分别处理，如：集中于区政府；发给当地医院、政府、部队和其他国家机关作为经费；妥善保存，听候中央命令处理；照市价出卖等。（6）各地政府、医院、部队及群众团体吃米，须作价交钱，不得赊借。（7）各级财政部收到借

---

① 财政部财政科学研究所、财政部国债金融司编：《中国革命根据地债券文物集》，中国档案出版社 1999 年版，第 16 页。

② 《借二十万担谷子给红军》，载《红色中华》1933 年 2 月 16 日第 3 版。

③ 《响应总队部的号召　瑞金少先队热烈进行借谷运动》，载《红色中华》1933 年 3 月 6 日第 3 版。

谷票后，要另立借谷账簿。（8）凡群众借谷，均以取得中央财政人民委员部印发的借谷票为凭。（9）拿了借谷票的人，于1933年下半年准他抵纳土地税。那些完税的和抵税有余的，到时可向区政府领还现款。（10）借谷票应由乡苏主席盖印，并限在本区抵税。没有乡苏主席盖印的票和不是本区的票，作为废票无效。（11）借谷票由县财政部按原各区群众和粮食情形适当分配，区再酌量各乡情形分配。各级政府领去谷票多少，要照票结账，领票而未交谷，将票交还，不得短少。（12）群众借谷，一面交谷，一面交票，交了谷而未得到票的，可向上级政府控告，请求严办。今年1月以来，各处发动三升米运动之谷，可并入此项借谷，一并给票。（13）富农向他捐款，不再借谷。①

2. 苏区群众响应借谷情形

自《红色中华》发出"迅速完成借谷运动"的号召后，各地积极响应。如瑞金少先队踊跃借谷，桃黄区136石，武阳区427石，壬田区30石，黄柏区600石左右，黄安区126石，沿江区130石。② 博生县黄陂区，自通知下达后，立即召开动员大会，原定借谷1500担，但各代表认为不仅要完成县苏规定的数字，而且要超过3500担，即共借5000石谷子给红军。各乡代表回至本乡后，立刻动员广大群众，3月5日前完成了4000担，其余1000担也很快完成了。③ 上杭县才溪、官庄、旧苏三区劳苦群众，纷纷借谷给红军，很快就收集了100多石谷子。特别是才溪区的劳动妇女，要求不收票据便将谷子借给红军，以这种方式借出的谷子共有40余石。④ 瑞金云集区的劳苦工农群众，纷纷自动踊跃地拿出谷子来，至4月17日，除三乡外其他各乡都达到预订数量，已经集中的80余担都挑到中府直属机关去了。⑤ 万太县窑下区横路乡有一个农民同志，为了支援革命战争，一个人就自动的借出12担谷子给红军。⑥ 万太县沙村区新圩乡翁国香同志个人自动地拿出800斤谷子借给了红军⑦，等等。

---

① 财政部财政科学研究所、财政部国债金融司编：《中国革命根据地债券文物集》，中国档案出版社1999年版，第17~18页。

② 《瑞金少队踊跃借谷》，载《红色中华》1933年3月30日第5版。

③ 《黄陂超过三千五百担》，载《红色中华》1933年3月30日第5版。

④ 荣和：《借谷的响应》，载《红色中华》1933年4月14日第2版。

⑤ 钟爱群：《借谷号召的响应》，载《红色中华》1933年4月17日第3版。

⑥ 《红区送给他们》，载《红色中华》1933年4月26日第3版。

⑦ 戴忠良：《踊跃借谷给红军》，载《红色中华》1933年6月17日第3版。

3. 响应中央"借谷不要收据""用不着归还"的号召

进入 4 月中旬，《红色中华》提出"借谷不要收据""用不着归还"等口号。4 月 17 日，发表《用不着归还我们》歌谣，在苏区广为传诵。① 4 月 19 日，提出"立刻完成借 20 万担谷子给红军！要和退还公债不要政府还本一样，借谷不要收据"，并号召全苏区的工农劳苦群众，"赶快来热烈响应"②。

根据地群众热烈响应中央号召，纷纷表示借出的谷子不要政府偿还，并付诸行动。兴国永丰区社背乡群众，自动借 60 担谷子供给红军，而且不要中央政府的收据。兴国其他各区群众，在社背乡的感染下，也把谷子借给红军，不要公家交还。③ 瑞金武阳区石水乡、新丰乡和桃黄区杨四乡的群众，都在短时间内把借谷子给红军的谷票退还乡苏，不要政府还谷，其中石水乡还超额完成了借出谷子的任务。瑞金壬田区湾钱乡的劳苦群众，为响应《红色中华》退回谷票的号召，在宣传动员的会议上就自动退回 40 担借谷票。④ 公略罗家区坪上乡的群众自动将借谷票退回政府，罗家街道支部自动提议，也准备将全街道的谷票退回，并准备与坪上乡来竞赛⑤，等等。

由于苏区人民的大力支持，临时借谷运动最终借得了 16 万担谷子。⑥ 而且相当部分借谷在中央"用不着归还"的号召下无偿捐献给了政府，很大程度上缓解了红军粮食供给的压力。

（五）中华苏维埃共和国红军临时借谷

1. 发行背景及政策制定

由于第五次反"围剿"战争日益残酷，中央苏区进行了扩红运动。1934 年 5 月，扩大红军已逾 27000 人，在 6 月、7 月两月还需要进一步为实现并超过 5 万新战士而奋斗。红军的猛烈扩大与革命战争的急剧开展，需要更大批的粮食供给前方作战的红军。但苏维埃政府现有粮食的数量和所需要的数量相比，还差 24 万担谷子。为了保证红军的给养，保证前线的战斗，6 月 2 日，

---

① 《用不着归还我们》，载《红色中华》1933 年 4 月 17 日第 3 版。

② 陈信凌：《江西苏区报刊研究》，中国社会科学出版社 2012 年版，第 480 页。

③ 《借谷不要收据》，载《红色中华》1933 年 4 月 11 日第 6 版。

④ 陈信凌：《江西苏区报刊研究》，中国社会科学出版社 2012 年版，第 481 页。

⑤ 钱恩龙：《借谷不要收据的竞赛》，载《红色中华》1933 年 5 月 20 日第 3 版。

⑥ 财政部财政科学研究所、财政部国债金融司编：《中国革命根据地债券文物集》，中国档案出版社 1999 年版，第 19 页。

中共中央委员会、中央政府人民委员会发出《为紧急动员24万担粮食供给红军致各级党部及苏维埃的信》，要求全苏区紧急动员24万担粮食支援红军。其中，开展群众节省三升米运动筹集7.5万担，没收地主、征发富农的粮食6.5万担，发动群众借谷10万担。各地分配任务为：中央直属的瑞金、西江、长胜、太雷4县3.77万担；江西12.52万担；赣南2.58万担；福建1.03万担；闽赣省3.4万担；粤赣省0.9万担。指示强调：（1）在动员粮食中，必须有具体的领导，并按照实际情形决定收集粮食的主要方式。比如，在北线，除努力没收征发外，应抓住借谷运动。在东北线，则应特别着重于没收征发。在西北线以及中心苏区，则应着重于节省。但这种主要方式的决定，并不放弃其他方式的同时采用。（2）各级党部与苏维埃必须利用一切可能的宣传鼓动方式，经过支部会议、城乡代表会议与各种群众团体的会议，以及利用各种个别谈话、讲演等通俗的方式，把动员粮食的战斗意义，明白地解释给群众听。一切强迫命令的方式都是有害的。(3) 在组织上，不另外派遣动员粮食的突击队，而是经过现有的扩红突击队，来密切联系进行收集粮食的动员。必须加强各级粮食部的领导，同时，为了前方战争的需要，在北线以及各战地委员会下特别建立专门动员粮食的机关（或即利用没收征发委员会的机关），全权处置当地粮食的收集、分配与运输。①

根据临时中央政府规定，10万担向群众借谷，发给"中华苏维埃共和国红军临时借谷证"（简称"中央苏区六月借谷"）。在借谷证上，附了三点说明：（1）此借谷证，专发给红军流动部队，作为临时紧急行动中，沿途取得粮食供给之用。（2）红军持此借谷证者，得向政府仓库、红军仓库、粮食调剂局、粮食合作社、备荒仓及群众借取谷子，借到后，即将此证盖印，交借出谷子的人领去。（3）凡借出谷子的人，持此借谷证，可向当地政府仓库领还谷子，或作交纳土地税之用，但在仓库领谷时，证上注明在甲县借谷者，不得持向乙县领取。② 借谷证的面额有干谷50斤、100斤、500斤、1000斤四种。

2. 动员实施

为了顺利完成粮食筹集，6月9日，国民经济部部长吴亮平发表《红军等

---

① 财政部财政科学研究所、财政部国债金融司编：《中国革命根据地债券文物集》，中国档案出版社1999年版，第18~19页。

② 财政部财政科学研究所、财政部国债金融司编：《中国革命根据地债券文物集》，中国档案出版社1999年版，第20~21页。

着我们的粮食吃》，号召苏区干部群众，"我们无论如何要最坚决地动员群众来获得到廿四万担谷子！""我们无论如何，必须使前线的红军，不发生一点粮食的困难！"①

由于战争异常残酷，红军给养十分困难，对于这次粮食筹集，临时中央政府高度重视，进行了大力动员，仅《红色中华》就发表了数十篇动员文章及借谷进展情况报道。如：《为紧急动员 24 万担粮食供给红军致各级党部及苏维埃的信》《红军等着我们的粮食吃》《瑞金县粮食动员的近况》《最近三天节省粮食的统计》《粮食动员捷报》《中央组织局动员部少队总部关于扩大赤少队地方部队及粮食动员的指示信》《中央组织局、人民委员会关于粮食动员的紧急指示——无论如何要在七月十五日前完成二十四万担谷的计划》《社论：动员二十四万担粮食是目前我们第一等的任务》《粮食突击不能如期完成的危险是在威胁着我们！——粮食人民委员陈潭秋同志的谈话》《红匪送给兴国、瑞金全体工农群众——人民委员会奖励粮食动员的模范县》《红军等着二十四万担粮食吃！争取时间！只有五天了》《为迅速完成二十四万担谷子而斗争》《迅速完成并超过粮食动员，使红军吃饱饭去顺利的保护秋收》《江西粮食动员状况——完成原定计划百分之六十八》《无论如何争取七月二十日完成十二万五千二百担谷》《长胜县完成了粮食突击》《二十四万担粮食动员的最近形势》《二十四万担粮食动员的总结》，等等。

经过动员，不少地方群众表现积极，但粮食动员总体进展比较缓慢。3 个星期过去了，24 万担粮食突击只完成了 1/6，并且不少谷子还没有完全集中。因此，6 月 27 日，中央组织局、人民委员会发出《关于粮食动员的紧急指示》，要求各级党部苏维埃以及突击队无论如何要在"7 月 15 日前完成 24 万担谷"的计划。② 7 月 2 日，粮食人民委员陈潭秋接受记者专访，就 6 月粮食突击的成绩和工作中的不足进行了回顾之后强调，要坚决迅速地纠正强迫命令的动员方式，执行真正的深入群众的宣传、解释、动员工作，纠正各种错误偏向，"无论如何要在 7 月 15 日以前完成 24 万担粮食，这是我们目前第一等的任务！"③ 由于反

---

① 亮平：《红军等着我们的粮食吃》，载《红色中华》1934 年 6 月 9 日第 1 版。
② 《中央组织局、人民委员会关于粮食动员的紧急指示——无论如何要在 7 月 15 日前完成 24 万担谷的计划》，载《红色中华》1934 年 6 月 30 日第 1 版。
③ 《粮食突击不能如期完成的危险是在威胁着我们！——粮食人民委员陈潭秋同志的谈话》，载《红色中华》1934 年 7 月 5 日第 2 版。

"围剿"战争异常残酷，能否为前线红军战士提供粮食成为决定"胜利或者死亡的问题"。为了实现"7 月 15 日以前完成 24 万担粮食"的任务，7 月 5 日，《红色中华》发表《社论：动员二十四万担粮食是目前我们第一等的任务》，强调"7 月 15 日以前完成 24 万担粮食——这是我们最战斗的任务！""无论如何要在 15 日以前完成 24 万担粮食的动员！任何迟延、消极、不负责任，都是罪恶！"① 激励广大苏区干部群众高度重视并加快粮食的筹集工作。

在极力进行动员工作的同时，临时中央政府对于粮食的收集保管工作也高度重视。但各地粮食收集保管工作实际情况却不容乐观。全苏区各县已动员了 13 万担以上的谷子（根据已知的确数）而转账到中央粮食部的不到 1/10。另外，几月来各边区被敌人抢去的谷子（公路被敌人隔断的不算）不下 4000 担。于都以前收集的土地税谷与公债谷，到现在不知下落的有 1000 余担。瑞金合龙区仓库土地税与公债的损耗达 80 余担，其中一个乡就损耗 30 余担，胜利车头区也发生了不应有的损耗。胜利马安石区的存谷生了秧苗。两江的庄埠区仓库的谷子被坏分子偷去 18 担，等等。这些严重现象，在很多地方存在着。为此，7 月 17 日，粮食部部长陈潭秋对这些问题进行了严厉批评，并就今后粮食收集和保管工作提出了严格的要求：（1）检查过去已动员而没有收集的谷子迅速收集起来，填写三联收据交给交谷的群众，另将收据报告寄交上级，并将粮食集中送交仓库转账。不容许一粒谷子不归仓库、存放在私人手里。（2）经常检查仓库存谷的数目与收支簿记，查看谷仓是否有漏洞潮湿的地方，管理人是否负责，如果发生贪污或不负责的情形，应当开展无情的斗争，给以应得的处分。（3）边区的存谷，除了直接供给红军给养以外，要动员群众迅速搬运到中心区域来，就是现在还没有敌人骚扰的边区，也要立即搬运，不能一刻迟延。（4）在今年秋收中的征收工作，要特别紧张地进行，尤其在边区战区及有团匪骚扰的区域，要随收随运到中心区来，不能停留一分钟。②

3. 借谷结果

截至 7 月 9 日，离预定的结束日期 7 月 15 日仅剩一个星期，但 24 万担粮

----

① 《社论：动员二十四万担粮食是目前我们第一等的任务》，载《红色中华》1934 年 7 月 5 日第 1 版。

② 财政部农业财务司：《新中国农业税史料丛编 第 1 册 第一、二次国内革命战争时期革命根据地的农业税政策法规》，中国财政经济出版社 1987 年版，第 255～258 页。

食动员仅完成了42%，各地之间存在明显的不平衡现象。[1] 因为工作并未如期完成，所以24万担粮食动员工作延至8月仍在持续。

8月8日，陈潭秋《二十四万担粮食动员的总结》指出，由于战争日益残酷，苏区范围逐渐缩小，有些县份因为环境的改变（如宣、乐、广等县），客观上已不可能完成。但也有不少县份超过了原定计划，如兴、瑞金、宁都、博生、胜利、太雷、石城、万泰、西江、长胜、会昌、赣县、杨殷、兆征等。总的来看，江西、赣南、粤赣及中央直属四县，除个别的县因上述原因不能完成任务外，一般都已完成和超过了；福建以前进展很迟慢，但后来兆征已超过，长汀也即将完成；最落后的仍然是闽赣。特别值得表扬的是兴国和洛口两县，兴国原定计划1.2万担，结果超过了一倍以上达到2.4万多担；洛口虽然还未完成计划，但该县原定数量是最多的县（2.8万担），而动员的结果也居全苏区第一，达2.4万多担。这些成绩使红军秋收前的给养得到相当的保证，对于支援第五次反"围剿"起了重要作用，倘若没有他们战斗的动员，中央苏区北线和西线的红军给养，将面临极大的困难。[2] 此时，中央苏区正在进行秋收60万担借谷与土地税的征收。鉴于24万担粮食动员已经基本完成，陈潭秋指出，除了供给战争紧迫需要的各县（如洛、赤、石、龙），还应更加紧张的突击外，赣南、粤赣、福建、中央直属各县及江西的兴、胜、博都应立即结束这一运动，根据党和人民委员会的指示，进行新的借谷和征收土地税的动员。在某些战区秋收时间参差不齐，则应一面继续旧的突击；而在已秋收的区域，则同时进行新的动员。在逼近敌人的区域与落后的区域，必须采取紧张突击的方法，分配坚强的力量，争取更迅速的完成任务。

（六）中华苏维埃共和国秋收借谷

1. 发行背景及政策制定

因为第五次反"围剿"战争异常残酷，红军在对敌斗争中日渐处于不利的形势，根据地在不断缩小，而红军又在不断扩大，军需粮食出现了极端紧张的情况。因此，1934年7月22日，中共中央委员会、中央人民委员会做出

---

① 江西省档案局编：《防尘扫埃　地净天蓝　回望中央苏区反腐倡廉岁月》（下），江西人民出版社2013年版，第588～589页。

② 陈潭秋：《二十四万担粮食动员的总结》，中共中央革命军事委员会编：《军事文献　第二次国内革命战争时期　党内绝密文件》（二），1957年版，第588页。

《关于在今年秋收中借谷60万担及征收土地税的决定》（决定全文于7月26日在《红色中华》发表）①，开始秋收借谷（简称"中央苏区秋收借谷"）60万担和征收土地税。根据决定，秋收借谷和征收土地税办法如下：（1）关于动员工作。60万担借谷与土地税征收的迅速完成，完全依靠于各级党与苏维埃动员乡村的组织与得力的干部，向每村每乡的广大群众进行普遍有力的宣传动员。如果抛弃了宣传鼓动，而用摊派的方式借谷，用强迫的办法收土地税，那是完全不对的。对富农必须用群众的力量强迫其借一部分给苏维埃。对地主、富农及其他反革命分子的造谣与破坏，必须给以严厉的镇压。（2）关于组织领导。借谷与征收土地税的总领导机关，是各级武装保护秋收委员会，因此，各级秋收委员会，在组织上、工作上须立即建立与健全起来。秋收委员会的责任，不但要领导群众完成秋收，而且要完成一切国家粮食（借谷、土地税、红军公谷等）的收集、运输和保管。这一任务，一般要在9月15日前完成，只有早禾占少数、晚禾占多数的乡村，才可以略为推迟时间完成那里的数目。对于战区边区、落后区域，须派出突击的力量去争取其迅速的完成。（3）关于粮食的收集、运输和保管。此次60万担借谷及征收土地税工作中，各级秋收委员会及苏维埃主席团，必须严格督促、检查各级粮食部切实负责，将动员的每一粒谷子迅速集中，迅速搬运，在适当地点建立谷仓，并且很好的保管起来，不使一粒谷子受到损失。粮食部的组织须迅速健全起来。苏维埃的其他一些部门，特别是财政部必须给粮食部以人员上、技术上的实际帮助，军事部对运输工作须负主要的责任。乡一级则组织粮食收集委员会，委员9~11人，以主席或支书为主任，担负这一时期内全乡中动员、收集、运输、保管一切粮食之责。（4）关于借谷的偿还。今年夏季24万担动员中的借谷部分，在今年土地税中归还。秋收60万担借谷，现定由1935年与1936年土地税归还。今年土地税税率照去年办法不变。②

"秋收借谷"发给群众的是"中华苏维埃共和国借谷票"，面额有干谷50斤票和干谷100斤票两种。借谷票背面附有粮食人民委员陈潭秋署名以及1935

---

　　① 中共江西省委党史研究室、中共赣州市委党史工作办公室、中共龙岩市委党史研究室编：《中央革命根据地历史资料文库　党的系统5》，中央文献出版社、江西人民出版社2011年版，第3418页。

　　② 财政部财政科学研究所、财政部国债金融司编：《中国革命根据地债券文物集》，中国档案出版社1999年版，第19~20页。

年9月和1936年9月分两次归还干谷的说明。①

2. 动员与响应

此时反"围剿"战争更加残酷，已经到了生死存亡的关键时刻，临时中央更加大力度宣传动员，据初步统计，《红色中华》发表了40余篇动员文章及借谷进展情况报道。7月26日，发表《中共中央委员会、中央人民委员会关于在今年秋收中借谷六十万担及征收土地税的决定》。当日，还发表《各县粮食部长会议——担负起充实红军给养的战斗任务——各省县粮食部长联席会议的经过》《陈部长报告征收和借谷的动员工作》《各县粮食部长订立秋收借谷的竞赛条约》。28日，发表《加紧秋收、交纳土地税、努力借谷，为动员一百万担粮食而斗争！——工人纷纷要求缴纳土地税》《瑞京八月二十五日前完成秋收借谷——兴国瑞京互相挑战》。8月8日，发表《兴国将在八月十五日前完成秋收借谷》《瑞金县红军家属代表大会成功了——一致决定要在八月十五日以前完成秋收借谷计划》。10日，发表《秋收粮食动员——兴国有九个区超过计划了》《白发女工节省谷五十余担》《太雷县"八一"节的借谷运动》《胜利县群众要求把借谷改为节省》。13日发表《同时完成粮食的动员和集中工作——粮食集中捷报》《赣县热烈进行新的借谷动员》《博生固厚区各乡互订竞赛条约》《瑞金九堡区要做全县的模范》《粮食战线上的党团员》《一千三百妇女同志运谷给红军》，等等。

在中央的号召下，各地积极借谷。如：福建上杭县工农群众在国民党粤系军阀不断的进攻和抢粮队的骚扰下，更加同仇敌忾，对于充实红军给养的借谷运动也拥护得最热烈。据该县10日的统计，全县已动员了3350担，收集到1100担。除了踊跃的拿出谷子给红军外，上杭群众对于运输粮食的工作更加表现出他们拥护红军的热情。如：这次省苏决定，该县自8月1日起至5日止，要送一千担谷子供给红军，县苏就立即分头派员到各区去动员群众运输粮食。首先是才溪、通贤二区的群众，虽在农事最紧张的时候，也在一声号召下，蜂拥而来的集中了几百名（连儿童都非常热烈地去挑），连夜将米谷送到指定地点去。结果在5日止就实实在在地送下九百多担谷子去了，这是值得各县特别是边县同志们来学习的光荣模范。② 国家政治保卫队训练班、读报班长

---

① 财政部财政科学研究所、财政部国债金融司编：《中国革命根据地债券文物集》，中国档案出版社1999年版，第20~21页。

② 才溪乡调查纪念馆编：《才溪革命史资料》（一），才溪乡调查纪念馆1983年版，第175页。

读了《红星》（中华苏维埃中央革命军事委员会机关报）五十七期"瑞金红属代表大会给红军电""抗日先遣队进福州"后，大家情绪高涨，经过热烈讨论，一致决定"六十万担的秋收借谷运动，要家里打先锋、起领导"①。

3. 借谷成效

根据《红色中华》报道，至 8 月底，福建全省各县秋收借谷已经超过了 6.5 万担谷子的最低限额，达到 7.5 万多担，全省各县共超过了 1 万多担，只在收集方面有个别县没有完成。② 江西全省 9 个县的秋收借谷已完成 191438 担，占预定计划的 89% 强，收集谷子 135650 担。其中，以胜利、兴国为最好，不仅超过了计划，而且大大地提高了群众的积极性，大部分群众自动要求不要借谷票，把借谷改为节省，而且迅速集中了；博生虽然动员数目未完成，但收集成绩比较好；石城、万太、龙岗、公略动员的数目完成而且超过，但收集工作还很差；洛口还差得远，永丰动员太迟，到现在仍未见成绩。③

截至 9 月 11 日，粮食收集数已超过原定计划的是：长胜、瑞金、胜利、西江、兴国、长汀、兆征。动员数已超过原定计划的是：太雷、石城、万太、龙岗、杨殷、赣县、汀东、新泉。未完成动员数的是：广赤、洛口、博生、于都、登贤、宁化、武平、公略、永丰。完全没有报告的是：澎湃、泉上、建宁、宜黄。④

9 月 30 日，粮食部部长陈潭秋发表《秋收粮食动员的总结》。根据总结，秋收借谷运动超过了预定计划。原定计划是借谷 60 万担，实际动员借谷 68.8 万担，收集 58.2 万担（未收集的大部分是迟熟的地方，还未割禾）。⑤

秋收借谷能取得成绩，除大力加强干部党团员在群众中的领导和模范带头作用（干部党团员积极主动、身先士卒借谷给红军的例子随处可见）、迅速克服了平均摊派的方式、更普遍地运用了挑战式的革命竞赛⑥、相信群众的积极性、做了艰苦的解释工作、严厉镇压反革命活动之外，当时正处于秋收时期，相对于六月处于青黄不接状态，群众手中拥有更多可借的谷子也是一个有利的

---

① 陈信凌：《江西苏区报刊研究》，中国社会科学出版社 2012 年版，第 460 页。

② 《福建胜利的完成了借谷运动》，载《红色中华》1934 年 9 月 8 日第 2 版。

③ 钟平：《江西省已于本月十日完成粮食动员》，载《红色中华》1934 年 9 月 11 日第 2 版。

④ 《各种秋收借谷成绩调查》，载《红色中华》1934 年 9 月 11 日第 2 版。

⑤ 中国社会科学院经济研究所中国现代经济史组：《革命根据地经济史料选编》（上），江西人民出版社 1986 年版，第 486～487 页。

⑥ 钟平：《江西省已于本月十日完成粮食动员》，载《红色中华》1934 年 9 月 11 日第 2 版。

客观条件。这次秋收借谷"在保证红军较长期的粮食是获得了很大成绩，广大群众以一切财力帮助红军的热忱大大提高，响亮地回答了中央正确的号召"①。

三、湘赣革命根据地公债政策

湘赣省苏维埃政府为充裕战费及筹措经济建设资金，先后发行了湘赣革命战争公债、湘赣二期公债、湘赣经济建设公债、湘赣收买谷子期票4项公债。

（一）中华苏维埃共和国湘赣省革命战争公债

1. 发行背景及政策制定

湘赣革命根据地是在井冈山、赣西南、湘东南地区革命斗争基础上建立发展起来的。1931年10月，苏区中央局为了适应湘赣边区革命斗争需要，决定成立了湘赣省委、湘赣省苏维埃政府和湘赣省军区，分别由王首道任省委书记、袁德生任省苏维埃政府主席、张启龙任省军区总指挥，统一湘赣各县革命斗争。由于国民党政府对湘赣苏区连续发动军事"围剿"，造成苏区财政经济困难。为了扭转困难局面，增加苏区财政收入，省苏政府纠正专靠打土豪罚款筹措革命费用的做法，调整为整顿税收，以税收为财政的主要来源②，但仍然难以维持。1932年6月，临时中央政府决定发行"革命战争短期公债"60万元，其中10万元由湘赣、湘鄂赣两省推行，具体办法由湘赣、湘鄂赣两省根据中央制定的公债发行原则制定。③ 后因江西、福建超额完成任务，加上交通不便，临时中央遂决定湘赣省发行公债数减为7.4万元，要求湘赣省苏"必须做一广大鼓动宣传，要在群众的热情和拥护上，自动起来踊跃的购买公债"，并明确"这一笔款归中央，应收存。交通便利时，即送交中央"。④

根据临时中央这一精神，1932年11月13日，中共湘赣省第二次全省代表

---

① 钟平：《江西省已于本月十日完成粮食动员》，载《红色中华》1934年9月11日第2版。
② 刘吉德、唐武云：《湘赣省革命战争公债券有关问题调查研究》，载《中国钱币》2010年第1期，第49页。
③ 中国人民银行江西省分行金融研究所编：《中华苏维埃共和国国家银行湘赣省分行简史》，中共中央顾问委员会常务委员肖克同志题，1986年版，第138页。
④ 中国人民银行江西省分行金融研究所编：《中华苏维埃共和国国家银行湘赣省分行简史》，中共中央顾问委员会常务委员肖克同志题，1986年版，第139页。

大会通过《苏维埃问题决议案》，决定发行"短期的革命战争公债 8 万元（简称'湘赣革命战争公债'）"，要求"党要发动全体同志，领导广大群众很快的推销完毕并超过"①。同时，湘赣省苏维埃执行委员会主席袁德生、副主席张启龙和谭余保联合署名公布《中华苏维埃共和国湘赣省发行"革命战争"短期债条例》。根据条例，公债名称为"革命战争公债"；发行目的是"发展革命战争、充裕革命战争经费"；发行总额为国币 8 万元；年利率 1 分；债券面额分 5 角、1 元、2 元三种；偿还期限半年，1933 年 7 月 1 日起还本还息；公债可以十足作用的完纳商业税、土地税等国家税，但以缴纳 1933 年上半年税者，则无利息；公债准许买卖抵押及代其他种现款的担保品之用；故意破坏信用、破坏价格者将以破坏苏维埃与革命战争论罪；公债发售及还本付息事宜由各级政府财政部、红军经理处、省工农银行等分别办理；公债于 1933 年 1 月 1 日正式发行。②

2. 发行动员部署

为了顺利发行这一公债，湘赣省苏维埃进行积极部署。11 月 21 日，中共湘赣省委《关于战争紧急动员彻底粉碎敌人四次围剿》文件要求，"全部印发之 8 万公债，必须很快推销完毕，每个党员应买 1 元公债，并领导群众购买"③。12 月 27 日，湘赣省苏维埃第一次执行委员会扩大会议上通过《战争紧急动员决议》和《财政经济问题决议案》。《战争紧急动员决议》指出，要"实行对发行革命战争公债券的动员，完全推销公债券八万元，各县要力求超过规定的数目"④。《财政经济问题决议案》则指出，"扩大会完全同意省府过去所决定发行公债的计划和数额，并须力求超过，达到十万以上""要加紧的急速推销，如期的集中款项到省财政部，任何机关不得留用一文"⑤。该决议案还对动员工作进行了安排：一是各级政府必须以百分之百的努力和积极性，

① 中国人民银行江西省分行金融研究所编：《中华苏维埃共和国国家银行湘赣省分行简史》，中共中央顾问委员会常务委员肖克同志题，1986 年版，第 140 页。

② 财政部财政科学研究所、财政部国债金融司编：《中国革命根据地债券文物集》，中国档案出版社 1999 年版，第 21 页。

③ 中共湘赣省委：《关于战争紧急动员彻底粉碎敌人四次围剿》（1932 年 11 月 21 日），赣州市财政局、瑞金市财政局编：《中华苏维埃共和国财政史料选编》，2001 年版，第 441 页。

④ 中国人民银行江西省分行金融研究所编：《中华苏维埃共和国国家银行湘赣省分行简史》，中共中央顾问委员会常务委员肖克同志题，1986 年版，第 141 页。

⑤ 中国人民银行江西省分行金融研究所编：《中华苏维埃共和国国家银行湘赣省分行简史》，中共中央顾问委员会常务委员肖克同志题，1986 年版，第 141～142 页。

从政治上去鼓励群众，使每个群众都了解购买公债券，是从经济上动员去实际参加革命战争，只有用一切力量、一切经济、一切牺牲争取革命战争胜利，才能保障已得的利益，才能更得到彻底的解放。二是要从各种组织上深入群众中去进行各种各样的宣传鼓动工作，要在选民大会、乡代表大会以及各种会议上用竞赛方法来发动购买公债券的热烈性，并且要告诉群众，不但是帮助了革命，而且是自己聚少成多放本生息的积钱办法，使其踊跃的自动的来购买，绝对避免强迫摊派的命令主义。但对于富农商人是可责令其多购买。

虽然湘赣省苏强调要避免强迫摊派的命令主义，但在公债发行过程中，还是出现了一些摊派和强迫购买现象。为此，1933 年 1 月 15 日，中共湘赣省委发出《红军新胜利与我们的紧急工作》指示中，除了要求各地立即完成推销革命公债的工作之外，对公债发行过程中的强迫购买和摊派等错误进行了批评和纠正。指出，用摊派办法命令群众购买，这完全是脱离群众，帮助反革命。省委责成党部，立即以革命竞赛的办法，举行政治动员，在小组会、支部会、群众大会上，自动报名来买。如有一元系摊派的或不自愿的，均须退回原主。①

在公债发行过程中，各地推销进度不平衡，如茶陵已超过一半以上，永新、莲花、安福则进行得很慢。② 公债款项的集中速度也比较缓慢，时至 1933年 2 月，各县尚差很多公债券款没有集中上缴。条例规定 7 月 1 日为债券还本给息期，每元公债要加半年的息金 5 分，息金是从 1 月 1 日算起的，而实际款项又迟迟不能上缴，这样国家无形中就要受到损失。为此，2 月 7 日，湘赣省苏维埃政府由执行委员会主席袁德生、副主席张启龙、副主席兼财政部部长谭余保、财政部副部长胡湘联合署名发出第 13 号命令——《湘赣省苏维埃政府限各县于 1933 年 2 月分别完成公债缴款任务》。规定各地缴款期限：永新各区集中到县限 2 月 16 日，由县解到省限 17 日；莲花、吉安、安福各区集中到县限 2 月 18 日，由县解到省限 20 日；萍乡、茶陵、攸县、宁冈各区集中到县限 20 日，由县解到省限 24 日；北路各县及酃县各区集中到县 24 日，由县解到省限月底。某区某县逾期没有悉数集中公款到上一级机关的，便由该区、县主

---

① 财政部财政科学研究所、财政部国债金融司编：《中国革命根据地债券文物集》，中国档案出版社 1999 年版，第 22 页。

② 中国人民银行江西省分行金融研究所编：《中华苏维埃共和国国家银行湘赣省分行简史》，中共中央顾问委员会常务委员肖克同志题，1986 年版，第 144 页。

席及财政部长赔出所生的月息金。①

3. 发行结果

关于公债的发行结果，解武军、毛赛蓉认为"湘赣省第一期革命战争公债发行顺利"。② 刘吉德、唐武云则明确指出，"1932 年 12 月，湘赣省苏维埃政府发行（第一期）短期革命战争公债 8 万元，由于群众踊跃认购，实际发行公债 11 万元"③。以上观点的依据，大概来自中共湘赣省委 1933 年 2 月 1 日《向中央的报告》，该报告指出，"整理税收工作有了相当的成绩，全省土地税山林税约有 10 万元，营业税每月约 1 万元，公债券原定 8 万元，现在计算可超过到 11 万元，土豪罚款每月约可收 2 万元，造币厂每月可造 1 万元，估计大约可以维持四个月的经费，但四月后收入减少，公债又要偿还，那就困难了"④。但此后 1 个月，3 月 8 日中共湘赣省委在《湘赣苏区党第二次代表大会工作报告》中关于此次公债发行情况则出现了不同数据，即"我们发行短期公债原定 8 万，大概情况可以做到 9 万"⑤。根据这一报告内容，公债发行实际成绩应在 9 万元左右。

4. 响应中央"退还公债"运动

自 1933 年 3 月起，中央苏区掀起了一场热烈的"退还公债"运动，工农群众纷纷将"中央苏区二期公债"退还给临时中央政府，不要政府偿还公债本金。⑥ 在这一背景下，中共湘赣省委决定"发动群众不要本息，退还革命战争短期公债三万元"，并在 4 月 23 日《红五月工作计划》中指出，"退还（一期）三万元公债运动，必须把中央苏区群众自动热烈的不要本、不要息、退还政府作为红军战费的事实，在群众中作广大的鼓动，利用各种会议举行退公债的竞赛，退还是绝对自愿的，退还多少也是绝对自愿的"⑦。

---

① 财政部财政科学研究所、财政部国债金融司编：《中国革命根据地债券文物集》，中国档案出版社 1999 年版，第 22 页。

② 解武军、毛赛蓉：《湘赣省革命战争公债券考略》，载《中国钱币》2006 年第 3 期，第 72 页。

③ 刘吉德、唐武云：《湘赣省革命战争公债券有关问题调查研究》，载《中国钱币》2010 年第 1 期，第 50 页。

④ 罗开华、罗贤福主编：《湘赣革命根据地货币史》，中国金融出版社 1992 年版，第 169 页。

⑤ 中国人民银行江西省分行金融研究所编：《中华苏维埃共和国国家银行湘赣省分行简史》，中共中央顾问委员会常务委员肖克同志题，1986 年版，第 143 页。

⑥ 《本报号召立即开始 节省一个铜板，退还公债，减少伙食费的运动》，载《红色中华》1933 年 3 月 6 日第 3 版。

⑦ 中国人民银行江西省分行金融研究所编：《中华苏维埃共和国国家银行湘赣省分行简史》，中共中央顾问委员会常务委员肖克同志题，1986 年版，第 144 页。

湘赣省"退还公债"决定作出后,各地积极响应。湘赣军区于5月6日发出第六号训令《关于红色五月的工作》,要求党团员在退还公债中应起积极领导作用,在五月内应达到省委所决定的退还3万元的数目,还须将中央苏区群众自动热烈的不要本、不要息、退还政府的事实,在部队中和地方群众中作广大的宣传,举行退还公债竞赛。训令同时也强调,这是绝对自愿的,退还多少也是绝对自愿的,决不能用强迫命令来退还。① 永新三个区的少共队员积极行动,不要本息退还公债共计250余元,其中,潞江区80元,老屋区80多元,象形区90多元。② 等等。6月24日,"一期公债券,……快要偿完了"③,湘赣省反帝拥苏大同盟发出《关于动员推销第二期革命战争公债券给各级同盟的指示信》,要求各级同盟仍要号召会员,自动退还,不要国家还本付息,或拿来购买即将于7月发行的第二期公债券。

(二) 中华苏维埃共和国湘赣省苏第二期革命战争短期公债

1. 发行背景及政策制定

为了筹集、充实革命战争费用,粉碎敌人的第四次"围剿",争取战争的全面胜利,1933年6月26日,中共湘赣党团省委作出了《关于发行第二期革命公债票的决定》。决定指出:(1)各级党团要组织讨论公债发行办法,提出口号,营造氛围。各级党团立即根据省苏所发行的第二期革命公债票(简称"湘赣二期公债")的决定,由党召集同级政府和其他群众团体比较大的活动分子会报告讨论并具体规定办法,经过党团政府工会、雇农工会、贫农团、工农妇代表、儿童团等组织活动,应提出"夺回茶陵、宁冈、莲花""继续胜利的进攻、消灭进攻湘赣苏区的敌人""保护秋收""彻底粉碎敌人的四次围剿""争取江西首先胜利,准备与帝国主义直接作战"等中心口号来发动广大群众踊跃的推销公债票,想出方法使群众来购买公债票,在群众中要营造推销公债票的热烈的紧张氛围。(2)党要负责公债发行的领导。党在推销公债票的过程中应经常检查其工作,更具体地提出许多办法来加强对这一工作的领导。各级党

---

① 中国人民银行江西省分行金融研究所编:《中华苏维埃共和国国家银行湘赣省分行简史》,中共中央顾问委员会常务委员肖克同志题,1986年版,第144~145页。

② 中国人民银行江西省分行金融研究所编:《中华苏维埃共和国国家银行湘赣省分行简史》,中共中央顾问委员会常务委员肖克同志题,1986年版,第145页。

③ 湖南省财政厅编:《湘赣革命根据地财政经济史料摘编》,湖南人民出版社1986年版,第510页。

部和党团组织根据当地和各个群众组织当前的特殊任务，加以特殊的号召，绝对防止强迫命令、按户摊派和贪污，以及自动滥用公债票款等绝对不可容许的现象。（3）应举行党团支部大会和各群众团体会员大会，专门讨论推销公债工作。组成推销公债票突击队（以群众中有信仰的积极分子组成），充分运用革命的竞赛方法，团体与团体，个人与个人，乡与乡，区与区，均应用竞赛方法来实现其完成，优胜者给以奖赏。（4）应防止反革命分子造谣破坏公债信仰，各级（政治保卫局或肃反机关）特派员应严格检查和揭发反革命一切阴谋，若发现有造谣事实立即追究，并由当地政府从严处理。（5）应发动节省运动来购买公债，如机关工作人员实行节省伙食，群众节省谷米，工人节省用费，妇女卖柴挑脚和变卖自己的金银器等购买公债。（6）各级党团部对这一决定和省苏所发关于第二期公债票一切材料应详细讨论，并具体计划执行。①

根据决定，湘赣省苏维埃执行委员会主席谭余保、副主席李端娥和陈珠妹联合署名公布《中华苏维埃共和国湘赣省苏第二期革命战争短期公债条例》。条例规定，公债定名"第二期战争公债"；发行目的是"充裕战费，发展革命战争，彻底粉碎敌人四次'围剿'，准备与帝国主义直接作战，争取革命战争全部胜利"；总额为国币 15 万元；年利率 1 分；债票面额分 5 角、1 元、5 元三种；7 月 1 日正式发行；偿还期限 14 个月，从 1934 年 9 月 1 日开始还本付息；公债可完全以十足作用完纳 1934 年的商业税、土地税等国家租税，但以缴纳 1934 年上半年租税者，则无利息；公债准许买卖抵押及代其他种现款的担保品之用；公债发售及还本付息，由各级政府财政部、红军经理处等分别办理；如有人故意破坏信用、破坏价格者，以破坏苏维埃与革命战争论罪。② 湘赣省苏发行的第二期革命战争公债券，每种债券均为两色版，其中，5 角券为蓝色版和红色版，1 元券为黑色版和蓝色版，5 元券为蓝色版和红色版。3 种公债券背面均附印有"中华苏维埃共和国湘赣省苏发行第二期革命战争短期公债条例"全文。③

公债计划发行总额为 15 万元，但据陈洪模考证，该项公债券实际印发数

① 财政部财政科学研究所、财政部国债金融司编：《中国革命根据地债券文物集》，中国档案出版社 1999 年版，第 22~23 页。

② 财政部财政科学研究所、财政部国债金融司编：《中国革命根据地债券文物集》，中国档案出版社 1999 年版，第 24 页。

③ 财政部财政科学研究所、财政部国债金融司编：《中国革命根据地债券文物集》，中国档案出版社 1999 年版，第 23 页。

额为 20 万元。① 因为 10 月 22 日，湘赣省苏维埃财政部发布的《增发二十万二期革命公债发行工作大纲》中明确指出，"自九县查田大会一致要求省苏增发二十万二期革命公债用于经济建设以后，跟着全省经济会议、永新合作社代表大会、军区及许多机关、各地方都纷纷继续要求省苏迅速批准发行。省苏对群众的这一热烈的请求，已经正式批准。并确定将原印发之二十万公债迅速完成……"这里的"原印发之二十万公债"指的就是二期革命战争短期公债。此后还有多个文件内容，也证明了这一点。如：1933 年 12 月 18 日，《湘赣全省各级苏维埃政府第一次革命竞赛条约（续）》中号召："迅速完成并超过推销二期革命公债四十万元……"②。1934 年 4 月 18 日，以湘赣省公债发行委员会主席萧仁山名义发出的《给各县区乡公债发行委员会及经济动员突击队的一封信》中结束语是："致以完成四十万元革命公债的光荣敬礼！"③，1934 年 4 月 26 日，曾超署名的文章《你那里推销公债的工作做得怎样》中讲："省苏二期革命公债的发行……，都在为了完成与超过省苏发下的四十万元二期革命公债而努力的斗争着"④。这些文件中提到的 40 万元，就是指二期革命战争短期公债印发的 20 万元和此后补发的二期革命公债 20 万元（关于补发的二期公债后文有详述）。笔者在搜集资料的过程中发现，实际上，1933 年 7 月，中共湘赣省委的《综合性工作报告》中，就明确提到"第二期公债 20 万元已发出，推销尚踊跃，惟尚未成为广大运动"⑤。可见，第二期公债印发数额为 20 万元应是确定的。

2. 发行动员

第二期公债正式发行后，中共湘赣省委、省苏维埃政府及相关机构多次督促地方抓紧时间推销。7 月 27 日，中共湘赣省委在《综合性工作报告》中指出，要"努力在八月完成二期公债，20 号后开始征收土地税"⑥。7 月 29 日，作出《粉碎帝国主义、国民党新的第五次"围剿"前夕党的紧急任务决议》，要求各地"必须以最大限度的努力集中一切经济力量来充裕红军的战费"，提出"第二期公债应于 8 月 20 号以前全部完成，鼓励群众用现洋购买

---

① 江西省档案馆：《湘赣革命根据地史料选编》（下），江西人民出版社 1984 年版，第 534 页。

②④ 陈洪模：《谈湘赣苏区第二期革命公债发行量》，载《南方文物》2005 年第 4 期，第 109 页。

③ 江西省档案馆编：《湘赣革命根据地史料选编》（下），江西人民出版社 1984 年版，第 711 页。

⑤⑥ 中国人民银行江西省分行金融研究所编：《中华苏维埃共和国国家银行湘赣省分行简史》，中共中央顾问委员会常务委员肖克同志题，1986 年版，第 147 页。

公债"①。省苏维埃政府主席谭余保在《怎样来拥护二次全苏大会与三次省苏代表大会》中指出，要"加速的动员经济，要扩大竞赛方法，普遍深入来鼓动每个群众多买公债票，马上集中现金，马上完成推销二期公债，并要做到超过原额"②。湘赣省反帝拥苏大同盟早在 6 月 24 日就发出《关于动员推销第二期革命战争公债券给各级同盟的指示信》，要求各县应完成省委所规定的数目，并争取超过。以村、乡为基础，进行竞赛，并在联席会议上自己承认推销数目。应做到每个会员都购一张公债券，并做到买了就拿现洋，不要像过去一样，迟延至几个月，也不交现金。③ 7 月 12 日，湘赣省反帝拥苏大同盟再作出《"八一"示威运动的决议》，要求各级同盟依照大同盟的指示信，尽量做到每个盟员至少买 1 元或几元公债券，在"八一"前努力完成这一工作。④

3. 发行结果

尽管有些地方运用了革命竞赛的方式推销公债，不少群众积极购买，如永新茶陵有些团支部书记和团员及青年群众买上 40 元公债，特别是永新城市的青工节省数天工资及零用钱，帮助红军战费及购买公债；茶陵北路等国统区青年也购买了公债。⑤ 茶陵各区执行 40 天竞赛条约推销二期公债，严尧区和七区、八区已超过预定的数目。⑥ 但这一公债总体发行效果并不理想，如前面提出"第二期公债应于 8 月 20 号以前全部完成"，而 9 月 27 日，中共吉安县委作出《全县党团活动分子会的决议》中，还要求在"十月十五日以前做到全部完成"⑦。显然，公债发行并不顺利。实际上，迟至 11 月，二期公债只推销了 2 万元。⑧ 其中，

---

　　① 中国人民银行江西省分行金融研究所编：《中华苏维埃共和国国家银行湘赣省分行简史》，中共中央顾问委员会常务委员肖克同志题，1986 年版，第 146～147 页。

　　② 中国人民银行江西省分行金融研究所编：《中华苏维埃共和国国家银行湘赣省分行简史》，中共中央顾问委员会常务委员肖克同志题，1986 年版，第 147 页。

　　③④ 湖南省财政厅编：《湘赣革命根据地财政经济史料摘编》，湖南人民出版社 1986 年版，第 510 页。

　　⑤ 中国人民银行江西省分行金融研究所编：《中华苏维埃共和国国家银行湘赣省分行简史》，中共中央顾问委员会常务委员肖克同志题，1986 年版，第 151 页。

　　⑥ 中国人民银行江西省分行金融研究所编：《中华苏维埃共和国国家银行湘赣省分行简史》，中共中央顾问委员会常务委员肖克同志题，1986 年版，第 153 页。

　　⑦ 中国人民银行江西省分行金融研究所编：《中华苏维埃共和国国家银行湘赣省分行简史》，中共中央顾问委员会常务委员肖克同志题，1986 年版，第 148 页。

　　⑧ 湖南省地方志编纂委员会编：《湖南省志　第 15 卷　财政志》，湖南人民出版社 1987 年版，第 684 页。

安福完成了推销任务的5/10，收集了现洋4000余元。①

中共茶陵县委全县各区书记联席会议上，对公债发行不顺利的主观原因进行了总结，指出，主要是对敌人五次围剿的严重性没有深刻的认识，缺乏红军的胜利信心。同时，反机会主义的斗争尚不深入，特别是在进行各项工作中没有很好的联系群众的实际利益（如解决群众的食盐问题）。②中共吉安县委也承认，过去"我们的政治动员（不）深入，没有把推销公债的工作造成广大群众的运动"，今后"必须以乡为单位组织推销公债突击队，以村为单位组织分队，以推销多的同志担任队员，经常不断的发行推销公债工作，县区支负宣传责任的同志应多多发出推销公债的标语口号，到群众中去鼓励男男女女老老少少的群众，个个都自动的踊跃的买公债"③。

此后，有些县区继续进行公债动员，如中共茶陵县委要求努力完成全县的八千公债（高坑区在外），十月革命纪念节前，各区最低限度的推销数目：高垄区600元；三区、四区100元；其他各区继续增加购买。在省党大会前，高垄区完成2000元；高坑区完成原来永新县委规定数目；三区、四区完成150元，并要收集现金送交县财政部。④由于11月湘赣革命根据地又开始补充发行第二期革命公债（即湘赣省经济建设公债），7月开始发行的第二期革命战争短期公债无形结束。

（三）中华苏维埃共和国湘赣省苏第二期革命公债

1. 发行背景及政策制定

由于国民党政府军队疯狂"围剿"，湘赣革命根据地经济受到很大破坏，粮食来源受到限制，与国统区贸易受到阻碍，生活必需品极其缺乏，"最困难的是没有盐吃，常常一个礼拜吃不到盐"⑤。为了筹集经济建设经费，发展苏区经济，九县查田大会一致要求省苏增发20万二期革命公债用作经济建设⑥。1933年10月18日，湘赣全省经济建设会议决定，"一致同意九县查田运动大会要求省苏政府增发20万二期革命公债的建议，并要省苏政府迅速批准，以

①②④　中国人民银行江西省分行金融研究所编：《中华苏维埃共和国国家银行湘赣省分行简史》，中共中央顾问委员会常务委员肖克同志题，1986年版，第153页。

③　中国人民银行江西省分行金融研究所编：《中华苏维埃共和国国家银行湘赣省分行简史》，中共中央顾问委员会常务委员肖克同志题，1986年版，第148页。

⑤　罗开华、罗贤福主编：《湘赣革命根据地货币史》，中国金融出版社1992年版，第234页。

⑥　江西省档案馆编：《湘赣革命根据地史料选编》（下），江西人民出版社1984年版，第534页。

便迅速推销，顺利的进行经济建设"①。永新合作社代表大会、军区及许多机关各地方也纷纷继续要求省苏迅速批准发行。10 月 22 日，中共湘赣省委正式决定"补发公债 20 万元"（因其是在湘赣省二期公债基础上补充发行，同时又主要是依据中央苏区经济建设公债相关精神发行的，故简称"湘赣补发二期公债"或"湘赣经济建设公债"）进行经济建设、发展苏区生产、改善工农群众生活，具体用于对外贸易、粮食调剂、创办合作社等方面。② 同日，湘赣省苏维埃财政部遵照中央国民经济部和财政部关于发行三百万经济建设公债工作大纲，编制、印发《增发 20 万二期革命公债发行工作大纲》（以下简称《大纲》）指导公债发行工作，并公布《中华苏维埃共和国湘赣省苏第二期革命公债条例》（以下简称《条例》）。

《大纲》包括发行第二期革命公债条例、公债发行的意义、用谷子购买公债与谷子处理办法、公债发行委员会组织、怎样动员、发行前的准备工作等六个方面内容。这六个方面除了增加部分湘赣省苏区特有的具体内容之外，基本上与中央苏区经济建设公债发行工作大纲——《怎样发行经济建设公债》内容一致。要求各级财政部、国民经济部应立即遵照这一大纲，建立县区乡公债发行委员会的组织，举行扩大的政治动员，务使以前印发的和补发的二期革命公债，能在最短期间内完成。并号召，"不使一个不觉悟的工人农民及红色战士的手上不拿着光荣的二期革命公债券"③。

根据《条例》，公债发行目的是进行苏区经济建设；总额为 20 万元；具体用途为 8 万元用于发展对外贸易，8 万元用于粮食调剂，4 万元帮助合作社；公债票面价额，分为 5 角、1 元、5 元三种；公债利率定为周年 5 厘；利息从 1934 年 12 月起分 6 年支付，每元每年利息大洋 5 分；公债还本，从 1937 年 12 月起分 3 年偿还，第一年即 1937 年还 30%，第二年即 1938 年还 30%，第三年即 1939 年还 40%，偿还办法届时另行制定公布；公债以粮食调剂局、对外贸易局及其他国营企业所得利润，为付还本息基金；购买本公债者，既可交银，也可交谷或者交棉花，谷棉价格由当地县政府公布；公债准许买卖抵押，并作其他担保品之用；故意破坏本公债使用者，以破坏苏维埃经济论罪；公债发行事宜，由各级政府公债发行委员会负责，所收款项交分支库，所收谷子、

---

① ② 中国人民银行江西省分行金融研究所编：《中华苏维埃共和国国家银行湘赣省分行简史》，中共中央顾问委员会常务委员会肖克同志题，1986 年版，第 148 页。

③ 江西省档案馆编：《湘赣革命根据地史料选编》（下），江西人民出版社 1984 年版，第 539 页。

棉花则交仓库保管委员会；公债从 1933 年 11 月 1 日正式发行。[①]

这次补发的湘赣省第二期革命公债券，和 7 月湘赣省苏发行的第二期革命战争短期公债券大体相同，只是债券的发行日期改为 1933 年 11 月（其中 1 元券还发现有 1934 年 1 月印发的债券），债券背面附印有"中华苏维埃共和国湘赣省苏发行第二期革命公债条例"全文。[②]

2. 公债发行动员实施

因为此次公债发行数额大、任务重，中共湘赣省委、省苏和有关各经济领导工作部门，对于这期公债的推销工作，都给予了高度重视。1933 年 11 月 30 日，中共湘赣省三全大会《政治决议案草案》指出，"为着经济建设事业迅速开展和充裕红军给养，党必须领导群众在短期内完成二期公债的推销"[③]。湘赣省苏还制定了全省各级苏维埃政府革命竞赛条约，要求"迅速完成并超过推销二期革命公债""在 12 月底应完成十分之五，1 月底全部完成"[④]。为了发行这一公债，湘赣省财政部、国民经济部进行了积极的动员。11 月 8 日，《湘赣省苏维埃政府财政部、国民经济部发行公债动员》对公债发行动员作了总体部署，包括各地买公债的记录、政治动员、组织动员、领导比赛的艺术等内容。[⑤] 政治上的动员，要紧密联系群众生活进行艰苦宣传和解释工作，特别是详细说明发行公债是为了争取革命战争的胜利，讲明战争与群众切身利益的密切联系。组织上的动员，首先将公债发行委员会本身组织健全起来，县区乡公债发行委员会都派驻专人负责，县区由副主席或其他机关的负责同志担任副主任专门负责，乡公债发行委员会同样要有人常驻办公，各村组织公债推销队（或突击队，二队至三队，每队 3 人，各队设队长 1 人，三队内选举总队长 1 人），至多每 7 天开队员会议 1 次，检查推销公债工作中的经验与成绩，定出推销公债工作计划。其次，加强党的领导，动员各革命团体来帮助动员，无论在县、区、乡，县委与区委、支部要领导党团员起核心作用，同时，让工会、

① 财政部财政科学研究所、财政部国债金融司编：《中国革命根据地债券文物集》，中国档案出版社 1999 年版，第 23 页。

② 财政部财政科学研究所、财政部国债金融司编：《中国革命根据地债券文物集》，中国档案出版社 1999 年版，第 24 页。

③ 罗开华、罗贤福主编：《湘赣革命根据地货币史》，中国金融出版社 1992 年版，第 149 页。

④ 湖南省财政厅编：《湘赣革命根据地财政经济史料摘编》，湖南人民出版社 1986 年版，第 516 页。

⑤ 《湘赣革命根据地》党史资料征集协作小组编：《湘赣革命根据地》（上），中共党史资料出版社 1990 年版，第 743 页。

贫农团、妇女代表会、少先队、儿童团、列宁学校等各方面实行他们组织上的动员，分配数目与责任，发动团体与团体之间的比赛，这一动员工作的重心放至各村子里。

此外，11 月 14 日，湘赣省苏财政部、国民经济部在《特别通讯》中号召大家要学习省苏工农检查部、省劳动部、内务部召集各县及城市部长联席会议热烈讨论并积极购买公债的经验，"希望他们在部联席会议中，各部派人来签字比赛，我们各乡的各村的还可以派人与别村签字比赛"；号召学习吉安县财政部、国民经济部召集各区财政部、国民经济部长联席会议并热烈购买公债的光荣模范，"节省一切经济，帮助红军战费"。① 11 月 20 日，省财政部、国民经济部再号召各地的同志特别是各级财政部的同志，"以革命先锋的竞赛精神买得更多更加热烈""为迅速完成推销补发二十万革命公债而努力"②。湘赣省苏国民经济部还提出了"热烈购买公债的口号"，即：赶快买公债，充裕红军给养，发展苏区经济；赶快买公债，发展对外贸易，吃得便宜盐；赶快买公债，发展纺织生产，穿得便宜布；赶快买公债，冲破敌人经济封锁，彻底改善群众生活；赶紧拿谷子，谷子价钱提得高，免得奸商富农来操纵；买公债，很方便，棉花、豆子、布匹、油……都可以，价钱提到（得）高，很快又可买得便宜货；一切经济服从战争；集中一切力量，粉碎敌人五次围剿。号召"英勇的突击队同志们"，把这些标语口号"好好的写起来，张贴到每个村子里，映入到每个群众的脑海中"③。省苏工农检查部、劳动部、内务部召集各县及城市部长联席会议，热烈地讨论并积极购买公债，工农检察部长联席会议上大家买了 339 元，劳动部长联席会议大家购买了 57 元，内务部长联席会议上大家购买了 710 元。④省政治保卫局全体工作人员及其保卫队战士，与红十七师的全体战士实行经济动员购买二期公债，并调动各县保卫局的工作人员及其保卫士兵加入这一竞赛。⑤ 11 月 12 日，少共湘赣省委发出了《为参加苏维埃经

①④　湖南省财政厅编：《湘赣革命根据地财政经济史料摘编》，湖南人民出版社 1986 年版，第514 页。

②　湖南省财政厅编：《湘赣革命根据地财政经济史料摘编》，湖南人民出版社 1986 年版，第516 页。

③　财政部财政科学研究所、财政部国债金融司编：《中国革命根据地债券文物集》，中国档案出版社 1999 年版，第 24 页。

⑤　湖南省财政厅编：《湘赣革命根据地财政经济史料摘编》，湖南人民出版社 1986 年版，第525 页。

济建设与经济动员给各级团部指示》，要求各级团部应切实根据省委参加发行公债委员会的组织的紧急通知去执行，应经过团的会议及各青年群众团体的各种会议，自下而上的充分运用革命竞赛的方式来进行区与区、支与支、小组与小组、个人与个人比赛，来提高全团和广大青年群众购买的热情。① 12 月 18 日，湘赣省苏向各级苏维埃政府发布《第一次革命竞赛条约（续）》，号召"迅速完成并超过推销二期革命公债四十万元"②。

在中共湘赣省委、省苏及相关部门的动员下，地方党员干部、机关、团体也积极发挥作用。如永新缝衣厂、银行党支部领导全体工人节省二个月工资购买公债，里田区里田街支部领导全体工人在一个晚上买了 700 多元公债。③ 中共茶陵县委要求在完成 8000 元二期公债外，加紧 2 万元经济建设公债的推销工作，采取竞赛的办法，迅速地去推销，并强调党须加强这一工作的领导和宣传鼓动工作，发动广大群众热烈的购买。④ 安福县国民经济部在《全县第一次经济建设大会的决议》中指出，"九县查田运动及经济建设大会上要求湘赣省苏补发二十万元公债券，只准安福二万九千元（除原有在外），为要回答省苏这一号召，必要用突击精神坚决去完成"⑤。少共遂川县各区开展"六十天工作竞赛"，上七区推销公债 500 元，黄坳区推销公债 400 元，大汾区、七岭区、五斗江区分别推销 300 元。⑥

3. 经济动员突击工作及公债发行结果

公债发行动员取得了一定的效果。但因为"各级政府对于推销公债、收集公债现款的政治动员非常不够"，所以"不能从组织上来完成所承认的数目"。二期公债已经下发半年、补发二期公债也已发下几个月，销售任务均未完成，而革命形势已是极其紧张。随着第五次反"围剿"战争日益残酷，"经济动员工作是我们目前最中心最迫切的工作之一"。因此，1934 年 1 月 9 日，湘赣省苏维埃政府发出《关于经济动员突击工作的命令》，决定自 1 月 21 日起至 2 月

① 中国人民银行江西省分行金融研究所编：《中华苏维埃共和国国家银行湘赣省分行简史》，中共中央顾问委员会常务委员肖克同志题，1986 年版，第 151~152 页。

② 陈洪模：《谈湘赣苏区第二期革命公债发行量》，载《南方文物》2005 年第 4 期，第 109 页。

③ 中国人民银行江西省分行金融研究所编：《中华苏维埃共和国国家银行湘赣省分行简史》，中共中央顾问委员会常务委员肖克同志题，1986 年版，第 152 页。

④⑤ 中国人民银行江西省分行金融研究所编：《中华苏维埃共和国国家银行湘赣省分行简史》，中共中央顾问委员会常务委员肖克同志题，1986 年版，第 153 页。

⑥ 湖南省财政厅编：《湘赣革命根据地财政经济史料摘编》，湖南人民出版社 1986 年版，第 526 页。

21 日止，为全省经济动员突击月。在这一突击月中，各级苏维埃应努力动员各革命团体特别抓紧这一工作，主要是从政治上、组织上来加紧动员，以突击的精神来完成以下各项工作：推销经济建设公债；查田中的筹款计划；节省运动；深入国统区筹款。①

为了顺利实现"经济动员突击月"奋斗目标，1 月 18 日，中共湘赣省委、湘赣省苏维埃政府主席团发出《关于经济动员突击运动月工作大纲》，对经济动员突击工作作出指示，要求各地采取各种措施，加强对群众的政治宣传，掀起"发动公债的购买与交款比赛的狂潮"，推动公债购买运动的开展。② 大纲主要内容如下：（1）推销公债的政治动员。主要说明：要充裕红军战费，发展国民经济，保障革命战争长期的物质供给，必须完成公债；要吃得便宜盐，必须推销公债，发展对外贸易；要使谷子价钱不贵不贱，必须拿谷子买公债，以调剂粮食；要便利群众各种日常需用品的供给，必须推销公债，帮助合作社的发展。（2）突击运动中公债的组织动员。县、区、乡必须组织经济突击队，由各级党与苏维埃领导，到各区、乡、村进行突击动员，并在做好充分准备的基础上领导各地比赛。经济动员突击，要建立报告制度。村到乡至多二天，乡到区三天到四天，区到县五天到七天，县到省至多十天，应有一次报告，以便将各方消息，随时登《红色湘赣》发表。③

在经济动员突击运动期间，湘赣省军区、永新、茶陵、安福等县的群众开展了热烈的购买公债竞赛活动。湘赣省军区政治部于 1 月 26 日发出《关于加强经济战线上的动员突击月工作和筹款工作，给各级一封指示信》，要求各级政治机关、红色部队、地方武装"为超过 3 万元公债数目（字）而斗争"。各机关、部队"应抓紧经济战线上的动员为中心"，"抓住收现金运动（联系到推销公债），更大规模的从组织上、政治上来动员，经过各种会议，如党团小组会、支部干事会、支部大会、干部会、军人大会"，专门讨论经济动员工作，进行"简单、明了、有力的鼓动报告，发动红色战士热烈购买公债和收现金""运用竞赛方式，反对强迫命令和摊派式，实行班与班、排与排、连与连、个

---

① 江西省档案馆编：《湘赣革命根据地史料选编》（下），江西人民出版社 1984 年版，第 632 页。

② 李洪、苏春生：《吉安发现湘赣省革命战争公债新版别》，载《内蒙古金融研究》2003 年第 A3 期，第 34 页。

③ 财政部财政科学研究所、财政部国债金融司编：《中国革命根据地债券文物集》，中国档案出版社 1999 年版，第 25～27 页。

人与个人缴现金比赛（要联系推销公债），订立竞赛条约""运用突击办法选举代表，组织突击队"，去做"艰苦的详细的解释和宣传鼓动工作"，深入政治动员，使每个红色战士有深刻的了解和认识，鼓励他们多写信回家寄钱来（或者米谷、豆子，卖猪、卖油等），"要在最短期间（在一月底）一律要完成以前公债数目的现金，并收集送交政治部"①。永新县苏维埃政府 2 月 8 日发出《紧急通知》，要求全县领导干部从组织上和政治上去做艰苦、耐心的动员及进行各种宣传工作，积极地领导与鼓动群众购买公债，并充分运用此前推销公债的经验和革命竞赛方式，发动乡与乡、村与村、屋场与屋场、个人与个人、团体与团体的推销公债热烈比赛，以及号召群众拿物品——豆子、谷子、棉花、花生等来买公债，并强调应彻底肃清摊派命令强迫等官僚主义的办法。② 安福县苏维埃政府国民经济部号召全县人民在完成二期公债的基础上，努力完成补发二期公债 2.9 万元的推销任务。③

此时，湘赣省苏维埃政府考虑到全省群众购买公债的热情，为保持补发二期公债的连贯性，临时赶制印发了一些一元面额公债券，因此，"二期革命公债券"在原有债券的基础上，又多出了 1934 年 1 月印发的一元面额公债券。从时间上看，这些公债仍是湘赣省赤色石印局在永新县才丰破下时印制的。④

为期一个月的经济动员突击运动并没有达到预期的效果。根据省苏财政部的报告，至 3 月底，二期革命公债发行半年，全省只完成任务的 1/4，并且还有许多群众不知道可以用谷子购买公债。⑤ 此时，随着第五次反"围剿"战争愈益激烈，红军粮食补给出现极大困难，并且日益严重，补充红军给养成为最紧要的战斗任务之一。为了保障红军的给养、筹集足够的粮食供应，3 月 28 日，中共湘赣省委、湘赣省苏政府作出《关于经济动员突击运动的决定》，决定从 4 月 1 日至 5 月 15 日再发动为期一个半月、以筹集粮食为中心任务的经济动员突击运动。决定强调，经济动员突击运动必须以抓紧收集粮食为中心。

---

① 中国人民银行江西省分行金融研究所编：《中华苏维埃共和国国家银行湘赣省分行简史》，中共中央顾问委员会常务委员肖克同志题，1986 年版，第 155～156 页。

② 中国人民银行江西省分行金融研究所编：《中华苏维埃共和国国家银行湘赣省分行简史》，中共中央顾问委员会常务委员肖克同志题，1986 年版，第 156～157 页。

③④ 李洪、苏春生：《吉安发现湘赣省革命战争公债新版别》，载《内蒙古金融研究》2003 年第 A3 期，第 38 页。

⑤ 中国人民银行江西省分行金融研究所编：《中华苏维埃共和国国家银行湘赣省分行简史》，中共中央顾问委员会常务委员肖克同志题，1986 年版，第 157 页。

怎样去收集粮食呢？决定指出，粮食收集最大的来源，就是完成推销二期革命公债，而不需要用大批的花边铜板去收集。要广泛地告诉群众谷子可以购买公债，激发群众购买公债的热情，迅速完成公债推销。①

　　少共湘赣省委积极响应党的号召，争做党的有力助手，并向全省发出《关于经济突击运动的决定》，提出应发动广大的青年群众加入粮食消费生产等合作社，积极地去国统白区运货到苏区，以保障红军的给养。应发动我们的少队帮助粮食部把边区的公谷运到苏区来。必须在团及青年群众团体中开展思想斗争，反对经济突击运动中的动摇、消极怠工。从县委到支部及各个青年群众团体，应动员好的干部参加突击队的组织，进行这一运动的突击。②

　　4月18日，湘赣省公债发行委员会主任萧仁山发出《给各县区乡公债发行委员会及经济动员突击队的一封信》，以省公债发行委员会的名义再对公债发行和经济动员作出具体指示，即：县区乡的公债发行委员会须马上整理和健全起来；必须艰苦的耐劳的深入政治动员；各县区乡须组织强有力的经济动员突击队；建立各级公债发行委员会自下而上的工作报告制度。要求各县公债发行委员会和突击队以及省苏经济动员突击队，接到这一信后，须详细讨论，并须立即将4月1日起直至接信日止所进行的工作情形，详细报告省公债发行委员会。③

　　但是，为筹集粮食而进行的经济动员突击运动成绩还是不理想，至4月中旬，全省还有7万元公债没有推销，粮食收集数量有限。为此，4月21日，中共湘赣省委发出《关于收集粮食突击的决定》，要求各地广泛宣传，激发群众收集粮食的热忱，努力完成公债。没有推销的7万元公债，"做到4万元全部收谷子，3万收现款"④。4月23日，湘赣省苏维埃政府也发出《为进行收集粮食突击运动给各级政府的指示信》，决定自4月24日起举行收集粮食的突击运动，将还没有推销的7万元公债完全推销，其中，以4万元公债发动群众

---

　　①　中国人民银行江西省分行金融研究所编：《中华苏维埃共和国国家银行湘赣省分行简史》，中共中央顾问委员会常务委员肖克同志题，1986年版，第157~158页。

　　②　江西省档案馆编：《湘赣革命根据地史料选编》（下），江西人民出版社1984年版，第632、706页。

　　③　江西省档案馆编：《湘赣革命根据地史料选编》（下），江西人民出版社1984年版，第632、711页。

　　④　江西省档案馆编：《湘赣革命根据地史料选编》（下），江西人民出版社1984年版，第632、716页。

缴纳谷子，3 万元公债缴纳现金。公债收买谷子的价格，按照省苏第五号布告执行，不得故意抬高。[①] 5 月，湘赣省苏仍然要求"开展推销公债新的热潮，求得公债最后的完成"[②]。

（四）中华苏维埃共和国湘赣省收买谷子期票

1. 发行背景及政策制定

1934 年 4 月，第五次反"围剿"战争异常激烈，湘赣红军和机关粮食供给问题日益紧张，出现"有钱没有米买的严重的现象"[③]，因此，想方设法征集粮食成为湘赣省各级党政组织的中心任务。与此同时，湘赣省苏补发第二期革命公债的推销工作遇到了很大困难，后期为筹集粮食而进行的经济动员突击运动成绩也不理想，至 4 月下旬，全省还有 7 万公债没有推销，粮食收集数量有限。为了解决极其严重的粮食短缺问题，4 月 21 日，中共湘赣省委发出《关于收集粮食突击的决定》，要求各地广泛宣传，激发群众收集粮食的热忱，努力完成公债，没有推销的 7 万元公债，要"做到 4 万元全部收谷子，3 万收现款"[④]。湘赣省苏《为了进行收集粮食的突击运动中给各级政府的指示信》中，也提出将没有推销出去的公债中，以 4 万元公债鼓励群众交纳谷子。正是在这一背景下，为了解决粮食极其短缺问题，为了完成补发二期革命公债推销任务，湘赣省苏维埃政府发行了"中华苏维埃共和国湘赣省收买谷子期票"（简称"湘赣收买谷子期票"）。"中华苏维埃共和国湘赣省收买谷子期票"附印有湘赣省财政部长陈希云署名的"附注"：（1）为着保障土地革命战争全部胜利，充实红军粮食，特发行期票 4 万元，向每个选民或每家以谷子购买 1 张。（2）期限 4 个月（8 月 1 日起），到期后准予向企业机关或国家分行兑现，以及完纳国税，一概收回。收买谷子期票于 4 月 20 日正式发行，即以价值 1 元的谷子用来购买公债，这实际是一种粮食公债票。[⑤]

谷子期票的出现，应该借鉴了中央苏区向群众借粮以及湘赣苏区公债推销

---

① 中国人民银行江西省分行金融研究所编：《中华苏维埃共和国国家银行湘赣省分行简史》，中共中央顾问委员会常务委员肖克同志题，1986 年版，第 158～159 页。

② 江西省档案馆编：《湘赣革命根据地史料选编》（下），江西人民出版社 1984 年版，第 728 页。

③④ 江西省档案馆编：《湘赣革命根据地史料选编》（下），江西人民出版社 1984 年版，第 632、717 页。

⑤ 财政部财政科学研究所、财政部国债金融司编：《中国革命根据地债券文物集》，中国档案出版社 1999 年版，第 27 页。

的一些成功做法。① 谷子期票与中央苏区借谷证区别在于：一是谷子期票采用货币单位大洋"元"，以苏区政府制定的粮食价格为标准，向选民和群众征粮。二是谷子期票是借谷还钱，或抵钱；借谷证，是借谷还谷。两者目的相同，以此解决苏区钞票买不到粮食的问题，保证红军给养。谷子期票与湘赣苏区公债也有不同，公债可以用苏区纸币购买，有利息，且准许买卖抵押及作其他现款的担保品之用。从某种意义上讲，用苏区纸币购买苏区公债，只是空转一回，在当时缺粮环境下所起的作用不大。但谷子期票不同，无利息，没有买卖抵押及作其他现款担保品之用的功能。最为重要的是，推销一张谷子期票，就是实实在在地征集到粮食。这与湘赣省委要求"收土地税必须一律收谷子，不得用钱扣谷缴税"② 和要求"用谷子买公债"，均是同一个道理。

2. 发行情况

5 月 14 日，中共湘赣省委《关于经济粮食突击总结与节省运动的决定》指出，四月粮食突击，有些地方取得了较好的成绩（如钱溪、埠前、观坤超过了计划，吉安完成了 80%），但总体来看没有完成原定的计划（只完成45%）。③ 根据这一文件，可知谷子期票的推销成绩并不理想，其原因在于经过敌人长期的军事侵扰、经济封锁以及粮食歉收等，湘赣苏区群众的期票购买能力和积极性受到很大程度的影响。④ 越到后期，革命形势越发紧张，革命根据地范围逐渐缩小，谷子期票无法在湘赣省苏全境发行，仅在永新县的钱溪、埠前、观冲、石桥、黄岗、象形以及吉安县的天河等狭小范围发行。由于当时情形紧迫，湘赣省党政机关和红军又都处在频繁的转移作战之中，各级组织普遍遭到破坏，由公开转入地下，组织功能逐渐丧失，谷子期票推销成效可想而知。⑤ 迄今为止，所能搜集到的谷子期票最高编号也才"007708"（折算成谷子，即 7708 元），在一定程度上，也可佐证这一点。⑥

---

① 罗词安：《湘赣苏区收买谷子期票之研究》，载《金融与经济》2015 年第 3 期，第 95 页。

② 江西省档案馆编：《湘赣革命根据地史料选编》（下），江西人民出版社 1984 年版，第 716 页。

③ 江西省档案局编：《防尘扫埃　地净天蓝　回望中央苏区反腐倡廉岁月》（下），江西人民出版社 2013 年版，第 579 页。

④ 尹静：《中华苏维埃共和国湘赣省收买谷子期票考略》，载《党史文苑》2013 年第 8 期，第13 页。

⑤ 罗词安：《湘赣苏区收买谷子期票之研究》，载《金融与经济》2015 年第 3 期，第 96 页。

⑥ 洪荣昌：《红军时期的期票》，载《中国钱币》2009 年第 2 期，第 39 页；罗词安：《湘赣苏区收买谷子期票之研究》，载《金融与经济》2015 年第 3 期，第 96 页。

3. 偿还实施

谷子期票期限是四个月，按规定应于 1934 年 8 月开始兑付。因为在反围剿战争失利后，1934 年 7 月 23 日，中革军委电令由红十六、十七、十八师组成的红六军团撤出湘赣苏区，转移到湖南中部建立新的根据地，为中央红军实行战略转移（长征）"探路"。8 月 7 日，红六军团 9000 名将士突围西征。不久，湘赣苏区即被敌人占领。因此，到期的谷子期票，也就未能收回或兑现。① 直至中华人民共和国成立后，人民政府给予兑付回收。但还是有极少部分散落在民间，成为今天我们研究谷子期票难得且宝贵的第一手资料。②

四、湘鄂赣革命根据地公债政策

湘鄂赣省苏维埃政府为充裕战费和筹措发展苏维埃区域的经济，从 1932 年开始，先后发行了湘鄂赣短期公债、湘鄂赣二期公债、湘鄂赣经济建设公债 3 项公债。

（一）湘鄂赣省短期公债

1932 年 12 月，湘鄂赣省苏维埃政府公布《湘鄂赣省短期公债条例》，发行"湘鄂赣省短期公债"（简称"湘鄂赣短期公债"）。根据条例规定，公债数额定为国币 5 万元；利率定为周年 1 分；券面金额分为 5 角、1 元两种；公债可用于完纳国家租税，但不到还本付息期则不付息；公债准许买卖、抵押及其他现款担保品之用；公债于 1933 年底由湘鄂赣省苏财政部负责本息同时兑还；破坏公债信用和价格者，将以破坏革命战争论罪。③

（二）湘鄂赣省第二期革命战争公债

1933 年 10 月，湘鄂赣省苏维埃政府公布《湘鄂赣省第二期革命战争公债条例》，发行"湘鄂赣省二期公债"（简称"湘鄂赣二期公债"）。根据条例规定，公债总额为国币 8 万元；利息为周年 6 厘；券面金额分为 5 角、1 元两种；

① 曹春荣：《解读湘赣苏区的收买谷子期票》，载《党史博览》2014 年第 5 期，第 44 页。
② 罗词安：《湘赣苏区收买谷子期票之研究》，载《金融与经济》2015 年第 3 期，第 96 页。
③ 财政部财政科学研究所、财政部国债金融司编：《中国革命根据地债券文物集》，中国档案出版社 1999 年版，第 28 页。

公债到还本付息期可用于完纳国家一切租税；1934 年 10 月底由湘鄂赣省苏财政部负责本息同时兑还；破坏本公债信用和价格者将以破坏革命战争论罪。[①]

（三）湘鄂赣省经济建设公债

1933 年 7 月，湘鄂赣省苏维埃政府发行了"湘鄂赣省经济建设公债"（简称"湘鄂赣经济建设公债"）。对于这一公债的发行，1933 年 11 月 30 日，《中共湘鄂赣全省积极分子大会日刊》第四期刊登的《共青团对扩大红军、经济动员、青年群众工作和团的建设问题的总结》一文中有简要报道，"迅速退还第一期革命战争公债，争销第二期革命战争公债和苏维埃建设公债，使每个团员和劳苦青年都自动的尽最推销"[②]。但未发现公债条例，详细情况无从查考。据湖南师范学院历史系教师调查，1932 ~ 1933 年，平江县曾发行了建设公债，债券面额分 5 角和 1 元两种，偿还期限 3 年。另据浏阳县《财税志》记载，1934 年，浏阳县苏维埃政府曾在该县范围内发行了经济建设公债。[③] 平江、浏阳所发行的公债应是湘鄂赣省经济建设公债。

五、闽浙赣革命根据地公债政策

闽浙赣革命根据地各级政府，为筹措革命战争经费和经济建设经费，曾先后三次发行了公债，即闽北分苏经济建设公债、闽北分苏为红军借谷、闽浙赣决战公债。

（一）闽北分苏经济建设公债

1933 年 9 月，在中央革命根据地发行 300 万元经济建设公债的背景下，闽赣省革委会也决定在闽北发行经济建设公债 20 万元，并将发行任务分配至各县：崇安 9 万元，铅山 5 万元，上铅 1 万元，建阳 1 万元，广丰 7 千元，浦西 3 千元，红军 1 万元，邵武 1 万元，市苏 1 万元。要求各县运用竞赛方法来实现这一经济建设公债发行目标，在 1933 年 11 月内要按数目发行出去 1/3。

① 财政部财政科学研究所、财政部国债金融司编：《中国革命根据地债券文物集》，中国档案出版社 1999 年版，第 28 页。

②③ 财政部财政科学研究所、财政部国债金融司编：《中国革命根据地债券文物集》，中国档案出版社 1999 年版，第 29 页。

"要用宣传鼓动去进行，反对强迫摊派、官僚命令主义和消极怠工、悲观失望、以数目太多不能实现的倾向和分子，作无情的斗争，并给他们以严重打击"①。

为顺利发行这一公债，闽北分苏行政部向各县发出《训令》，指出，"这次经济建设公债，我们认为非常正确而重要。各级财政部根据中央'发行300万经济建设公债工作大纲'去布置工作和宣传，特别是公债发行委员会组织迅速实现，以便公债票发下即好进行推销。在宣传当中，县区财政部在各种会议上，须把这一经济建设意义和政治情绪作充分宣传。特别是推动在乡一级更要在各种群众会，向广大工农群众作详细的宣传和解释，使这一经济建设意义深入每个群众头脑中去，要做到引起群众自动的、热烈的踊跃来购买这一债票，顺利完成这一工作的结果"②。

公债发行后，得到苏区群众的热烈支持，如"建宁城区广大群众踊跃认购，仅半个月就购买了公债9千元"③。该项公债发行款项为苏区粮食合作社等经济建设发挥了积极作用。④

（二）闽北分苏为红军借谷

经过与国民党军队的残酷斗争，闽北苏区和红军逐渐发展壮大。工农红军闽北独立师已经加入红一方面军红七军团，闽北新的红军主力闽北独立团又成立起来，土地革命将取得更大胜利，并更加有力地配合闽赣省、闽浙赣省红军行动，冲破国民党五次围攻，争取一省数省胜利。为了保证红军给养，1933年9月5日，闽北分区苏维埃执行委员会发出《训令》，提出在红军独立团成立之时，由闽北分区苏维埃政府向闽北广大群众借1.5万担谷子。《训令》对借谷方法、借到谷子的处理办法作了明确要求。

（1）借谷方法：第一，各级政府应迅速召开各种会议讨论来互相推动，帮助进行这一工作。在乡一级要召集贫农团、少先队、赤卫军和选民大会，来解释这一借谷意义。把借谷意义深入到群众中去，使群众了解，成为全体农民群众自愿借谷的一个大运动，很踊跃地拿谷出来借给红军。第二，在借谷时

　　①② 财政部财政科学研究所、财政部国债金融司编：《中国革命根据地债券文物集》，中国档案出版社1999年版，第29页。
　　③ 福建省地方志编纂委员会编：《福建省志　财税志》，新华出版社1994年版，第205页。
　　④ 江西财经学院经济研究所、江西省档案馆、福建省档案馆编：《闽浙赣革命根据地财政经济史料选编》，厦门大学出版社1988年版，第565页。

候，一定要根据当地实际情形及群众出谷的可能性来决定，决不能千篇一律，产米较多的地方应多借，产米较少的地方应少借，绝对禁止摊派、强迫命令方式。第三，在借谷的时候，要注意反革命派从中来破坏这一工作。①

（2）借到谷子的处理办法：第一，向群众借来谷子，一律要送到县苏保存，不得放在区、乡机关乱卖，当作其他经费应用。第二，群众拿出来的谷子借给红军，一定要把姓名、住址、谷子数目写清楚送到区苏，由区苏报告县苏发给谷票，如交了谷子未得到谷票的，可向上级政府控告。第三，向群众借来的谷子，如有藏抗不送交县苏而贪污舞弊，或以多报少，查出要受严厉处分。第四，全闽北在9月，要实现借到谷子数目2000担，崇安700担，建阳700担，铅山400担，邵武80担，上铅70担，广丰50担，市乡60担。②

（三）闽浙赣省苏政府粉碎敌人五次"围剿"决战公债

为充裕战争经费、开展经济建设事业、争取粉碎敌人五次"围剿"的决战胜利，根据全省工农群众的热烈请求与闽浙赣省苏二次执委扩大会议的决议，1934年7月1日，省苏维埃财政部部长张其德签署发布《闽浙赣省苏维埃政府粉碎敌人五次"围剿"决战公债发行条例》，开始发行"粉碎敌人五次'围剿'决战公债"（简称"闽浙赣决战公债"）。根据条例内容，公债总额为国币10万元；目的是充裕战争经费、开展经济建设事业、发展革命战争和争取粉碎敌人五次"围剿"的决战胜利；其用途以80%作为决战经费，以10%作为开展经济建设之用，以10%用于救济避难的革命群众；公债发行、推销区域既包括苏区也包括白区；限于7月、8月、9月三个月内推销完毕；利率为周年1分；偿还期限1年，1935年7月偿还本息；以苏维埃各种税收为担保品；发行事宜，由各级苏维埃财政部负责③，由闽浙赣省苏维埃银行闽北分行代理政府发行（经济建设公债也由其代理发行）。④ 债券面额只有1元一种。公债可以用现金购买，也可以用谷子来购买，折合稻谷50斤为1元。⑤

公债发行后，群众争相购买，闽浙赣人民群众和革命战士节衣缩食争相购

① ② 财政部财政科学研究所、财政部国债金融司编：《中国革命根据地债券文物集》，中国档案出版社1999年版，第30页。

③ 江西财经学院经济研究所等编：《闽浙赣革命根据地财政经济史料选编》，厦门大学出版社1988年版，第540页。

④ 福建省地方志编纂委员会编：《福建省志 金融志》，新华出版社1996年版，第374页。

⑤ 汤勤福著：《闽浙赣根据地的金融》，上海社会科学院出版社1998年版，第152页。

买，如德兴人民为革命战争而节省每一个铜板，踊跃购买了公债，为保卫苏区筹集了资金。[1] 横峰苏区人民热烈地响应苏维埃政府的号召，到处掀起了购买公债的高潮，横峰苏区（含葛源区）共购买公债 2.52 万元。弋阳苏区人民热烈响应，掀起了购买公债的高潮，超额完成省财政部下达的任务。[2] 方志敏在《我从事革命斗争的略述》一文中对此作了生动地描写："在推销粉碎敌人五次'围剿'的决战公债时，大部分工人都自愿拿出三个月的工资来购买公债券；红军战士纷纷写信回家，要家里橐谷送钱来买公债券，苏区男女老少都拿出钱买公债票。发行十万元公债券，结果超过预额四万元"[3]。实际发行数额达到 14 万元。[4]

中华人民共和国成立后，闽浙赣省苏政府粉碎敌人五次围攻决战公债，按照每元折付 1.25 元人民币的比率兑付公债本息，本息兑付截至 1954 年 8 月 31 日。[5]

第二节　抗日战争时期党的公债政策

抗战时期，中国共产党领导抗日根据地先后发行了 22 项公债。与抗日战争的战略防御、相持和反攻三个发展阶段基本相适应，抗日根据地的财政经济和公债发行也经历了三个时期：（1）抗日根据地初建时期（1937～1940 年底）。（2）抗日根据地严重困难时期（1941～1942 年底）。（3）抗日根据地恢复和发展时期（1943～1945 年）。[6] 下面，分三个阶段对抗战时期的公债政策制定和实施过程作一梳理。

一、抗日根据地初建时期党的公债政策

这一时期，闽西南、晋察冀、晋冀鲁豫、华中 4 个抗日根据地共发行了 7

---

[1]　任兰萍主编：《中国共产党德兴历史　第 1 卷　1925～1949》，中共党史出版社 2008 年版，第 168 页。

[2]　江西省弋阳县县志编纂委员会编：《弋阳苏区志》，三联书店上海分店 1989 年版，第 96 页。

[3]　方志敏：《我从事革命斗争的略述》，载《方志敏文集》人民出版社 1985 年版，第 93～94 页。

[4]　姜宏业著：《中国金融通史　第 5 卷》，中国金融出版社 2008 年版，第 91 页。

[5]　财政部国家债务管理司编：《国债工作手册》，中国财政经济出版社 1992 年版，第 177 页。

[6]　潘国旗：《抗战时期革命根据地公债述论》，载《抗日战争研究》2006 年第 1 期，第 13～38 页。

项公债。其中，闽西南根据地发行了闽西南借款凭票，晋察冀边区发行了晋察冀救国公债，晋冀鲁豫边区发行了冀南救灾公债、冀鲁豫整理财政借款，华中抗日根据地发行了定凤滁三县赈灾公债、盱眙救国公债、淮北路东救国公债。

（一）闽西南军政委员会借款凭票

中央苏区红军长征后，留在闽西南苏区的红军，在张鼎丞、邓子恢等人的领导下继续在闽粤边界一带坚持游击战争。1935 年 4 月，成立中华苏维埃共和国闽西南军政委员会，统一领导闽西南地区的革命斗争。张鼎丞任主席，邓子恢、谭震林后来增补为副主席。[1] 1936 年 12 月西安事变，标志十年内战基本结束，国共两党开始合作抗日。领导闽粤边界游击战争的中共闽粤边区特委按照中央的指示，开始和福建省国民党地方当局及驻军代表，就合作抗日的问题进行谈判，并达成了合作抗日的原则协议。根据协议，红军游击队接受改编后，由国民党当局负责供给军费。但国民党当局总是企图以"收编"的办法来破坏协议，并以停付和少付军费的办法来压迫红军游击队屈服，致使红军被改编后的经费得不到保证。

在此情况下，闽西南军政委员会于 1937 年 8 月进行了借粮借款活动，对于被借款者，均发给借款凭票（简称"闽西南借款凭票"），以俟国民党当局拨付的军费到达后，按照借款凭票所借数额偿还借款。债票正上方印有"闽西南军政委员会"字样，落款有主席张鼎丞、副主席兼财政人民委员会委员邓子恢以及经手人的签名。[2] 此次借款总额，已无从查考。根据当时参加闽西南三年游击战争的领导人谭震林同志 1982 年的回忆，借款的主要对象是向各县商会、县城、市镇、汽车运输线，以及地主、富农等经济富裕者，普通民众并未借用。发出的借款凭票，一般是千元、万元的大借条，也有少量的 1 元、5元、10 元的小面额债票。借款后不久，国民党政府就改变了政策，生活费用都补发了。借来的大钱一文未还，小额的债票则照票还清了。中华人民共和国成立后，尚有少量未及时妥善处理的小额债票留在民间。[3]

---

① 福建省地方志编纂委员会编：《福建省志　军事志》，新华出版社 1995 年版，第 59 页。

② 洪荣昌著：《红色收藏　中华苏维埃共和国革命文物探寻》，解放军出版社 2014 年版，第333 页。

③ 财政部财政科学研究所、财政部国债金融司编：《中国革命根据地债券文物集》，中国档案出版社 1999 年版，第 30～31 页。

（二）晋察冀边区行政委员会救国公债

1. 发行背景及政策制定

晋察冀边区是抗日战争时期，中国共产党在敌后创建的第一块抗日根据地。1938 年 1 月 10 日，晋察冀边区军政民代表大会在河北省阜平县召开，选举产生了由宋劭文、聂荣臻、刘奠基、胡仁奎、李杰庸、孙志远、吕正操、张苏、娄凝先等 9 人组成的晋察冀边区临时行政委员会。宋劭文担任边区行政委员会主任委员兼财政处长。整个边区的政治、经济、财政、军事、文化教育、民运等事业完全统一。① 这是华北敌后建立的第一个抗日民主政权。边区临时行政委员会建立后，根据国共合作抗战的协议，经第二战区转报国民政府行政院批准。因此，晋察冀边区临时行政委员会也是我党在敌后建立的国共合作形式的第一个抗日民主政权。② 晋察冀边区临时行政委员会成立后，面临的一个紧迫问题就是财政困难。由于边区抗日武装的迅猛发展，边区政府财政收入远不能满足战势的需要，因此，1938 年 5 月，边区临时行政委员会决定发行救国公债（简称"晋察冀救国公债"），并依照国民政府募集救国公债的原则，由边区政府呈请阎锡山转呈国民政府。获得国民政府批准后，救国公债于 7 月 1 日正式发行。原定发行总额 200 万元，后在冀中增发 100 万元，共发行 300 万元。为了发行此次公债，晋察冀边区临时行政委员会通过、颁布了《晋察冀边区行政委员会救国公债条例》（简称《条例》）、《晋察冀边区救国公债募集办法》（简称《募集办法》）、《晋察冀边区救国公债付息暂行办法》（简称《付息办法》）等文件。

根据《条例》，公债名称为救国公债；发行目的是鼓励人民集中财力充裕救国费用；发行程序是呈请国民政府发行；发行对象，凡个人或团体以现金或有价物品缴充救国之用者，按照其所缴数额发给公债；总额 200 万元；1938 年 7 月 1 日，照票面十足发行；年息 4 厘，自 1939 年起每年 6 月底一次付给；自 1942 年起还本，分 30 年还清，每年抽签还本一次；公债还本付息基金，由财政处于全区赋税项下指拨；公债票分 100 元、50 元、10 元、5 元、1 元五种，均为无记名式；公债由晋察冀行政委员会及各县政府经募；对本公债如有

---

① 河北省金融研究所编：《晋察冀边区银行》，中国金融出版社 1988 年版，第 7 页。

② 财政部财政科学研究所、财政部国债金融司编：《中国革命根据地债券文物集》，中国档案出版社 1999 年版，第 32 页。

伪造及毁损信用之行为者，由司法机关依法惩处。①

《募集办法》规定了公债购买、交换的具体办法：（1）公债由军政民统一宣传，竞赛运动劝募并指定各县政府为经收机关。（2）募集的现金物品，主要为以下几种：现款（边币、法币，晋钞以 1 元 1 角折合法币 1 元）、硬币、粮食、布匹、棉花、可立刻变价或可直接应用的物品材料。（3）经收机关收到可交换的各款财物时，领为国币或可立刻以国币计算数额者，应即如数填写正式收据，其须变价或估价者先给临时收据，俟变价或估定后，再换给正式收据。（4）正式收据及临时收据，由县政府制发之。（5）各县如以粮食物品抵购公债票有超过该县派购债票总额时，其超过之数二个月内补还。（6）各县政府经募此项公债须按合理分配办法劝购，不准随粮摊派。（7）凡持有正式收据者，可向原出收据的经收机关，按照收据所载金额换取同额救国公债票。其开始换发日期，由县政府公布。（8）县政府经收公债票款，限至 1938 年 6 月 20 日以前，至少完成会议决定收买粮食布匹等计划数量。（9）凡应募及经募公债最多的机关或团体，由边区政府发给奖章或登报嘉奖。（10）县政府经募债票款项，应随时解交本会核收，如系粮食物品，送交各地粮站听候拨用，应将办理情形，及所收数目，随时电报本会备查。②

关于公债付息办法：（1）各县县政府为法定付息机关，唯为适应游击环境及便利商民起见，各县得指定各区区公所代理付息。（2）各县推销的公债定自 1938 年 9 月 1 日起至 9 月 30 日止一次付息，过期停付，于下期付息时一并付给。（3）本公债为无记名式凭票付息不挂失号。（4）付息手续：甲、各县应遵照办法表式（另定）分发各区先调查全县公债实发行数及应付利息总数；乙、付息时应遵照办法表格（另定）登记号码同样两份，一份存县政府备查，一份于抵解息款时一并呈送晋察冀行政委员会备案，其各区区公所愿留存查证件者，亦可照缮一份存档；丙、付息时除登记号码外，必须于公债票背面印就方格填记一格或加盖付息戳记，同一号码付息两次者，其多发利息，由经收人负责赔补。（5）公债利息为年息 4 厘，计算时即将全年按 10 个月计，半年按 5/10 计，三个月按 2.5/10 计，以此类推。其购到公债未满一月在半月

---

① 财政部财政科学研究所、财政部国债金融司编：《中国革命根据地债券文物集》，中国档案出版社 1999 年版，第 32 页。

② 中国社会科学院经济研究所中国现代经济史组编著：《革命根据地经济史料选编　中》，江西人民出版社 1986 年版，第 730～731 页。

以上者，亦以一月计，半月以下者不发给利息，一月以上之零日同此计算。（6）息款由各县解上田赋等款项下垫付，期满后一并汇总报抵。（7）各县认购人如有已交债款尚未领到债票或已领到债票尚未交债款者，此次一律不发给其利息，俟手续完备后下期付息时核发计算补发。（8）各县因付利息如发生特殊困难或其他事件时，可专案呈请核办。①

2. 动员实施

在公债发行过程中，晋察冀边区行政委员会采用劝募的方式，而非强迫购买，为此进行了积极的动员部署。

在公债正式发行之前，为了让根据地军民理解公债发行的意义，1938年5月5日，中共中央晋察冀分局（北方分局）书记彭真就在《战线》第5期发表了《肃清阻碍财政动员的尾巴主义》的文章。他指出，在民族自卫解放战争中，广大群众的财政动员和前线军事同等的重要。各级政权机关、各级党部和党员大多数要把动员各阶级各阶层人民踊跃出钱当作生死问题，用最大的努力来解决。救国公债不但有国民政府的明令可据，而且在全国其他区域已征收过一期（5亿元），只要积极从政治上去动员群众，启发他们的抗日积极性，我们的党员带头热烈地缴纳或购买，救国公债是可以顺利完成的。我们应该用打仗一样的精神，持久地艰苦地耐烦地争取地主、资本家、富农和我们共同抗日，争取推动他们积极为抗战出力出钱。我们严厉反对轻视或无条件地牺牲工农经济利益，去迁就地主资本家的利益，但同时，也坚决反对为了改善人民生活，就惧怕推动群众为抗战出钱，甚至连田赋都反对征收，或不推动群众缴纳。要群众踊跃的为抗战出钱，是一种极艰苦的工作，还需要我们同志以身作则，但绝对不是让我们在困难面前投降！我们应该发扬我们的布尔什维克的顽强性积极性去战胜一切困难，一月内完成上忙钱粮，并准备在三月内募足救国公债200万。② 6月3日，中共晋察冀边区党委的机关报《抗敌报》发表了治治署名的社论——《为完成征募救国公债而斗争》③，进行公债发行的政

① 中国社会科学院经济研究所中国现代经济史组编著：《革命根据地经济史料选编 中》，江西人民出版社1986年版，第731页；潘金生等主编：《中外证券法规资料汇编》，天津市国际信托投资公司编1993年版，第294页。

② 河北省税务局等编：《华北革命根据地工商税收史料选编 第一辑（综合部分）》，河北人民出版社1987年版，第65~67页。

③ 晋察冀日报史研究会编：《晋察冀日报社论选1937~1948》，河北人民出版社1997年版，第604页。

治动员。

为了顺利发行这一公债，晋察冀边区行政委员会向各县分配了发行任务。各县县政府和群众团体及士绅组成救国公债征募委员会，依靠群众团体的赞助，依靠政治上的动员，严格执行劝募方式，决不强迫，运用各种形式，宣传救国公债的性质与意义，借助有利时机和场合积极推销，诸如庙会、演戏及村民大会等。为便于群众购买，规定不限于现金，凡粮食、布匹、棉花均可折价购买。救国公债发行动员，得到了根据地军民的积极响应。人们普遍认识到民族的利益即个人的利益，"有国然后有家""多买一份救国公债就是增加一份抗日力量"，认购公债的爱国行动遍及全边区，有钱的慷慨解囊，没有钱的夜以继日的劳动，把仅有的所得购买公债，许多妇女变卖结婚首饰来购买。特别是敌占区民众得知边区发行公债后，暗地自动认购，当时定县、崞县一些地方被敌人占领，倍遭蹂躏，时刻盼望驱逐日军，重获家园，遇此时机，纷纷行动，有的镇认购 6000 元（商户 5000 元，民众 1000 元），还有的将自己储藏的粮食偷偷运至劝募公债委员会，折价购买公债。[①]

3. 发行结果

根据陈克寒《模范抗日根据地晋察冀边区》一书记载，6～7 月间，在政府的推动下，群众团体自动、热烈地赞助与帮助动员推销，一时边区内部出现"为完成××万救国公债而斗争"的紧张热烈气氛，街头巷尾贴满着"多买一份救国公债就是多增加一份抗日力量""多买一份救国公债等于多尽一份保卫边区的责任""借钱给政府帮助抗战"等显要夺目的标语。根据地工农群众深知拥护政府与帮助政府解决一切困难的责任，他们不惜以血汗所得，5 元、10 元来换购公债票，甚至有些苦力因无力购买，特地去为地主、富农接连做几昼夜的工，以工资所得购买公债。在群众大会上，在演剧台上，小孩老妇以他们的糖果钱与几十年前陪嫁过来的首饰当众交出来换购公债。至于富户方面，因为政府对统一战线工作做得好，每个县里都能由有声望的富户为首，组织"救国公债推销委员会"劝募，大部分富户均能踊跃购买，如有人一次就购买3500 元。个别富户犹疑不决，但在群众狂热的购债浪潮下，他们也感到难为情，多少购买了一部分。阎锡山个人一次独购 10 万元，起了很大的倡导作用。这里值得一提的是平山县。该县被分配的推销任务是 11 万元，限两个星期内

---

① 魏宏运主编：《晋察冀抗日根据地财政经济史稿》，档案出版社 1990 年版，第 49～50 页。

完成。救国公债还没有发到平山县，年轻的县长（北平的大学生）就积极组织动员。在公债发下来的时候，县政府便召集了一个地方士绅的联席会议，解说政府的财政问题必须得到解决，只有实行合理负担。地方士绅受了一着鼓励，纷纷表示"支持政府财政是应该的，今天政府困难，借钱给政府是应尽的义务"。于是没有费多大口舌，士绅们在会场上便纷纷签名认购，有独户认购1000元以上者，并且在会场上官绅们又自动提议组织"救国公债推销委员会"帮助推销。因为地方士绅以及工农群众热烈响应，平山县五天内销去了7万元，不到两星期就已经超过了11万元。①

晋察冀边区行政委员会救国公债，是华北敌后根据地第一次发行的救国公债，也是抗战时期敌后根据地唯一经过国民政府批准、得到国民政府认可的公债，同时还是抗日根据地发行数额最大的救国公债。② 晋察冀边区行政委员会救国公债如期完成了推销任务，不少地方还超额完成，如冀中区原定推销任务为100万元，结果完成了154万元，超过原定任务的半数以上。这次公债推销工作的顺利完成，充分显示敌后各界人民积极拥护抗日的热情。③

救国公债除了发行顺利之外，偿还工作也非常及时。每年都按期支付利息，但有些民众不能按时领取，为此，晋察冀边区行政委员会主任宋劭文、副主任胡仁奎还于1941年7月3日特别发出《关于领取公债利息的布告》（边字第一号），要求及时领取。④ 根据条例规定，该公债偿还期限是30年，根据《新华日报》记载，因为根据地采取了合理的财税政策，晋察冀边区财源逐渐变得充足，救国公债于1944年11月一次性还清了。⑤

（三）冀南行政主任公署救灾公债

晋冀鲁豫抗日根据地，在抗战初期，分属于晋冀豫和冀鲁豫两个战略区，1938～1940年，两区先后建立了抗日民主政权。1941年下半年，两区合并，

---

①③　财政部财政科学研究所、财政部国债金融司编：《中国革命根据地债券文物集》，中国档案出版社1999年版，第33页。

②　冯玉夫：《抗日根据地的财政经济工作是坚持敌后抗战的物质基础》，中共中央党史研究室科研部编：《纪念抗日战争胜利五十周年学术讨论会论文集》，中共党史出版社1996年版，第328～329页。

④　晋察冀边区行政委员会：《关于领取公债利息的布告（边字第一号）》，河北省档案馆馆藏，卷宗号：529－1－193－8－1。

⑤　《晋察冀边区财源充足，救国公债一次还清》，载《新华日报》（华北版）1944年11月14日第2版。

组建了晋冀鲁豫边区政府。在抗战初期，晋冀豫和冀鲁豫两个战略区分别发行了冀南行政主任公署救灾公债和冀鲁豫边区整理财政借款。

1938 年 4 月，冀南地区抗日局面逐步打开，成立了冀南军政委员会筹委会，指导协调冀南武装抗日和政权建设工作。8 月，经冀南各县代表讨论通过，改组军政委筹委会，成立冀南行政主任公署（简称冀南行署），选举杨秀峰为主任，宋任穷为副主任，于 20 日宣布就职。主任公署机关设行政、民政、教育、财政、粮食、司法、秘书等 7 处和政治干部学校。辖第一至第五共 5 个行政督察专员公署（简称专署），包括 51 个县政权。冀南行署的成立，标志着冀南抗日根据地政权工作有了统一的领导机构。

1939 年夏，冀南区发生严重水灾，房屋倒塌、田禾淹没，民众流离失所。① 在水灾发生后，冀南行政主任公署立刻拨款 6.5 万元发放急赈，同时，电请国民政府及河北省府（指国民党河北省政府）、华洋义赈会请予救济。② 为了救济灾民，冀南行政主任公署除令饬各县设立粥厂妥为收容，并斟酌情形减免田赋及各种负担外，又先后提交该公署行政扩大会议及冀南参议会决议，募集救灾公债（简称"冀南救灾公债"），借资救济。11 月 4 日，冀南行政主任公署向各县政府下发命令，向各县分派劝募公债任务的具体数额，并请各救亡团体协助，自 11 月 10 日起，以政治动员方式开始劝募，先以区为单位召集各中心村长及群众团体工作人员开联席会议，再以村为单位召开村民大会进行劝募，于收得捐款之后暂发临时收据，以俟劝募齐全再换正式收据。因为事关灾民生命，冀南行政主任公署特别要求各县"仰即努力完成任务为要"③，并明确规定各地统限于 1940 年 3 月底全部完成。④冀南行政主任公署救灾公债总额 50 万元，所收款项一部分用作生产贷款，一部分调剂民粮、安置灾民生活，一部分治理河道。⑤ 这次冀南行政主任公署发行的救灾公债券面额不详，目前只收集到"冀南区救灾公债临时收据"3 张。⑥

在救灾过程中，除了采取以上措施外，冀南行政主任公署还进行了其他多项工作：一是设立灾民收容所，办理灾民移居。二是设立小本借贷所，举行赈

① ④ ⑥　财政部财政科学研究所、财政部国债金融司编：《中国革命根据地债券文物集》，中国档案出版社 1999 年版，第 33 页。

②　杨秀峰：《杨秀峰文存》，人民法院出版社 1997 年版，第 186 页。

③　晋冀鲁豫边区财政经济史编辑组等编：《抗日战争时期晋冀鲁豫边区财政经济史资料选编　第 1 辑》，中国财政经济出版社 1990 年版，第 1299 页。

⑤　杨秀峰：《杨秀峰文存》，人民法院出版社 1997 年版，第 188 页。

灾贷款，并代借粮食、种子、农具。三是调剂民食，规定粮价，设立粜局，办理平粜。四是争取壮丁参加队伍，或采以工代赈办法救济。五是颁布法令，减免灾民租息。六是治河。发动灾民，疏浚该处河流，掏深两丈，开宽三丈，上流设闸，下流设池。在冀南行政主任公署的积极组织以及全区军民的努力和各界人士的协助下，冀南灾情得以减轻。①

冀南水灾发生后，晋东南各界人士，或奔走呼号，代为劝募，或慷慨解囊，踊跃输将，对于冀南救灾也作出重要贡献。遗憾的是冀南行政主任公署曾多次向国民政府申请赈灾款项，国民政府当局也多次声称已下拨至河北省政府，但实际上济南行政主任公署始终没能获得这些款项。②

（四）冀鲁豫边区整理财政借款

1938 年春，冀南、豫北、鲁西南地方党组织，建立了游击队，初步打开了冀鲁豫根据地的局面。同年底，八路军 115 师部队进入鲁西南地区，推动了该地区的抗日游击战争和根据地的建设。1939 年 2 月，八路军 115 师第 344 旅代旅长杨得志等率部分兵力，从晋东南进到濮阳、内黄、滑县一带，和地方武装合编为冀鲁豫支队，开展游击战争，连续取得反日伪军"扫荡"的胜利。到年底，部队扩大到 7000 余人。1940 年 4 月，八路军第二纵队主力在黄克诚率领下，由太行山区东进到冀鲁豫边区，同冀鲁豫支队会师合编，成立冀鲁豫军区，黄克诚兼任司令员，崔田民任政治委员。同时，成立鲁西军区，萧华任司令员兼政治委员，杨勇任副司令员。不久，黄克诚根据中央军委命令，率八路军第二纵队第 344 旅和新编第二旅由冀鲁豫南下，加强华中抗日根据地。到1940 年底，冀鲁豫根据地向南发展到陇海路，西面、北面接连晋冀豫根据地，东面与山东根据地相邻。1941 年 1 月，冀鲁豫边区行政主任公署成立，晁哲甫为主任，崔田民、贾心斋为副主任。至此，包括直南、豫北、鲁西南地区的冀鲁豫抗日根据地初步形成。③

1940 年春，冀鲁豫边区开始统一抗日民主政权，由于当时边区财政枯竭与紊乱，市场货币复杂，积极整理亦须若干时日，所以决定举行一次整理财政

---

①　杨秀峰：《杨秀峰文存》，人民法院出版社 1997 年版，第 188 页。
②　杨秀峰：《杨秀峰文存》，人民法院出版社 1997 年版，第 188～189 页。
③　中共中央宣传部新闻局等编：《永远的丰碑　红色记忆　第 3 部》，学习出版社 2007 年版，第 89～90 页。

借款（简称"冀鲁豫整理财政借款"）。最初决定借款 150 万元，但当工作刚布置下去，敌人即开始大扫荡，接着顽军又北犯，边区缩小，于是 1940 年 7 月 20 日又决定将整财借款减为 98 万元，并将借款任务下达各县，其中：南乐县 25 万元，清丰县 30 万元，濮阳县 25 万元，滑县 15 万元，内黄县 3 万元。整理财政借款主要依据以下原则和方法进行：第一，以政府名义，用政治动员方式向富有者借款，不向中农以下阶层借款，由县政府出给正式借据。第二，根据财力大小，在公开会议上决定借款数目。第三，借款以田赋及政府收入作担保。第四，借款一律不付利息，分八期归还，每期 3 个月，从 1940 年 10 月 1 日起，归还第一期。此次借款，实际只筹集 53 万余元，没有完成任务。①

整财借款的偿还工作，第一期还款在 1940 年 10 月 1 日即如期开始了，在基本区已经完全还清了第一期还款，但在退出区域尚未还清。在还款工作开始后，边区的整财借款取得了广大人民进一步的信任和借款户的谅解。当初他们曾怀疑"借款还不就是捐款吗？"现在这种怀疑就解除了。② 后来抗日根据地逐渐恢复和发展，1945 年 5 月 30 日，冀鲁豫行署主任孟夫唐、副主任徐达本、贾心斋联合署名向辖区各专署和办事处发出了《重申清还生产建设公债及偿还整财借款的训令》，指出整理财政借款在九专区全区及八专区昆吾、清丰、南乐等县均有此项借款，但已经清还一部。现在大部地区都已恢复，该借款极有彻底清理的必要，为此希八、九专署亦布告或告示群众，使其早日持整财借款证向当地政府兑取现款抗钞，各级政府所收的整财借款证一律抵上解报销。希望各专署在接到训令后，根据本专区的具体情形研究实施，并将进行情形及时汇报。③

（五）定凤滁三县赈灾公债

新四军挺进华中地区后，在反"扫荡"、反摩擦的斗争中，中共中央中原局④

---

① ② 财政部财政科学研究所、财政部国债金融司编：《中国革命根据地债券文物集》，中国档案出版社 1999 年版，第 34 页。

③ 晋冀鲁豫边区财政经济史编辑组等编：《抗日战争时期晋冀鲁豫边区财政经济史资料选编 第 1 辑》，中国财政经济出版社 1990 年版，第 1170～1171 页。

④ 1939 年 1 月根据中共六届六中全会决定成立，初驻河南确山县竹沟镇，后迁至皖东，刘少奇任书记。

不失时机地指示新四军江北指挥部和中共皖东党组织委任皖东各县县长,建立各级抗日民主政权。1940 年 3 月 17 日,在刘少奇的指导下,成立了皖东地区第一个县级抗日民主政权——定远县抗日民主政府,委派魏文伯任县长。此后,凤阳、滁县、全椒等县的抗日民主政府也相继成立,裴海萍、蔡家璋、刘鸿文分别担任凤阳县、滁县、全椒县县长。各区、乡也成立了抗日民主政权机构。为了便于对路西各县的统一领导,4 月中旬,津浦路西的人民民主政权机构——定凤滁三县联防办事处宣告成立,由定远县县长魏文伯任主任,办事机构设在定远县政府内。①

1940 年,安徽省定远、凤阳、滁县一带发生严重灾荒,为了救济受灾群众,三县抗日民主政府于同年 5 月,由定凤滁联防办事处主任魏文伯签署公布《定凤滁三县赈灾公债发行条例》,发行赈灾公债(简称"定凤滁赈灾公债")。根据条例,公债总额为 2 万元;正票面额一律 5 元;年利率 4 厘;以三县粮赋为偿还担保;三县发行额分配如下:定远 12500 元,凤阳 2500 元,滁县 5000元;公债自 1940 年 5 月起发行,1941 年 5 月一次还本付息;公债到期,可由持券人持券向各该县税局核算本息缴纳田赋。②

该项公债以法币为货币计量单位。③ 公债发行时期,5 月 14 日,日军第二次侵占定远县城,定凤滁三县联防办事处随定远县政府由县城转入县东农村。④该项公债发行结果与偿还情况不详。

(六) 盱眙县政府财委会救国公债

1940 年 3 ~ 9 月,皖东津浦路东各县抗日民主政权相继成立。4 月 18 日,皖东津浦路东各县县长在半塔集召开联席会议,成立了津浦路东地区的政权机构——各县联防办事处,六合县县长贺希明被公推为联防办事处主任,8 月由邓子恢兼任主任、方毅任副主任。⑤ 津浦路东八县联防办事处是这块抗日民主根据地最高行政机关,所辖范围,南自长江北岸,北至淮河、洪泽湖边沿,东

---

① ④ 中国新四军和华中抗日根据地研究会编:《永恒的记忆 华中抗日根据地史》,当代中国出版社 2005 年版,第 63 页。

② 财政部财政科学研究所、财政部国债金融司编:《中国革命根据地债券文物集》,中国档案出版社 1999 年版,第 37 页。

③ 定远县地方志编纂委员会编:《定远县志》,黄山书社 1995 年版,第 488 页。

⑤ 中国新四军和华中抗日根据地研究会编:《永恒的记忆 华中抗日根据地史》,当代中国出版社 2005 年版,第 69 页。

起大运河、高邮湖、宝应湖，西达津浦铁路边，包括江苏省的六合、仪征、高邮、宝应四个县，安徽省的天长、来安、嘉山、盱眙四个县。[①] 其中，盱眙县抗日民主政府于 1940 年 4 月在盱城成立，县长余纪一。[②] 该县是一个相对完整的县，成为淮南主要的抗日根据地。[③]

1940 年秋，盱眙县抗日根据地面临日寇进攻的危急关头，为紧急筹措抗日经费，经报请八县联防办事处同意，决定由县财委会发行救国公债 3 万元。[④] 根据收集到的救国公债券所记载的文字，该公债名称为盱眙县县政府、财委会救国公债券（简称"盱眙救国公债"）；发行时间为 1940 年 7 月；公债面额分 3 元、5 元、10 元、50 元四种；公债年息 6 厘；自 1941 年 7 月 1 日起，每年抽签一次偿还 1/5，分 5 年还清；公债券还附有县长余纪一、财政委员会委员长王养吾的签名。[⑤] 该公债货币计量单位为法币。[⑥]

公债发行不久，由于日军的大肆进攻，1940 年 9 月，盱眙县抗日民主政府迁至县东南的新铺，后又迁驻岗村、马湖店。[⑦] 公债实际发行情况不详。

根据《中国人民银行安徽省分行志》记载，新中国成立后，中国人民银行安徽省分行按照中央和华东财经委员会指示，对尚未结清的根据地公债办理了兑付工作。其中，盱眙救国公债券折合人民币 20 元，按照年息 6 厘计算，从 1940 年 7 月 1 日起，至 1954 年 12 月底止，共付利息 9.58 元，本息合计 29.58 元。[⑧]

（七）淮北路东专署救国公债

华中抗日根据地以淮河为界，可分为淮南和淮北两个抗日根据地。日伪重

---

① 薛本汉：《抗日征途，战时区划》，政协江苏省盱眙县委员会文史资料研究委员会编：《盱眙县文史资料　第 1 辑》，1984 年版，第 59～60 页。

② 盱眙县县志编纂委员会编：《盱眙县志》，江苏科学技术出版社 1993 年版，第 523～524 页。

③ 成钧：《少奇同志在盱眙》，政协江苏省盱眙县委员会文史资料委员会编：《盱眙文史资料选辑　第 6 辑》，1989 年版，第 67 页。

④ 财政部财政科学研究所、财政部国债金融司编：《中国革命根据地债券文物集》，中国档案出版社 1999 年版，第 37 页。

⑤ 中国人民银行金融研究所财政部财政科学研究所编：《中国革命根据地货币　下》，文物出版社 1982 年版，第 141 页。

⑥ 《淮阴市金融志》编纂委员会编：《淮阴市金融志》，中国金融出版社 2006 年版，第 344 页；江苏省地方志编纂委员会编：《江苏省志　58　金融志》，江苏人民出版社 2001 年版，第 614 页。

⑦ 盱眙县县志编纂委员会编：《盱眙县志》，江苏科学技术出版社 1993 年版，第 523 页。

⑧ 中国人民银行安徽省分行志编纂委员会编：《中国人民银行安徽省分行志 1949～1990》，复旦大学出版社 1992 年版，第 127 页。

兵把守的津浦路自南向北穿境而过，将淮南、淮北抗日根据地分为路东、路西两部分。淮北路东为淮北苏皖边区（包括皖东北和邳睢铜地区），淮北路西为豫皖苏边区。① 1945 年 8 月中旬至 9 月下旬，华中军民展开战略大反攻，长江以北的苏中、苏北、淮南、淮北 4 块根据地迅速连成一片，形成苏皖边区（即苏皖解放区，又称华中解放区）。同年 8 月，淮北行署将所属第一、第三专署合并为第一行政区专员公署（又称淮北路东专署）。11 月 1 日，苏皖边区政府成立。② 苏皖边区政府成立后，决定建立八个行政区，淮北路东行政区专员公署（即第一行政区专员公署）改名为"苏皖边区第七行政区专员公署"，11 月 29 日，正式启印。第七专署下辖邳睢、睢宁、铜睢、萧铜、泗县、泗阳、宿县、灵璧等 14 个县政府。专署驻在泗县县城内。

　　1940 年，华中抗日根据地苏皖边区七专署（原淮北路东专署），发行救国公债（简称"淮北路东救国公债"）10 万元（法币），偿还期限 5 年。③ 其他发行情况不详。1946 年 4 月 23 日，淮北路东专署救国公债已到 5 年归还期限，苏皖边区第七行政专署在《新华日报》（华中版）发出公告，拟照券面金额，加 49 倍利息归还。收回办法是允许用法币 1 元救国公债买华中券 1 元救灾公债（华中币 1 元折合法币 50 元），该券由生救会集中到华中银行七分行兑换。由于救国公债发行时手续不健全，有一部未发出债券，落在经手人手里，政府未得款不负责收兑，只收散发在群众手中出过钱的债券。④

二、抗日根据地严重困难时期党的公债政策

　　1941～1942 年，日寇对抗日根据地进行了残酷的进攻，推行极其野蛮的"三光政策"；国民党顽固派也发动反共高潮，对根据地进行严密封锁，抗日根据地面临严重的困难局面，财政经济极端困难。为了缓解财政经济压力，这

---

　　① 苏皖边区政府旧址纪念馆编：《淮安文史资料　第 22 辑　苏皖边区史略》，中国文史出版社 2005 年版，第 5 页。

　　② 催传武：《苏皖边区政府的成立背景》，张谨主编：《淮安周恩来纪念地研究文集　第 1 辑》，文物出版社 2010 年版，第 282 页。

　　③ 财政部财政科学研究所、财政部国债金融司编：《中国革命根据地债券文物集》，中国档案出版社 1999 年版，第 38 页。

　　④ 《苏皖边区七专署加利收回救国公债》（1946 年 4 月 23 日），载《新华日报》（华中版）1946 年 4 月 23 日。

一时期，陕甘宁边区、豫鄂边区、华中抗日根据地、晋冀鲁豫边区、华南抗日根据地等 5 个根据地共发行了 9 项公债。其中，陕甘宁边区发行了建设救国公债、陕甘宁春季借粮，豫鄂边区发行了襄西区建设公债、豫鄂边区建设公债、孝感县赈灾公债，华中抗日根据地发行了阜宁县建设公债、淮南津浦路西战时公债，晋冀鲁豫边区发行了生产建设公债，华南抗日根据地发行了文献伟公债。

（一）陕甘宁边区政府建设救国公债

1. 公债发行背景及政策出台

抗日战争初期，陕甘宁边区实行"争取外援、休养民力、医治创伤、积累力量、支持长期抗战"的财政经济建设基本政策。[①] 同时，依靠两方面的财政外援：一是根据国共两党签订的合作协议，西北主力红军编入国民革命军第八路军，由国民政府按照编制每月拨付 60 万元（法币，以下同）作为抗日军饷。二是国内外进步人士的捐款。[②] 1940 年以前，中国共产党领导的抗日队伍有了经费保证，边区休养民力的财政政策也有实施基础。但是，进入抗战相持阶段，特别是皖南事变以后，陕甘宁边区财政开始出现严重困难。一是国民党逐渐转向积极反共、消极抗日，不但完全停发了协定的每月 60 万元军饷，而且海外华侨及后方进步人士的捐款也被完全截留，边区百分之七八十的财政来源受到影响。[③] 二是随着抗日战争发展，我党领导的抗日队伍迅速扩大，当时边区"130 多万人口要负担 8 万人的用度，负担是很重的"[④]。三是部分地区出现严重自然灾害，水、旱、风、雹交相侵袭[⑤]，大量灾民需要救济。四是物价飞涨，1940 年 12 月，物价指数为 716.7，1941 年 2 月，飙升至 1373，人民生活困难，政府预算膨胀。财政来源几乎断绝，财政支出却急剧增多。在这严重

---

① 陕西审计学会、陕西省审计研究所编：《陕甘宁边区的审计工作》，陕西人民出版社 1989 年版，第 242 页。

② 中国财政科学研究院主编：《抗日战争时期陕甘宁边区财政经济史料摘编　第 6 编　财政》，长江文艺出版社 2016 年版，第 319 页。

③ 中国财政科学研究院主编：《抗日战争时期陕甘宁边区财政经济史料摘编　第 6 编　财政》，长江文艺出版社 2016 年版，第 320 页。

④ 中国财政科学研究院主编：《抗日战争时期陕甘宁边区财政经济史料摘编　第 6 编　财政》，长江文艺出版社 2016 年版，第 35 页。

⑤ 星光、张扬主编：《抗日战争时期陕甘宁边区财政经济史稿》，西北大学出版社 1988 年版，第 146 页。

的财政困难面前，我们的抗战队伍是饿死、解散还是生产自给呢？毛泽东指出，"发展经济，保障供给，是我们的经济工作和财政工作的总方针"①。然而，发展经济的资金从何而来？在财政困难无款可拨的情况下，发行公债就十分必要。

1941 年 2 月 20 日，陕甘宁边区政府主席林伯渠、副主席高自立和财政厅长霍维德联名发出《陕甘宁边区政府关于发行建设救国公债的布告》（以下简称《布告》）②，边区政府公布《陕甘宁边区政府建设救国公债条例》（以下简称《条例》）、《陕甘宁边区政府发行建设救国公债实施细则》（以下简称《细则》）。③ 3 月 22 日，陕甘宁边区政府主席林伯渠、副主席高自立、财政厅长霍维德、副厅长黄亚光、曹力如联名向各分区专员、各县县长发出《关于发行建设救国公债的指示信》（以下简称《指示》）④。4 月 1 日，公债正式发行。

2. 公债发行基本政策

《布告》《条例》《细则》和《指示》等边区文件对公债政策作了全面而详细的规定，包括数额、利息、价格、债票等公债发行基本条件；发行原则、换购办法、奖励规则、数额分配、发行手续、推销期限等公债发行具体办法；公债发行动员政策；公债流通、使用及偿还政策等。

（1）数额、利率、价格等公债发行基本条件。主要内容如下：公债名称定为"陕甘宁边区政府建设救国公债"（简称"陕甘宁建设救国公债"）。发行数额国币 500 万元。公债利息周年 7 厘 5 毫。按照票面额十足发行。债票面额分为 5 元、10 元、50 元三种。每种一张分为十条（即每张分为 1942 年、1943 年、1944 年、1945 年、1946 年、1947 年、1948 年、1949 年、1950 年、1951 年 10 条，共计 10 年），每年还本息一次，则收回一条。债票均为无记名式。委托边区银行、光华商店及各分区县合作社、金库为经收机构。各分区县合作社经收人选，由各分区县长负责，物色可靠干部担任，遴选后报由财政厅核准

---

① 毛泽东：《抗日时期的经济问题和财政问题》，载《毛泽东选集》（第三卷），人民出版社 1991 年版，第 892 页。

② 财政部财政科学研究所、财政部国债金融司编：《中国革命根据地债券文物集》，中国档案出版社 1999 年版，第 39 页。

③ 财政部财政科学研究所、财政部国债金融司编：《中国革命根据地债券文物集》，中国档案出版社 1999 年版，第 40 页。

④ 编委会编：《红色档案　延安时期文献档案汇编　陕甘宁边区政府文件汇编　第 3 卷》，陕西人民出版社 2013 年版，第 118 页。

备案。领导公债发行经收工作及其他有关事宜者为边区财政厅。公债票，由陕甘宁边区政府主席、财政厅长签字盖章，钤盖陕甘宁边区政府印信。如有伪造或毁损其信用者，由司法机关依法惩治。①

（2）发行原则。建设救国公债发行的目的是保卫边区以粉碎日寇及反共分子的经济封锁，所以，《细则》开篇第一章就规定了公债"募收原则"，即"用政治动员与政府法令相配合"的方式征收建设救国公债，"须人民自动认购，禁止强迫摊派"；各部队机关学校团体工作人员，不论团体或个人自动献购者，应尽先购买，以作倡导，并帮助"动员宣传"。②《指示》则更明确指出公债发行原则为：广泛动员边区人民群众踊跃购买；坚持自愿原则；实物换公债，必须公平作价。③

（3）财物换购公债标准与办法。《条例》规定，凡民间持以银圆、白银（元宝）、首饰或公用的货物，购买本公债票者，均允许从优作价进行交换。④《细则》明确财物换购公债的标准与办法如下：第一，持有下列财物者均可换购公债：法币；硬币（即现洋）；边钞；生金银或制成品；粮食和干草及边区土产品（盐、皮毛、药材、蜂糖等）。第二，各经收机构收到上述各项财物时，如法币或边钞可立时以法币计算数额者，应即如数填给正式收据；其须变价或估价者先给该财物一临时收据（填明数量品名等），待变价或估定后，再换给正式收据（其物品价格另定之）。正式收据或临时收据由边区政府统一印发，并须有财政厅及经收机构盖印才能有效。第三，经收机构所收现款应分户填发收据第一联，交给公债认购人收执，第二联单填就按月报告分区及财政厅公债保管处核换公债票。第四，凡持有正式收据者，可向原经收机构按收据所载金额，换取建设救国公债票。购公债人的财物价值不足5元者，换取5元公债票时，应由认购人凑足后才能发给；不满10元、50元者，也同此办理。第五，财物换购公债的价格计算标准：硬币（现洋）——按其面价计算；生金银及其制成品——按其所含金银成色重量折合法币计算；有市价且容易变卖的各项货物，以其实价计算。第六，各经收机构收到有价证券、存款折据等，应

---

①④　财政部财政科学研究所、财政部国债金融司编：《中国革命根据地债券文物集》，中国档案出版社1999年版，第39～40页。

②　财政部财政科学研究所、财政部国债金融司编：《中国革命根据地债券文物集》，中国档案出版社1999年版，第40页。

③　财政部财政科学研究所、财政部国债金融司编：《中国革命根据地债券文物集》，中国档案出版社1999年版，第42页。

先换具物品临时收据交公债认购人收执。第七，各经收机构照《细则》规定办法办理后，其第三联报告单填就逐星期分别汇报分区及财政厅备查。[①]

为了保证粮食土产换购公债顺利进行，《指示》强调，群众将粮食土产换购公债的，必须做到"粮食土产，公平作价；自由买卖，不得限制"[②]。具体办法如下：粮食换购公债，可照市价折钱，并送交附近政府所指定的仓库保管。发行委员会以仓库收据为据，折算多少，则发给多少公债票，多的退钱，少的补足。甘草、皮毛、药材、蜂糖等土产品换购公债，要群众送合作社或光华商店或公家商店，自由买卖，不得限制，群众将卖得的钱即兑换公债票。金银首饰、硬币等生金银换购公债，照规定价格折算，折算多少，印兑换多少债票。

（4）募购公债奖励规则。团体承购公债 1 万元以上或者劝募公债 20 万 ~ 30 万元者，奖励办法如下：明令褒奖并颁给荣誉旗一面；颁给匾额。个人承购本公债 5000 ~ 1 万元或劝募公债 5 万 ~ 20 万元者，明令褒奖并给奖章。个人承购本公债 1000 ~ 5000 元或劝募公债 1 万 ~ 5 万元者，奖励办法如下：颁给奖状；登报表扬。凡经收机构遇有上述情形给奖励者，应开列清单拟定应给何项奖励、呈请财厅转呈边区政府核准办理。[③]

（5）公债发行数额分配。500 万元公债，分配至各地的销售数额分别为：边区直属县市 239.4 万元，关中分区 31.5 万元，三边分区 42.4 万元，陇东分区 94.3 万元，绥德分区 82.4 万元，党政军机关团体人员 10 万元。[④]

（6）公债发行手续。《指示》强调，公债发行的手续要简单，各县接到分配数目，慎重考虑各区乡具体情形，分配下去。在乡、市经过各种公开宣传和组织推动，将群众认购公债 5 元的、10 元的、50 元的数目分别统计。以最快的办法，汇报到县，并立即转报到财政厅。财政厅即根据各县需要各种债票的数目，把债票发下，随报随发，随到随销。临时收据的办法，可以

---

① 财政部财政科学研究所、财政部国债金融司编：《中国革命根据地债券文物集》，中国档案出版社 1999 年版，第 41 页。

② 编委会编：《红色档案　延安时期文献档案汇编　陕甘宁边区政府文件汇编　第 3 卷》，陕西人民出版社 2013 年版，第 121 页。

③ 财政部财政科学研究所、财政部国债金融司编：《中国革命根据地债券文物集》，中国档案出版社 1999 年版，第 40 ~ 41 页。

④ 编委会编：《红色档案　延安时期文献档案汇编　陕甘宁边区政府文件汇编　第 3 卷》，陕西人民出版社 2013 年版，第 122 ~ 123 页。

尽量的减少。①

（7）公债推销期限。《指示》要求，公债推销时间，只限三个月。从 4 月
1 日开始，6 月底完成。到总结时，以收集起的票币（法币或边币）、粮食，
或生金银折价的集中数为标准，其仅仅认销了而未集中入金库者，不能作数。
在发行期中，要及时检查，多写报告，好的发扬，坏的纠正。②

3. 公债发行动员政策及实施

为了做好公债发行的动员工作，陕甘宁边区政府进行了多方动员。归纳起
来，主要有以下几种：

（1）边区政府文件部署动员。《布告》《细则》等文件均对动员工作有涉
及。尤其是 2 月 4 日，边区政府制定的《推行建设救国公债宣传大纲》（以下
简称《大纲》）③ 以及 3 月 22 日发出的《指示》，对公债发行宣传内容和工作
方法进行强调和部署。

（2）机关报刊宣传动员。中共中央机关报《解放日报》（1941 年 5 月以
前称《新中华报》）中共中央北方局机关报《新华日报》（华北版）以及其他
边区机关报刊对公债发行进行了大量的宣传动员和相关报道。如发表：《边府
发行建设公债五百万元》④《社论：加紧推销救国公债》⑤《推销公债超过任
务，延安县完成三十万》⑥ 等；报道边区政府主席林伯渠在专员、县长联席会
议上对公债发行目的说明⑦，边区政府秘书长谢觉哉就建设救国公债发行答
《新中华报》记者问⑧，"建设救国公债总发行委员会召开第一次会议"⑨，杨

---

① 编委会编：《红色档案　延安时期文献档案汇编　陕甘宁边区政府文件汇编　第 3 卷》，陕西
人民出版社 2013 年版，第 121 页。

② 编委会编：《红色档案　延安时期文献档案汇编　陕甘宁边区政府文件汇编　第 3 卷》，陕西
人民出版社 2013 年版，第 122 页。

③ 编委会编：《红色档案　延安时期文献档案汇编　陕甘宁边区政府文件汇编　第 3 卷》，陕西
人民出版社 2013 年版，第 60 页。

④ 陕甘宁边区银行纪念馆编：《陕甘宁边区金融报道史料选》，陕西人民出版社 1992 年版，第
295 页。

⑤ 陕甘宁边区银行纪念馆编：《陕甘宁边区金融报道史料选》，陕西人民出版社 1992 年版，第
300 页。

⑥ 陕甘宁边区银行纪念馆编：《陕甘宁边区金融报道史料选》，陕西人民出版社 1992 年版，第
304 页。

⑦⑧ 陕甘宁边区银行纪念馆编：《陕甘宁边区金融报道史料选》，陕西人民出版社 1992 年版，第
296 页。

⑨ 陕甘宁边区银行纪念馆编：《陕甘宁边区金融报道史料选》，陕西人民出版社 1992 年版，第
299 页。

家岭工人以及市工会干部踊跃购买公债情形①，延安市民众对救国公债的踊跃认购情形②，等。这些机关报刊在报道救国建设公债发行情况的同时，更重要的是努力营造了一种踊跃认购的氛围，激发边区群众购买公债的热情。

（3）设立专门机构组织动员。《指示》要求各级要组织公债发行委员会。县区两级三人至五人，各级委员会不限定人数。③根据《指示》精神，1941年4月9日，边区政府主席林伯渠、副主席高自立签署、批准成立"边区救国公债总发行委员会"④。之后，边区所属各市、县、区、乡等各级推销委员会陆续成立。如：合水县公债发行推销委员会⑤，志丹县救国公债推销委员会⑥，关中分区各县区乡成立各级推销委员会⑦，延安市救国公债推销委员会，进行推销工作⑧；等等。

（4）召开大会现场动员。召开动员大会是面向边区人民最为直接的动员方式。其中，既包括对普通民众的动员，也包括对基层领导干部以及社会名流、工商各界代表的动员。如：延安市政府召集市商会各委员暨工商妇各群众团体代表以及党政军各系统经济部门负责同志开会，动员公债发行，讨论推销办法⑨；延安市商会为动员市场商民自动购买救国公债，在商会俱乐部召开全体商民大会，到会商号代表200余人⑩；延安市推销委员会召开有各县区长参加的动员扩大会议，决定以推销17.5万元为最低限度⑪；边府秘书处及总务处召开建设救国公债推销动员大会，议决除个别向推销委员会购买及尽力向各方

---

① 陕甘宁边区银行纪念馆编：《陕甘宁边区金融报道史料选》，陕西人民出版社1992年版，第303页。

② 陕甘宁边区银行纪念馆编：《陕甘宁边区金融报道史料选》，陕西人民出版社1992年版，第304页。

③ 编委会编：《红色档案　延安时期文献档案汇编　陕甘宁边区政府文件汇编　第3卷》，陕西人民出版社2013年版，第120~121页。

④ 编委会编：《红色档案　延安时期文献档案汇编　陕甘宁边区政府文件汇编　第3卷》，陕西人民出版社2013年版，第141页。

⑤ 《边区建设救国公债，合水开始推销》，载《解放日报》1941年5月16日第2版。

⑥ 《推销公债，志丹民众掀起购买热潮》，载《解放日报》1941年6月11日第2版。

⑦ 《关中人民竞购公债已完成四十万元》，载《解放日报》1941年8月21日第2版。

⑧⑨ 《人民热心边区建设，踊跃购买救国公债》，载《新华日报》（华北版）1941年6月9日第2版。

⑩ 《延安市商会进行推销公债动员》（1941年6月24日），陕甘宁边区银行纪念馆编：《陕甘宁边区金融报道史料选》，陕西人民出版社1992年版，第302页。

⑪ 《延市推委会议讨论公债推销工作，决定一月内完成任务》，载《解放日报》1941年6月14日第2版。

劝购外，并号召减食一餐，进行集体购买①；等等。

4. 动员成效、不足及后续措施

（1）动员成效。在多方动员之下，边区党政机关工作人员、部队战士、学校师生、商号小贩、工人、农民等各界群众积极购买公债，甚至看守所犯人也不例外，出现踊跃认购情形。如：边区政府秘书处及总务处，于 5 月 25 日召开建设救国公债推销动员大会②，结果全体购买了公债 300 余元。盐池生产部队在增加盐产的同时，掀起购买公债的热潮。某干部队上仅十余人即购 700 余元。战士们经过宣传动员也积极购买，并在军人大会上通过竞赛条例。某营某连生产战士，40 余人即购 170 余元，伙夫通讯员同志也以 5 角、1 元、5 元争购。③ 中国女子大学经过热烈讨论，一致决定全体购买建设救国公债 500 元。同学们自个也争先恐后地购买，没钱的也愿意以津贴购买。经学校再三劝告，始作罢论。④ 伟华毛工厂在工会主任的首先认购下，全厂工友纷纷购买，共达 500 元，有的工友甚至以一个月工资全部用来购买公债。⑤ 延北县川口区召开建设救国公债动员大会，到会老百姓纷纷自动认定数目。50 多岁的魏老太太认购 25 元，并提出愿与人竞赛。该区购债最多者为 200 元。⑥ 安塞县五区二乡贫农张宽财，听说买救国公债是为了抗战救国，发展边区经济建设，也买了 5 元。⑦ 安塞真武洞，仅 50 余家商号与小贩，4 天内购买公债 4500 余元，有两个 60 多岁的小贩每人将营业所得，各购买 5 元。⑧ 高等法院看守所内犯人数十名，在边区政府的教育下，爱国之心被激发，"首先响应政府号召"，踊跃购买救国公债 300 余元⑨，特别是几位女犯人，在人们劝解"津贴本来很少，还是不要买好"之后，他们仍然购买了公债。自己手下没存钱而家中有钱的人决定写信回家去要。所方再三宣布自己没存钱就不要购买了，但他们也"异常执拗地"从记录人手里拿过笔，在登记册上写上自己的名字和认购

---

① 《边区政府工作人员热烈购买救国公债》，载《解放日报》1941 年 5 月 27 日第 2 版。

② 《边府工作人员热烈购买救国公债》，载《解放日报》1941 年 5 月 27 日第 2 版。

③ 《盐池生产部队增加盐产，昼夜与烈日暴风搏斗，并掀起购买公债热潮》，载《解放日报》1941 年 6 月 28 日第 2 版。

④ 《女大竞买救国公债》，载《解放日报》1941 年 6 月 16 日第 2 版。

⑤ 《伟华毛工厂决定实行十小时工作制，买公债五百元》，载《解放日报》1941 年 6 月 5 日第 2 版。

⑥ 《建设救国公债，川口民众纷纷认购》，载《解放日报》1941 年 5 月 20 日第 2 版。

⑦ 《贫农张宽财也买五元》，载《解放日报》1941 年 5 月 27 日第 2 版。

⑧ 《安塞购债热》，载《解放日报》1941 年 6 月 8 日第 2 版。

⑨ 《人民热爱边区，争先购买公债》，载《新华日报》（华北版）1941 年 6 月 13 日第 2 版。

数目。①

（2）不足之处。虽然不少边区人民购买公债异常踊跃，但至 6 月底，即公债发行截止期，除了延安县超额完成任务达到 30.1 万元②、安塞县完成推销任务达到 22.5 万元③之外，其他诸多县市没有完成发行任务。其原因，归纳起来，主要有：第一，宣传不深入，认识不到位。有的干部不敢在乡级选举大会前或在选民大会中向老百姓宣传发行建设救国公债，怕吓跑了选民；有的没有把发行公债的意义说得深刻，只讲政府向人民借钱，使得老百姓说："政府要牛有牛，要羊有羊，其他便什么也没有"④。宣传方式也不灵活，如陇东分区一般的宣传方式都是用口头宣传，文字宣传很少，各县的街头村镇也没有关于公债的标语。即便是口头宣传，也主要在干部中传达，致使"说者谆谆，而听者茫然"，群众对公债没有正确的认识。赤水、新正不少群众认为买公债就是"要人头税，每人五元"；不相信会还，"出了这款子不指望公家还钱了"⑤。第二，领导不力，检查不严。因为不少地方领导干部对于公债的性质、意义和作用认识并不到位，认为数字太大，对推销工作没有信心，有些干部甚至坐在机关里等待上级核减任务。对于公债发行的督促和检查工作也不严密，有些干部只在会议上布置分配数目就算完了，没有去督促检查，推销工作流于形式。⑥第三，缺乏民主，强行摊派。一些群众对干部不深入调查，分配数目不合理，或不区别情况平均摊派有很大意见，有些群众因干部徇私情而影响了购买的积极性。⑦第四，不少群众生活困难。有些地区因为遭受自然灾害等原因，百姓生活依然困难，如曲子县连年灾荒，三年歉收，1941 年 4 月，又遇降霜、暴风灾害，老百姓生活非常艰难，有的每天仅吃两顿榆皮草根稍合米面之饭，有的尽食树皮草根、离家乞讨，甚至有的出卖儿女换取粮食。甘泉县 11053 人，

---

① 郁文：《犯人不忘爱国，自动竞买公债》，载《解放日报》1941 年 6 月 6 日第 2 版。

② 《推销公债超过任务，延安县完成三十万》，载《解放日报》1941 年 7 月 12 日第 2 版。

③ 《边区点滴》，载《解放日报》1941 年 6 月 28 日第 2 版。

④ 编委会编：《红色档案　延安时期文献档案汇编　陕甘宁边区政府文件汇编　第 4 卷》，陕西人民出版社 2013 年版，第 21 页。

⑤ 中国财政科学研究院主编：《抗日战争时期陕甘宁边区财政经济史料摘编　第 6 编　财政》，长江文艺出版社 2016 年版，第 312 页。

⑥⑦ 闫树声等主编：《陕甘宁边区史》（抗日战争时期　中、下篇），西安地图出版社 1993 年版，第 140 页。

难民占了 1388 人，切切实实有余粮的人家是少数的。[1] 群众生活极其困难，使公债推销难度加大。第五，反共顽固分子极力破坏。关中反共顽固分子大造谣言，在其报上刊载反动消息，破坏公债发行工作。[2] 有些思想觉悟不高，或是受到反动分子蛊惑之人，对公债发行持抵制态度。如安定县瓦市区一乡杨汉卿，论学识是先进分子，财产也是殷实之家，但缴纳公粮、购买公债，却是极不情愿，拖沓不交。二乡万益兴号经理史维翰确定买粮 8 石、公债 2800 元，至总结时只交了寥寥数百。[3] 因为种种原因，三个月过去了公债推销任务并未完成。

（3）发行结果。为了尽快完成推销任务，并按期收集现金入库，7 月 8 日，陕甘宁边区政府主席林伯渠、副主席高自立联名向各专员县长发出《关于推销建设救国公债的指示信》（以下简称"二次指示"），根据延安县超额完成公债任务的经验，再次强调宣传动员与组织领导的重要性，要求各地立即派得力的干部，配合选举、借粮、驮盐等工作，深入农村，宣传动员，造成群众购买公债的热潮，抓紧时间完成任务。"二次指示"从三个方面对后期宣传动员提出了要求：第一，要有灵活多样的办法。可借鉴延安一些区乡的宣传工作经验：把群众眼前的建设利益说透彻，群众就喜欢。譬如：窑店子修了公路，向老百姓解释，修好了路群众送粮可以用车拉，马上见好处；办了工厂才能有今天 2 元 8 毛钱买得一张铧。乡里老汉讲话力量也很大，要争取群众中年高（者）帮助宣传，要见景生情。如：甘谷驿干部家属窦老汉今年 58 岁，在群众大会上，说了抗日救国道理以后，自报购买 60 元，使得本地老百姓大为感动。第二，要明确工作的任务。必须立即派得力干部配合选举、借粮、驮盐等工作，深入农村，切实检查，使好的发扬，坏的纠正。必须一面宣传，一面推销；推销不完，继续宣传；既要超过，又要收钱。除关中外，7 月底公债务必收集完毕，县上自己做初步总结，边区 8 月 15 日做总结。[4] "二次指示"发出

---

① 编委会编：《红色档案　延安时期文献档案汇编　陕甘宁边区政府文件汇编　第 3 卷》，陕西人民出版社 2013 年版，第 152 页。

② 中国财政科学研究院主编：《抗日战争时期陕甘宁边区财政经济史料摘编　第 6 编　财政》，长江文艺出版社 2016 年版，第 312 页。

③ 编委会编：《红色档案　延安时期文献档案汇编　陕甘宁边区政府文件汇编　第 4 卷》，陕西人民出版社 2013 年版，第 188～189 页。

④ 编委会编：《红色档案　延安时期文献档案汇编　陕甘宁边区政府文件汇编　第 4 卷》，陕西人民出版社 2013 年版，第 21～22 页。

后，各地进一步开展宣传动员工作。8 月初，陇东分区召开了财经委员会，讨论公债推销和扩大宣传办法，并决定：各机关团体工作人员须一律购买公债，给群众起模范带头作用；各机关团体分别向群众扩大宣传解释工作；召开活动分子大会，专门商讨推销公债事宜；召开机关工作人员购买公债大会，并发动市民参观；由陇东分区党委机关报《救亡报》推出公债专刊。经过再次动员，陇东各机关共推销 1500 多元。8 月 10 日，庆阳县也召开了一次推销公债扩大会并决定：推销的方式原则上是自由认购，如不能完成任务时，就进行民主推销方式（即由大家根据某人的经济状况决定他买多少，最后由他本人考虑承认）；在"公债推销委员会"下组织一公债宣传队和突击队，一面宣传一面推销；召开庆阳市厢邻长以上干部大会，说明公债意义和重要性；召开市民大会；在民教馆设立临时公债推销广播处，报道公债推销情形，发现模范例子和工作中优缺点，以扩大影响；出特刊，写标语，加强文字宣传，以便深入区乡和其他各县；组织"说服团"说服有钱不买公债的顽固分子。① 各地在坚持自由购买原则基础上，有的采取召开群众大会，自报公议的民主分配方式；有的先由乡、村长拟出分配数字方案，交群众大会民主讨论的方式；还有按一、二、三等级来决定认购数的方式等，使全边区的推销公债工作进入高潮。② 此后，公债发行取得新进展。根据 1944 年边区财政厅长南汉宸、副厅长霍维德向边区参议会提交的提案内容显示，建设救国公债发行数额最终达到 618 万元，超过原定数额 100 多万元。③

5. 公债流通、使用政策及实施

（1）流通政策。《条例》规定，公债票为法定的有价证券，可以自由买卖抵押，并于每年到还本付息时，可以交纳税款、兑换法币或光华票（即向边区银行、光华商店、合作社兑换法币或作购买货物之用）。④

（2）使用政策。《条例》规定了公债发行目的，是用于充实抗战财力、发

---

① 中国财政科学研究院主编：《抗日战争时期陕甘宁边区财政经济史料摘编　第 6 编　财政》，长江文艺出版社 2016 年版，第 312 页。

② 闫树声等主编：《陕甘宁边区史》（抗日战争时期　中、下篇），西安地图出版社 1993 年版，第 141 页。

③ 中国财政科学研究院主编：《抗日战争时期陕甘宁边区财政经济史料摘编　第 6 编　财政》，长江文艺出版社 2016 年版，第 314 页。

④ 财政部财政科学研究所、财政部国债金融司编：《中国革命根据地债券文物集》，中国档案出版社 1999 年版，第 39～40 页。

展生产事业、争取抗战最后胜利。[①] 对于所得款项的具体用途,《指示》和《大纲》都有详细解释,即主要用于以下建设事业:农业方面:修水利,设模范农场,购棉种,开林场,低利贷款给移民和贫农,改良农具、籽种,改良畜种,训练兽医人员等,使边区农牧业更加发达;工业方面:办制造日用品的各种工厂,贷款给私人开矿的、办小工业的以及生产合作社等,使得各种用具,逐渐不要向边区外去买。商业方面:发展消费合作社,帮助公私经营的商店,来反对日寇和反共分子的封锁[②];交通方面:削平成榆公路的坡度,改善其弯度,修通定庆、庆富、庆盐、延靖、定绥等大车道,修筑各区乡的驮道。[③] 根据 1944 年边区财政厅长南汉宸向边区参议会提交的提案内容,公债发行所得款项的实际用途是:618 万元公债中有 500 万元用作经济建设,其余 118 万元用作经费开支。[④] 也就是说,预定计划的 500 万元发行所得全部按照政策规定,用于经济建设方面。

6. 公债偿还政策及实施

(1)偿还政策规定。关于偿还政策,《条例》作了以下几方面的规定:偿还期限:定为 10 年,自 1942 年起,每年 7 月还本付息一次,还本数目依还本付息表规定,于 1951 年 7 月全数还清。偿还基金:公债还本付息,以本区税款(盐税及商业税)为基金,陕甘宁边区财政厅依照还本付息表所载,每次应还本息数目,按期拨交边区银行收入本建设救国公债委员会账户专款存储备付,如有不敷,由陕甘宁边区财政厅在他项收入项下,随时如数发补足额。此项基金,由边区政府财政厅、边区银行各推荐若干人组织建设救国公债委员会保管,其组织规程另外拟定。偿还机构:公债还本付息,指定边区银行、光华商店,以及边区政府指定的各县合作社为经理机构。[⑤]

(2)偿还政策实施。1942 年 7 月,边区政府开始第一次偿还建设救国公债本息,并公布还本付息办法:第一,除边区政府建设救国公债条例指定边区

---

①⑤　财政部财政科学研究所、财政部国债金融司编:《中国革命根据地债券文物集》,中国档案出版社 1999 年版,第 39～40 页。

②　编委会编:《红色档案　延安时期文献档案汇编　陕甘宁边区政府文件汇编　第 3 卷》,陕西人民出版社 2013 年版,第 119 页。

③　编委会编:《红色档案　延安时期文献档案汇编　陕甘宁边区政府文件汇编　第 3 卷》,陕西人民出版社 2013 年版,第 61 页。

④　中国财政科学研究院主编:《抗日战争时期陕甘宁边区财政经济史料摘编　第 6 编　财政》,长江文艺出版社 2016 年版,第 314 页。

银行、光华商店、各县合作社为还本付息经理机构外，再增加贸易局、金库为经理机构。第二，到期公债，依照下列办法兑取现款：甲、持票人直接到经理机构兑取现款。乙、准以公债向各级政府及各征收机构抵缴税款。丙、可以公债在市场购买物品，或偿还债务。第三，第一期公债还本付息期间，1942 年 7 月 1 日起至 12 月 30 日止，还期作废。第四，还本付息经理机构与各级政府各征收机构收回公债票后，可以收回公债票向金库兑换边币或抵解现款。① 1943 年 7 月，边区政府进行了第二次还本付息。经过两次还本付息 130 余万元，公债还剩本金 494 万元。1944 年，"发展经济、保障供给"已取得显著成效，边区政府财力已经比较充裕，加上每年所还本息为数不多，人民持券往还甚感不便，因此，陕甘宁边区政府第 74 次政务会议决定，在第三届还本付息期间，将所欠民间债款连同本年度应付利息（往后年度不计利息）全部一次性偿还。1944 年 7 月 20 日，边区政府主席林伯渠、副主席李鼎铭、财政厅长南汉宸、副厅长霍维德联名向各专署、县、区、乡政府、各税局、银行、金库、公营商店及合作社发布命令，要求按照下列规定办理公债还本付息事宜：第一，人民所持债券（1944 年度以后的债券不计利息）一律凭票准予照票面金额当现金纳税、交纳公款、购买货物、入股、偿还债务及兑换现金，上述各单位有接收的义务。第二，各单位接收的公债票一律交当地金库或银行，由金库或银行照票面付款，或作为解库款项。第三，各区乡政府及合作社应本着方便人民的目的，在人民自愿条件下将本区乡人民所持债券集合起来代为取款，以免浪费民力，但必须保证将代取之款完全交还人民，不得有扣留或不是人民自愿而代入合作社股金及其他类似行为。其代领本利，还给人民时，须取得收条交县政府二科汇送财厅。② 尽管已经规定建设救国公债全部提前偿还，但根据 1947 年华北财政经济会议上《陕甘宁边区的财经工作》报告，因为不少群众不了解公债为何物，也不知政府要归还，大多将债券毁弃，待还本时，仅收回十分之一、二。③ 剩余公债，中华人民共和国成立后进行了偿还。④

① 陕甘宁边区银行纪念馆编：《陕甘宁边区金融报道史料选》，陕西人民出版社 1992 年版，第 306 页。
② 编委会编：《红色档案 延安时期文献档案汇编 陕甘宁边区政府文件汇编 第 8 卷》，陕西人民出版社 2013 年版，第 328～329 页。
③ 财政部财政科学研究所、财政部国债金融司编：《中国革命根据地债券文物集》，中国档案出版社 1999 年版，第 43 页。
④ 财政部财政科学研究所、财政部国债金融司编：《中国革命根据地债券文物集》，中国档案出版社 1999 年版，第 116～117 页。

（二）陕甘宁边区政府 1941 年春季借粮

1940 年，对国民党政府掀起的反共摩擦严重性估计不足，当年仅征公粮 9 万石。1941 年皖南事变后，国民党政府对陕甘宁边区进行军事包围和经济封锁，使边区外援完全断绝，军粮发生严重不足，有的部队甚至发生两天吃不上饭的情况。为了解决极为紧迫的吃饭问题，陕甘宁边区政府下令，自 1941 年 4 月起，前后两次共向群众借粮（简称"陕甘宁春季借粮"）4.8 万石。① 春季借粮，使陕甘宁边区部队和机关终于渡过吃粮难关。

为了解决财政困难，1941 年陕甘宁边区还采取了征收救国公粮 20 万石、加强税收工作、禁止法币流通、发行边币 1054 万元、发行建设救国公债、开发食盐、发展经济等措施。② 20 万石救国公粮当中，有 5 万石是专门用于偿还 1941 年春季借粮。1942 年底，20 万石征粮工作基本上胜利完成任务。③ 1941 年春，向群众的借粮，大多是在征收 1941 年度的救国公粮时，以抵交救国公粮的方式偿还了。

（三）襄西区建设公债

1941 年 1 月，"皖南事变"后，中共中央于 1 月 20 日发布重建新四军军部的命令。新四军豫鄂挺进纵队奉命整编为第五师（李先念任师长兼政治委员）。新四军第五师筹建的同时，在豫鄂边区党委的领导下，豫鄂边区军政联合办事处也抓紧行政公署的筹备工作。4 月 1 日，豫鄂边区第二次军民代表大会召开，会议按照"三三制"原则，成立了豫鄂边区行政公署，公推许子威为主席，杨经由、涂云庵为副主席。④ 在豫鄂边区第二次军政代表大会上，会议决定将原鄂东、襄西、天汉、信应四个军政联合办事处改组为边区行署下辖的四个行政办事处，汪心一、刘真、童世光、陈守一分任办事处主任。⑤ 1941

　　① 财政部财政科学研究所、财政部国债金融司编：《中国革命根据地债券文物集》，中国档案出版社 1999 年版，第 43 页。

　　② 中国财政科学研究院主编：《抗日战争时期陕甘宁边区财政经济史料摘编　第 6 编　财政》，长江文艺出版社 2016 年版，第 16 页。

　　③ 编委会编：《红色档案　延安时期文献档案汇编　陕甘宁边区政府文件汇编　第 6 卷》，陕西人民出版社 2013 年版，第 458 页。

　　④ 湖北省新四军研究会等编：《鄂豫边区政权建设史》，武汉出版社 2006 年版，第 147 页。

　　⑤ 湖北省新四军研究会等编：《鄂豫边区政权建设史》，武汉出版社 2006 年版，第 172 页。

年 4 月，襄西的荆（门）南、当阳、荆（门）钟（祥）、北山、石牌等抗日根据地已连成一片。豫鄂边区第二次军政代表大会后，在襄西地委和襄西行政办事处的统一部署和领导下，各县按照"三三制"原则，加强了民主建政工作。① 为了渡过严重的经济困难，1941 年 7 月，经襄西区行政委员会批准，成立"襄西区建设公债委员会"负责发行"襄西区建设公债"。公债总额 10 万元（法币）；债票分 50 元、10 元、5 元三种；月息 6 厘；以襄西区 1940 年、1941 年田赋、地契税为担保；分 2 年还清，每年偿还 1/2。② 关于公债息金的支付，在债券息票上有规定：第一期息金 3 角 6 分于 1942 年 2 月 1 日照兑；第二期息金 3 角 6 分于 1942 年 8 月 1 日照兑；第三期息金 3 角 6 分于 1943 年 2 月 1 日照兑；第四期息金 3 角 6 分于 1943 年 8 月 1 日照兑。③

（四）1941 年豫鄂边区建设公债

自 1941 年起，日伪在豫鄂边区不断进行"扫荡"，大肆焚烧，破坏农村经济，同时大量行使日伪钞票，紊乱金融，破坏法币信用。因此，1941 年 4 月，豫鄂边区第二次军政代表大会成立豫鄂边区行政公署的同时，为发展边区生产事业，巩固边区金融基础，提高与稳定法币信用，救济灾难区人民，许子威、赵争、沈少华、丁连三、童世光、娄光琦、贺健华、王东明 8 人提出《创办边区建设银行俾资发展边区各种生产事业》的提案，认为"必须创办边区银行，方能完成任务"。创办银行的办法及任务如下：（1）资本总额，定为 100 万元。（2）资本筹集分三种：发行救国建设公债 50 万元（以应城膏盐救国捐作担保），债票分 10 元、50 元、100 元、1000 元四种，年息 6 厘，每年付还本息 1/10，以 10 年偿清；招募民股 20 万元；政府于税收项下拨发 30 万元。（3）银行营业特权及业务有六种：发行法币兑换券 100 万元；代存各县金库收支事项；贷放各种生产事业上必需的现金；对各有利于人民抗战事业进行投资；办理边区汇兑；代理边区行政公署救国建设公债的发行及其还本付息事项。④ 该提案获大会决议通过。⑤ 根据这一决议，大会之后，豫鄂边区行政

---

① 湖北省新四军研究会等编：《鄂豫边区政权建设史》，武汉出版社 2006 年版，第 178 页。

②③ 《襄西区建设公债券说明》，载《财政研究资料》1981 年第 31 期，第 22 页。

④ 刘跃光、李倩文主编：《华中抗日根据地鄂豫边区财政经济史》，武汉大学出版社 1987 年版，第 61 页。

⑤ 鄂豫边区革命史编辑部编：《鄂豫边区抗日根据地历史资料　第 3 辑　政权建设专辑　1》，1984 年版，第 85 页。

公署开始筹建建设银行和印钞厂。6 月，豫鄂边区建设银行在随（县）南洛阳店毡帽湾成立，左仲修任行长，宋逸民、庄果先后任副行长。[1]

10 月 1 日，豫鄂边区拟定并公布《民国三十年豫鄂边区建设公债条例》，救国建设公债正式发行。根据条例，公债发行基本政策如下：（1）公债定名为豫鄂边区建设公债（简称"豫鄂边区建设公债"）。（2）公债为建设边区各种生产事业发展边区经济之用。（3）公债定额为法币 100 万元。（4）公债利率为年息 5 厘。（5）公债定于 1941 年 10 月 1 日发行。（6）公债自 1943 年 10 月 1 日起，分 5 期付还本息。每年 10 月 1 日起付还本息一次，每次偿还总额 1/5。（7）公债还本付息，以本边区税收为基金，按还本付息表到期本息，拨交建设银行专储备付。并指定建设银行及各县分行为经理支付本息机关。（8）公债债券分 500 元、100 元、50 元、10 元四种，均为无记名式。（9）公债到期本息债券，可抵纳边区一切捐税。（10）本公债有伪造或毁损信用的行为者依法惩办。[2]

公债条例颁布后，各地进行了公债发行动员工作，发动各阶层群众认购公债。[3] 根据《中财委关于过去各个苏区解放区所发公债偿还办法的通知（1953年 12 月 19 日）》记录，该项建设公债大部分已得到偿还。[4]

（五）孝感县赈灾公债

1941 年，鄂豫边区的孝感县发生严重自然灾害，为救济灾民，孝感县发行了一期赈灾公债。根据《豫鄂边区孝感县赈灾公债条例》，公债发行政策如下：公债以本县 1941 年、1942 年两年度的田赋作为抵押，由 1941 年 10 月起，县政府财政科负责出、逐（随）同经征税数 50% 存起，自 1942 年 1 月起分批偿还。分二十批偿还，每月一批，每批 2500 元，每月 1 日为偿还日期。月息 5 厘，于每月还本时照付。偿还日期由县财政科决定，每月偿还期前 10 天，将有关事项通知持票人。公债有作一切商务契约及法律上的保证、抵押或准买

---

[1] 湖北省新四军研究会等编：《鄂豫边区政权建设史》，武汉出版社 2006 年版，第 169 页。

[2] 财政部财政科学研究所、财政部国债金融司编：《中国革命根据地债券文物集》，中国档案出版社 1999 年版，第 44 页。

[3] 当阳市政协文史资料委员会、当阳市两河乡人民政府：《当阳文史　第 14 辑　革命老区脚东》，1994 年版，第 186 页。

[4] 中华人民共和国国家经济贸易委员会编：《中国工业五十年：新中国工业通鉴　第二部　1953～1957》（上卷），中国经济出版社 2000 年版，第 570 页。

卖，但不得作完粮纳税之用。[1]

（六）阜宁县政府建设公债

华中抗日根据地的阜宁县东临黄海，经常受到海潮侵袭，1939 年 8 月 30 日发生大海啸，旧堤被冲垮，滨海群众受灾严重，流离失所，沦为乞丐以行讨度日，群众切望复堤。1940 年秋，八路军到达阜宁，成立了抗日民主县政府，宋乃德任县长。在当年 10 月召开的阜宁县参议会上，参议员提出了修复海堤的要求，得到了苏北党政军委员会的同意，并组成以宋乃德为主席的修堤委员会负责完成修堤事宜。

修堤决定作出后，首先遇到的是修堤经费问题。1941 年 2 月，阜宁县参议会讨论决定，修堤费用不由阜宁人民负担，以盐税作抵押，发行建设公债（简称"阜宁县建设公债"）100 万元，由政府负责偿还。[2] 根据债券背面的附注说明，该公债于 1941 年 4 月正式发行；以盐税作偿还担保；偿还期限 1 年，满 6 个月偿还一半，一年还清；至偿还时间可抵完田赋。[3] 为了顺利发行公债，阜宁县政府根据公粮缴纳数额对公债认购任务进行了分配，公债的推销标准是：每纳公粮 1 斤，应购公债 3 角 5 分。在公债发行中，挫败了反动派多次的谣言破坏，共发行建设公债 60 万元，保证了修堤的需要。修堤工程结束后，宋乃德又向参议会和民众公布了整个修堤的费用，实际支付的修堤费用为国币 516986.85 元，行政费用去的不到 1/10。发售的建设公债 60 万元已足够支付。这项公债，到了 1942 年即由阜宁县政府全数偿还了。阜宁建设公债对于海堤的修复发挥了重要作用。[4]

（七）淮南津浦路西联防办事处战时公债

1940 年 4 月，津浦路西的人民民主政权机构——定凤滁三县联防办事处

---

[1]　财政部财政科学研究所、财政部国债金融司编：《中国革命根据地债券文物集》，中国档案出版社 1999 年版，第 44 页。

[2]　汪汉忠：《转折年代的苏北海堤工程——从"韩小堤"和"宋公堤"看历史转折的必然性》，载《江苏地方志》2011 年第 4 期，第 27 页。

[3]　财政部财政科学研究所、财政部国债金融司编：《中国革命根据地债券文物集》，中国档案出版社 1999 年版，前言第 37 页。

[4]　财政部财政科学研究所、财政部国债金融司编：《中国革命根据地债券文物集》，中国档案出版社 1999 年版，第 38 页。

宣告成立。不久后，日军再次侵占定远县城，办事处由定远县城转入城东农村开展游击战争。1940 年 6 月，全椒县成立抗日民主政权后，路西局势相对稳定。为了适应形势发展对政权建设的需要，同年 8 月 1 日，津浦路西联防委员会办事处在定远县成立，黄岩任主任，魏文伯任副主任。办事处辖定远、凤阳、滁县、全椒等县，基本区域为津浦路以西、淮南铁路以东的江淮地区，政令所及人口为 70 万。同年 9 月中旬，合肥东南各区联合办事处、和含巢（和县、含山、巢县）各区联合办事处 2 个县级政权成立。至此，皖东津浦路西地区共建立了 6 个县级抗日民主政权，以藕塘为中心的津浦路西抗日民主根据地连成一片。①

因淮南津浦路西连年旱灾歉收，同时处于激烈的同日、伪、顽三角斗争环境，遭受日伪军和顽固派军队的夹攻，津浦路西联防委员会办事处成立后，财政比路东困难。1941 年 9 月 ~ 1942 年 5 月，为了弥补财政收入、保障抗日军队的供给、促进根据地的生产发展，淮南抗日根据地津浦路西联防办事处发行了战时公债 20 万元（法币）（简称"京浦路西战时公债"）。②

根据《凤阳县志》记载，公债发行后，凤阳县抗日军民踊跃购买。中华人民共和国成立后，凤阳县人民政府收兑地方币时曾收兑面额为 10 元的战时公债券 2 张。③ 根据《中国人民银行安徽省分行志》记载，中国人民银行安徽省分行按照中央和华东财经委员会指示，办理了公债兑付工作。其中，尚未结清的津浦路西联防办事处公债券 80 元（折合人民币 80 元），按照月息 4 厘计算，从 1942 年 3 月 15 日起，至 1954 年 12 月底止，共付利息 48.08 元，本息合计 128.08 元。④

（八）晋冀鲁豫边区生产建设公债

1. 发行背景及政策制定

晋冀鲁豫边区政府成立后，由于国民党政府停发了八路军军饷，129 师所

---

① 中国新四军和华中抗日根据地研究会编：《永恒的记忆 华中抗日根据地史》，当代中国出版社 2005 年版，第 63 页。

② 财政部财政科学研究所、财政部国债金融司编：《中国革命根据地债券文物集》，中国档案出版社 1999 年版，第 38 页。

③ 凤阳县地方志编纂委员会编：《凤阳县志》，方志出版社 1999 年版，第 440 ~ 441 页。

④ 中国人民银行安徽省分行志编纂委员会编：《中国人民银行安徽省分行志 1949 ~ 1990》，复旦大学出版社 1992 年版，第 127 页。

需军费全部改由边区政府筹措，边区财政十分困难。此种形势下，只有发展边区的经济建设事业，才能克服财政困难。而要发展经济事业，必须筹集建设资金。"为发展边区各种建设事业，并紧缩冀钞流通，藉以稳定金融，平抑物价，改善人民生活，并密切人民与政府的联系（关于紧缩冀钞流通这一点，对外不谈）"，1941 年 7 月，晋冀鲁豫边区临时参议会决定发行生产建设公债。① 8月，中共晋冀豫区党委发出了《关于推销生产建设公债的指示》。9 月 10 日，晋冀鲁豫边区政府公布《晋冀鲁豫边区生产建设公债条例》。

《关于推销生产建设公债的指示》分析了公债发行的形势，并对宣传动员、组织工作等提出了总体要求：（1）分析了公债发行的困难和便利条件。困难主要有：我区干部与群众，大多没有推销与购买公债的习惯与经验，再加以过去（抗战以前）旧政府曾多次以公债名义向群众勒索，几乎完全未付过本息，使群众认为推销公债与派捐款项，无何区别，因而对公债有着不正确的见解，不愿购买。要在敌人秋季"扫荡"前完成，估计能有短短一个月的时间。同时，与村选等工作挤在一起，如果联系配合不好，就会互相搅乱、妨害，最后不易完成。便利条件有：公债是为建设用的，近年来根据地的各项建设事业，已为多数群众所见到。同时，近年来，一般群众生活大有改善，年终大多存有余款，生产情绪又一般高涨，普遍认购估计是可能的。由于临参会的成功，边区政府的成立，与年来我党正确政策的实施，政府的威信是很高的。同时，各群众团体、各系统经过近年来的深入工作，威信也很高。如果政府与各团体、各系统一齐号召，群众是会深信不疑而踊跃认购的。（2）强调必须抓紧进行广泛深入的宣传动员。首先，宣传的内容应着重解释公债是什么，它是干什么用的，它和人民有什么关系。即：公债与合理负担及过去政府的各种派款都不同，第一年就会付息，三年后即开始还本。绝不像旧政府的公债一样，一去不还。说明它是有一定担保的（如政府的某种收入及各种建设事业的本身等，政府都有规定），绝不能欺骗人民，让人民最后吃亏。说明这项公债是会用在建设事业上的，不是用来消耗。相反是用来生利的，所以它是绝对有保证的。说明这项公债是为了建设抗日根据地、建设边区、改善人民生活而发行的。特别是要把一半以上的款子用在太行区，用来开办牧畜事业，整理两漳

---

① 财政部财政科学研究所、财政部国债金融司编：《中国革命根据地债券文物集》，中国档案出版社 1999 年版，第 34 页。

河道，保护两漳沿岸土地，修理河滩，变成耕地等。它的成果将是直接为太行区人民所应用，是与太行区人民有直接利益关系的，太行区人民应特别踊跃购买。其次，由于公债的推销时间紧接临参会闭幕、边区政府成立，与村选工作和准备保卫秋收战争是同时，所以，除动员各报纸及各宣传机构，与准备保卫秋收战争、村选及庆祝边区政府成立等工作配合进行宣传外，应着重利用村选、庆祝边区政府成立及传达临参会等各种会议，来进行广泛深入的宣传动员，免得另来一套，反而搅乱或妨害各项工作的进行。（3）强调必须立即进行踏实而紧张的组织工作。为了不使这一工作妨害或搅乱同时间内其他工作的布置与进行，应有适当的分工，即依靠政府财政系统——边区政府财政厅、专署、县府财政科，派专人或成立专门组织来主持。同时，为使这一工作不致成为行政工作的一部分，以至因而不能完成，应该做到：第一，由各级政府聘请参议员、有威望的当地士绅及富绅，如群众团体商会等，组织公债推销委员会（政府也应有人参加），经过知识分子及社会活动分子，普遍深入群众中推销（特别县以下重要），使成为半社会事业的性质。这一组织的工作应是：利用各种集会，利用在群众中有威望的士绅等，到处讲演号召；并通过各种社会关系劝购、推销，但因时间短促，须注意宣传员与实际推销同时进行（如当场号召，即在场销售）；出版推销捷报，并有基点的组织一些购买公债的模范村庄、模范户，以推动其他（关于认购、劝销与模范村、模范户的奖励，政府另有奖励条例，即可发布）。第二，各群众团体、各机关、各系统，应马上分配布置，号召竞赛。各救会会员平均每人应购买1张（2元），公债分2元、5元、10元、30元、100元五种。同时，各村号召进行竞赛，亦应以每人购买1张（2元）为标准，各村支部应负责设法保证。各机关、团体干部均应起模范作用，人人购买。估计此次须着重普遍要造成群众运动，始易完成任务。应避免用合理负担方式摊派。第三，所有报纸，均须注意反映各地推销情形及推销胜利消息。第四，推销委员会多吸收士绅参加，如让他们去向士绅、富有者推销劝购。他们所担负推销的数目，一般应在全县总数1/3左右（才易保证全县总数的完成）。①

根据《晋冀鲁豫边区生产建设公债条例》，公债发行基本政策如下：

---

① 晋冀鲁豫边区财政经济史编辑组等编：《抗日战争时期晋冀鲁豫边区财政经济史资料选编 第1辑》，中国财政经济出版社1990年版，第1167～1168页。

（1）为加强本区建设事业筹措经费起见，特发行公债，定名为晋冀鲁豫边区生产建设公债（简称"晋冀鲁豫生产建设公债"）。（2）公债用途，保证下列四种为限：水利建设；人民工、农、林、畜等生产事业；重要公营工业；商业。（3）公债定额 600 万元，于 1941 年 9 月 15 日，照票面十足发行。（4）公债利率定为年息 5 厘，自 1942 年起，每年 9 月 15 日付息一次。（5）公债定 10 年还清，自 1944 年起，每年 9 月 15 日抽签还 75 万元。（6）公债还本付息，指定由冀南银行及其他临时委托的机关为经理机关。（7）公债本息基金，指定已办及新办公营事业收入及建设余利充之，由冀南银行专户储存，前项基金如有不足时，由金库如数拨补足额。（8）公债票额分 2 元、5 元、10 元、30 元四种，均为无记名式。（9）公债在未还本前，不负资产负担，其利息收入不负收入负担。（10）公债债票，可自由买卖、抵押，凡公务上须缴纳保证金时，可作代替品，并可为银行的保证准备金。（11）对于本公债有伪造及毁损信用行为者，由司法机关依法惩治。（12）公债本息基金的保证及每年拨款还本事宜，由参议会、政府及有关部门组织管理委员会管理。（13）公债条例经晋冀鲁豫边区临时参议会通过，由晋冀鲁豫边区政府公布施行。[①]

晋冀鲁豫边区政府发行的生产建设公债券有 2 元、5 元、10 元、30 元四种，债券正面都有晋冀鲁豫边区政府主席杨秀峰、副主席薄一波、戎五胜的署名，在债券的背面并附印有本债券的六点发行说明（因公债发行时间推迟至 10 月，所以还本付息时间也由 9 月延至 10 月）。[②] 除了上述四种债券外，在晋冀鲁豫边区政府所属的冀鲁豫边区行署，还在债券尚未发出前，先行给认购公债的群众"晋冀鲁豫边区生产建设公债临时收据"。此收据在附注中说明：本收据应妥为保存，候边区政府公债票发行后，即可持此收据向本机关换回正式公债票。根据当时边区政府副主席戎五胜回忆，边区政府同意冀鲁豫区承销一部分生产建设公债任务后，当时没有送去债券，以临时收据先行收款，俟后换取债票。1942 年 2 月中旬（大约是 11 日或 12 日），戎五胜率领一部分财经干部在部队的护送下去路东巡视工作，携带了一批生产建设公债券，准备转送冀鲁豫行署，转发认购者。当行至平汉路附近（临沼关和沙河之间），突遭敌人

---

① 晋冀鲁豫边区财政经济史编辑组等编：《抗日战争时期晋冀鲁豫边区财政经济史资料选编　第 1 辑》，中国财政经济出版社 1990 年版，第 1169 页。

② 财政部财政科学研究所、财政部国债金融司编：《中国革命根据地债券文物集》，中国档案出版社 1999 年版，第 36 页。

伏击，被迫撤回太行，准备送往冀鲁豫区的生产建设公债券也未能送过去。所以，冀鲁豫区发行的生产建设公债，就没有发给认购者正式的生产建设公债券。当时执给认购者的"晋冀鲁豫边区生产建设公债临时收据"，就取代了生产建设公债的正式债券。①

晋冀鲁豫边区生产建设公债原定发行总额为 600 万元，由晋冀鲁豫边区于同年 10 月公布，在冀南、太行、太岳三区发行，实际上到 1941 年底或 1942 年初才发行。因后来冀鲁豫区也加入该边区，12 月 25 日，冀鲁豫区军政民亦要求边区政府增发生产建设公债 150 万元，供冀鲁豫区推销。边区政府认为冀鲁豫比较富庶，有能力承担推销一部分生产建设公债的能力，因此同意增发一部分生产建设公债，在冀鲁豫区推销发行，这样生产建设公债总额遂增至 750 万元。②

2. 发行及偿还情况

晋冀鲁豫边区生产建设公债发行后，1942 年，边区的形势发生了很大的变化，一是敌人的空前大扫荡，根据地受到敌人的严重摧残，特别是在冀南地区尤为严重。二是边区各地普遍发生了严重灾荒，群众生活陷于困境。在这种形势下，生产建设公债的推销工作，就遇到了很大困难。太行区是推销公债完成最好的地区，也只完成任务的 42%。其他各行政区推销公债的任务就完成的更少了。根据这种不利形势，边区政府不久即发出指示，停止了推销生产建设公债的工作。③如 1942 年 5 月 25 日，太行第五专署专员赵进扬、副专员何高民联合署名向林县霍县长发出《5 月底停止推销公债工作的通令》，指出自推销公债以来，已 8 个月尚未完成，长期拖延下去，不但这一工作不能迅速完成，而且影响其他工作进行。因此决定，自 5 月底起，推销公债工作暂时停止。所有未销出公债券，应登记起讫号码，妥善保存，避免损失。已推销者，迅速收款，并将各县截至 5 月底领取数目、销出数目、收款数及过去历次损失债券总数，呈报本厅备查。如战争紧迫，各区可不待 5 月底而提前埋藏。希望该县遵照执行，并将有关数目及时上报。④

①③ 财政部财政科学研究所、财政部国债金融司编：《中国革命根据地债券文物集》，中国档案出版社 1999 年版，第 37 页。

② 财政部财政科学研究所、财政部国债金融司编：《中国革命根据地债券文物集》，中国档案出版社 1999 年版，第 34 页。

④ 晋冀鲁豫边区财政经济史编辑组等编：《抗日战争时期晋冀鲁豫边区财政经济史资料选编 第 1 辑》，中国财政经济出版社 1990 年版，第 1170 页。

公债偿还工作也不及时，且引起部分群众的不满。由此，1945 年 5 月 30 日，冀鲁豫行署主任孟夫唐、副主任徐达本、贾心斋联合署名发布《重申清还生产建设公债的训令》，决定对公债进行清理，要求将所发行的公债必须做到还本付息，各专署除令饬所属与通知被委托人认真执行外，并再行布告周知限期清还（期限由专署根据其情况规定）。根据这一训令，公债偿还办法如下：（1）原冀南地区各级财政部门及工商部门均有代收之责，按公债票额还本付息（利息按年利 5 厘计算，正式公债可看公债票背面即可），所代收的公债及付息所用之款可逐级抵解来署。（2）原冀鲁豫地区清理原则是原款还原债，政府不作额外报销，仍由推销机关或推销人员负责清偿，一定做到还本付息，如发生任何舞弊事情，该推销机关与推销人负全责，此推销机关取消可由接收机关办理。原冀鲁豫区购买公债者，应持所购公债票或收据向原推销机关或推销人兑取。所有公债票款的偿还，仍由原收取公债款支付，所付利息由公债款投资所得利润内支付，未投资款额应付利息可由政府开支报销。[①] 经过边区再次重申并积极实施，晋冀鲁豫边区生产建设公债基本还清。[②]

（九）文献伟公债

抗日战争爆发后，中共华南地方党组织领导的武装，根据国共合作的抗日民族统一战线精神，和当地的国民党当局达成协议，共同合作抗日。但由于国民党政府执行反共政策，不久华南国共两党合作抗战的局面遭到破坏，我党领导的抗日武装力量被迫走上了独立自主的敌后游击战争的道路。1942 年以后，先后建立了抗日民主政权，开展根据地的建设，自筹给养，保障敌后抗日游击战争的供给。

华南抗日民主政权建立初期，为了解决根据地的财政困难，发行了文献伟公债。"文献伟"是中共文昌县委的谐音，因为国共合作抗战破裂后，中共在海南尚未建立抗日民主政权，中共地方党组织尚未公开，这次公债是在中共文昌县委的领导下秘密组织发行的，故以"文献伟"这个名义来发行。公债计

---

① 晋冀鲁豫边区财政经济史编辑组等编：《抗日战争时期晋冀鲁豫边区财政经济史资料选编　第 1 辑》，中国财政经济出版社 1990 年版，第 1170～1171 页。

② 中华人民共和国国家经济贸易委员会编：《中国工业五十年：新中国工业通鉴　第 2 部　1953～1957》（上），中国经济出版社 2000 年版，第 570 页。

划发行总额为 1 万元银币（大洋）。① 这是我党历史上唯一一次仅在党员内部发行的公债，也是少数的县级政权发行的公债之一。

根据当时文昌县委负责人符思之的回忆，公债发行背景及过程大致如下：

1943 年 7 月、8 月，符思之奉琼崖特委的命令，回文昌县主持县委工作。当时特委为了与香港党组织联系，交代文昌县委负责派船去香港。太平洋战争爆发后，日寇在海上进行封锁，要派船出港，必须以经商作掩护。可是县委经济困难，无法解决这项资金。符思之向县委提出"仿照 1938 年香港市委向党内发行公债的办法"解决购买椰子、布置船只去香港的资金，并获得通过。

县委通过了发行公债的决定后，便从两个方面进行工作：一方面，在党内传达县委这一决定，并进行政治动员；另一方面，准备印制公债券。由于当时条件的限制，公债券是采用简单的油印办法，由冯所美同志负责设计制印。面额大概有 1 元、5 元、10 元、50 元几种。利率 1.5 分，两年后偿还本息。② 发行办法是由县委发给区委，再由区秀发给支部，由支部向党员发动认购。那时，党内同志也是贫人多，购买 1 元的、5 元的较多，买 10 元的数量较少，50 元的就更少了。当时有许多侨眷党员购买了这一公债。③ 公债实际发行总额大约有二三千元。

发行公债后，解决了船只经商的资金问题，完成了特委交给与香港南方局联系的任务。并接送琼崖与大陆间的来往干部，其中来琼的有黄康、韩健、叶茂、庄田、罗文洪、陈乃石、林树兰、朱侠等同志，送走的有韩美浓、符铁民、陈香剑等同志。此外，陈香剑还将电台和其他战时物资，秘密运往琼崖纵队。

通过船只多次来往香港，进行联系、经商，除了在政治上、组织上解决了某些重要问题，在经济上也解决了不少困难。当时部队的同志在县委开饭，一概不收费。经费问题获得解决以后，文昌县委还由陈克攻、芦惠民、冯所美等人负责，办了自己的报纸（即文昌消息报）。他们从外边购买墨油、蜡纸、钢板以及印刷的纸张，保证报纸的及时出版和翻印有关的宣传品，进行抗日

---

① 财政部财政科学研究所、财政部国债金融司编：《中国革命根据地债券文物集》，中国档案出版社 1999 年版，第 47 页。

② 广东省地方史志编纂委员会编：《广东省志 财政志》，广东人民出版社 1999 年版，第 167 页。

③ 邢益森、许志民：《抗战时期琼崖根据地的财政经济工作》，广东省中共党史学会编：《广东抗战史研究 纪念抗日战争胜利四十周年论文集》，广东人民出版社 1987 年版，第 176 页。

宣传。发行"文献伟"公债，不但解决了经营资金上的困难，接通了琼崖特委与南方局的联系，而且对粉碎敌人海上封锁、支持抗日战争都起了很大的作用。①

中华人民共和国成立后，文献伟公债还未还清。1954 年 9 月 6 日，中国人民银行广东省分行向海南岛分行发布偿还办法，规定自是年 9 月至 12 月对未偿还公债全部予以兑换。②

三、抗日根据地恢复和发展时期党的公债政策

这一时期，晋西北、山东、豫鄂、华南、华中、晋察冀等抗日根据地发行了 6 项公债。其中，晋西北发行了巩固农币公债，山东抗日根据地发行了胶东区战时借用物品偿还券，豫鄂边区发行了建国公债，华南抗日根据地发行了东江纵队二支队生产建设公债，华中抗日根据地发行了湖东保卫秋收公债，晋察冀边区发行了胜利建设公债。

（一）晋西北巩固农币公债

1. 发行背景及政策制定

晋西北抗日根据地建立后，为了解决财政困难，成立了晋西北农民银行。但因缺乏经验，发行的晋西北农民银行币出现大幅度贬值，金融秩序出现混乱。经过多次政策调整，农币贬值状况仍未得到改变。③ 为此，1943 年 1 月，晋西北临时参议会决定发行晋西北巩固农币公债，通过《晋西北巩固农币公债条例》（以下简称《条例》），并由晋西北行政公署主任续范亭、副主任武新宇财政处长白如冰联合署名公布。④

根据条例，公债发行基本政策如下：（1）为巩固农币，稳定金融，发展

---

① 符思之：《发行"文献伟"公债的回忆》，海南行政区财经税收史领导小组办公室、海南行政区档案馆编：《琼崖革命根据地财经税收史料选编》（革命回忆录部分），海南人民出版社 1984 年版，第 40～41 页。
② 中国钱币学会广东分会等编：《华南革命根据地货币金融史料选编》，广东省怀集人民印刷厂 1991 年版，第 626～627 页。
③ 山西省史志研究院编：《山西通志　第 29 卷　财政志》，中华书局 1997 年版，第 236 页。
④ 财政部财政科学研究所、财政部国债金融司编：《中国革命根据地债券文物集》，中国档案出版社 1999 年版，第 48 页。

国民经济，特依据晋西北临时参议会决议，发行本公债。（2）公债以银洋为单位，分为2元、5元、10元三种。（3）公债付息还本均由晋西北行政公署完全负责，并指定田赋、出入口税、田房契税为担保。（4）公债年利5厘，一年付息一次，凡购得债券者，均可持当年息票，赴当地县政府邻取之。（5）公债在抗战胜利后第二年开始还本，每年还1/5，5年还清，还本以抽签法行之，其办法另行规定。（6）公债中签债及到期息票，可用以完成一切赋税。（7）公债为无记名式，债券可自由买卖抵押，如有遗损，概不挂失。（8）伪造或变造本公债债券，以伪造纸币论罪，有损债券信用行为时，以法律处罚。① 出于巩固农币地位的考虑，认购人必须用银圆购买这一公债。②

2. 发行动员

本次公债发行对象是晋西北社会人士、300万民众，尤其各地的地主巨商，一般富裕之家。③ 在公债发行过程中，行署及县区乡村各级政府、工会、抗联及各群众组织积极部署，政府机关工作人员、参议员、工会成员、基层干部、普通群众等都进行了积极宣传。

（1）公署及各级政府积极部署，县区乡村政府干部亲赴各地动员。公债发行之后，为执行临参会关于巩固农币发行公债的决议，晋西北行政公署指示各级政府，于3月底以前完成巩固农币公债募集工作，并号召晋西北三百万民众，踊跃认购公债。④ 根据公署指示精神，兴县县政府对各区公债发行工作进行具体指示：应进行广泛的深入的宣传动员工作；募集数目要照购买对象多少、购买能力高低来决定；由村公所负责收款。各县区按照指示精神，进行积极动员。如：兴县二区按照县政府的指示，召开村长联席会，布置公债工作，除各村长区行政委员参加外，并请抗联主任于永胜及地方士绅张烈、杨笃仁、刘鸿盛等参加，继即进行民主的讨论。保德县劝募公债工作，在清收粮款工作中已初步进行了宣传与解释，并将劝募数字经各级政民干部民主讨论，根据此数字，对各区村有购买能力的对象，作了初步的调查与估量。临县也开会商讨

---

① 财政部财政科学研究所、财政部国债金融司编：《中国革命根据地债券文物集》，中国档案出版社1999年版，第49页。

② 财政部财政科学研究所、财政部国债金融司编：《中国革命根据地债券文物集》，中国档案出版社1999年版，第48页。

③ 绥边区财政经济史编写组、山西省档案馆编：《晋绥边区财政经济史资料选编 财政编》，山西人民出版社1986年版，第345～346页。

④ 《行署号召全体人民踊跃认购公债》，载《抗战日报》1943年1月30日第2版。

推销事宜。① 除了安排部署之外，各县区干部亲赴各地动员。保德徐县长亲赴各区发动人民认购公债，并检查各地田赋村款及运送公粮等情形。② 宁武王县长会提出"每一张公债团结一个民众"的号召，获得根据地、游击区及敌占区各阶层人民的拥护。③ 兴县三区曹家坡行政村，十七日召开代表大会，讨论劝募公债办法。到会代表，纷纷认购。④

（2）机关报刊《抗战日报》宣传动员。1943 年 1 月 30 日~4 月 20 日，中共晋西区委机关党报《抗战日报》共发表了数十篇有关公债发行政策的宣传及公债发行情况的报道，宣传解释公债发行的意义、营造公债发行的热烈气氛。1943 年 2 月 13 日，发表赵立德署名文章《发动认购公债运动》，推动公债的发行工作。文章指出了公债发行一个月以来宣传解释工作的不足，并着重解释了为什么要发行公债，并强调公债是要按期还本的，"不是政府给人民增加的负担，而是政府为了增加人民的福利，以一定的可靠的利息，向人民的定期借款"⑤。它既有利抗战和根据地建设，同时，也有利于个人财富的增长。因此，希望晋西北社会人士，踊跃认购。同时也希望各地政府，应将募集与认购运动等，广泛地发动起来，希望各地群众组织，有力的动员与支持这一运动。

（3）参议员宣传推动。为使各地人民踊跃购买公债，临参会常驻委员会给各地参议员发出通知，号召各参议员以身作则，为民表率，热烈宣传积极推动。通知要求各参议员应帮助政府激发人民爱国热情，努力进行宣传动员与劝募。要让群众懂得公债发行对于巩固农币、活跃市场、方便人民交易、争取抗战胜利的重要意义及公债还本付利是有固定期限和田赋出入口税、田房税契等作担保的。⑥ 兴县参议员小组于 2 月 20 日在城内开会，刘副议长亲临参加。会议决定，帮助政府发动认购公债运动，自己首先起模范，牛友兰参议员自动认购 200 元，并拟继续筹款认购。⑦ 临县参议员刘佑卿、李余香等在群众大会上

---

① 《兴临保各地积极勤募公债，深入群众进行宣传》，载《抗战日报》1943 年 2 月 23 日第 2 版。

② 《行署号召全体人民踊跃认购公债》，载《抗战日报》1943 年 1 月 30 日第 2 版。

③ 《宁武公债超过发行额，敌占区游击区同胞踊跃认购》，载《抗战日报》1943 年 3 月 25 日第 2 版。

④ 《兴县各村群众踊跃认购公债》，载《抗战日报》1943 年 3 月 6 日第 2 版。

⑤ 赵立德：《发动认购公债运动》，绥边区财政经济史编写组、山西省档案馆编：《晋绥边区财政经济史资料选编　财政编》，山西人民出版社 1986 年版，第 345~346 页。

⑥ 《常驻会通知各地参议员发动群众认购公债》，载《抗战日报》1943 年 2 月 13 日第 2 版。

⑦ 《兴县参议员发动认购公债》，载《抗战日报》1943 年 2 月 27 日第 2 版。

积极动员，说明推销公债既是为了广大群众的利益，也是为了根据地的建设与巩固，增强抗日力量，打走日本鬼子。[1]

（4）工会号召工友认购。晋西总工会印发大批传单，号召工友们热烈购买公债。传单对公债发行的意义进行了解释，考虑到工人的实际经济情况，指出如一个人买不起，可以和一起工作的同志购买，号召工会会员们，要在工厂里、矿窑上、市镇上、作坊中、乡村里，把购买救国公债造成一个热烈的运动，并且要把我们工人阶级的先锋作用表现出来！晋西总工会为使在工友中掀起购买公债热潮，还对各地各级工会、工厂工会发出指示，要求通过各种活动，对购买公债意义，进行宣传解释，使工友们自觉的自愿的去购买，如购买公债的地点太远，工友们不能亲自去买，工会可代为购买。购买公债运动成绩好坏，将作为今后检查工会工作的尺度。[2]

（5）抗联及各救会员等组织积极宣传。晋西抗联号召各救会员热烈购买公债，钱多多购，钱少少买，凡有购买能力的均应踊跃购买，起模范作用以推动他人。各级组织尤应积极参加此项工作，发动群众购买。[3] 各种救会会员、民兵、抗日军属等纷纷加入动员队伍，向身边群众宣传公债发行的意义，积极劝说。如：兴县劝募公债开始后，三区各村农救会动员会员起模范作用，然后去说服别人；妇救会员也在临会讨论，分别劝说家庭购买；民兵、抗属及开明士绅等也很积极。抗属们热烈参加劝募工作，号召大家尽量购买公债，协力抗战，许多人都深受感动。[4]

（6）公债推销委员会积极动员。为了推动发行工作，各级公债推销委员会或劝募（买）委员会相继成立，并积极工作。临县于2月12日成立"临县公债推销委员会"。[5] 在全县各区中心村成立支点15个，自然村成立公债推销小组。[6] 岢岚县各区开展劝买公债运动，纷纷成立劝买委员会。1月13日，一区召开村长联席会议，决定区成立劝买委员会。村成立小组，聘请开明人士参加，对慷慨认购而又热心帮助此项工作的人士由政府赠送金字匾额。2月17日，四区正式成立委员会，并举行第一次分工会议，七旬老人刘荣杰任副主任

① 《临县参议员协助政府推销公债》，载《抗战日报》1943年3月11日第2版。
② 《工会号召工友热烈购买公债》，载《抗战日报》1943年2月11日第2版。
③ 《抗联号召各救会员踊跃认购公债》，载《抗战日报》1943年3月2日第2版。
④ 《各救会员民兵抗属协力动员》，载《抗战日报》1943年3月13日第2版。
⑤ 《兴临保各地积极勤募公债，深入群众进行宣传》，载《抗战日报》1943年2月23日第2版。
⑥ 《临县在各区中心村成立推销支点》，载《抗战日报》1943年3月18日第1版。

委员，讨论推销、宣传及干部应以身作则的具体办法。保德县四区召集全区士绅，座谈推销公债问题。大家对发行公债，都表示拥护，最后聘请马腾云等三人参加区的劝募会。①

3. 发行结果

经过积极动员，晋西北行政公署所辖各县区乡村的工农群众掀起了热烈的购买情形。兴县群众在经过动员之后，积极响应，自己认购之外，还纷纷给亲友写信，发动他们踊跃购买。② 若干曾受日寇迫害者，均以购债"复仇"号召邻居购买公债。贫农王金福，家境甚为穷困，儿子在抗日军当排长，对敌作战中英勇阵亡。当即自动购买2元以表示复仇，在他影响下，接连而来者有七八人。中农李成树向众人讲："敌人杀了我老子……我自愿买六元。"三区曹家坡行政村，2月17日，召开代表大会，讨论劝募公债办法。曹义昌老代表号召到会代表当场购买，然后才好去推动别人。他首先自动购买，影响了到会代表，纷纷认购，当场即募得107元，大家都说："宁愿拿出几块钱，不让鬼子走一遭。"现在正积极发动村民热烈购买。③ 保德县推销公债工作，以二区最为迅速，于2月17日开始，五天后，部分村庄已顺利完成任务。群众经宣传动员后，认购踊跃。杨家塔村庄两日中将干部所带去公债票全部推销完毕，再向村公所领取公债票，又立即推销净尽。妇女于香女家境贫穷，听了宣传之后，自动与罗钱柱共买一张；地主张步云自动购买公债27元。④ 至3月18日，经过二十多天积极劝募，全县公债认购已大部完成。临县县城大街小巷、商号居民中，掀起了购买热潮。商人李林章在动员大会上慷慨激昂地说："政府发行公债，巩固农币，是给咱们老百姓办好事情的，我是一个商人，决不后人，尽上我的力量，自愿认购公债八十元，加强打日本的力量。"在他兴奋的情绪感动之下，歇业商人王芝座便购公债10元，其他摊贩小商人购10元、8元者甚多。⑤ 在群众争先认购过程中，李树莲自愿购买650元，为全县第一。推销委员李树荃先生，不辞辛劳地给临舍亲朋宣传解释，并首先自己购买公债400元，乡人均称为模范。村长刘生宇，十天功夫，领导村干部完成了公债工作，

① 《岢岚、保德等地开始劝买》，载《抗战日报》1943年3月2日第2版。

② 《兴县各地开始募集公债》，载《抗战日报》1943年2月27日第2版。

③ 《兴县各村群众踊跃认购公债》，载《抗战日报》1943年3月6日第2版。

④ 《相信"有借必还"，保德群众争购公债》，载《抗战日报》1943年3月4日第2版。

⑤ 《临县商号居民掀起购买热潮》，载《抗战日报》1943年3月11日第2版。

因而群众踊跃购买，并且超过了发行数目。① 离石从 2 月 25 日到 26 日晚，所发的公债，即全部购完，而且超过原来的计划。认购户占全市总人口 1/3。② 岚县公债工作，经过深入宣传，各村民主讨论，相互劝募，群众踊跃购买，至 3 月 25 日已提早完成，并超过原定计划。③ 岢岚公债工作，经过 20 天的时间，已全部完成。④ 宁武公债的发行，像宣传品一样激起了各区广大人民爱国情绪，至 3 月底，公债工作已胜利完成。甚至，敌占区人民也纷纷争购。他们还传诵着一段动人的歌谣："日本鬼子好比狼，西头的（指我们）好比娘，公债好比打狼的棒，快把粗棒给了娘，将来反攻如刀枪。"不少村庄由于群众的热烈争购，超过了原发行数目。⑤ 临南募债工作，因群众购买热烈，曾中途增发原额 32% 的数目。截至 3 月 20 日，亦已全部认购完毕。至 29 日，购户已交款 80% 以上。⑥

至 3 月底，各县公债认购工作大多已告结束，各推销委员会都先后作出总结，已进入收款阶段。至 4 月底，收款工作也基本结束。公债发行任务顺利完成，对于巩固西农币的地位发挥了积极作用。⑦

（二）胶东区战时借用物品偿还券

在反"扫荡"期间，根据地政权借用了人民大量财物。为了"结清政府与人民在财政上的一切账项，建立今后村级财政制度，以正将来财政设施"，1944 年 10 月 10 日，胶东区行政公署颁布了《胶东区整理村财政办法》《战时借用物品偿还券发行办法》。根据整理财政办法，凡是在战争期间借用人民的财物及超过额定天数的支差人畜，一经登记审查确实者（物品、器具按实行清理时的当地平均物价估计，超额支差的人畜每天均按 2 元计算），统计价值，发给战时借用物品偿还券（简称"胶东借用物品偿还券"）。凡经县政府审查，应偿还人民的，均依估价按当地当时的苞米市价折成苞米发给战时借用物品偿还券，分期偿还。战时借用物品偿还券，由胶东行政公署印制发行，各种调查

---

① 《李树莲购公债六五〇元》，载《抗战日报》1943 年 3 月 20 日第 1 版。
② 《离石所发公债已全部购完》，载《抗战日报》1943 年 3 月 18 日第 1 版。
③ 《岚县公债工作提前胜利完成》，载《抗战日报》1943 年 3 月 25 日第 2 版。
④ 《岢岚公债胜利完成》，载《抗战日报》1943 年 4 月 8 日第 2 版。
⑤ 《宁武公债完成》，载《抗战日报》1943 年 4 月 13 日第 2 版。
⑥ 《临南群众踊跃交款》，载《抗战日报》1943 年 4 月 20 日第 2 版。
⑦ 山西省史志研究院编：《山西通志　第 29 卷　财政志》，中华书局 1997 年版，第 236 页。

登记表，由胶东区行政公署规定式样，由县政府印发。[①]

因为当时物价飞涨，发给货币债券进行补偿，群众利益将会严重受损，所以在偿还人民财物时，胶东区行政公署特别考虑将借用群众的物资按当时的价格折算成苞米（玉米），发给群众实物债券，分期偿还。根据胶东区行政公署决定，战时借用物品偿还券发行办法如下：（1）偿还券由胶东区行政公署统一发行，以苞米为计算单位，券面总额为100斤、50斤、10斤三种，交县政府依各户庄得的偿还数折成苞米，发给本券，按券面总额分五期偿还。（2）村政府须将本券发到庄得之各户，不得留存村政府或村干部手中，并以户为单位登记，以备查考。（3）各户主收到偿还券后，须慎重保管，应视为实粮，不得出卖出借转与他人，如有丢失或火烧、水湿霉烂，至难辨真假与字号、粮额号，一概不予兑换。（4）各户征收秋粮时，各户须将分期偿还券割下一联到村政府领粮或抵缴公粮，最后一期须连同偿还券同时交到政府始为有效，并作为偿还清结。（5）村政府每期收到人民所持的分期偿还券，领粮或抵缴公粮时，得审查是否有伪造、冒用、涂改之弊，无诈后村长在反面盖章证明，并于收齐后按号码顺序装订成本，当公粮交县政府转解行政公署。（6）如有伪造、冒用、涂改者，一经查出或经告发，依其情节轻重予以处罚。（7）本办法如未尽事宜，由股东行政公署修改之，并于公布之日施行。[②]

该项偿还券于1944年12月正式发行。发行的偿还券正面都印有四项"使用规则"：（1）将应偿还数目折成苞米计算，以本偿还券按数发给各户，照券面总额分五期还粮。（2）各户要按期割下下面的分期偿还券一个，在征秋粮时到村政府领粮或抵缴公粮。（3）领粮或抵缴公粮时，村长要在分期偿还券的背面盖章证明，村政府收到分期偿还券的可当公粮解缴上级。（4）本券不得出卖、出借、转与他人。如有丢失或火烧、水湿、霉烂，致难辨认真假与字号粮额者，一概不予兑换。[③]

（三）豫鄂边区行政公署建国公债

1. 发行背景及政策制定

1944年，抗日战争进入反攻阶段，随着部队不断壮大，军饷开支也迅速

---

① 山东省财政科学研究所、山东省档案馆合编：《山东革命根据地财政史料选编 第六辑 财政支出类 财政管理类（六）》（内部资料），1985年版，第623～626页。

②③ 财政部财政科学研究所、财政部国债金融司编：《中国革命根据地债券文物集》，中国档案出版社1999年版，第50页。

增加，加上连年自然灾害，豫鄂边区出现严重的财政困难。尽管豫皖边区领导人郑位三、李先念等根据中央指示，大抓生产运动等工作，[1] 但由于战争频繁和环境动荡，特别是自然灾害，仅靠机关、部队、学校的生产自救，还不能从根本上解决问题。12月4日，郑位三、李先念、任质斌、陈少敏四位边区领导人联名致电中央，再次请求财政上给予支援。12月18日，中共中央在复电中指出，在分散游击环境下，"经济供给的完全统筹是办不通的，统一政策领导下，由分区分散自筹的办法却证明是较好的办法"。除了采取立即就地建立公粮制度、迎接明春的大生产运动、移兵就粮等办法之外，还需明确的就是，"由中央或华中局拨款帮助五师，这均是临时办法，恐仍无补大局，一切仍靠你们就地自筹""党、政、军应协同一致为解决供给困难而奋斗"[2]。

在此情况下，1944年底，豫鄂边区行政公署决定发行建国公债，并于12月在大悟山召开发行建国公债会议，拟订公债发行条例，部署全边区的公债发行工作。1945年3月1日，边区颁布《劝销建国公债实施办法》；4月，公布《豫鄂边区发行公债条例》。这两个文件对公债发行的基本条件和具体办法作了明确规定。

（1）公债发行的基本条件。公债供就地建国准备反攻之用，名为豫鄂边区行政公署建国公债（简称"豫鄂边区建国公债"）。发行总额为边币（票面）5亿元至10亿元。债票种类分为甲、乙、丙、丁四种：甲种边币10万元；乙种边币5万元；丙种边币1万元；丁种边币5千元。公债为不记名证券，可以自由转让。债券可作一切保证金之用。购入满一年后必要时可用以向边区建设银行抵借现款，但不得超过票面额的30%。公债年息5厘，自购买之日起，每逾一年付息一次，由原购买地县政府凭息票付给。上项息票到期时可用以抵缴原购买地的田赋公粮。偿还期限为自购买之日起，满三年后分三期还本，每年一次各为票面额的1/3，由原购买地县政府凭还本证付给。公债以边区田赋及关税收入作担保。为避免债券购买人或债券持有人因货币跌价受损失，本公债票面钱数一律按当地当时谷价折实物，以樊斗计算，还本时付谷或依照还本时的当地谷价折成钱偿还。法币、银圆及一切杂钞使用时均按使用时的当地市价折合。本债券有涂改者作为无效，伪造者与伪造边币同罪。关于推销本公债

---

[1] 湖北省新四军研究会等编：《鄂豫边区政权建设史》，武汉出版社2006年版，第259页。

[2] 中国人民解放军历史资料丛书编审委员会编：《新四军文献 4》，解放军出版社1995年版，第246~247页。

的具体办法，各专署有权根据本条例的精神制定。行政公署于必要时有权将本条例先行修改，然后再请求豫鄂边区临时参议会追认，但发行总额不得超过条例所规定的数目。条例自公布之日起施行。①

（2）公债推销的对象及办法。公债推销对象为边区的商富以及敌占区与大后方的商富。劝销公债办法：第一，各行政区县内配的公债券由各该专署县政府负责保管。第二，劝销委员或其他人领取债券外出销售时，应签给收据，专署县政府凭收据进行登记。第三，为预防意外弊端及减少争执起见，各县应将全县按谷价的高低分成数区，每区指定一中心集镇，全区谷价折算均以该集镇的谷价为准，敌区购买公债时其谷价的折算，应以附近我区的谷价为标准。第四，债券售出时应办下列手续：甲、债券上谷数按上项规定将票面金额折成谷数填明。乙、还本证上谷数各按债券上谷数 1/3 填明，例如债券上谷数 7 石 5 石（斗）还本证谷数应各填 2 石 5 斗。丙、息票上谷数第一年、第二年及第三年各按债券上的谷数 5%（或 1/20）填明，第四年按债券上谷数的 3.3%（或 1/30）填明，第五年按债券上谷数的 1.67（或 1/60）填明，例如债券上谷数为 15 石，则第一年、第二年及第三年息票上谷数应各填 7 斗 5 升，第四年应填 5 斗，第五年应填 2 斗 5 升。丁、以上三项计算时，如有零数应以四舍五入办法处理。戊、存根上的谷数照债券上谷数填明。己、债券还本证息票及存根上的月日均按销售日期填明。第五，经销人销得的债款，最迟应于 15 日内连同存根缴交专署（县政府），将原收据领回。第六，专署（县政府）按缴回的存根分别证券种类字号金额谷数经销人（即经手人）日期造册两份，一份缴存行政公署，一份留存备查。第七，专署（县政府）收入的债款，应将债款连同存根解缴行政公署不得挪用。第八，未销出的公债券，专署（县政府）应连册缴还行政公署。第九，公债经管人员调动工作时，对于公债证券及债款必须办理移交手续，结具清册，否则如有错讹，应负完全责任，其直属上级领导同志，并须负连带责任。第十，劝销委员会或其他人劝销成绩优异者，专署应配以精神上或物质上的奖励。②

---

① 财政部财政科学研究所、财政部国债金融司编：《中国革命根据地债券文物集》，中国档案出版社 1999 年版，第 44 页。

② 财政部财政科学研究所、财政部国债金融司编：《中国革命根据地债券文物集》，中国档案出版社 1999 年版，第 45~46 页。

2. 县区对公债发行的部署

豫鄂边区行政公署建国公债发行后，各地为了按期完成推销公债任务，根据边区行政公署的指示精神，也制定相关办法，对推销工作做了具体部署。其中最为突出的是黄安县。1945 年 3 月 1 日，即豫鄂边区行政公署颁布《劝销建国公债实施办法》的同一天，黄安县也根据边区行政公署建国公债条例及其发行的说明，并综合该县临参会驻委及县政府委员联席扩大会上各代表意见制定、公布了该县的《劝销建国公债实施办法》，① 在全县范围内实施。该办法在行政公署公布的办法的基础上，在以下方面进行了更为具体的规定：

（1）推销对象，除了规定推销对象为边区的商富及敌占区与大后方的商富之外，明确了其标准应不拘土地的多少，而依生产力的大小，资本的多少，生活的有余与不足，丰厚与俭约为正比例。无力购买丁种债券者，不许数家合买一张。但民众团体与合作社以民主方式自愿共同购买者例外。

（2）劝销方式，要以说服为主，既然以说服为主，当然避免行政强制。但对个别不开明的对象，可采取民主评判方式，使其认购相当数量，而使大家均感觉公允。

（3）推销时属地与属人关系，应依下列三种原则进行：①在境以内（包括周围公路及敌伪据点）以属地为原则，劝销人员各在其所属区域内进行劝销，购买户亦各向其所管区的劝销机关认购。城镇商户，在甲区城镇营商，而家居乙区者，如其家庭生活与生产能力能认购时，可同时在其家庭所在地认购一部分。②在县境以外的商富（如汉口），以其家庭所在地的区署认购为原则。但别区劝销人对其有特殊关系，认为他尚有余力认购时，亦可同时向其劝销。③对于特殊对象，因劝销人交际关系，可以两区合组一特别劝销组向之推销。其认购数字，两区可各分一半。

（4）各区乡劝销委员会工作，先进行普遍的调查与号召，并初步拟定各个对象可能（最大量）认购的数字，然后分途进行说服工作，请其填写认购证。认购证集中统计以后，召集大会审查。对于认购数字比原拟数字相差太远的，如非由调查不确，可进行民主评判，请其重填认购证。至于收集债款，发给债券，统一由区级劝销委员负责。

---

① 鄂豫边区革命史编辑部编：《鄂豫边区抗日根据地历史资料 第 7 辑政权建设专辑 2》，1985 年版，第 86 ~ 88 页。

（5）完成步骤：各劝销委员各区长散会后即进行拜访动员征求各界人士对公债意见；正月二十五日建立区乡劝销机构，县劝销委员为区劝销委员会的当然委员或主任委员；二月初十以前将动员解释调查工作结束；二月初十至月底将第一批认购款数集齐，至少要收到债款 1/4，并报告县会以便奖励；三月份完成全数的 2/3，四月上半月完成。

（6）公债票面钱数一律按当时各区附近大市镇如长堰、柿梓树店、上店、占店、八里湾、甘棠铺谷价（中等米价折半）以樊斗（钱平秤二十斤）计算。法币、银圆及一切杂钞统收，使用时均按上述各市镇价折合。

（7）奖惩：绅富热心购买公债的，被认为是关怀祖国的有力表现，力予表扬；境内有商富争先购买，尽力购买者，予以名誉上褒奖；劝销员努力最大成绩最佳者，除在《七七报》上颂扬外，赠以礼物；公债完成的迟早多少（百分比）开销的大小与民众的反应，作为各级干部考核的主要项目；劝销员不努力，有意为亲朋及自己打掩护或减轻者，取消其劝销员资格；不得借发行公债，实行敲诈，舞弊营私，捏造谣言；阻挠公债发行者，应受惩处。[1]

在推销建国公债过程中，除了黄安县之外，其他各县区政府工作人员也召集士绅、富商、地主、富农等开会，讲明抗战救国意义，进行动员。许多开明士绅和富商积极认购，有些县区如石公华行委会还把公债票推销到敌占区。整个豫鄂边区，第三专署在劝销公债中成绩突出，销售数额最多。[2]

（四）东江纵队第二支队生产建设公债

1. 发行背景

1943 年，东江地区抗日游击队粉碎了日军对东莞、宝安地区的"扫荡"，以及国民党顽固派的进攻，并取得一连串主动出击敌人的重大胜利，部队和解放区得到全面恢复和发展。是年底，东江抗日游击队已经发展成为一支拥有 4000 多人的队伍，威望日益提高，影响日益扩大。12 月 2 日，遵照党中央的指示，广东人民抗日游击队东江纵队（简称"东江纵队"）正式公开宣布成立。司令员曾生、政治委员林平、副司令员兼参谋长王作尧、政治部主任杨康

① 鄂豫边区革命史编辑部编：《鄂豫边区抗日根据地历史资料　第 7 辑政权建设专辑　2》，1985 年版，第 86~88 页。

② 湖北省新四军研究会等编：《鄂豫边区政权建设史》，武汉出版社 2006 年版，第 271 页。

华发表了《东江纵队成立宣言》。① 东江纵队下辖第二、第三、第五、惠阳、宝安、护航、港九大（支）队。与此同时，纵队政治机关遵照党中央指示精神，向全军发出普遍建立抗日民主政权的指示，东江各抗日根据地遂陆续、普遍建立"三三制"民主政权。②

东江纵队第二大（支）队于 1943 年秋挺进增东、博西地区后，在张江尾以东、罗浮山下，以大埔围为中心站稳了脚跟，并不久便渡过增江河，深入到西瓜岭一带活动，直接威胁着占据增城镇和石滩圩等地的日伪军。因为是刚刚建立起来的新游击区，不仅离建立抗日民主政权还远，而且地盘很小，没有控制集散物资的圩镇，所以，经济来源十分困难，甚至买油盐的钱都时有短缺。1944 年春节前夕，阮海天大（支）队长专门交代增博税站指导员宋晋回家（增城派潭小迳村）带点钱来给部队买油盐。结果宋晋从家里带来 50 元钱，阮海天大（支）队长十分高兴，称此举实为雪中送炭。可见，当时部队在经济方面是十分困难的。

1944 年 8 月，中共广东临委、东江军政委员会作出《关于财经工作的决定》，提出财经工作的总方针是发展经济、保障供给。在发展经济方面，发展私人经济，普遍成立生产消费合作社，实行公私兼顾、军民兼顾的发展方向。以农业为主，修水利，改良耕作法，发展手工业、海产（海盐业），发展纱业。发展合作事业，每村每乡均设一个分社，每区设联合社。特别指出发展金融事业，发行生产建设公债及军用券，但应有一定数量，以物资为基础，成立金融机关与建设机关指导之。③

为了发展根据地农村生产，争取抗日战争早日胜利，1945 年 4 月，东江纵队第二支队决定在广东省东江抗日根据地发行"生产建设公债"（简称"东江纵队生产建设公债"）总额 7000 万元（法币）。④ 并制定、公布《生产建设公债条例》及《附则》。在债券发行之前，对于收到的公债款，先行发给了

---

① 编写组：《东江纵队史》，广东人民出版社 1985 年版，第 91 页。

② 编写组：《东江纵队史》，广东人民出版社 1985 年版，第 105 页。

③ 广东省档案馆、广东惠阳地区税务局编：《东江革命根据地财政税收史料选编》，广东人民出版社 1986 年版，第 102 页。

④ 刘磊：《试论华南抗日根据地财政工作特征》，财政部财政科学研究所编：《抗日根据地的财政经济》，中国财政经济出版社 1987 年版，第 337 页。

"临时收据"。①

2. 公债发行基本政策

根据《生产建设公债条例》及《附则》，公债发行基本政策如下：（1）本公债以发展农村生产、充裕农村金融、扶持工业合作、救济无力生产的农民，以克服我区的经济困难，争取抗战的早日胜利为宗旨。（2）公债不能当作通货使用，但可转让、抵押、出卖，唯必须向本公债管理委员会声明和登记之。（3）公债概以中华民国现行的法定国币为标准。（4）公债定周息1分5厘，每半年付息一次。四次付息时期分别为1945年9月1日～10月1日，1946年3月1日～4月1日，1946年9月1日～10月1日，1947年3月1日～4月1日。（5）偿还期限两年，于1947年4月1日偿还。（6）公债的还本付息，概由东江纵队第二支队及路东各区政府负责担保。（7）公债的偿还付息，由所购公债的各公债管理委员会负责处理。公债的发行、推销、偿还及有关本公债的一切其他事项，均由本公债管理委员会处理。②

3. 发行结果

为了顺利发行公债，东江中队第二支队特别制定了简短的宣传材料，主要包含公债发行的意义等内容，如：为了解决粮食恐慌，增加今年生产，快快购买生产建设公债！公债购买者既有优厚利益，又有巩固保障，一方面对自己有利，一方面又增加了社会生产。有钱人购买本公债，可得到建设新民主主义政权的光荣和奖励；农民买本公债，可以向政府借到更多的钱，得到更大的利益。大家买公债，就可以克服根荒，增加生产，巩固地区，将日本鬼子早些打出去。③

关于公债发行实际数额，安跃华根据相关资料，进行了考证。根据目前所见债券实物，可知100元发行量以6位数计算，现在可见最大编码为"017447"；500元发行量以5位数计算，现在可见最大编码为"13130"。由此可以推断，"公债实际发行数额与7千万元发行定额有较大差距"④。

---

① 财政部财政科学研究所、财政部国债金融司编：《中国革命根据地债券文物集》，中国档案出版社1999年版，第47页。

② 财政部财政科学研究所、财政部国债金融司编：《中国革命根据地债券文物集》，中国档案出版社1999年版，第47～48页。

③ 财政部财政科学研究所、财政部国债金融司编：《中国革命根据地债券文物集》，中国档案出版社1999年版，第48页。

④ 安跃华：《东江抗日根据地路东生产建设公债券考述》，载《中国钱币》2011年第2期，第69页。

（五）湖东行政办事处 1945 年保卫秋收公债

1940 年 9 月起，根据皖东津浦路西各县联防办事处的决定，以后奕斋为主任的和（县）含（山）巢（县）无（为）各区联合办事处和吕惠生为县长的无为县抗日民主政府先后成立。1942 年 7 月，第一届皖中参议会、皖中行政公署先后成立，金稚石被推为参议会议长，周新武、陈可亭为副议长，吕惠生被选举为行署主任（1942 年 7 月～1945 年 9 月担任），唐晓光、张恺帆、魏文伯先后担任副主任，行政公署机关设在无为县恍城区。发展至 1945 年初，皖中行政公署管辖范围包括行署直辖、和含专员公署、皖南专员公署、沿江行政办事处。其中，行署直辖：无为县政府，湖东行政办事处，无南行政办事处，临江行政办事处，江流船证办事处；和含专员公署下辖：和县县政府，江（浦）全（椒）行政办事处，含（山）巢（县）行政办事处；皖南专员公署下辖：铜陵县政府，繁昌县政府，宣城行政办事处，南（陵）芜（湖）行政办事处；沿江行政办事处下辖彭东行政办事处。皖中行政公署直辖的湖东行政办事处于 1943 年 3 月在巢（县）无（为）庐（江）三县接壤地区成立，下辖尚礼、临泉、关河、槐林、无为等 5 个区级政权①，后奕斋、江干臣、张格、夏冰流先后任主任。②

1945 年 7 月，为了保卫秋收工作，皖中抗日根据地湖东行政办事处发行了保卫秋收公债（简称"湖东保卫秋收公债"）10 万元（抗币）。③ 根据债券背面的公债说明，该项公债券分为 1000 元、3000 元、5000 元、10000 元四种；按月利 2 分付息；于秋收后公告发还（绝不拖欠）；凭票偿还本息，还本付息时只认券不认人。该项公债实际发行 107160 元（大江银行币）。④

（六）晋察冀边区胜利建设公债

随着抗日战争逐渐取得胜利，晋察冀边区范围日益扩大，抗日民主政权行政区划包括察哈尔省、热河省、河北省大部、山西省东北部、绥远省东部和辽

---

① 中国新四军和华中抗日根据地研究会编：《华中抗日根据地史》，当代中国出版社 2003 年版，第 316 页。

② 无为县地方志编纂委员会编：《无为县志》，社会科学文献出版社 1993 年版，第 361～362 页。

③ 巢湖市地方志编纂委员会编：《巢湖市志》，黄山书社 1992 年版，第 587 页。

④ 财政部财政科学研究所、财政部国债金融司编：《中国革命根据地债券文物集》，中国档案出版社 1999 年版，第 38 页。

宁省西部，设有冀晋、冀察、冀中、冀热辽 4 个行署区、张家口 1 个边区直辖市、19 个专区和 140 多个县。其中冀晋区辖二、三、四、五专署（分区），冀察区辖一、十一、十二、十三专署（分区），冀中区辖六、七、八、九、十专署（分区），冀热辽区辖第十四、十五、十六、十七、十八专署（分区）。①

1. 公债发行背景及政策制定

1945 年 8 月，日本宣布投降。为了动员人民集中财力、物力支援前线，并大量收回边币（晋察冀边区银行币），猛烈打击伪钞，以活跃城市贸易金融，开展抗战胜利后边区的各种建设事业，晋察冀边区行政委员会决定发行"晋察冀边区胜利建设公债"（简称"晋察冀胜利建设公债"）。8 月 20 日，边区行政委员会（主任宋绍文、副主任胡仁奎）发布《关于发行胜利建设公债的指示》（简称《指示》）、《晋察冀边区胜利建设公债条例》（简称《条例》）。② 同日，在《晋察冀边区行政委员会告同胞书》中，号召"我全体同胞，不论前线后方，不论男女老少、工农商学，应紧急动员起来，集中一切力量支援前线""踊跃认购胜利建设公债，迅速集中财力，猛烈打击伪钞，发展各项建设事业"③。

（1）公债发行基本条件。晋察冀边区行政委员会为动员人民集中财力支援前线，以庆祝抗战胜利而迅速开展各项建设事业起见，特发行胜利建设公债；发行总额为晋察冀边区银行币 20 亿元；以晋察冀边区统一累进税为担保；债票分 500 元、1000 元、5000 元、10000 元四种，均为无记名式；照票面十足发行；1945 年 9 月 1 日起正式发行；公债利率为年利 1 分；偿还期限一年，1946 年 9 月 1 日本利一次付清；期满债票可用于缴纳统累税款；公债票由晋察冀边区行政委员会分发各行署，经由各县政府、合作社及商店商同抗联经募；不论个人或团体均可以边币或经指定的物资购买；对本公债如有伪造或破坏信用的行为者，由司法机关依法惩处。④

（2）公债销售数额分配、货币政策及发行期限。公债分配给各区推销，

---

① 傅林祥、郑宝恒：《中国行政区划通史　中华民国卷》，复旦大学出版社 2007 年版，第 546～552 页。

② 财政部财政科学研究所、财政部国债金融司编：《中国革命根据地债券文物集》，中国档案出版社 1999 年版，第 51 页。

③ 山西省史志研究院编：《山西通志　第 50 卷　附录》，中华书局 2001 年版，第 305 页。

④ 财政部财政科学研究所、财政部国债金融司编：《中国革命根据地债券文物集》，中国档案出版社 1999 年版，第 52 页。

其中，冀晋区 7 亿元、冀中区 8 亿元、冀察区 5 亿元，由各行署具体分配各县政府，商同抗联商店、合作社经募；不论干部、群众，不论个人或团体，均可以边币或金、银、布匹、粮食等购买。但目的是大量收回边币，即主要是以边币购买，个别的地区实无边币而愿购买者，才可以金、银、布匹、粮食等，根据当地市价折款购买，所收实物可通过商店、合作社变价，经过政府随同边币及时上解。自文到之日起，争取 9 月底全部完成、总结报会。①

（3）公债发行动员政策。《指示》强调，应通过各个组织系统，利用各种方式，广泛深入地宣传发行胜利建设公债的意义，发动广大群众踊跃购买公债，反对强迫命令、简单的行政摊派方式。② 为了更好地进行宣传动员工作，晋察冀边区政府特别编辑了《关于动员推行胜利建设公债的讲话材料》（以下简称《材料》），作为边区干部宣传动员工作的指导。《材料》明确了宣传动员的对象，包括工人、农民、地主、商人、妇女、青年、儿童等晋察冀边区广大干部、群众③，并指出公债发行宣传应侧重的主要内容。包括：第一，发行公债的意义，即集中物力、财力支援前线，彻底消灭日本侵略者及其走狗；可以腾出一部分边钞拿到解放的大城市里去进行建设。第二，公债发行基本政策，如发行总额、债票面额、利息、偿还期限、公债的良好信用等。第三，不同对象的宣传重点。如工人，应着重说明抗战中工人起了很大作用，觉悟程度高，是先锋队。同时，工人工资之所以提高、生活之所以改善、社会地位的提高，也是因为有抗日民主政府和八路军的保障。现在更要发挥一些积极作用和拥政拥军精神，踊跃购买公债。农民，特别是中、贫农应着重说明抗战的胜利是依靠了农民。农民在抗战中求得了自己生活的改善，争取到民主、自由，现在更应鼓一把劲踊跃购买公债，支持前线保卫自己的胜利。妇女、青年、儿童，也分别着重说明他们在抗战中所起的重要作用，并说明争取抗战最后胜利还需要她（他）们继续鼓劲，购买公债，支持抗日民主政府。商人，要着重说明发行公债既为国家又为个人，并且无论到城市到乡村作买卖也都方便，买公债准赔不了钱。④ 在动员机构和方式上，《材料》也指出，要运用多种行政组织，

① 财政部财政科学研究所、财政部国债金融司编：《中国革命根据地债券文物集》，中国档案出版社 1999 年版，第 51 页。

② 财政部财政科学研究所、财政部国债金融司编：《中国革命根据地债券文物集》，中国档案出版社 1999 年版，第 52 页。

③④ 晋察冀边区政府：《关于动员推行胜利建设公债的讲话材料》，河北省档案馆藏，卷宗号：579－1－63－15。

用各种形式，包括开大会、开小会以及个别谈话等方式。①

2. 动员实施

晋察冀边区行政委员会发出指示后，各行署、专署对公债发行工作进行了层层布置，并将公债发行政策进行了细化。如冀晋区行署向该区发出《关于发行胜利建设公债的具体指示》，就公债发行的组织领导、宣传动员、数额分配等具体问题再作出详细指示。② 中共冀中区党委发出《关于边委会发行胜利建设公债的通知》，要求各级党委大力保证推销，形成购买公债热潮，按期完成任务！③ 冀晋行署区第三、四专区也对各自专区作了更进一步的工作布置。冀晋区第四专署向所属各县县长发出《关于完成胜利建设公债的补充指示》，就应注意的若干问题再进行补充。④

各县在群众认购的方式上，利用了各种会议群众会、户主会及团体各组织系统开会等，有的还利用公正士绅及各种英雄模范开会动员，这些人均起了很大作用。⑤ 经过动员，各级干部和广大群众对公债发行有了较为清晰的认识，并出现不少群众踊跃认购公债的热潮。如县区干部大多明白发行公债是为了在全国大反攻时期动员人民集中财力、物力加强支援前线并紧缩边币，使边币流入大城市占领阵地，繁荣市场，活跃金融贸易，开展各种建设事业。村干部大多也能明确发行公债，是为了彻底不受日本鬼子压迫。为了赶快把鬼子打走，大家拿个钱是应当的。一般的群众对公债发行也有较好的认识，如好多人这样说，"胜利了，鬼子不扫荡了，拿点款支援前线是应该的"。因此在推行当中造成购买公债的热潮，特别是基层群众，异常踊跃，成为公债的积极拥护者与推行者。妇女、儿童、英雄模范、开明士绅、工人、学生互相竞赛，认购中均有轰轰烈烈的光荣事迹。从购买负担面上可以看出，如阜平一区全区共 2961户，购买公债者则有 2611 户，占 88% 强。其中，辛庄村共 96 户，购买公债者

---

① 晋察冀边区政府：《关于动员推行胜利建设公债的讲话材料》，河北省档案馆藏，卷宗号：579－1－63－15。

② 晋察冀边区行政委员会冀晋区行署：《关于发行胜利建设公债的具体指示》（1945 年 8 月 27日），河北省档案馆藏，卷宗号：110－1－84－1。

③ 中共冀中区党委：《关于边委会发行胜利建设公债的通知》（1945 年 9 月 6 日），河北省档案馆藏，卷宗号：3－1－74－14。

④ 晋察冀边区第四行政督查专员公署：《关于完成胜利建设公债的补充指示》（1945 年 8 月 29日），河北省档案馆藏，卷宗号：127－1－29－1。

⑤ 冀南三专署：《三专区 1945 年发行胜利建设公债工作总结》（1946 年 1 月），河北省档案馆藏，卷宗号：35－1－35－1。

则有 95 户，占 99%；九区共 2031 户，购买公债者则有 1805 户，约占 89%。①

在公债发行过程中，也出现了一些问题。如干部存在盲目乐观或悲观情绪；动员工作不深入；强迫摊派现象严重；组织掌控不力，出现粮价跌落、群众交款困难等。针对这些问题，各区发出指示，对相关政策进行了调整，做到既照顾群众困难，又要完成公债发行任务。9 月 8 日，中共冀晋区第四专区地委向团县、区级发出党内秘密文件——《关于推行公债中几个问题的指示》。②9 月 9 日，晋察冀边区第四区行政督查专员公署、抗日救国联合会，发出《关于推行胜利建设公债的补充指示》。③ 9 月 24 日，冀晋第四区行政督查专员公署（专员张际瑞，副专员韩一均）发出《关于推销公债的检讨及征收中的几点指示》。④ 这些指示，或是强调反对强迫命令、不宣传不解释的做法；或是不再强调全部要款；或是个别地区减低公债发行额；或是解决群众在认购公债中以粮变款的困难问题等。

3. 公债发行结果

因为对公债发行过程中出现的问题进行了及时纠正，各级干部对公债发行的重要意义有了相当的认识，并以战斗姿态抓紧时间，利用各种动员认购方式，实行挑战竞赛，出现了踊跃购买公债的热潮。如：阜平县二区村干部会上，干部、大学教员即购买公债 12500 元，高街村的大学生闻讯后，18 人共认 2800 元。大家通过割青草，生产挣钱购买。又如八区东下关一个老太太一次认了 7000 元。四区罗峪村在区开会，回去半路上讨论，在村边开支委会。当晚动员，第二天群众认购已胜利完成并超过 10000 余元。白家峪也完成并超过 10000 余元。一区已完成，五区几个村都超过数目，有些村未列入计划的难民也自动认购 500 元，放羊工人也要买 500 元，群众动情地说，"公家救济了咱们，咱们也要帮助公家"⑤。阜平孟家合抗属付进林，家里很穷，什么款也

① 冀南三专署：《三专区 1945 年发行胜利建设公债工作总结》（1946 年 1 月），河北省档案馆藏，卷宗号：35 - 1 - 35 - 1。
② 中共冀晋区四分区地委：《关于推行公债中几个问题的指示》（1945 年 9 月 8 日），河北省档案馆藏，卷宗号：117 - 1 - 30 - 1。
③ 晋察冀边区第四区行政督查专员公署、抗日救国联合会：《关于推行胜利建设公债的补充指示》（1945 年 9 月 9 日），河北省档案馆藏，卷宗号：130 - 1 - 46 - 1。
④ 冀晋第四区行政督查专员公署：《关于推销公债的检讨及征收中的几点指示》（1945 年 9 月 24 日），河北省档案馆藏，卷宗号：119 - 1 - 17 - 1。
⑤ 中共阜平县委：《推行公债工作简单报告》（1945 年 9 月 5 日），河北省档案馆藏，卷宗号：520 - 1 - 313 - 1。

负担不着，这回购公债，他说俺小五在前线光荣，这事咱也应当光荣的买1000元，支援前线。群众都说真是认识好，村干部为了照顾他的困难，叫他拿了500元。阜平一区赵得荣事变前是个中农，事变后上升为富农了，他说，共产党来咱们改善了生活，得拿出良心来报答恩情，不能忘记了亲人，在大会上自己购买5000元，并劝他三弟说，多买点吧，不吃亏。妇女劳动英雄张文英把儿子们给她作棉衣的布低价卖出去，收到2000元购买了公债。合作英雄陈富全在干部会上认4000元，见群众互相观望迟延少报，他却突然认5000元，激起大家认购，超过了10万余元。工人英雄放牛的田英才家里很穷，所得工资养着拐腿的哥哥，更毫无积蓄，首先购500元，并组织两个放羊的工人和四个童工也购了2500元①等。在群众的热烈响应下，公债顺利完成了发行任务。

晋察冀边区胜利公债的发行，很大程度上缓解了根据地的财政压力。当然，因为购买公债，紧缩了货币，造成市场物价下跌，出现了"谷贱伤农"等问题②，农业生产、群众生活受到一定程度的影响。③

第三节　解放战争时期党的公债政策

解放战争时期，根据国内政治、军事形势的变化，可以分为三个阶段：(1) 1945年8月~1946年6月，是中国共产党带领中国人民争取和平民主建国阶段。(2) 1946年7月~1947年6月，是全面内战爆发和人民解放军进行自卫防御战争阶段。(3) 1947年7月~1949年10月，是人民解放军对国民党军队实施战略反攻阶段。各革命根据地的财政状况也随着这一总体发展趋势的变化而变化，当然，不同的革命根据地又具有自身的发展特点，在公债发行上也略显差异。解放战争时期，东北解放区、华东解放区、陕甘宁边区、中原解放区和华南解放区，共发行了30项公债。

一、争取和平民主建国时期党的公债政策

这一时期，华东、东北两个解放区共发行了9项公债。华东解放区发行了

---

①③　冀南三专署：《三专区1945年发行胜利建设公债工作总结》（1946年1月），河北省档案馆藏，卷宗号：35-1-35-1。

②　魏宏运主编：《晋察冀抗日根据地财政经济史稿》，档案出版社1990年版，第390页。

苏皖边区救灾公债，东北解放区发行了双城县治安公债、松江第一专署胜利公债、哈尔滨市建设复兴公债、东安建设公债、大连市政建设公债、大连县生产建设公债、呼兰县建国公债、齐齐哈尔市政建设有奖公债。

（一）苏皖边区政府 1946 年救灾公债

1. 发行背景及政策制定

1945 年入夏以来，苏皖边区各地旱灾、水灾、蝗灾迭发，灾民达到 400 余万人。虽然不少地区有组织有计划地开展了大规模的生产救灾运动，解决了不少灾民的问题。但也有不少地区，由于国民党反动派疯狂的进攻，被迫应付大规模的自卫战争，不能将全部精力放在救灾上，致使灾情蔓延日深一日，造成许多灾民在无衣无食的困境里，不得不想尽一切办法来苦斗求生。

1946 年 3 月 16 日，边区临时参议会鉴于各地灾荒严重未减，为发扬贫富互济，克服灾荒，加强生产，特召开驻会委员临时会议，决议请政府发行救灾公债 1 亿元。边区政府为了进行广泛的社会救济，避免群众集体借粮，吃大户，造成社会不安，除拨款 3000 万元作为救灾基金外，并决定接受边区临参会的提议，发行"救灾公债"（简称"苏皖边区救灾公债"）9000 万元，公布《救灾公债条例》。[①] 根据条例，救灾公债发行基本政策如下：（1）苏皖边区政府为救济灾荒，发行公债，定名为救灾公债。（2）公债以 40% 进行直接救济，60% 以工代赈。（3）公债定额为边币 9000 万元（华中银行币）。[②] 由各行政专员公署根据下列分配数字自行印制，于 1946 年 4 月 1 日均按票面十足发行，计：第一行政区 3000 万元，第二行政区 1500 万元，第三行政区 500 万元，第四行政区 200 万元，第五行政区 1500 万元、第六行政区 600 万元，第七行政区 1100 万元，第八行政区 600 万元，边府直属 200 万元。（4）公债发行以认购为原则，其办法由各专员公署详订。（5）发行利率为月息 2 分，还本时一次付清。（6）公债偿还，除第一行政区于 1946 年 8 月 1 日偿还本息一半外，其他各行政区及第一行政区的其余半数均于 1946 年 11 月 1 日开始本息全部清偿。（7）公债以 1946 年午秋两季粮赋收入为基金，由边区政府财政

[①] 财政部财政科学研究所、财政部国债金融司编：《中国革命根据地债券文物集》，中国档案出版社 1999 年版，第 54 页。

[②] 根据后面的分配数额，总额应为 9200 万元，但原文如此。见：财政部财政科学研究所、财政部国债金融司编：《中国革命根据地债券文物集》，中国档案出版社 1999 年版，第 54 页。

厅依照本公债还本付息所规定应付还的边币数额，按期如数拨交华中银行备付。（8）公债还付本息指定华中银行及其所属各分行为经理机关。（9）债票面额分 500 元、200 元、100 元、50 元四种，均为无记名式。（10）债票未到期前不得在市面作通货流通，到期后得依票面金额连同利息完纳 1946 年 11 月 1 日后各种赋税，或向华中银行兑现。

2. 各专署印制公债券

因为苏皖边区政府救灾公债，是由八个行政专员公署（简称"专署"）根据分配数字自行印制和发行，所以，各个行政区根据边区制定的《救灾公债条例》，分别印制、发行了不同面额、样式的债券。各个区的公债券都在背面附有发行说明或条例。下面，就第一、第二、第三、第五、第六、第七等六个专署发行公债券所附的说明或条例内容，分区叙述如下：

（1）第一专署发行的救灾公债券说明：本公债定额为华中币 9000 万元，完全为赈济灾民之用。本公债以 1946 年粮赋收入为基金。本公债票面额，分为 1000 元、500 元、100 元、50 元四种，均为无记名式。本公债利率定月息 2 分，本利分两期清还，第一期本年 8 月 1 日~8 月 31 日，第二期 11 月 1~31 日。本公债债券未到期前不得在市面作通货流通，到期后向各地华中银行支行、分行或办事处兑现。本公债还本付息，指定华中银行为经理机关。

（2）第二专署发行的救灾公债券说明：本公债定额为华中币 9000 万元，完全用于赈济灾民之用。本公债以 1946 年粮赋收入为基金。本公债分为 500 元、200 元、100 元、50 元四种，均为无记名式。本公债利率定月息 2 分，还本时一次付清。本公债债券在未到期前不得在市面作通货流通，到期后得依票面金额连同利息于 1946 年 11 月 1 日后，向华中银行分行办事处或委托机关兑现。本公债自填发行日起，至 1946 年 11 月 1 日开始偿还。本公债还本付息，指定华中银行作为经理机关。

（3）第三专署发行的救灾公债券说明（标题写着：救人一命功德无量）：本公债券由苏皖边区政府发行，并委托第三行政区专员公署经发，专作救灾之用。本券以本年度公粮、田赋及各种税收作抵押金，每月利息 2 分，秋收后全部还清。本券自 11 月 1 日起，完粮纳税，一概通用，但不准在市面作货币流通。本券只供济灾经费之用，任何机关、私人不得移作机关公用或有私人贪污，违者应受到政府的严厉惩处。

（4）第五专署发行的救灾公债券说明：本公债定额为华中币 9000 万元，

完全用于赈济灾民之用。本公债以 1946 年粮赋收入为基金。本公债分 500 元、200 元、100 元、50 元四种，均为无记名式。本公债利率定为月息 2 分，还本时一次付清。本公债债券在未到期前不得在市面作通货流通，到期后依票面金额连同利息，完纳 1946 年 11 月 1 日后各种赋税，或向华中银行兑现。本公债自填发日起，至 1946 年 11 月 1 日开始偿还。本公债还本付息，指定华中银行作为经理机关。

（5）第六专署发行的救灾公债券条例：本公债定额为华中币 9000 万元，完全用于赈济灾民之用。本公债以 1946 年粮赋收入为基金。本公债分 500 元、200 元、100 元、50 元四种，均为无记名式。本公债利率定为月息 2 分，还本时一次付清。本公债债券在未到期前，不得在市面作通货流通，到期后依票面金额连同利息，完纳 1946 年 11 月 1 日后各种赋税，或向华中银行兑换。本公债自填发日起至 1946 年 11 月 1 日开始偿还。本公债还本付息，指定华中银行为经理机关。

（6）第七专署发行的救灾公债券说明：本公债定额为华中币 10000 万元，完全用于赈济灾民之用。本公债以 1946 年粮赋收入为基金。本公债分 500 元、200 元、100 元、50 元四种，均为无记名式。本公债利率定月息 2 分，还本时一次付清。本公债债券在未到期前，不得在市面作通货流通，到期后得依票面金额连同利息，完纳 1946 年 11 月 1 日后各种赋税，或向华中银行兑现。本公债自填发日起，至 1946 年 11 月 1 日开始偿还。本公债还本付息，指定华中银行作为经理机关。[1]

3. 各县发行任务、使用数额的分配

根据各行政区本身的经济状况、受灾轻重程度不同，苏皖边区对各地的公债发行任务及留用数额进行了分配，如表 1 – 1 所示。

表 1 – 1　　　　　　1946 年苏皖边区救灾公债发行任务及留用款数情况表

单位：华中币万元

地区	发行任务	留用款数
第一行政区	3000	1000
第二行政区	1500	500

---

① 财政部财政科学研究所、财政部国债金融司编：《中国革命根据地债券文物集》，中国档案出版社 1999 年版，第 55 ~ 56 页。

续表

地区	发行任务	留用款数
第三行政区	500	1000
第四行政区	200	500
第五行政区	1500	2200
第六行政区	600	1500
第七行政区	1100	2200
第八行政区	600	300
边府直属单位	200	
合计	9200	9200

资料来源：高贯成主编：《华中银行史》，江苏人民出版社 2001 年版，第 145 页。

从以上各行政区预定的救灾公债使用数，对照各行政区应劝募认购数，可以看出：第一、第二两个行政区拨助他区 3000 万元，第八行政区拨助他区 300 万元，其余各行政区都是使用数大于认购数。也就是说，第三、第四、第五、第六、第七分区的灾情比较严重，债款使用数较大。[①] 苏皖边区政府规定，各行政区应按募购数数额必须于 4 月 15 日前完成，应拨助他区的数额必须于 4 月 30 日前完成，汇交各该区[②]，由华中银行的分行汇寄总行分配。

边区所属各行政区也按照边区相关精神，对本行政区范围内各县发行任务及留用数进行了分配。如第五行政区分配各县的发行任务为：盐城 400 万元，建阳 400 万元，阜东 150 万元，阜宁 160 万元，滨海 60 万元，射阳 60 万元，涟东 50 万元，清江 40 万元，淮宝 70 万元，洪泽湖 4 万元，盐东 40 万元，淮安 66 万元，共 1500 万元。[③]

4. 宣传动员政策及发行结果

为了顺利发行公债，做好救灾工作，1946 年 3 月 19 日，苏皖边区政府在《新华日报》（华中版）发表社论《脚踏实地紧急抢救灾荒》，号召"党政军民一致奋起，为抢救灾荒而斗争！"要求在救灾工作中，必须对群众进行深入

① 江苏省地方志编纂委员会编：《江苏省志　金融志》，江苏人民出版社 2001 年版，第 615 页。

② 高贯成主编：《华中银行史》，江苏人民出版社 2001 年版，第 146 页。

③ 高贯成主编：《华中银行史》，江苏人民出版社 2001 年版，第 146 页。注：第六、第一行政区在各县的任务分配具体数可能有误。根据边区对各行政区发行任务分配指示，第一、第六行政区分别为 3000 万元和 600 万元，但这里显示的第一、第六行政区发行任务分别为 2000 万元和 880 万元。

的政治教育。对普通群众，要使每一个群众都了解造成灾荒的原因，同时了解到灾荒是暂时的。对中上层人士，应劝说鼓励其节约购买公债，救灾救难。并保证劝说灾民不再集体借粮"吃挨子"。而购买的公债及借出的口粮，保证有借有还，以稳定其情绪，使之安心生产。对广大干部，使之认识清楚，我们是有办法将灾荒克服的。应纠正与克服其慌乱思想，要与群众同甘共苦，有计划、有组织、有步骤地来领导群众与灾荒作斗争。①

在动员过程中，苏皖边区政府特别强调：一是党政军民应在群众中进行广泛宣传与动员，务求迅速，不失救灾时机。二是各地推销救灾公债所得款项，需按边府分配数目，就地进行救济，组织生产，不必再行集中。三是厉行节约，号召党政军民脱离生产人员，每人每天节粮 2 两，全部就地购买公债，救济灾荒。四是迅速在有决定意义的城镇举办平粜，平抑粮价，并奖励粮食进口，调剂各地粮食。五是在清查存粮中，拨出一部分救济灾民，组织灾民生产。总之政府应尽一切努力，来为救灾服务。军队已经决定开始复员，复员之后，不仅可以增加生产力，也减轻人民很大负担。②

经过动员，苏皖边区各机关、部队全体人员节衣缩食、踊跃认购。4 月 1 日开始发行，4 月 15 日完成发行任务，充分体现了互助互济精神，③ 在边区赈灾工作中发挥了积极作用。

关于公债的偿还，1946 年 11 月 23 日，苏皖边区政府发出救灾公债还本付息布告，决定由各地的华中银行和货管机关，按原定办法予以兑付，可以抵缴税款，也可抵缴公粮。但因种种原因，此公债到建国若干年后仍未兑清。中华人民共和国成立后，苏皖边区政府救灾公债尚有 207600 元（折合人民币 2284 元）未予偿还，根据中央和华东财经委员会指示，中国人民银行安徽省分行对该项公债进行了兑付工作。按照月息 2 厘计算，自 1946 年起，至付息日止，共计利息 4933.35 元，本息合计 7217.35 元。④

（二）双城县政府治安保民公债

东北解放区先后发行了 10 项公债：双城县治安公债，松江省第一专署胜

---

①② 财政部财政科学研究所、财政部国债金融司编：《中国革命根据地债券文物集》，中国档案出版社 1999 年版，第 54 页。

③ 高贯成主编：《华中银行史》，江苏人民出版社 2001 年版，第 146 页。

④ 编纂委员会编：《中国人民银行安徽省分行志 1949～1990》，复旦大学出版社 1992 年版，第 127 页。

利公债，哈尔滨市建设复兴公债，东安地区专署建设公债，大连市政建设公债，大连县生产建设公债，呼兰县政府建国公债，齐齐哈尔市政建设有奖公债，东北生产建设实物有奖公债，嫩江生产建设折实公债。为了讨论的方便，并结合东北解放区公债发行自身特点和实际情况，本书将东北生产建设实物有奖公债、嫩江生产建设折实公债放入战略反攻时期讨论，其余 8 项公债放入争取和平民主时期进行介绍。

为了筹措治安保民经费，1946 年 1 月，松江省双城县政府发行了"双城治安保民公债"（简称"双城县治安公债"或"双城治安公债"），并由双城县政府主席孙新仁署名颁布《双城县治安保民公债发行纲要》。根据这一纲要规定，双城治安保民公债发行基本政策如下：（1）本公债为治安保民之用，定名为双城治安保民公债。（2）债券面额分为 20 元、100 元、500 元、1000元（东北银行地方流通券）四种。（3）公债债券由人民任意购买。（4）公债为不记名式债券。（5）债券以双城县内所有汉奸逆产拍卖充为偿还，并可完纳租税。（6）债券以俟逆产拍卖后，即行分为两期偿还之。（7）债券因水火焚失或盗窃等情，概不予再为补发。①

（三）松江省第一行政专署胜利公债

为了筹集保护地方治安、推行和平民主建设资金，1946 年 6 月，松江省第一行政专员公署发行了一期胜利公债（简称"松江第一专署胜利公债"），发行总额及债券面额种类不详，目前仅发现有 1000 元（东北银行地方流通券）债券一种。根据债券印制的发行说明，可知该项公债发行政策如下：（1）发行目的：建设公债为保护地方治安，推行和平民主建设而发行。（2）发行利率：以年利 1 分计算。（3）偿还期限：自发行日起至 1948 年 6 月 15 日止。分 2 期归还，至 1947 年 6 月为第一期，归还一半；至 1948 年 6 月本利还清。（4）流通政策：公债不得在市面流通使用。（5）公债以盖有松江省第一专员公署、专员的官印者为有效。（6）公债如有伪造者，依法论罪。②

（四）哈尔滨市建设复兴公债

为了繁荣哈尔滨市起见，哈尔滨市临时参议会决议通过，发行"建设复兴

---

①②　财政部财政科学研究所、财政部国债金融司编：《中国革命根据地债券文物集》，中国档案出版社 1999 年版，第 61 页。

公债"（简称"哈尔滨建设公债"）8000 万元（东北银行地方流通券）①。1946
年 8 月 4 日，哈尔滨市市政府召开行政委员会，市参议会常驻委员亦出席参
加。对于这次临时参议会通过的建设公债，大家一致同意首先解决目前市民生
活中要求最迫切的事项，同时，在使用上不但要照顾道里、道外、南岗区，而
且更要着重照顾到三十六棚、三棵树、太平桥、顾乡屯等地区，因为这些区域
比较贫困，过去很少照顾。根据以上原则，会议决定这 8000 万元公债的使用
分配计划为：（1）工务局 3000 万元，主要用于修理下水道、马路、桥梁、自
来水等事项；（2）卫生局 1900 万元，主要用于医院的扩充费、修缮费，制药
厂的设立费（为克服目前医药的困难），街道的清扫费，巡回医疗队或医疗队
成立费（大家一致认为，过去市立医院虽然也给市民一些方便，但一般贫穷市
民很少能进医院的。伪满时贫民怕进医院，因为他受不了那个罪。今后能成立
两个或三个巡回的医疗队，常到民间去，才能为贫民解决这一痛苦）；（3）教
育局 1100 万元，主要用于增添的 13 处民校、两处民众教育馆（增加学生
4900 人）的设立以及人员住房费、各学校校舍等的修理补助等；（4）公安局
800 万，主要用于警察训练所、巡官补习班的费用；（5）余下的 1200 万元，
作为临时发生事项的补助费。②

8 月 7 日，《东北日报》公布《哈尔滨市建设复兴公债条例》。根据条
例，公债发行基本条件如下：（1）发行目的及名称：哈尔滨市政府为繁荣
哈尔滨市起见，发行哈尔滨市建设复兴公债。（2）发行总额：8000 万元。
（3）发行利率：年息 8 厘。（4）票面数额：公债票面金额分为 4 种，即
5000 元、1 万元、5 万元、10 万元。（5）偿还担保：以哈尔滨市政府接收
的全部敌产为担保。（6）偿还期限：期限定为 7 年，第一、第二两年只付利
息，第三年起用抽签方法每年偿还总额 1/5，即 1600 万元，至第七年全数偿
清。（7）还本付息日期及地点：公债每年付利息还本日期及地点由市政府临
时公告之。（8）发行价格：本公债照票面金额实收，不折不扣。（9）流通规
定：本公债不记名。不得随意买卖抵押。债票及息票，自偿本付息到期之日
起，可用作缴纳哈尔滨市税捐及其他费款。（10）对于公债如有损毁信用，或

---

① 财政部财政科学研究所、财政部国债金融司编：《中国革命根据地债券文物集》，中国档案出
版社 1999 年版，第 62 页。

② 东北解放区财政经济史编写组：《东北解放区财政经济史资料选编》（第四辑），黑龙江人民出
版社 1988 年版，第 13 页。

伪造涂改行为，依照妨害内债信用法令严予惩罚。①

根据临参会议决案及市政府施政纲领，以取之于民用之于民的原则，协助政府顺利迅速完成市公共建设及地方福利事业，由市工商界组织（不分国籍）成立市建设协助委员会（简称"协会"）。8 月 5 日，在市政府召开成立大会，讨论通过建设协助委员会规则草案，推出主任委员、副主任、秘书长等人选，并讨论通过了财政局长提交的《建设复兴公债条例》。该会成立期限定为半年，暂设于工商公会内。②此后，各界皆组织推销委员会，研究购买公债问题。9 月 16 日即将开始办理承购事项，计划在月底前完成任务。③

为了让大家积极购买公债，在发行过程中，市临参会议长李国钧先生特别作了三点说明：（1）这一公债的发行，与其说是取之于民用之于民，莫如说是自己拿钱办自己的事，因为政府是人民自己的。（2）公债是市债的性质，到期还本带利，可以转押，到期后也可以抵交捐税。（3）建设哈尔滨是和 80 万市民直接发生密切的关系，所以市民应该积极购头公债，早日完成哈市建设事业。④

该公债发行采取分配数额、分担任务的办法进行。在 8 月 5 日市建设协会委员会成立大会上，曾讨论了公债发行分担数额问题，决定外侨代表回去征求各界意见，国内工商界也回去讨论公债的分担比率及具体办法。⑤据《东北日报》1946 年 9 月 15 日报道，经过一段时期的酝酿，哈尔滨市 8000 万元建设复兴公债的分担比例已商定完毕，计国人分担额是 4800 万元，外侨分担额 3200 万元。国人中工商界承销 7/10，房产家承销 2/10，其他有力者承销 1/10。⑥

该项公债计划发行东北地方流通券 8000 万元，实际发行了 5245 万元。在发行过程中，出现了不少市民踊跃购买情形。据《东北日报》9 月 25 日报道，建设公债自分担额决定后，哈市各界有力者皆踊跃购买。最近哈尔滨银行道里、道外两支店，陆续交款者甚多。⑦公债款项大多按照既定用途使用。公债原定偿还期限为 7 年，后因物价上涨，货币严重贬值，为照顾债权人权益，1949 年 5 月 15 日，哈尔滨市政府按本息升值 30 倍，提前一次还清。⑧

---

①②⑤　《哈市建设协助委员会通过建设复兴公债条例》，载《东北日报》1946 年 8 月 7 日第 1 版。

③⑥　《哈市建设公债分担比率商定完毕》，载《东北日报》1946 年 9 月 15 日（第 2 版）。

④　财政部财政科学研究所、财政部国债金融司编：《中国革命根据地债券文物集》，中国档案出版社 1999 年版，第 63 页。

⑦　《哈市各界踊跃购公债》，载《东北日报》1946 年 9 月 25 日第 1 版。

⑧　哈尔滨市地方志编纂委员会：《哈尔滨市志　财政　税务　审计》，黑龙江人民出版社 1996 年版，第 34 页。

（五）东安地区行政专员公署建设公债

合江省东安地区解放后，为了筹措急需的建设资金、发展本区的各项建设事业，1946 年 10 月，东安地区行政专员公署发行了"建设公债"（简称"东安专署建设公债"）500 万元（东北银行地方流通券）。根据《发行建设公债的说明》，该项公债发行基本政策如下：（1）发行目的：公债发行，旨在建设东安地区，使之成为永久的和平民主根据地。（2）发行主体：公债以东安地区行政专员公署名义发行之。（3）发行总额：公债的发行额为 500 万元。（4）债票面额：公债票面金额为 50 元、100 元、500 元、1000 元四种，为无记名有价证券。（5）发行价格：公债以票面金额为发行价格。（6）发行利率：公债的利息，定为年利 1 分（单利计算）。（7）偿还期限：原本及利息于 1949 年 10 月 1 日偿还之。[①]

（六）大连市政建设公债

大连解放后，发展工商业、建设新大连成为重要任务。因当时大连银行业务还没有得到很好地发展，市政建设面临资金困难。为此，市政府决定发行大连建设公债，聘请各界人士 41 名组成公债管理委员会。副市长陈云涛为主任委员，姚醒吾为副主任委员，陈济生为公债管理委员会秘书。[②] 1946 年 11 月 23 日，公债管理委员会第一次会议在市政府财政局召开，讨论公债用途、推销等问题，参加者有旅大行政联合办事处迟子祥、刘顺元主任，财政研究委员会各委员，市政府陈、任副市长，临委会唐议长，总商会赵副会长等 20 余人。会议就公债发行用途及推销原则等问题达成一致意见。[③] 市政府发行公债的决定获大连市参议会讨论通过。12 月 12 日，《大连日报》公布《大连市政建设公债条例》[④]（简称《条例》）。

1. 公债发行基本政策

根据《条例》等相关文件，公债发行基本政策如下：（1）为推进市政建

---

① 财政部财政科学研究所、财政部国债金融司编：《中国革命根据地债券文物集》，中国档案出版社 1999 年版，第 63 页。

② 大连市史志办公室编：《大连市志　金融志·保险志》，大连海事大学出版社 2004 年版，第 249 页。

③ 《为繁荣连市工商业，市政府发行建设公债，聘请各界人士组成管理委员会》，载《大连日报》1946 年 12 月 8 日第 1 版。

④ 《大连市政建设公债条例》，载《大连日报》1946 年 12 月 12 日第 1 版。

设和发展工商业，特发行公债，定名为大连市政建设公债。（2）发行总额为 3
亿元（苏联红军票）。[①]（3）购买原则为自愿购买。（4）债票面额分为 10000
元、5000 元、1000 元、500 元四种。10000 元为紫色，5000 元券为茶色，1000
元券为红色，500 元券的绿色。[②]（5）公债用途为补助文化教育建设事业、水
陆交通建设事业、卫生建设事业以及其他建设事业。（6）公债票到期后，持
票人享有抵押、担保、缴税、买卖等有效权利。（7）公债利率定为年利 8 厘。
（8）发行日期原定 1946 年 10 月 1 日发行，后延至 12 月 1 日发行。[③]但利息从
10 月 1 日开始计算，购买人可以多得两个月的利息。[④]（9）公债分 5 年还清。
还本付息日期分别为 1947 年、1948 年、1949 年、1950 年、1951 年 10 月 1 日起。
（10）公债本息票，期满后 5 年内为有效付款期，逾期不付。（11）以经常税收
及市有房户为偿还担保，依照还本付息金额，按月向基金保管委员会存入之。偿
还款项由基金保管委员会负责保管。（12）公债款项须经监察委员会同意，方准
动用。（13）发行主要对象是拥有大量游资的人们，其余则由各界各业承购。[⑤]
（14）为照顾地方习惯，公债发行以九六折扣出售，一般社会团体如推销有成
绩者，按着情形予以奖励。[⑥]（15）公债推销，商业系统负责 60%，由工商管理
局、总商会、商民建国会负责；日侨系统负责 20%，由民政局、日侨劳动组合
负责；其余部分则由临参会、市政府各工会负责。[⑦]（16）本公债如有伪造、涂
改的行为者，依法惩处。（17）公债条例具体实施办法，由大连市政府执行。[⑧]

2. 公债发行宣传动员

为顺利发行公债，大连市政府进行了多方宣传动员。一是政府制定宣传提
纲，规范宣传内容。大连市政府制定《市政建设公债宣传提纲》，对公债发行
宣传内容予以指导。主要包括三个方面：公债性质及与过去敌人所发行公债的
不同；购买公债者所享受的优先权；宣传动员的方式。考虑到实际工作中遇到
问题的复杂性，市政府也指出，大家应随时随地以灵活的具体宣传，不必拘泥

---

① 财政部财政科学研究所、财政部国债金融司编：《中国革命根据地债券文物集》，中国档案出
版社 1999 年版，第 63 页。

②④ 财政部财政科学研究所、财政部国债金融司编：《中国革命根据地债券文物集》，中国档案
出版社 1999 年版，第 65 页。

③⑤⑥⑦ 《为繁荣连市工商业，市政府发行建设公债，聘请各界人士组成管理委员会》，载《大连
日报》1946 年 12 月 8 日第 1 版。

⑧ 财政部财政科学研究所、财政部国债金融司编：《中国革命根据地债券文物集》，中国档案出
版社 1999 年版，第 64 页。

于本提纲。① 二是发表官方谈话，解释公债发行问题。为了让市民更清楚地了解公债发行意义及具体事项，12 月 10 日，市财政局隋芸生局长招待记者发表谈话，向大家解释公债发行目的、此次公债与旧公债的区别、公债的具体功用、人民与公债的关系、公债发行中的具体问题、公债还本付息问题、公债的种类，等等。他最后指出，只要很好地监察政府，政府能很好掌握原则，抓紧时间就可以在发行公债的基础上，很好地建设新大连，恢复繁荣旅大工商业，那时公债可以根据经济发展而提高它的信用。希望大连市各界人士踊跃购买，爱护公债、保护公债的信用，使其与日俱增。② 三是机关报刊宣传动员。中共大连市委机关报《大连日报》发表了与公债相关的各种文件、社论和发行情况的系列宣传报道。1946 年 12 月 8 日，公布了大连市政府公债发行决定《为繁荣连市工商业市政府发行建设公债，聘请各界人士组成管理委员会》③，并发表了《为建设新大连望各界踊跃买公债》的社论，号召大连市各界同胞从获得的长远利益着眼，大量购买大连市政建设公债。④ 12 月 12 日，发表《大连市政建设公债条例》⑤，并公布《就市府发行建设公债问题，财政局长发表谈话，号召市民踊跃购买》⑥。此后，进行了一系列关于公债发行情况、款项使用以及偿还事项的报道。据粗略统计，1946 年 12 月 8 日~1947 年 5 月 15日，《大连日报》共发表了 38 篇有关公债发行的报道，其中，12 月 8~31 日就有 26 篇，每天都有 1 篇以上有关公债的宣传，而且所有的都是放在第一版刊载。⑦ 四是组织公债宣传、推销委员会，采取制定计划、宣传、讲演、壁报、标语、广播电台、演剧等各种方式，使每个人对市政建设公债有深入的认识，使其自动购买。⑧五是政府组织召开座谈会，动员购买。旅大行政联合办事处、市临参会、市政府，于 12 月 27 日午后一时，召集参议员、工商业家、

---

①⑧　财政部财政科学研究所、财政部国债金融司编：《中国革命根据地债券文物集》，中国档案出版社 1999 年版，第 65~66 页。

②　财政部财政科学研究所、财政部国债金融司编：《中国革命根据地债券文物集》，中国档案出版社 1999 年版，第 65 页。

③　《为繁荣连市工商业市政府发行建设公债，聘请各界人士组成管理委员会》，载《大连日报》1946 年 12 月 8 日第 1 版。

④　财政部财政科学研究所、财政部国债金融司编：《中国革命根据地债券文物集》，中国档案出版社 1999 年版，第 63 页。

⑤　《大连市政建设公债条例》，载《大连日报》1946 年 12 月 12 日第 1 版。

⑥　《就市府发行建设公债问题财政局长发表谈话号召市民踊跃购买》，载《大连日报》1946 年 12月 12 日第 1 版。

⑦　《大连日报》1946 年 12 月 8 日~1947 年 5 月 15 日。

地方士绅及各区公债推售委员 600 余名，在市政府大礼堂举行公债推售座谈会。迟市长、陈、任两副市长、唐议长等皆参加。首先由迟市长说明推销公债意义，然后任副市长说明公债的偿还保障，陈副市长说明政府向大家借钱是为了 150 万人民的利益，是为使大连市工商业很快繁荣起来。最后隋厅长号召大家，有钱出钱，没钱的也要劝人买，早日达到建设新大连的目的。①

3. 公债发行进展及结果

公债发行之后，各地动员组织机构相继成立。如：中山区由 36 坊坊长选出曹长福等 10 人组成公债推销委员会。② 西岗区政府组织公债推销委员会西岗分会，委员 12 名，赵副区长为主任委员，刘子翱、孙耀甫为副主任委员。以坊为单位分成各小组，由坊长任小组长，派一名常任委员为副组长，由常委中选出王省三以下七名专任监查督促各坊分销工作。③ 领前区政府成立了公债推销委员会，各坊成立公债推销委员会坊分会。④ 寺儿沟区组成公债推销委员会，区分出 15 个小组，每小组由 5 ~ 7 人组成，负责推销公债。⑤ 西岗区蓬莱、大胜、北岗、荣华、英华各坊成立劝购公债委员会，与各坊推销委员会联合进行工作。⑥ 商业系统由工商管理局长张有萱、总商会徐会长、赵副会长、商建会于会长、孙副会长、同利公司王经理、工商局商业科长许钟毅、工业同业公司会刁会长、交易所于鹏九、平顺昌任经理、新康号高经理、新华公司谢经理、朱长城、赵心如等 15 名组成工商界推销筹备委员会，聘请 40 余名委员。⑦

在动员机构的推动下，各界人士踊跃认购，包括政府工作人员、公司商店经理和员工、银行职员、工厂工人、学校教师、报社电台职工、各区士绅、街坊市民，等等。如：沙河口区政府为了响应市政公债的号召，学习委员在 12 月 11 日的学习会上，动员全体职员、坊长、坊政员开展生产节约运动，省钱买公债，决定由 12 月起，将抽烟、吃零嘴、化妆品、零碎花销等，尽可能不花，或少花，节约起来，购买公债。全体干部思想打通后，7 个学习小组皆提

① 《行政联办处、临参会、市政府召开工商业家、地方士绅座谈会，号召踊跃买公债》，载《大连日报》1946 年 12 月 29 日第 1 版。

② 宋志新：《中山区府响应号召组成公债推销委员会》，载《大连日报》1946 年 12 月 12 日第 1 版。

③ 《西岗区府召开公债推销委员会》，载《大连日报》1946 年 12 月 22 日第 1 版。

④ 《领前区公债推委会召开绅士会议》，载《大连日报》1946 年 12 月 25 日第 1 版。

⑤ 《寺儿沟公债推委会召开首次会议》，载《大连日报》1946 年 12 月 26 日第 1 版。

⑥ 《蓬莱、大胜各坊贫民会成立劝购公债委员会》，载《大连日报》1946 年 12 月 27 日第 1 版。

⑦ 《商业系统为很快推销公债组成公债推销筹委会，工商局长张有萱任主任委员》，载《大连日报》1946 年 12 月 13 日第 1 版。

出了节约零钱购买建设公债计划。① 财政局于 17 日早晨学习时间由隋局长和高副局长亲自动员，每个职员认识建设公债与过去敌人发行公债本质的不同，同时，也认清了建设公债的前途，他们除了自己节省零花钱外，还在家庭中动员一部分钱来购买公债，掀起了购买公债的热潮。结果全局 49 名职员买了公债 332500 元。② 中山区公债推销委员会分会于 1 月 4 日召集全区各大公司、商店经过会议讨论推销公债。当场有 210 户认购公债 15900 万元，胜利地完成中山区公债推销的任务。③ 辽东股份有限公司，为了响应政府购买建设公债号召，在该公司周总经理的领导下，召开了全体职工大会，将该公司七个俱乐部 12 月的门票收入约 20 余万元，悉数购买公债。职工方面，也划分了八个小组，展开了购买公债运动。④ 大连银行响应市政府推销公债的号召，于 1946 年 12 月 27 日召开了职工动员大会。会后各部门，即掀起挑战迎战的竞赛运动，在陈、李行长购买 10000 元的带头推动下，经理、科长、秘书，各自尽力购买 5000 ~ 7500 元。职工最低也买 1000 ~ 2500 元。其中传票员小陈也买了 1500 元。更有刘光、小杨、张琪等同志，把自己的午饭取消不吃省下来的钱买公债。据统计，107 人共购买公债 313000 元。⑤ 西岗区大同坊贫民，他们听到了今天买的公债和过去公债的不同，自告奋勇地买公债。该坊贫民自愿买公债的有 250 户，共 23980 元。⑥ 西岗区荣华街坊 12 月 22 日下午召开贫民互助会动员大会，大家一致表示，"穷人也要买一点公债"，当场即有很多人报名购买公债。10 元、50 元、100 元，结果总共买了 5500 元。⑦ 12 月 22 日，第十二完小教师在学期末最后一天会上，作了购买公债的动员，得到了大家热烈支持，"我 500 元""我 300 元"……结果，35 人报名购买，共计 10000 元。⑧ 12 月 27 日下午四点半，大连日报社由白社长召集全体社员动员会。当场大家纷纷报名，通联部小孩韩金山一下子就要买 1000 元，门市股和通联部小孩李桐盛、

---

① 《少花零钱多买公债》，载《大连日报》1946 年 12 月 15 日第 1 版。

② 《财政局全体职员争买公债卅三万职工总会干部合资买一万》，载《大连日报》1946 年 12 月 20 日第 1 版。

③ 《中山区公债推委会分会胜利超过推销总数》，载《大连日报》1947 年 1 月 9 日第 1 版。

④ 《辽东股份有限公司购买公债廿万》，载《大连日报》1946 年 12 月 28 日第 1 版。

⑤ 《大连银行总行职员认购卅余万元》，载《大连日报》1947 年 1 月 11 日第 1 版。

⑥ 《西岗区大同坊二百多住户掀起买公债热潮》，载《大连日报》1946 年 12 月 25 日第 1 版。

⑦ 《西岗区各坊贫民纷纷争买建设公债》，载《大连日报》1946 年 12 月 26 日第 1 版。

⑧ 《第十二完小教师合买公债一万，相互间挑起节约竞赛》，载《大连日报》1946 年 12 月 28 日第 1 版。

康德甫及厨房小姑娘也各买 500 元。通联部有位同志和另一位同志合买 2500 元，但他忽看见名单上自己老婆一个人买了 2500 元，不由地急忙叫道："哎呀，我老婆都是 2500，我也得 2500。"和他合股的那位同志也不甘落后也马上改为 2500。一霎时间竟达到 12.5 万多元。[①] 西岗士绅周子扬、王化南两人在广大贫民热烈购买公债运动的推动下，周氏自愿购买 500 万元，王氏购买 220 万元来帮助建设新大连。[②] 继周子扬、王化南两位士绅购买之后，在推销委员的积极工作下，又有杨桂芳、福成祥等近 10 人自愿认购公债 400 万元、200 万元、30 万元等，共计 4000 万元以上。[③]

1947 年 5 月 14 日，市财政局局长隋芸生接受记者采访，对公债发行进行了总结谈话。至 4 月底，公债发行结束，共推销（收款）15447 万元。此外，尚有 3371（户）自动认购的小商人及下层市民、974 户经评议认购之中等工商业家、将回国的日侨等所认购的公债，计将近 1.5 亿元。[④] 经政府检查结果发现，广大的下层市民与工人响应政府号召，关心工商业的发展，为了克服困难，把自己一家利益服从全市利益，踊跃购买公债，表现出购买公债的决心与意志，但事实上他们心有余而力不足。政府再三考虑，为了照顾他们，决定动员他们停止交款。因此，公债款项实收总数为计划的 54%。[⑤]

4. 公债使用政策及实施

关于公债使用政策，《条例》规定用于补助市政建设，包括文化教育建设事业；水陆交通建设事业；卫生建设事业；其他建设事业。[⑥] 其中，生产建设占七成，教育、卫生、市政建设占三成。[⑦] 在隋芸生局长向记者发表的谈话中，对公债使用范围及比例进行了更为细致的说明。即以公债全部的 70% 用于生产建设，恢复一切民需的日常用品工厂。其次，以公债的 30% 扶助文化教育，恢复市内外的交通，充实市内外的卫生建设事业。这些用途明细说明，该项公债完全是为了恢复工商业，使商人有买卖做、工人有工做、有饭吃，使

①　《广播电台职员购买两万》，载《大连日报》1946 年 12 月 28 日第 1 版。

②　《西岗士绅周子扬自愿购买五百万　王化南氏二百二十万》，载《大连日报》1946 年 12 月 27 日第 1 版。

③　《西岗区士绅相互推动认购公债四千万》，载《大连日报》1947 年 1 月 9 日第 1 版。

④⑤　财政部财政科学研究所、财政部国债金融司编：《中国革命根据地债券文物集》，中国档案出版社 1999 年版，第 67 页。

⑥　《大连市政建设公债条例》，载《大连日报》1946 年 12 月 12 日第 1 版。

⑦　《为繁荣本市工商业，市政府发行建设公债，聘请各界人士组成管理委员会》，载《大连日报》1946 年 12 月 8 日第 1 版。

教育家有教育可办，使各行各业通过公债解决职业，是由大家拿钱解决大家所希望解决的问题。① 公债款项的保管和使用监督问题，由公债管理委员会下设的两个专门委员会——基金保管委员会、监察委员会负责。②

1947 年 2 月 25 日召开的公债管理委员会会议上，为了使建设公债早日发生效用，恢复工业，公债管理委员会主任委员陈云涛副市长提议并获得全体通过，从已交款项中拿出 1 亿元，以 5000 万元贷给私人中小企业，帮助复工。另外 5000 万元投入实业公司，使实业公司创造出更多经验，在工业界内起它应有的模范作用。至于贷款日期与利息，由大连银行根据实际情况作出具体规定。③ 至 3 月中旬，第一批公债 1 亿元已分别贷给旅大实业公司、联合造船股份有限公司各 5000 万元。为了照顾中小工业的发展，除贷款利率减低外，贷款期限也特别放长。实业公司的贷款期限至 12 月 15 日，造船公司至 10 月初或 10 月底，年利 1 分 5 厘，按定期贷款到期本利付清。此外，规定第二批贷款将以交通工具、纺织业、农具、水产、肥料工厂、化学工厂、中小工业及手工业为主要对象。公债贷款条例主要内容如下：以扶助发展中小工业为原则；贷款以造船、纺织及小织工、木工厂等为主要对象；期限未定；利率年息 1 分 5 厘，到期本利齐交；手续由银行办理，要求贷款者须填写详细呈请书，经审核后觅保两家。④ 截至 4 月 14 日，收到的款项 153642600 元，贷出的款子全部投进了生产事业。计：联合造船公司（包括 73 家私人工厂）5000 万元，实业公司（包括 12 家公营工厂）5000 万元，大连县农园 50 万元，大光电气工厂 150 万元，造磷工厂 2500 万元，健生孵化场 50 万元，其他中小工业 42 家，2140 万元。⑤

此后的余款也全部投入到了生产事业当中。据《大连日报》5 月 15 日报道，本市 50 余家中小铁厂纷纷报名请求放款，公债管委会全部贷出剩余款项。市政府给中小铁工业的贷款自 4 月底移交关东银行办理后，各铁厂就经过同业公会分别到银行登记，请求调查放款。到 5 月 13 日，已经登记的有：协和、

---

①② 财政部财政科学研究所、财政部国债金融司编：《中国革命根据地债券文物集》，中国档案出版社 1999 年版，第 65 页。

③ 财政部财政科学研究所、财政部国债金融司编：《中国革命根据地债券文物集》，中国档案出版社 1999 年版，第 66 页。

④ 《市府第一批公债贷款方长期限减低利率》，载《大连日报》1947 年 3 月 12 日第 1 版。

⑤ 财政部财政科学研究所、财政部国债金融司编：《中国革命根据地债券文物集》，中国档案出版社 1999 年版，第 66~67 页。

万盛兴、德昌、裕福、福生、同庆连等 54 家。已经银行调查过"开工""生产""工厂设备""工人生活"等情况而批准领过款或正在领款中的有十家，福生铁工厂 30 万元，同庆连铁工厂 20 万元等。公债管理委员会将剩下的 4642600 元公债款项也全部贷出。新兴制材料有限公司贷到 300 万元，岭前农园 160 万元，其余 42600 元贷于铁工同业工会。①

根据隋芸生接受记者采访的总结谈话，公债发行结束之后，政府完全根据既定方针，百分之百地分批投到生产中去。公债发行最终收款、贷款给各公司 154470000 元。②

（七）大连县生产建设公债

为发展本县农业，1946 年 12 月，在大连市政府发行"市政建设公债"的同时，大连县发行了"生产建设公债"。该公债发行条例，和大连市政建设公债完全相同。债票也是 5 联为 1 张，每联的票面额同样分为 10000 元、5000 元、1000 元、500 元四种。为便于区分大连县发行的公债，只在公债票面上加盖"大连县生产建设公债"的印章。该债从 1946 年 12 月开始委托大连银行大连县分行代理发行，直至 1947 年 4 月末才结束，实际发行总额为 2220 万元（苏军币）。公债发行所得款项，均由大连县政府批准，通过大连银行大连县分行，全部以发放贷款的形式用于农业生产。③

关于公债的偿还，本应按照购买之日起，满一年才能还本付息，但因公债缴款延至 1947 年 4 月才结束，政府为照顾群众利益，不拘公债购买日期，决定一律自 1947 年 12 月 10 日起至 12 月末为止，委托关东银行大连县分行代付 1947 年度第一期还本付息。银行遵照公债管理委员会的通知精神，逐年按期办理公债还本付息工作。④

---

① 《本市五十余家中小铁厂纷纷报名请求放款》，载《大连日报》1947 年 5 月 15 日第 1 版。
② 财政部财政科学研究所、财政部国债金融司编：《中国革命根据地债券文物集》，中国档案出版社 1999 年版，第 67 页。
③ 财政部财政科学研究所、财政部国债金融司编：《中国革命根据地债券文物集》，中国档案出版社 1999 年版，第 68 页。
④ 大连市史志办公室编：《大连市志　金融志·保险志》，大连海事大学出版社 2004 年版，第 249 页。

（八）呼兰县建国公债

为发展本县的建设事业，1947 年上半年，松江省呼兰县政府决定发行"建国公债"万元。根据呼兰县政府发表的《发行建国公债的说明》，公债发行基本政策如下：本项公债依据建设生产事业发行。发行总额定为 500 万元。债票面额为 100 元、500 元、1000 元、10000 元四种。按票面金额十足发行。公债利率定为年息 1 分，单利计算。公债本利，于 1948 年 4 月 1 日偿还。利息支付计算日期从自发行之日起至原本偿还之日止。①

（九）齐齐哈尔市市政建设有奖公债

为了筹措市政建设资金，1947 年 6 月，嫩江省齐齐哈尔市发行了"市政建设有奖公债"（简称"齐齐哈尔市政建设有奖公债"）1 亿元（嫩江省银行币）。据齐齐哈尔市财政志记载：本公债由嫩江省银行代理发行，发行对象为市民，债券期限 5 年，5 年内偿还本息，在每年还本时抽签中奖。此项公债的用途为：修建马路、桥梁 3000 万元，修整和延长自来水管道干线 2000 万元，修补学校房舍和购买图书 2000 万元，添置消防器材和防空设备 1000 万元，用于卫生保健设施 1000 万元，用于添置电灯、电话 1000 万元。根据《齐齐哈尔市市政建设有奖公债条例》，公债发行基本政策如下：公债总额为 1 亿元。票面数额分 1000 元、5000 元两种。发行利率为周年 5 厘，债券附有息票五份，每次付息收回一份。本市公有房产标卖时，本公债券持有人有优先认购权。公债可在本市作抵押或保证金，但不得作通货使用。公债自 1948 年起，至 1952 年止，每年 6 月底还本 2000 万元，并付息发奖一次，用抽签方法实施。公债还本时，以发行时的高粱价为标准价格，1000 元合高粱 21 斤进行偿还。公债每届还本时，于一个月前将抽签还本、付息、领奖日期、方法及其他必需事项登报公告。②

该项有奖公债，奖金分为四等：头等奖 1 个，20 万元；二等奖 10 个，各 3 万元；三等奖 60 个，各 5000 元；四等奖 400 个，各 1000 元。③

---

① ② 财政部财政科学研究所、财政部国债金融司编：《中国革命根据地债券文物集》，中国档案出版社 1999 年版，第 68 页。

③ 《齐齐哈尔市市政建设有奖公债条例》，载《财政研究资料》1981 年第 31 期，第 32 页。

二、自卫防御战争时期党的公债政策

这一时期，陕甘宁、华东、晋冀鲁豫等解放区共发行了 7 项公债。陕甘宁边区发行了征购地主土地公债，华东解放区发行了皖南长江纵队救国公债、苏皖六区赔偿人民损失公债、苏皖六区补偿中农损失公债、胶东区爱国自卫公债、淮海区粮草公债，晋冀鲁豫野战军、中原野战军发行了借粮证。

（一）陕甘宁边区征购地主土地公债

1. 征购地主土地及公债发行政策的制定与修正

抗战胜利后，国内局部战争已爆发，政治形势发生很大变化，以前的"减租减息"土地政策已不能适应新形势发展的需要，为此，1946 年 5 月，中共中央发出《五四指示》，一方面要实现"耕者有其田"；另一方面"决不可侵犯中农土地""对于中小地主的生活应给以适当照顾""集中注意于向汉奸、豪绅、恶霸作坚决的斗争"，使他们拿出土地来，但仍应"给他们饭吃"。[①] 为实现耕者有其田，同时考虑到国共合作抗战的历史和旧政协提出的《和平建国纲领》，陕甘宁边区政府拟采用发行土地公债（简称"陕甘宁征购地主土地公债"）的办法征购地主的土地，来实现"耕者有其田"。为使征购地主土地有法可依，陕甘宁边区政府制定《征购地主土地条例草案》（简称《条例草案》），并于 12 月 13 日由政府主席林伯渠、副主席李鼎铭、刘景范签署发布命令，正式公布实施。《条例草案》要求各专员、县（市）长，凡已彻底减租地区应即遵照本条例草案实行，务须于今冬至明年春耕以前全部完成。在查租尚不彻底的地区，亟须继续发动群众普遍进行查租减租，在贯彻减租工作的基础之上，依据本条例草案进行征购地主土地，以期在明年春耕以前，达成彻底解决土地问题的目的。[②] 12 月 20 日，中共中央机关报《解放日报》全文刊登了这一《条例草案》。[③]

依据《条例草案》规定，征购地主土地及公债发行基本政策如下：

（1）发行程序及目的：本条例系根据陕甘宁边区第三届第二次政府委员

---

① 刘少奇：《刘少奇选集》（上卷），人民出版社 1981 年版，第 337 ~ 381 页。

② 艾绍润、高海深主编：《陕甘宁边区法律法规汇编》，陕西人民出版社 2007 年版，第 207 页。

③ 《陕甘宁边区政府公布征购地主土地条例草案》，载《解放日报》1946 年 12 月 20 日第 1 版。

会之决议，在未经土地改革区域，发行土地公债，征购地主超过应留数量之土地，分配给无地或地少之农民，以达到耕者有其田之目的而制订。

（2）征购范围：第一，凡地主的土地超过下列应留数量者，其超过部分，均得征购之：一般地主，留给其家中每人平均地数，应多于当地中农每人平均地数50%（假如中农每人6亩，地主每人应是9亩）；在抗日战争及自卫战争中，有功绩的地主，留给其家中每人平均地数，应多于当地中农每人平均地亩的1倍（假如中农每人6亩，地主每人应是12亩）；地主自力耕种的土地，不得征购。第二，地主家在边区外者，应按前面规定留给土地。其留给部分，在地主未回边区居住前，由当地政府代为经管。地主回来后，即交还其自行经管。第三，地主如经献地后所留土地超过应留地数者，其超过部分应征购；不足应留地数者，由县政府呈请边区政府，酌予补发部分公债。第四，富农土地不得征购。第五，一切非地主成分，因无劳动力而出租的土地，亦不得征购。

（3）地价评定：第一，地价由当地乡政府协同乡农会及地主具体评定。其评定标准，应按各地地价与土地质量的不同，最高不得超过该地平年两年收获量的总和，最低不得低于该地平年一年收获量。地广人稀的区域，或新开荒地的地价评定标准，不受前项规定的限制。第二，地价以细粮与公斗计算。第三，被征购土地的地价，采取超额递减办法。地主每人平均所得地价在5石以下者给全价，超过5石以上至10石者，将超过5石的数目，减给80%。超过10石以上至15石者，将超过10石的数目，减给60%。超过15石以上至20石者，将超过15石的数目，减给40%。超过20石以上至25石者，将超过20石以上的数目，减给20%。超过25石以上至30石者，将超过25石的数目，减给10%。超过30石以上者，其超过部分不再给价。（说明：按以上规定，例如：甲地主每人平均所得地价为5石5斗，按本条规定的递减办法，应是：5石以下的不减，超过5石5斗应给80%为4斗。其实得地价为5石4斗。乙地主每人平均所得地价为24石，其递减计算法应是：5石（开始5石给全价）、加4石（因5石以上至10石应给80%，所得是4石），再加3石（因10石以上至15石应给60%。所得是3石），再加2石（因15石以上至20石应给40%，所得是2石），再加8斗（因20石以上至25石应给20%。故4石所得是8斗）。以上共计其实得地价为14石8斗）。第四，各户地主土地的数量，应按其在边区境内所有的土地总和计算。

（4）土地承购：第一，政府征购土地，按征购原价的半数，分配给无地或地少的农民承购。此价分为十年付清。家境贫苦无力交付者，经县政府呈报边区政府批准后，可予免付。第二，土地的承购，应以现耕为基础，进行合理调剂。使每人所有土地的数量与质量达到大体的平均。第三，下列人员有承购土地的优先权：原耕种的贫苦佃农及雇农；家境贫苦的革命死难者的遗属、现役军人的直系亲属及复员退伍军人。以上人员每口承购的土地数，连种自己原有土地，一共不得超过当地中农每人平均地数。第四，移难民应和当地居民有同等承购土地的权利。工人、小手工业者、小商人等，须按当地土地情形和家庭生活需要，由乡政府和农会斟酌规定其承购土地的数量。二流子承购土地后，须由当地政府管教其勤劳生产，不得任意荒芜。第五，土地的承购，以乡为单位。但在可能与必要时，县政府可在临近乡进行调剂。

（5）土地公债清偿：第一，边区政府委托边区银行为土地公债清偿的经理机关。第二，土地公债基金，为边区农业税及承购者的交价。第三，土地公债的票面，以细粮计算。第四，土地公债分十年还清，年息5%，清偿期为每年秋末。第五，每年到期土地公债的本息，可以抵交农业税，但只限于本县范围。土地公债，可以转让抵押，但不得在市面流通。第六，关于土地公债的章程，另定之。①

（6）其他政策：第一，地主典给农民的土地，应在征购之列。其原典价超出于征购地价者，地主不退出多收的地价；其原典价低于征购地价者，应将不足的部分补偿给公债。第二，地主居住本院以外多余的房屋窑洞（包括碾磨在内）及地基崖势，皆得以土地公债征购之，并按征购原价的半数，分配给无住处或少住处的人民承购。承购价值，不得超过当地现价2/3。第三，佃户居住地主的房屋窑洞，如系佃户亲自建筑者，即归佃户所有，不再给价。第四，宗教团体及庙院所占有的土地，以当地人民公议决定征购或不征购。第五，族田（或称社地、祠堂地、坟会等）由乡政府与农会商同族人公议决定征购或不征购。第六，地主荒山或拉荒地，如其地权无确实凭据者，除给地主留足够耕种的土地外，其余收归公有。如有确实凭据者，其每人平均土地在百亩以内者，应根据土地质量及地主实际生活需要，由县政府酌发公债征购之。超过百亩以上的部分，无代价收归公有。第七，土地上的树木及果园，属于佃户栽种者，归佃户。属于地主栽种者归地主。荒山自生之森林，随地处置。

---

① 艾绍润、高海深主编：《陕甘宁边区法律法规汇编》，陕西人民出版社2007年版，第209页。

（7）惩戒条款：地主对土地隐瞒不报，或实行假典、假卖等舞弊行为，应没收其隐瞒与舞弊部分。①

《条例草案》实施过程中，取得了良好的成效。同时，也出现了一些问题，如个别条款"妨碍占人口大多数无地或少地农民得到土地"②。因此，1947 年 1 月，边区专员县长会议讨论决定对《条例草案》进行修改。2 月 8 日，陕甘宁边区政府主席林伯渠、副主席李鼎铭、刘景范向各级政府签署发布《陕甘宁边区政府命令——修正前颁〈边区征购地主土地条例草案〉》，主要内容有：第一，原条例第二条第三款"地主自力耕种之土地，不得征购"全文取消。第二，原条例第十一条"土地之承购，应以现耕为基础，进行合理调剂。使每人所有土地之数量与质量达到大体的平均"，修改为："征购土地之分配应按人口分配给无地及少地之贫苦人民，使每人所有之土地数量与质量达到大体的平均"。第三，原条例第二十五条"土地上之树木及果园，属于佃户栽种者，归佃户。属于地主栽种者归地主。荒山自生之森林，随地处置"全文取消。③ 通过这一修改，取消了征购土地范围的部分限制，提出了按人口平均分配土地的原则。修改后的条例更符合边区的实际情况，也符合边区人民的利益，更大程度地调动广大农民进行土地改革的热情。④

2. 征购地主土地、公债发行政策的实施与成效

政策内容制定后，边区政府逐级安排实施。12 月 28 日，边区政府发出《贯彻土地改革，准备明年生产，加强民兵整训以支持战争胜利的指示信》，要求凡已普遍完成减租的地区如绥德分区各县，首先普遍征购分配土地；陇东分区的庆阳、合水、镇原三县，安边、彬县及关中分区各县未分配土地地区，应在继续发动群众深入检查的基础上进行征购分配，务须于第二年春耕之前完成土地改革；征购所得的土地及地主献出的土地，应保证全部分给无地和少地的农民，尽可能做到使每人所有土地的数量和质量达到大体平均；榆林、横山新区普遍实行"减租减息"、钩欠、保佃，对群众痛恨的个别恶霸进行清算。⑤

---

① 艾绍润、高海深主编：《陕甘宁边区法律法规汇编》，陕西人民出版社 2007 年版，第 210 页。

②④ 叶美兰、黄正林、张玉龙等：《中华民国专题史 第七卷 中共农村道路探索》，南京大学出版社 2015 年版，第 507 页。

③ 编委会编：《红色档案 延安时期文献档案汇编 陕甘宁边区政府文件汇编 第 12 卷》，陕西人民出版社 2013 年版，第 107 页。

⑤ 梁星亮、杨洪、姚文琦主编：《陕甘宁边区史纲》，陕西人民出版社 2012 年版，第 525 页。

《条例草案》公布后，中共中央西北局和边区政府组织三个工作团分别赴绥德、庆阳、米脂进行征购试点工作。各团在试点地区都取得了较大的成绩和经验。其中，西北局组织部长马文瑞率团在陇东分区庆阳县王家原乡取得的成就最为显著，共征购地主土地 1900 余亩，以每亩一年至一年半的收获量作价，分别由 68 户无地及 22 户少地的农民承购，人均购地 5~6 亩。按规定给地主人均留地 9 亩，超过当地中农的 50%，使 97% 的土地为农民所有。王家原试点工作取得了丰富的经验，"为边区数月来实行土地征购工作的优良典型"。在此基础上，各地相继进行了征购地主土地的工作，如陇东分区在庆阳县 6 个乡，合水县 12 个乡，镇原县 15 个乡。共征购地主土地（包括部分地主献地）56825 亩，分配给 9080 户无地或少地的农家。农民获得土地后无耕牛，因此在征购地主土地过程中，还试行了征购耕牛的工作。合水县五区六乡在征购了地主的土地后，又清算征购了地主 18 头耕牛，按照每头牛合 1 石粮食的市价卖给无牛农家，分期 5 年偿还。在征购过程中，一方面，乡村干部利用与地主都是乡亲里邻的关系，主要采取劝说的办法让地主、富农献地；另一方面，地主、富农为了留下好地和多留土地，也采取主动献地的办法。因此在征购中，镇原县约有 90% 以上的土地是地主献出来的；合水县有 3/5 的土地属于献地。①

针对土地征购中出现的问题，中共中央西北局和陕甘宁边区政府开展调查研究，总结推广绥德新店区贺家石村和庆阳王家原乡的经验。根据这些经验，西北局于 1947 年 1 月 24 日发出《关于发动群众彻底解决土地问题的补充指示》，指出：公债征购土地的意义主要在于发动群众，而不是买卖土地，征购只能在群众斗争深入的基础上去实行，形式上是公债征购，内容则是退租算账；算账算来的是大部，征购卖出的只是残余；看来是由上而下的法律办法，实则是由下而上的群众斗争。②

经过《条例草案》的实施，征购地主土地工作的展开，比较彻底地解决了边区的土地问题，首先实现了耕者有其田。③1947 年 2 月 8 日，中共中央向各中央局、各区党委发出《关于陕甘宁边区若干地方试办土地公债经验的通报》，指出最近在陕甘宁边区若干地方试办土地公债结果，证明这是彻底解决土地问题——最

---

①③　叶美兰、黄正林、张玉龙等著：《中华民国专题史　第七卷　中共农村道路探索》，南京大学出版社 2015 年版，第 508 页。

②　梁星亮、杨洪、姚文琦主编：《陕甘宁边区史纲》，陕西人民出版社 2012 年版，第 525 页。

后取消封建土地关系与更多满足无地少地农民土地要求的最好办法之一。①

（二）皖南人民解放军长江纵队救国公债

日军投降后，解放战争时期，皖南人民解放军长江纵队与原来（1941 年）在皖南抗战的游击队相配合，转战于皖南以泾青南为中心的根据地，坚持在皖南国民党统治区敌后进行游击战争。当时游击区尚未建立民主政府，财政经济状况非常紧张。根据当时皖南人民解放军长江纵队负责人朱农同志回忆，为解决部队的财物、粮食给养问题，曾向地主、资本家借款。后来，又曾一度采取收税和征田赋（每亩 2 斤大米）办法解决经费问题。但在敌人严重清剿情况下不能收税，因此，1947 年上半年，皖南人民解放军长江纵队经研究决定发行"救国公债"（简称"皖南长江纵队救国公债"或"长江纵队救国公债"），以解决部队和地方人员供给问题。②

根据债券背面附印的公债发行说明，长江纵队救国公债发行基本政策如下：（1）发行目的：本军为完成解放皖南人民的任务，坚持蒋后斗争，按合理负担的原则，解决军费问题，特发行此公债券。（2）认购原则：本公债券概由地方爱国民主人士自愿承购，不得强迫摊派及转售。（3）发行利率：本公债按年利 1.5% 给息。（4）偿还期限：限一年归还。（5）偿还机构：皖南各县民主政府正式建立时，在规定期限内，承购人可凭本券向各县民主政府领取本利。（6）惩戒条款：凡伪造本公债券或假借本军名义募款者，一经发觉，决于严办。③（7）债券面额：分100 万元、500 万元、1000 万元和 3000 万元（法币）四种。（8）券面单位：由于当时没有单独发行根据地货币，公债券是以国民党法币计算的。（9）发行总额：公债未规定发行总额，而是根据部队的需要，临时借款，即时给予救国公债券。（10）发行对象：按照规定，公债券是由地方爱国民主人士自愿承购，实际发售对象主要是地主、富农和农村油坊老板。④

---

① 财政部财政科学研究所、财政部国债金融司编：《中国革命根据地债券文物集》，中国档案出版社 1999 年版，第 76 页。

② 财政部财政科学研究所、财政部国债金融司编：《中国革命根据地债券文物集》，中国档案出版社 1999 年版，第 56 页。

③ 财政部财政科学研究所、财政部国债金融司编：《中国革命根据地债券文物集》，中国档案出版社 1999 年版，第 56～57 页。

④ 财政部财政科学研究所、财政部国债金融司编：《中国革命根据地债券文物集》，中国档案出版社 1999 年版，第 57 页。

　　关于公债的偿还，据《中国人民银行安徽省分行志》记载，至 1955 年，该公债剩有 2 亿元（折合人民币 1660 元）未予兑付。根据中央和华东财经委员会指示，中国人民银行安徽省分行办理了公债兑付工作，按照年息 1 分 5 厘计算，至 1954 年 12 月底止，共付利息 1711.4 元，本息合计 3371.4 元。[①]

（三）苏皖边区第六行政区赔偿战时人民损失公债

　　从 1946 年下半年开始，国民党军队对华东解放区大举进攻，解放区人民以空前的人力、物力支援新四军（后改称中国人民解放军华东野战军）抗击国民党军的进犯。在 1946 年底的涟水、沭阳自卫战争中，消耗了大量粮食，群众在支援战争的后勤工作中损失了大批牲畜和农具。[②] 当时，根据地人民政府财政十分困难，无力对支前群众蒙受的损失立即给予赔偿，苏皖边区第六行政区遂决定发行赔偿战时人民损失公债（简称"苏皖六区赔偿人民损失公债"），对根据地人民在反顽战争后勤工作中所蒙受的财产损失，分期予以赔偿，以保证农村经济的发展。1947 年 7 月，苏皖边区第六行政区专员公署以命令形式向各县、区、乡颁布《赔偿战时人民损失公债暂行办法》[③]，对根据地人民战时所受损失进行赔偿。赔偿办法如下：（1）赔偿范围：凡本区人民在服务后勤中所损失的牲畜、农具（主要为牛、驴、大小车辆）均依此办法赔偿，在无实物赔偿情况下一律发给公债券予以赔偿。（2）赔偿标准：凡是人民所损失的牲畜、农具，应依据其当时损失情况，分别予以赔偿或补偿。凡牲畜、农具于紧急情况下为解放军所借，不能有人跟随而遭受损失者，全部赔偿。凡牲畜、农具服务前线，有人跟随，但处于炮火中而不得不损失者，全部赔偿。凡牲畜、农具于服务中，牲畜死亡、农具破损，而为原主所变卖者，其中受损部分，应估算其原来（未死未坏时）所值的价钱，予以补偿。凡牲畜、农具于服务后，因其本人开小差而遭受损失者，原则不予赔偿；但应视其家庭经济情况，可酌予救济，其救济额不得超过原价 1/3。对其开小差的不当行为，应予批评教育。（3）赔偿实物来源：凡各县所没收叛逆的牲畜、农具，

[①]　中国人民银行安徽省分行志编纂委员会编：《中国人民银行安徽省分行志　1949～1990》，复旦大学出版社 1992 年版，第 127 页。

[②]　编辑委员会：《中国农民负担史　第三卷　中国新民主主义革命时期革命根据地的农民负担（1927～1949 年）》，中国财政经济出版社 1990 年版，第 695 页。

[③]　财政部财政科学研究所、财政部国债金融司编：《中国革命根据地债券文物集》，中国档案出版社 1999 年版，第 57 页。

一律作为实物赔偿人民。（4）赔偿公债办法：如无实物赔偿时，人民所受损失，则一律依据赔偿时的当地市价，折合小麦计算，发给公债券进行赔偿。对于赔偿损失牲畜、农具的估价，各县以乡为单位，以乡长、指导员、农会会长为首，组织估价委员会进行评定，评定后报给县政府审查核发。（5）公债偿还：公债自1948年夏季起至1949年秋季，按粮食数额的多少，分四期偿还。在1948年（两季）各县偿还公债，最高额不得超过50万斤。（6）公债利息：1948年夏季偿还者，为偿还粮额10%；秋季偿还者，为偿还粮额15%；1949年夏季偿还者，为偿还粮额20%；1949年秋季偿还者，为偿还粮额25%。（7）债券样式：公债券为有存根之三联式记名券，由各县县政府自行印制。（8）流通规定：承受户不得转移买卖；倘有损失，经乡政府及乡农会的证明，可以申请补发，但补发以一次为限。公债券到期，可抵交公粮田赋，或持向当地粮库兑取粮食。其具体办法，届时由本署以命令公布。（9）发行机构：公债发行人为各级政府财粮部门，其收还亦同。公债券经由各级政府发行时，其经手人须在公债券上签名盖章，以示负责。①

赔偿战时人民损失公债主要由华中银行第六分行实际经办发行。② 根据《淮阴市金融志》记载，该项公债在淮阴地区有发行。③

（四）苏皖边区第六行政区补偿中农损失公债

中央发出《五四指示》后，苏皖边区进行了土地改革。但在土地改革过程中，各个地区发生了不少侵犯中农利益的错误。对此，中共华中分局发出《关于团结中农的指示》，规定了纠正错误、补偿中农损失的办法。④ 为了贯彻中共华东局和华中分局的指示，纠正土改运动中侵犯中农利益的错误，加强对中农的团结，发展农村经济，1947年7月，苏皖边区第六行政区专员公署颁布《补偿中农损失公债暂行办法》⑤，决定发行补偿中农损失公债（简称"苏

---

① 财政部财政科学研究所、财政部国债金融司编：《中国革命根据地债券文物集》，中国档案出版社1999年版，第58～59页。
② 高贯成主编：《华中银行史》，江苏人民出版社2001年版，第179页。
③ 编纂委员会编：《淮阴市金融志》，中国金融出版社2006年版，第344页。
④ 《中国的土地改革》编辑部、中国社会科学院及经济研究所现代经济史组：《中国土地改革史料选编》，国防大学出版社1988年版，第305页。
⑤ 财政部财政科学研究所、财政部国债金融司编：《中国革命根据地债券文物集》，中国档案出版社1999年版，第58页。

皖六区补偿中农损失公债"）。补偿及公债发行办法如下：（1）补偿范围：凡本区各地在土地改革中，中农所受损失（仅限于土地），而又无适当土地可以偿还时，可以发给其公债作为补偿。（2）补偿标准：补偿标准根据过去土地查登时，原业主所报的收获量给予赔偿，具体如下：每亩年产量在100斤以上者，每亩赔偿粮食60斤；亩产量在100斤以下80斤以上者，每亩赔偿粮食50斤；亩产量在80斤以下50斤以上者，每亩赔偿粮食40斤；亩产量在50斤以下者，每亩赔偿粮食30斤。（3）补偿办法：公债自1947年秋季起，按粮额多寡，分期偿还：偿还额在500斤以内者，分1947年秋季及1948年麦季两次偿还，每期各还1/2；赔偿额在500斤以上者，分1947年秋季、1948年麦季及秋季三次偿还，每期各还1/3。偿还粮食的种类，在麦季归还者为小麦，秋季归还者为稻头。（4）公债利息：在1947年秋季归还者，为归还粮额10%；在1948年麦季归还者，为归还粮额15%；在1948年秋季归还者，为归还粮额20%。（5）债券样式：公债券为有存根多联式记名券，两次偿还者三联、三次偿还者四联，由各县县政府自行印制。（6）流通规定：承受户不得转移买卖，如有损失，须取得乡农会及乡政府的证明文件，申请补发，但补发仅以一次为限。公债券到期，可抵交公粮、田赋，或持向当地粮库兑取粮食，其具体办法，届时专员公署以命令公布。（7）发行机构：公债法定发行人为各级政府，由华中银行第六分行具体经办发行。[①]（8）发行方式：以通过群众会议、民主讨论决定为原则。会议主持人须在公债券上签名盖章，以示负责。

（五）胶东区爱国自卫公债

根据中央《五四指示》精神，1946年9月1日，中共华东局发出《关于土地改革的指示》[②]，进行土地改革。随着土地改革的深入，除了地主土地被清算之外，不少金银财宝也被群众没收。同时由于国民党军队的重点进攻，战局扩大，战线转移迅速，军队给养发生困难。为了应付财政上的紧张局面，1947年2月1日，中共华东中央局在大力开展生产自给、掀起高度节约运动外，还提出献金献粮献物资运动，并发出《开展献金献粮献物资运动的

①　高贯成主编：《华中银行史》，江苏人民出版社2001年版，第179页。
②　《中国的土地改革》编辑部、中国社会科学院及经济研究所现代经济史组编：《中国土地改革史料选编》，国防大学出版社1988年版，第301页。

指示》①，以支援解放区的自卫战争。

胶东区在土地改革、清算地主阶级财产的过程中，没收了汉奸、恶霸、豪绅许多金银财宝。为了不使这些金银财宝流失于国统区，必须采取措施，将群众在土地改革斗争中获得的金银财宝集中于人民政府手中，以支援人民的爱国自卫战争。1947 年 8 月 10 日，中共华东区胶东区党委作出《关于动员群众捐献复查中清算的金银、元宝、首饰、银洋等与发行爱国自卫公债的决定》（简称《决定》），在动员群众"支前献金"（将金银财宝贡献出来支援前线战争）的同时，用发行公债的方式收回群众在土地改革中获得的金银财宝。《决定》指出，在清算地主阶级全部土地财产中，发现还有为数不少的金银首饰、元宝、银洋等。此种人民财富应当用于人民解放事业的用度中，如不及时吸收控制（现已有一部分外流），任其自由流通，必被投机商人贱价收买与逃亡地主运往国统区。这样就必然增加蒋介石反动统治财富，作为外汇，购买军火、军需，以苟延其垂死统治。我们绝不能让敌人利用我之财富屠杀人民，因此，全党必须高度重视。目前，全面战争用费甚为浩繁，吸收与掌握清查出来的金宝、银洋、首饰补充战费，这就是积极克服目前财经困难、准备大反攻军需任务之一。为此，中共华东局胶东区党委决定：（1）在"一切为了战争胜利的需要"的口号下，在土改复查运动中，作普遍深入的"支前献金"的政治动员，反复说服群众、动员群众，在群众自愿自觉基础上，发动真诚的、热烈的"支前献金"运动。说服"支前献金"争取战争胜利与自己翻身做主人的利益是一致的，不许强迫命令，希望能将查出来的金银、元宝都献出来。（2）估计在"支前献金"（清查出来的金银元宝）过程中，可能会发生某些困难，因此，决定由政府发行"爱国自卫公债"进行购买，其具体办法由政府公布。（3）如个别较穷困的村庄，急于解决农本者，在捐献与认购公债后，可由政府银行举行临时贷款、帮助解决生产资金。（4）如已将查出来的金银、元宝集中，尚未发出公债者，不必等待。应将清查出来的土地、牲口、耕具、粮食、家具等先行平均分配，绝不能因"支前献金"使雇贫农在分配果实中受损过大。（5）前已电告各地冻结此种金银、元宝，各地党应继续动员，用一切有效办法进行，绝对禁止外流。（6）如有些金银首饰、银洋，已登记分配

---

① 山东省档案馆、山东社会科学院历史研究所合编：《山东革命历史档案资料选编　第 18 辑　1946.11～1947.4》，山东人民出版社 1985 年版，第 231 页。

者，也应动员其自动献出，可发给公债，如生活困难者，可给物质的一定奖励。（7）在"支前献金"与认购"爱国自卫公债"运动中，在党内外各级会议上及各种报纸刊物上，应大大地鼓励与表扬，努力进行推动，以造成热烈的运动，并与反攻立功运动结合起来。①

根据中共华东局胶东区党委决定，8 月 15 日，胶东区行政公署（主任曹漫之）发布《关于发行爱国自卫公债的命令》（简称《命令》）和《胶东区发行爱国自卫公债劝募条例》（简称《条例》）。②《命令》指出，为募集在土改复查中农民清算地主阶级后回家的金银，以增强财力，支援爱国自卫战争，特发行爱国自卫公债。并公布劝募条例，仰在土改复查中翻身的群众，激发爱国热情，自觉自愿，踊跃认购，以争取爱国自卫战争最后胜利，确保斗争果实，奠定永远利益，使独立民主自由幸福的中华人民共和国早日实现。

根据《条例》，爱国自卫公债发行基本政策如下：（1）发行目的：为集中财力，支援建国自卫战争，积极准备反攻，争取最后胜利，特发行爱国自卫公债。（2）交换对象：公债以劝募在土改复查中农民清算地主阶级后回家的金银为限（包括金条、金块、金宝、金饰、银块、银宝、银圆、银饰及金银器皿）。但金银以十成色折本币计算，黄金每两（市称）作价 18 万元。银块、银宝、银饰、银器每两（市称）作价 1500 元。银圆每元作价 1400 元。（3）发行总额：定为本币 20 亿元。（4）发行日期：自 1947 年 9 月 1 日起开始劝募。（5）认购原则：激发群众爱国热忱，以自愿认购为原则。（6）债票面额：本公债票面分50000 元、10000 元、5000 元、1000 元四种。（7）债票式样：票为三联式，第一联为公债券，发给认购人存执；第二联为解款凭证，连同募集公债，解交金库；第三联为存根，由劝募机关存查。（8）公债利息：按月 1 分 5 厘给息，自1947 年 10 月 1 日起计息。（9）偿还期限及本息支付：在 5 年 3 个月内分期清还。第一期：自 1949 年 7 月 1 日起，付还自公债计息日起至 1949 年 6 月底止1 年 9 个月全额息金。第二、第三、第四、第五期，分别自 1950 年 1 月 1 日、7 月 1 日、1951 年 1 月 1 日、7 月 1 日起付还前半年六个月息金及 10% 本金。第六、第七、第八期，分别自 1952 年 1 月 1 日、7 月 1 日、1953 年 1 月 1 日起，付还前半年 6 个月息金及 20% 本金。（10）动员机构：各县应组织劝募公

①②　财政部财政科学研究所、财政部国债金融司编：《中国革命根据地债券文物集》，中国档案出版社 1999 年版，第 59 页。

债委员会，设委员 5~9 人，以县长为主任委员，县农会主任为副主任委员，下设劝募、会计两股。（11）款项保管：各地募起公债，应随时解交国库。（12）偿还基金：以胶东行政公署拨出公粮 3000 万斤为担保基金。（13）流通规定：公债券不得作货币流通。自第一期付息后，可以当时金融财政状况来决定公债持券人可将本公债向北海银行胶东分行及各支行与办事处作抵押借款。（14）经办机构：公债券由北海银行胶东分行代为发行，持券人可按期向该行分支行及办事处支取本息。（15）审批机构：条例由胶东区行政委员会批准，行政公署公布施行。①

关于该项公债发行情况，据亲历胶东自卫战争的胶东党史工作者王景文的回忆，1947 年夏季，胶东阻击战正在西部地区进行，重点进攻胶东的敌人，被我军阻挡在胶河一带。按正常情况估计，一时半会是打不过来的。所以行署此时决定印制发行公债，以解燃眉之急。然而，形势突变，8 月，中央军委从大局出发，改变胶东保卫战的战略，提出"不计一城一地之得失，而在歼敌有生力量"的战略方针。于是，从 8 月底开始，胶东军民紧急动员，坚壁清野，转移物资，抓紧备战。由于我军奉命从烟潍公路沿线撤出，敌人的东进速度骤然加快，他们于 9 月 18 日侵占莱阳，27 日进入龙口，28 日到达黄城……一枪不放，30 日即侵占了蓬莱和烟台。我广大军政人员，则有计划地转移到城郊农村，相机包围和袭击敌人，消灭敌军的有生力量。在这种情况下，许多工作都不能按原计划正常进行了。爱国自卫公债券的原定发行日期，为 1947 年 9 月 1 日，正逢胶东战事最为激烈、形势最为紧张的时候，自然也无法逐级分配发行。刚刚印出来的债券，可能就在坚壁清野时，随着大批的保密档案、文件，一起被销毁了。② 因此，在档案资料中，无法查找该项公债的发行纪录。

（六）淮海区粮草公债

由于国民党军队的大举进攻，根据地面临极大的战备压力。为了确保淮海区敌后游击战争的粮草供给和保护人民支援战争的利益免受损失，1947 年，淮海区行政公署决定发行粮草公债，并以命令形式颁布《淮海区行政公署粮草

---

① 财政部财政科学研究所、财政部国债金融司编：《中国革命根据地债券文物集》，中国档案出版社 1999 年版，第 59~60 页。

② 王景文：《胶东爱国自卫公债券》，载《烟台晚报》2007 年 4 月 18 日第 18 版。

公债暂行办法》。① 办法规定，粮草公债是为确保军粮供给，以支持蒋后游击战争，维护人民利益发行的。凡本区各地透支或预借人民粮草者，无论其为过去或今后，悉按本办法处理。粮草公债分甲、乙两种，各分粮、草两类。甲种粮以小麦为标准，乙种粮以秸头（即玉米）为标准，粮草均须干净。粮草公债券，由各县自行印制。甲种粮草公债，按票面额八五折计算，收受粮草于1947年午季十足偿还，或抵交午季粮赋。乙种粮草公债，按票面额八折计算，收受粮草于1947年秋季十足偿还，或抵交秋季粮赋。承受公债户，如无规定粮食，得以他种可食杂粮抵付，其折合率，由县按一般市价决定公布。粮草公债券发行时，收足粮草的机关，须具备公债登记簿，逐户填明承受公债户的姓名、住址、承受公债的种类数量及实收粮食的种类数量等。经手人并须签名盖章，否则，经收人及同级之行政首长，受渎职或企图贪污处分。登记簿式样，由专署拟发，各县自印。公债券为记名券，不准转移、买卖。②

（七）中原野战军借粮证

1947年夏，晋冀鲁豫边区两支野战军——刘邓大军和陈谢大军，根据中共中央的战略部署，先后渡过黄河，开辟了中原解放区。在解放区创建初期，由于民主政权尚未建立，后方粮食供应不上，于是曾以晋冀鲁豫野战军和中原野战军的名义进行了借粮。

1947年3月20日，晋冀鲁豫野战军政治部颁发《关于新区借粮条例》③，决定就地向当地民众筹借粮食，以解决军需。根据条例规定，此次借粮只限粮、米、面、柴、草、料等项。借粮对象只限于地主，禁止向其他阶层借粮，特别禁止向基本群众借粮。并应先向大地主借，然后向中小地主借。借粮数量也分大、中、小地主各有所不同。被借户一律发给民主政府（边区或行署）的"借粮证"，作为被借户以后抵交公粮之用。借粮在纵队借粮委员会统一领导之下，以旅为单位进行。每旅及纵直各成立一借粮组，单独活动的团，由旅借粮组派出适当的人员，随其行动办理借粮的事宜。借粮须经批准方得执行，并严禁供给管理事务人员及其他个别人员，无组织的单独借粮。向地主借粮

---

① ② 财政部财政科学研究所、财政部国债金融司编：《中国革命根据地债券文物集》，中国档案出版社1999年版，第60页。

③ 财政部财政科学研究所、财政部国债金融司编：《中国革命根据地债券文物集》，中国档案出版社1999年版，第77页。

时，应先请来谈话，晓以我军爱国自卫战争的大义，责其赞成，并承认所借的粮食将来可抵公粮；对有粮不肯借的顽固地主可斟酌情形，施以限制，但禁止以吊打等手段。借粮外不得没收地主任何东西。借粮证以户为单位开给。借粮斤数以市秤为标准，借啥写啥，不折合。

刘邓大军和陈谢大军挺进中原后，部队就地借粮大体是按照上述规定执行的。但在具体执行中，由于有些地方军队过往次数较多，粮食发生严重困难，只可向大地主借粮难以保障供给。1948 年 4 月，中共豫陕鄂前委借粮会议决定，在这些地区借粮面可适当放宽，在万一借不到时，也向中、小地主和富农、富裕中农借粮。对其所借粮食应控制在他们所有粮食的 50% ~ 60%，留的粮食应多于给大地主的人均留粮数。但对于工商业户、公教人员、自由职业、中农以下的农户，均严禁向其借粮。①

三、战略反攻时期党的公债政策

这一时期，东北、华南 2 个解放区共发行了 14 项公债。东北解放区发行了东北生产建设实物有奖公债、嫩江省生产建设折实公债。华南解放区发行了粤赣湘边区公粮公债，云南人民革命公债（1949 年 4 月），云南人民革命公债（1949 年 8 月），粤桂边区公粮公债，潮梅、东北江胜利公债，北江（第一）支队胜利公债，华南胜利公债，闽粤赣边纵队军粮公债，潮梅公粮公债，粤桂解放军 20 团、21 团胜利公债，琼崖支援前线借粮，琼崖解放公债。

（一）东北行政委员会 1949 年生产建设实物有奖公债

1948 年 11 月，东北全境解放，为了迅速恢复和发展东北地区的各项建设事业，中共东北局拟发行公债，并报请中央批准。根据 1949 年 2 月 20 日中共中央"同意发行生产建设有奖公债 1 万亿，但其目的应真正地用以投资生产，不应以之弥补财政赤字"批复的指示精神，中共东北局决定由东北行政委员会发行生产建设实物有奖公债 1200 万份（简称"东北生产建设实物有奖公债"），分上下两期（每期 600 万份），在东北全区发行。②

---

① 财政部财政科学研究所、财政部国债金融司编：《中国革命根据地债券文物集》，中国档案出版社 1999 年版，第 77 页。

② 财政部财政科学研究所、财政部国债金融司编：《中国革命根据地债券文物集》，中国档案出版社 1999 年版，第 69 页。

1. 发行基本政策制定

1949 年 3 月 6 日，东北行政委员会主席林枫、副主席张学思和高崇民联合署名，向各省（市）县政府发出《关于发行民国 38 年生产建设实物有奖公债的指示》。3 月 15 日，公布《民国 38 年东北生产建设实物有奖公债（上期）条例》。根据指示和条例，公债发行基本政策如下：（1）发行目的及公债名称：为筹措建设资金发展生产事业发行公债，定名为生产建设实物有奖公债（上期）。（2）发行总额及时间安排：公债分上、下两期共发行 1200 万份。上期于 3 月 15 日开始，4 月底完成。下期于本年 7 月 1 日开始，8 月底完成。每期发行 600 万份（每份之值见公债条例第二条）。（3）偿还办法：为使认购公债者，不受物价波动的影响，并鼓励其储蓄起见，并规定实物还本付息给奖办法。（4）发行对象：为城市（镇）的工商业家、城市富有者、经纪人、摊贩、自由产业者、店员、公务人员、工人、外商及其他。（5）发行原则及劝募机构：各级政府在劝导原则下，可组织公债劝募委员会公平分配。（6）分配推销：各省区根据本会分配数额组织推销。（7）发行额的实物标准：共发行 600 万分，每分之值以沈阳市高粱米 5 市斤、五福布 1 尺、粒盐 5 市斤、原煤 34 市斤的市价总和计算。（8）债券分类：分为 100 分（全额券）、50 分（1/2券）、10 分（1/10 券）及 1 分（1/100 券）四种。每全券 100 分为一号，共发 6 万号。（9）发行时限及分值公布：本期公债，于 1949 年 3 月 15 日至 4 月底止为发行期。在发行期间，每分之值由沈阳东北银行总行于每月逢 5 日、15日、25 日公布一次，并于报纸公布。（10）购债现款缴纳：认购公债者，须按缴款时银行所公布每分之值计算，认购若干分，需用现款一次缴清于银行，并由银行发给编号债券。（11）公债利息及奖金：公债利率定为周息 2 厘，另给奖金 2 厘。（12）还本付息给奖期限：依照发行号码，每年抽签还本付息给奖一次，分 3 年还清。每年还付 1/3，从 1950 年 3 月开始抽签还本付息给奖。（13）奖励分类与奖金分配：每次给奖计分头彩 1 个、二彩 4 个、三彩 8 个、四彩 16 个、五彩 32 个、六彩 64 个、七彩 128 个、八彩 256 个、九彩 512 个、未彩 6979 个，共计 8000 个，奖金分配照奖金分配表办理。（14）还本付息给奖标准：还本付息给奖，均以当时沈阳市的高粱米 5 市斤、五福布 1 尺、粒盐 5 市斤、原煤 34 市斤的市价总和计算每分之值，还付现款。在付还期间，由东北银行总行按每分之值在报纸公布。（15）还本付息给奖机构：东北银行总行分支行及其委托的公营企业。（16）遗失及流通事项：本公债不准挂失，不准代替货币行使。（17）信用保护：对于本公债有伪造或毁损信用之行为者，由法院依法处办。①

这期发行的生产建设实物有奖公债券，每种债券的正面均附印有公债条例全文。背面均附印有本公债的奖金分配表。

2. 公债发行政策的实施及成效

关于公债发行的具体情况，从时任东北银行行长王企之 1949 年 6 月 25 日所作的《本期公债工作总结》中可知大概。总体而言，此次公债发行取得了良好的成效，表现如下：

（1）在实施过程中对发行目的、劝募对象及原则等基本方针政策有良好地把握。这次公债对方针政策的实施，非常正确：一方面，从经济利益上保证认购公债者保本、得息、有奖，任何人买到公债都不吃亏；另一方面，从政治上来动员，不同于旧社会统治者，把负担很巧妙地转嫁到工农劳苦大众身上，我们是要做到真正的公平合理，使剥削者、暴利者、投机居奇、兴风作浪、波动物价者多买公债，冻结其多余的资金，而保护正当的正利的工商业家，特别是要照顾到对国计民生有利的工业资本家。所以，在这次公债发行时，很明确地提出：必须掌握情况，对非正利投机者进行劝募公债时，不怕其叫喊；对工人、公教人员则提出自愿认购原则，不加勉强，并防止其过分多买，影响生活；而对乡村农民，则根本不动员其购买公债。②

（2）实际发行成绩和收获很大。本期公债原定 6000 亿元，实收 7462 亿元，超过计划 25.95%（表格内的百分比数原文就是如此）。其中，超过最多的有沈阳、长春、哈尔滨。沈阳超过 42.2%，长春超过 35.8%，哈尔滨超过 29.75%。公债发行在保护工业、冻结游资方面取得了很大的成效，如：达到紧缩货币、稳定物价的目的；冻结市场过多的游资，打击隐蔽的游资活动；发现违反政策的商人许可与行业不符，或无许可的黑商；保护正当工业，限制与取缔黑商与行商。③

（3）在公债发行过程中，取得了不少工作经验。①解决了负担轻重的问

---

① 财政部财政科学研究所、财政部国债金融司编：《中国革命根据地债券文物集》，中国档案出版社 1999 年版，第 69 页。

② 财政部财政科学研究所、财政部国债金融司编：《中国革命根据地债券文物集》，中国档案出版社 1999 年版，第 70～71 页。

③ 王企之：《东北银行本期公债工作总结（1949 年 6 月 25 日）》，财政部财政科学研究所、财政部国债金融司编：《中国革命根据地债券文物集》，中国档案出版社 1999 年版，第 71～72 页。

题。在这次分配各省市数目中，虽然根据不足，只按冬鞋代金与营业税做标准，但基本上不算重，有的省市还是分配轻了。所以这次都超过了任务（只热河还未全报来），而且并未造成银根奇绌，或工商家因负担过重而致资金周转不灵的现象。以沈阳来看，全部商业资本金 7420 亿元，劝购公债 1215 亿元，占全部资本金的 16%。全部工业资本金 5600 亿元，劝购公债 490 亿元，占全部资本金的 8.7%。根据调查，一般工商业报告的资本金不够实在，特别是像沈阳这样的新区，他们还是旧的思想，对民主政府不够了解，都是少报的。例如，我们调查国泰五金行登记资金 5000 万元，而实际为 25000 万元，相差 4 倍。虽然一般反映工业上少报资金情况要少些，但据调查，大兴铁行登记资金 5500 万元，在银行借款时报告资金为 3 亿元。这样看来，无论工业和商业，其所报的资金都是不确实的。如以所报的资金加上一倍计算的话，则沈阳商业公债占资金只 8%，工业公债占资金只 4.3%。哈尔滨市工业认购公债占营业额 4.9%，商业认购公债占营业额 8.7%。这次公债各地经验商业占公债全部的 60%，工业占 20%~30%，其他占 10%~20%。②必须依靠群众。在公债发行过程中，有些滑头户便企图逃避公债，如有门前贴上"出兑铺垫""无力前进"的字条，表示抵抗；或散布谣言"什么建设公债、还不是要钱"；或以讽刺口吻打击旁人，"你们多买，真有钱，你们的钱从哪里来的呀"。也有在开动员大会以后，召开小会，拖延抵抗，迟不交款。在劝募过程中，正是因为实行民主，正确对准打击对象，依赖群众的揭发与舆论的压力，才实现了公债发行目标。③推行公债了解情况，掌握情况，是成败的关键。工商业的实际情况很复杂，特别是游资活动与投机分子的经营手法非常巧妙与多样，衡量负担能力与标准不能从表面上来看，必须深刻了解实际情况，才能正确掌握负担政策。这次各省都有成绩，一般的是对准了打击方向，是由于依靠群众掌握些材料，在劝募时不大费事；也是由于他们知道我们了解情况。当然还非常不够，而且一定会有些暴利投机分子未能发现，或发挥得不彻底，则是由于我们一般的了解的材料还不充分。这是今后应当继续不断努力的。各省市的经验，了解情况应按行业来进行，以行业分配任务，自报公议，公平合理。然后辅以区、街反映材料，由劝委会批准。特别是依靠群众提供材料，发现隐蔽的投机分子，必须有区、街供给材料，而且一部分非行业的城市富有者，必须经过区、街调查，进行推销工作。④这次公债由于各级党的负责领导，各级政府及各部门干部在推销中充分发挥了积极作用，依靠群众，了解情况，发现问题，掌握正确负担政策，这是决定胜利完成超过任务的主要因素。①

这次公债，实际只进行了第一期公债的募集工作。第二期只向各省市下达了募集公债的任务，并未进行。

（二）嫩江省生产建设折实公债

抗战胜利后，1945 年 11 月 14 日，中共在原伪满时期龙江省行政区域（位于今黑龙江省西部及吉林省西北部）的基础上正式建立嫩江省，省会设于齐齐哈尔市。全省地方行政建置初设 1 市 17 县 4 旗，即：齐齐哈尔、黑龙江、嫩江、讷河、甘南、林甸、富裕、泰来、景星、安广、镇东、大赉、洮安、瞻榆、开通、突泉、扶余、依克明安、杜尔伯特、郭尔罗斯前旗、郭尔罗斯后旗。另外，设有白城子行政督查专员公署，代表省政府领导洮南等南部 9 县旗。② 嫩江省设立后，国共两党在此地区进行了激烈地争夺。1946 年 1 月，嫩江省政府撤离齐齐哈尔后，齐齐哈尔市被国民政府接收人员控制，嫩江省被分割为南北两部分。3 月，全省划分为嫩南、嫩北两个专区。其中，嫩南专区辖洮南、洮安等 12 个县。4 月 24 日，民主联军部队收复齐齐哈尔，嫩江省南北连成一体。5 月 15 日，撤销两个专区，其中嫩南专区所辖各县划归辽吉行政区。6 月，扶余县划入嫩江省。1947 年 9 月 16 日，东北行政委员会决定，嫩江省、黑龙江省各恢复原建制。1948 年 8 月，辽北省白城专署所辖各县划归嫩江省管辖。1949 年 4 月 21 日，嫩江省与黑龙江省第二次合并，洮南等 7 个县划入黑龙江省。扶余、乾安、郭前旗划入吉林省。③

嫩江省民主政府成立后，进行了土改运动，并全力发展农业生产与市镇工业生产，提高人民生活，有力地支援了解放战争。1949 年 2 月，为了进一步发展生产，中共嫩江省委书记顾卓新在全省干部扩大会议上作了《嫩江省一九四九年经济建设的方针与任务》的报告，指出 1949 年全省经济建设的方针是发展生产，发展城乡经济，在生产中建党建政，以便更好地领导生产运动，其他一切工作均是为生产服务，并围绕生产工作结合进行。今后既要恢复发展与

---

① 财政部财政科学研究所、财政部国债金融司编：《中国革命根据地债券文物集》，中国档案出版社 1999 年版，第 72～73 页。

② 王培乐：《黑龙江建置述略》，海洋出版社 1993 年版，第 97～98 页。

③ 李德润主编：《吉林省行政区划概览》（全新版），吉林人民出版社 2007 年版，第 86 页。

提高农业，也要足够重视发展城市工业。①

为了筹集发展农业工业生产资金，1949 年 4 月，嫩江省政府发行了"生产建设折实公债"150 亿元（东北银行地方流通券）。募集范围以城镇居民为限，不在农村发行。由居民自愿购买，不强行摊派。发行期限从 4 月 1 日到 5 月 15 日。此公债发行实际完成了 152.42 亿元②，为该地区生产建设提供了重要资金。

（三）粤赣湘边区公粮公债

中共华南分局（前称中共香港分局）领导的华南解放区，包括粤赣湘边区、闽粤赣边区、粤中区、粤桂边区、滇黔桂边区和琼崖根据地。1949 年 4 月下旬，中国人民解放军向江南大举进军，华南各解放区的革命形势迅速发展，武装力量也迅速扩大。为了解决新形势下的财政困难，迎接大军南下和全国即将到来的胜利，华南各根据地都先后发行了一部分公债。

1949 年 4 月，粤赣湘边根据地为迎接解放大军南下，迅速壮大队伍，建立主力兵团，扩大革命根据地，在全区发行公粮债券，作为渡过财政困难的应急办法。

1. 政策制定

粤赣湘边区因为 1948 年收取公粮成绩不够理想，物价波动，商场停顿，税收锐减，个别地区缺乏远见没有实行节约储蓄；还有的地区局面没有打开，难于筹款，致使养兵已成问题，难于扩军，更谈不到供给行将建立的主力兵团的经费。

如何解决这一困难？中共粤赣湘边区党委强调，坚决禁止打船打车，乱打反动乱没收乱罚款，或向群众强征强借强派等违反政策的行动。③ 4 月 1 日，中共粤赣湘边区党委发出《关于发行"公粮债券"致各地委的指示》④（以下简称《指示》），决定以粤赣湘边区纵队政治部名义在全区发行"公粮借券"（简称"粤赣湘边区公粮公债"）。《指示》明确了公债发行基本条件、推销原则、推销对象、工作方法、专职机构与各地任务。

---

① 黑龙江省档案馆编：《大生产运动 1945.9～1949.10》，黑龙江人民出版社 1985 年版，第 232 页。

② 财政部财政科学研究所、财政部国债金融司编：《中国革命根据地债券文物集》，中国档案出版社 1999 年版，第 73 页。

③④ 财政部财政科学研究所、财政部国债金融司编：《中国革命根据地债券文物集》，中国档案出版社 1999 年版，第 78 页。

（1）公债发行基本政策：发行总额：15 万担（谷）；数额分配：江南 4 万担，九连 4 万担，江北 2.5 万担，翁江 2 万担，五岭 5 千担，其余 2 万担由党委直接发行；偿还期限：分夏收、秋收两次均还；流通规定：债券可作缴纳公粮之用；发行利率：月息谷 2 斤；发行价格：公债发行九成实收，一成则为预付利息；债券面额：1 担、5 担两种；① 发行时限：定于 6 月底结束；购买规定：认购者可以现金或其他实物依时价折算；公债用途：债券发行所得四成归区党委（五岭区免拨），四成归地方养兵扩军，二成归农贷，使贫苦农民度过春荒及有办法生产。②

（2）公债推销原则：《指示》指出，拥军增产、军民兼顾、民主认购、合理负担是我们推销"公粮债券"的原则。首先，拥军增产，军民兼顾。目前春荒已近，缺粮农民生活困难，若销债只顾军用，不去解决农民生活困难，那是不对的。若领导农民斗争作借粮斗争，则销债必受影响，阻碍我军发展，也不符合群众的长远利益。为此，规定债券四成归区党委（五岭区免拨）、四成归地方养兵扩军、二成归农贷，使贫苦农民度过春荒及有办法生产。其次，民主认购，合理负担。必须使广大群众明了及拥护我军发行债券的意义及军民兼顾的方针。一方面，为了扩大人民的军队，早日消灭国民党匪帮；另一方面，为了贫苦农民的切身利益，对群众进行普遍深入的宣传教育，使他们成为推行公债的一种力量，使销债形成一种群众运动。这是公债销得好不好的关键所在。摊派方式使地富把负担转嫁于农民，是不对的。但在合理负担的原则下的民主摊派，则是很好的办法，必须发动群众向地富施加压力，用民主决定群众公评办法，监管他们认购。如果单纯依靠劝说办法，自由认购，则收效不会很大。③

（3）认购对象及推销方法：第一，确定对象。必须确定认购对象的重点在地主富农及商人，其次才是有余力负担的中农，贫农不负担而享受免息农贷的利益。第二，因地制宜。必须分别地区：在新区用销债来代替对地主的强征强借或罚款，容易为地富所接受，应由他们负担全部或大部，农民不负担或少负担；在老区经"双减"及收公粮，地富收入已减少，故负担面且较扩大，而农民因得到革命的利益也会乐于接受；在收复区去年来有征公粮者，用销债

① 吴志辉、肖茂盛：《广东货币三百年》，广东人民出版社 1990 年版，第 483 页。
②③ 财政部财政科学研究所、财政部国债金融司编：《中国革命根据地债券文物集》，中国档案出版社 1999 年版，第 78 页。

来代替补征公粮更为合理，但已征公粮或被国民党严重摧残者，则少负担或不负担；在国民党区，也可推销是统战工作和政治攻势的结合，可作为各阶层及较中立的敌方人员对我表示态度的一种办法。第三，三者结合。销债工作应该是行政命令（地委按实际情况分配到县，由县分配到乡，乡分配到圩场及各村，政府协同公正士绅商人及农民代表讨论认购对象及数目，民主决定再交群众公议）、统战工作（对中上层及商人的解释劝说，动员开明人士带头认购）和发动群众（发农贷是发动贫农，民主认购、合理负担是发动中农，使他们团结起来反对地富转嫁，反对大地主的隐瞒等），三者结合起来。至于结合中又以何为主，按各地具体情况灵活运用。①

（4）专职机构：区党委设立财经委员会，由左洪涛同志任主委、黄松坚同志任副主委，逐步建立供给制度、会计制度，计划、生产节约及研究与决定有关财经工作的方针政策。各地委即应建立财经小组（3～5人），由地委一常委参加，业务直接由区党委领导，而由地委负责政治领导。目前即应以推销公粮债券为中心工作，并随而进行统一与调整区内收支，确立正常的供给制度。关于财经小组的组织情形及准备如何进行工作，即应向区党委报告。②

（5）各地委任务：此项工作的重要性质，已经是非常明确的。做得好不好应视我们做工作会不会走群众路线，政权、统战、群运工作有无成绩的考验，各地委收到债券及指示后，立即深入讨论具体布置；抓住重点，掌握全面，亲自动手突破一点，典型示范。各地推行公债情况应每月向我们报告一次，三个月向我们作总结报告。工作中的困难、偏向及典型经验应随时报告。③

2. 政策修订与实施

4月13日，粤赣湘边纵队司令员兼政委林平④、参谋长左洪涛⑤致电中

---

① ② ③　财政部财政科学研究所、财政部国债金融司编：《中国革命根据地债券文物集》，中国档案出版社1999年版，第78页。

④　原名尹林平，1949年1月任粤赣湘边纵队司令员兼政治委员，5月任中共华南分局副书记。他领导的粤赣湘边纵队发展成为华南一支实力最强的部队，创建了粤赣湘边根据地，为迎接南下大军入粤作战和广东的解放作出了贡献。见：朱光：《崇敬与思念　献给为中国革命英勇奋斗的南方革命志士》，2009年版，第64页。

⑤　原名左仲勋，曾用名左微波、彭国定。1948年春，经中共香港分局研究决定，左洪涛担任粤赣湘边纵队参谋长。3月上旬，左洪涛到达粤赣湘边区。先后担任区党委常委、纵队政治部主任等职。1949年5月，参与指挥粤赣湘边纵队主力一、二、三团和东二支四团、东一支四团一部分包围紫金县城，对敌展开政治、军事进攻，迫使县长彭锐率部投诚，共计600余人，接着又乘胜转战南岭，解放了反动据点紫金南岭，全歼反动武装100余人。见：李芮：《左洪涛传》，中共广东省委党史研究室编：《踏遍青山　纪念左洪涛》，花城出版社1993年版，第429页。

共香港分局①，发出《关于拟定债券发行计划数字的请示》，陈述边区财政经济紧张情形，并请将发行数额改订为：江南 4 万担，九连 2.5 万担，江北 3 万担，翁江 1.5 万担，五岭 5 千担，共 10.5 万担。②

《指示》发出后，林平、左洪涛亲自到陆丰河田镇深入了解公债发行情况。该地情况表明，销债能为群众拥护，地富也接受，已形成农村中的民主运动，并有条件办农贷，救春荒时分步骤发动群众斗争，打击少数地主当权派，达到削弱封建的目的。③ 林平、左洪的这一经验，为各地把握政策、耐心工作、做成群众运动及避免强迫命令倾向作出了很好的榜样，各地干部也积极进行公债发行的宣传动员工作，并取得良好成绩。如粤赣湘边纵队东江第三支队第四团，将推销公债工作做成一个热烈的群众性运动，单在四九乡、上下黎两地，便推销了 700 多担，群众纷纷将自家所养的猪（统计百多头）运往广州发卖，换米担返回。一团在公庄圩，也推销了 250 担，比预定数额 200 担多了 1/5。特别是四团的四九乡，过去曾经屡受敌人摧残，部队在那里捐借粮食也不少，现在又值荒月，民众没有存谷，也愿将猪运至省城交换，支持部队粮食。④

这些地方之所以能取得良好成绩，根据粤赣湘边纵队东江第三支队第三团（该支队是由江北地区的江北支队改编而成，司令员黄柏，政委黄庄平）政治处印发的《关于推销公债的意见》，除了林平、左洪涛等边区领导高度重视、身体力行之外，还有以下经验值得提及：

一是事前了解群众情况。这是必须做到的一个准备阶段，对于推销公债的预定数额和掌握合理负担这个原则有很大的作用，如在公庄就是首先了解该圩确能负担的数目、各商店负担的能力、预定推销和分配的数额，即召开商民大会讨论通过。在四九的工作同志，也是首先了解地主或其他阶层的存谷，负担能力，然后拟好名单，分配数额，再召集他们讨论通过的。由于事先有这个准备，所以负责同志在开会讨论时，有了主见，不易为一些落后群众或坏分子的

---

①　中共中央为加强对南方各省的领导，开展华南的游击战争，以配合全国解放区的自卫战争，并为发展民主人士、海外华侨、港澳同胞的反美反蒋统一战线，于 1947 年 6 月在香港正式建立中共中央香港分局（直接归中共中央领导，并受中共中央上海局的指导）。分局由方方、尹林平、章汉夫、连贯、梁广、潘汉年、夏衍 7 人组成，以方方为书记，尹林平为副书记，管辖华南各地党的工作。见：蒋祖缘、方志钦：《简明广东史》，广东人民出版社 2008 年版，第 790 页。

②③　财政部财政科学研究所、财政部国债金融司编：《中国革命根据地债券文物集》，中国档案出版社 1999 年版，第 79 页。

④　中国钱币学会广东分会等编：《华南革命根据地货币金融史料选编》，广东省怀集人民印刷厂1991 年版，第 252 页。

说话所动摇。

二是掌握积极分子，镇压坏分子。这对我们了解情况，尤其是我们能否达成任务，做到合理负担是个关键。掌握积极分子，主要是两个方面：通过他们了解情况；布置他们带头认购或监督他人认购。镇压坏分子，一般以采用警告或态度上的镇压为宜，使其在群众面前或会场中，不敢妨碍公债的推销。对过去曾经反动的分子除加以警告外，还需其踊跃认购，作为行动的表示。在四九上下推销公债能够如此顺利，就是首先通过积极分子，了解情况，各家的分配数额，也由他们提供意见。在公庄，之所以能达到预定数额和分配得合理，就是能够事先布置中下层商民，把推销额多加在负担能力大的人家身上。在镇压坏分子这点上，也有很好的例子，四团工作同志在推销公债时，有两个民社党员暗中散播谣言，破坏公债威信，经我同志向他严重警告后，他害怕起来，不得不带头认购，并在开会时向群众宣传公债如何如何的好，以表示其行动，这样便达成了我们的目的。

三是集体进行。集体进行，就是召开民众大会解决，由他们讨论评定和分配推销的数额。综合各区及各单位的经验，凡是公债推销得顺利和有成绩的，都是集体进行（如公庄、四九），凡是公债推销有困难和工作不开展，都是个别进行，逐户推销的多，如牛背脊、溪头、南山。原因在于集体进行，既可向积极分子布置监督，又可在会场中迅速解决。而推销的对象，在群众面前，也不敢过于推诿责任。在集体进行中，多发动贫雇农参加，充分发挥农民监督作用。流溪乡一个村庄在开推销公债会时，副保长力言自己困难，无法负担，但当时有十几家贫雇农参加，他们知道公债的推销，存谷多的就负担多些，他们敢于发言，而副保长也就哑口无言，没法推搪了。[①]

在公债推销过程中，也有些地方因为工作方法存在不足，导致成绩并不显著。如粤赣湘边纵队东江第三支队第三团政治处对该区公债推销中出现的问题，从负责同志的思想作风和方式方法运用方面做了检讨。一是调查工作不到位。如吕田推销公债，由于事先没有了解情况，拟好名单，确定各店负担的数目，所以在开会讨论时，总共只认购得1000多斤，离预定数额一百担差很远。负责同志又因不明各家所能确实负担的数目，不能下决断，结果只有暂时散

---

① 中国钱币学会广东分会等编：《华南革命根据地货币金融史料选编》，广东省怀集人民印刷厂1991年版，第252页。

会，再行了解情况。二是过于保守，只对个别动员，没有形成集体运动。针对工作中出现的问题，三团政治处要求"首先应纠正过去捐借时保守的观点和个别进行的方式，必须提倡'大刀阔斧''快刀斩乱麻'的作风，必须雷厉风行"①，加快公债推销工作。

公粮债券广泛征集后，各地区、支队发行的"谷券""粮券"停止使用，由各地政府和部队兑换收回，以取信于民。②

（四）云南人民革命公债（1949 年 4 月）

为配合人民解放军的战略决战，1948 年 10 月 8 日，中共中央香港分局电示集结于越南河阳整训的云南人民讨蒋自救军第一纵队与桂滇边部队一部合编，合编后的部队仍用云南人民讨蒋自救军第一纵队的番号。指定庄田、郑敦负责组织中共桂滇边工委前线委员（简称"前委"），庄田任前委书记，朱家壁任部队司令员，郑敦任政治部主任，率领部队到滇桂黔边中心地区，巩固和扩大根据地，钳制驻滇、桂、黔的国民党军队。1949 年 1 月 1 日，中国人民解放军总司令部命令将战斗在桂滇黔边的自救军第一纵队、桂滇边部队以及广西左右江地区、靖镇区、黔西南和滇东南的弥泸、罗盘、开广地区的游击部队，合编为中国人民解放军桂滇黔边纵队。③

中国人民解放军渡江后，滇黔桂边纵队在全国胜利形势的鼓舞下乘胜前进，接连攻克了一些县镇，并建立了人民政权。但随之革命经费也急剧增加。由于战争及政权建设需要大量资金，"边纵"先后于 1949 年 4 月和 8 月两次发行云南人民革命公债。④

1949 年 4 月，中共桂滇黔边工委前委决定以桂滇黔纵队司令部的名义发行云南人民革命公债。4 月 15 日，"边纵"司令部由司令员庄田、副司令员朱家壁、政治委员周楠、副政治委员郑庸、政治部主任杨德华联合签署发出《布告》，"深望我桂滇黔边区三省人民父老同胞踊跃认购本项革命公债，多多益

---

① 中国钱币学会广东分会等编：《华南革命根据地货币金融史料选编》，广东省怀集人民印刷厂 1991 年版，第 253 页。

② 吴志辉、肖茂盛：《广东货币三百年》，广东人民出版社 1990 年版，第 484 页。

③ 中共云南省委党史研究室：《中共云南地方史 第 1 卷》，云南人民出版社 2001 年版，第 440～441 页。

④ 财政部财政科学研究所、财政部国债金融司编：《中国革命根据地债券文物集》，中国档案出版社 1999 年版，第 79 页。

善。除分令桂滇黔三省边区各地人民行政专员公署专员杨体元、张天禄等分令各县人民政府具体颁发革命公债外，合行布告周知"①。根据这一布告及相关文件，公债发行基本政策如下：（1）发行目的：因边区三省革命经费剧增，本区业奉上级批准颁发革命公债，以应急需。（2）授权机构：中共桂滇黔边工委前委（上级批准机构）。（3）责任机构：桂滇黔纵队司令部。（4）经办机构：是项公债规定收受与归还办法，均由各县人民政府统一办理。（5）销售区域：罗盘区云南境内3县。（6）券面单位：以半开银圆为计算单位（半开系云南地方货币名称，一元半开相当于普通银圆5角），一律以粮食实物折合银圆市价作基准。（7）发行利率：不计利息，只作为我滇桂黔三省人民父老同胞对革命事业赞助记功的纪念。（8）发行对象：主要是动员富户认购。（9）偿还担保：由本边区人民政府负责担保，在滇桂黔三省完全解放后，准凭所发的革命公债券持交各该县人民政府，汇向滇桂黔三省人民政府的人民银行，分期于半年内按原来粮食实物或银圆实数折合当时市价完全付还。

边区各级领导十分重视这次发行公债的工作，4月在罗平县召开发行公债的会议，边纵司令庄田、副政委郑敦及罗盘地委主要领导人刘青都出席。各级政府进行了认真细致的宣传工作，使发行工作得以顺利进行。罗平县完成了认购半开3万元任务，另外还认购了实物公债稻谷220万斤。②

（五）云南人民革命公债（1949年8月）

大军渡江后，滇黔桂边区纵队所控制的解放区逐渐扩大，当时的收入只有粮食（还没有征收公粮，只是为了供给部队吃用、向农会暂借的形式）和少量的出入口税（进出解放区的货物）和营业税（在解放区的城镇市场征收）。由于税率低，征税税目少，所以收入难以解决部队、边区党政机关的供给，再加上迎接解放军进入云南，需要做一些物质准备。为此，1949年8月，中共滇桂黔边区党委决定并报中央批准，再次发行云南人民革命公债，待云南解放后由人民政府偿还。

根据时任桂滇黔边区党委财经小组（负责人全明，即滇黔桂边区贸易局局

---

① 云南省地方志编纂委员会编：《云南省志　卷12　财政志》，云南人民出版社1994年版，第461页。

② 财政部财政科学研究所、财政部国债金融司编：《中国革命根据地债券文物集》，中国档案出版社1999年版，第79页。

长）成员施子健同志（当时负责滇东南及越南一部分后方后勤机关）回忆以及相关资料记载，公债发行基本政策如下：（1）发行目的：集中主力作战及解决当前困难之需；举办各种事业之用（如贸易局、合作社、农贷及社会福利事业等）。（2）发行总额：70万元（半开）。（3）公债利率：定为年息3%。（4）券面单位：以半开为计量单位，并在公债中加盖"中银"戳记。因为当时云南流通的货币，不仅有蒋介石政府的货币，还有云南地方政府的半开（即中银），滇南地区因与越南交界还有法国银圆，当时决定一律以"中银"为限，所以就加盖了"中银"戳记。（5）发行时限：8月至12月。（6）偿还期限：为期一年还本付息。（7）分配数额：昆明10万元，滇南5万元，开广区5万元，弥泸区5万元，罗盘区3万元，思普区20万元，滇东北10万元，滇西北10万元。（8）债券种类：分为1元和5元两种。债券是分区自行印制的，有的是油印版，有的是石印版。还有一种特殊情形，是用"滇黔桂边区贸易局流通券"加盖戳记改作云南人民革命公债券发行的。1949年上半年，滇黔桂边区党委报经南方局批准，在滇东南解放区发行流通券，由梁展同志设计，在越南印制。印好后，解放大军已渡江南下，形势发展很快。当时南方局通知停止发行。这部分流通券就全部运回国内，暂时存放起来。当时边区物质条件很差，纸张印制都很困难。经边区党委决定，滇东南地区（即现在的文山壮族苗族自治州范围。包括文山、广南、邱北、砚山、富宁、西畴、马关、麻栗坡8个县）用"流通券"加盖"公债券"戳记代替，罗盘、弥泸地区由这两个地委自行设计印制。

公债发行时，财经小组负责人全明同志已随纵队司令部渡南盘江北上到弥泸、罗盘地区，滇东南及越南的一部分后方后勤机关交由施子健同志负责。最终由于各种原因，仅开广区、罗盘区以及滇北个别县发行了这次公债。①

根据施子健同志的回忆，8月在滇东南地区发行的人民革命公债是以抵交公粮的办法偿还的。实际上，1949年4月、1949年8月两次发行的公债，在云南省解放初期大多以折抵公粮的形式作了偿还。少数当时因各种原因未还的，后来还凭债券兑换了一部分。据中国人民银行云南省分行提供的资料，

---

① 财政部财政科学研究所、财政部国债金融司编：《中国革命根据地债券文物集》，中国档案出版社1999年版，第79页。

1973 年、1977 年、1980 年又陆续收兑了一部分债券，共计 578.14 元。[①]

（六）粤桂边区公粮公债

1. 发行背景及政策制定

随着整个斗争形势的迅速发展，粤桂边区党、政、军、经济、文教各方面工作人员已大量增加，特别是 1949 年各地开展参军运动以来，主力及地方武装人数急剧扩大，粮食供应出现困难。同时，1949 年春以来，粤桂边区纵队控制区虽已日益广阔，政权也已普遍建立，但适逢春荒到来，新区公粮未能全部收起，这些新地区因连年在蒋政权苛政暴敛下，早已十室九空，闹着严重的粮荒，广大缺粮群众，亟待新政权的救济。另外，南征大军直扣广东大门，华南解放指日可待，一旦大军进入边区辖境作战，军需供应更需未雨绸缪，使大军抵达后能继续顺利进军。为解决军需民食、渡过粮荒，粤桂边区党委特根据分局指示发行"公粮债券"。1949 年 6 月 20 日，中共粤桂边区党委发出《关于发行公粮债券的决定》[②]（简称《决定》）。为了发行这一公债，边区党委还制定了《粤桂边区公粮债券条例》[③]（简称《条例》）。根据《决定》和《条例》，公债发行基本政策如下：（1）专门机构：为了胜利地完成推销工作，各级党委应成立专门机构（公粮债券委员会），可吸收党外有地位民主人士参加，由党委直接领导，负责作为全面的、有计划而又有步骤的来进行如下工作：一是有关推销的政治动员及宣传工作（另拟发行公粮债券政治动员大纲）。二是有关推销对象的调查以及推销方式、方法的研究。三是有关推销的一切总务工作，如会计、统计、汇报、档案保管、收纳、保管、仓库存粮、运输……工作。四是其他推销有关的事项等。至其组织系统及具体分工，则各级党委可按各地实际情形各自决定。（2）发行总额：全边区公粮债券的发行总额定为 5 万担（每担重量以当地度量衡制度为准），各地分配推销额如下：雷州 20000 担；粤桂南边 12000 担；六万大山 5000 担；十万大山 5000 担；桂中南 5000 担；高州 3000 担。（3）债券种类：分为甲、乙、丙、丁四种，甲种 10 担，乙种 5 担，丙种 1 担，丁种 5 斗，均以中谷为准。（4）购买规则：推

---

①② 财政部财政科学研究所、财政部国债金融司编：《中国革命根据地债券文物集》，中国档案出版社 1999 年版，第 80 页。

③ 财政部财政科学研究所、财政部国债金融司编：《中国革命根据地债券文物集》，中国档案出版社 1999 年版，第 82 页。

销时可收实物，或按时价折收金银、外币。（5）发行时限：债券由区党委统一印刷编号，于 7 月 1 日起陆续发出。推销截止时间为阳历 11 月底止（无旱灾及收割早的地区应尽量提前完成，以应斗争需要）。（6）公债利息：债券年利 1 分，认购时实收九成，其余一成即为预付利息。其超过一年以上的利息，到还本时结算偿还。（7）偿还期限：1950 年底前，本利全部还清，或折缴明年底公粮、税额亦可。（8）流通规定：还本时若以债券交纳公粮及税额，亦按票面十足通用。（9）偿还机构：其偿还责任，届时由边区最高行政机关，指定各地人民政府或人民银行偿还。（10）使用政策：各地区军粮及斗争费占 20%；救济缺粮群众占 10%；提交区党委占 30%；预备粮占 40%。以上一、二两项，由各地委按照各地实际需要适当处理。三项由区党委处理。四项保存各地区，以充大军到达时军粮、或调剂粮食困难地区需用，但此项非有区党委命令不准动用。（11）推销对象：公粮债券的推销对象，应以合理分担推销，以地主、富农、城镇商人为主，次及中农、贫农（但又必须视各地实际情形来决定，不宜呆板）。（12）推销原则：切勿用强迫或平均摊派等办法，应用和蔼、耐心说服的精神，来完成这一重大任务。

2. 发行动员

关于公债推销动员，中共粤桂边区党委指出：（1）各级党必须按照分配推销额，制订各自推销计划，以达成任务。（2）推销工作的进行，应由党内到党外，尽可能做到党员同志能起带头作用。（3）推销工作应当有重点的进行，要把握到某一个人、某一个村、某一个乡、某一个县来首先突击，然后推动全面，更重要的是要抓紧即将到来的夏收季节，集中火力进行推销。粮荒及旱灾严重地区，则应先突击城镇，次及农村。（4）为了把推销工作造成一个热潮，必须设法定出各地或个人的推销竞赛办法。（5）为了解推销工作过程中所发生的困难、经验、偏向及推销数额，必须严格施行各级汇报制度，只有这样，才能及时克服困难，交换经验，并做必需的调整推销数额。推销做到如期如数的完成原定计划。地委应于一个月向区党委作一次推销工作的汇报。县委应于半个月内向地委作一次推销工作的汇报。区委应以一周内向县委作一次推销工作的汇报。各支部应于 3 日内向区委作一次推销工作的汇报。各地委接到此次决定后，应立即深入讨论，决定本地区具体执行办法，进行政治动员，号召全党、全军大力进行，并随时将推销情形报分区党委。①

为了促进公债发行工作的顺利进行，1949 年 8 月 2 日，中国人民解放军粤桂边区纵队司令部发出《告粤桂边区各界同胞书》，从以下几个方面对边区人民进行公债发行动员：

一是中国人民解放军胜利进军形势。中国人民解放军渡江以来，两个多月的胜利进军，已解放了苏、皖、浙、闽、赣、鄂、湘、陕、绥等省大片土地，连克南京、上海、武汉、西安、杭州、南昌等重要城市，国民党军望风而逃，溃不成军。现解放大军正分向东南、华南、西北、西南各方追歼残敌，华南解放拭目可待，全国胜利指日可待。

二是边区人民解放军的辉煌战果。边区境内人民解放军，为配合大军作战，今春以来，曾以英勇果断的作战精神，分别在高雷、合灵、十万大山、左江南岸、桂东南、桂中南等地分途出击。据初步统计，截至 6 月中旬止，五个月内，已歼敌 153 师，粤保安第二、第九、第十一、第十八、第二十一各团，独立第一营与桂保安第一、第四、第六、第八各团，以及各县自卫队、特编队等反动武装 3500 人以上，缴获轻机枪 83 挺，重机枪 7 挺，手提机冲锋枪 36 挺，大小迫击炮 4 门，火箭炮 3 门，长短枪 3125 支，枪榴筒 33 支，炮弹 380 发，手榴弹 857 颗，枪榴弹 450 发，各式弹药 17.05 万发，其他军用品无算。

三是人民武装获得辉煌战绩离不开边区各界同胞的热烈拥护。边区我军之所以能获得如此辉煌的战绩，是因为这支军队在中国共产党的直接领导下从事战斗；是因为这支军队全体指战员都英勇善战，奋不顾身；还有一个很重要的原因，是因为这支军队得到了边区各界同胞热烈的拥护。自从人民武装在粤桂边区诞生的第一天起，我们就得到了全边区人民的爱护和援助，不论在人力上、物资上、精神上，边区解放军都是在人民的全力支持与培养下成长壮大起来的。今天大家终于见到了自己辛苦培育起来的子弟兵，已经锻炼成一支钢铁般坚强的队伍，正式成立粤桂边纵队，列入中国人民解放军的战斗序列，即将配合南下大军，彻底解放华南，解放粤桂边区了。

四是解放粤桂边区还要大家再出一把力，踊跃认购公债。要彻底消灭敌人，解放粤桂边区，还得要大家再出一把力，使部队打更大的胜仗，消灭更多

---

① 　财政部财政科学研究所、财政部国债金融司编：《中国革命根据地债券文物集》，中国档案出版社 1999 年版，第 81 ~ 82 页。

的敌人，各界同胞则要更积极支援前线。现在一方面军队要粮，另一方面贫苦的人民要救济。为了解决军需民食，粤桂边纵队司令部特发行边区公粮债券，规定年利 1 分，认购时实收九成，其余一成则预支利息，明年年底本利一起还清。债券以中谷为计算标准，购买时也可用现金按时价折购，这样既可节约储蓄，又是确确实实地拥护了人民政府，支援了人民解放军，救济贫民，公私兼顾，军民两利。希望各界同胞踊跃认购，支援革命运动，完成革命伟业。[①]

（七）广东省潮梅、东北江行政委员会 1949 年胜利公债

1949 年，解放战争的形势发展十分迅速，为了迎接华南全境的解放和保障部队的供给，1949 年 6 月 27 日，中共华南分局负责人方方在《形势任务及各种政策》的报告中提出，"我们思想要沟通，我们不怕有计划的负债，半年内我们准备发出值 1000 万港币的公债。……必须如此，才能积极扩展工作。"根据这个精神，华南各解放区先后发行了胜利公债。

根据中共华南分局相关精神，为动员人民力量，支援前线，迎接南下大军迅速解放华南以及准备中华人民共和国成立后进行各种救济和展开地方建设工作，1949 年 8 月 10 日，潮梅人民行政委员会在第一次行政会议上决定，与东北江人民行政委员会联合发行 1949 年胜利公债人民券（简称"潮梅、东北江胜利公债"）。8 月 29 日，《团结报》公布了胜利公债发行条例。[②]

根据会议决定及条例规定，该债发行基本政策如下：（1）发行目的：广东省东江人民行政委员会与潮梅人民行政委员会为加强这两区经济建设，支援革命战争，迅速解放华南，特发行公债。（2）公债名称：1949 年胜利公债。（3）发行总额：以南方人民银行所发行的南方券为本位，发行定额为 1000 万元。（4）任务分配：配额如下：潮汕 300 万元，兴梅 300 万元，东北江 200 万元，香港及海外 200 万元。（5）发行对象：主要是殷实工商业家和地主、富农，不增加平民负担。（6）款项使用：发行所得债款的使用分配如下：潮梅区 250 万元，东北江区 250 万元，南方局 500 万元。（7）债券属性：公债为记名式，票面说明认购人的姓名、年龄、籍贯。（8）债券面额：本公债面额分

---

① 财政部财政科学研究所、财政部国债金融司编：《中国革命根据地债券文物集》，中国档案出版社 1999 年版，第 82 页。

② 财政部财政科学研究所、财政部国债金融司编：《中国革命根据地债券文物集》，中国档案出版社 1999 年版，第 83 页。

为南方券5元、10元、50元、100元、1000元、5000元六种。（9）发行价格：照票面十足发行。（10）缴款方式：认购人可照下列方法缴付现款：缴付南方券现钞；按照南方人民银行牌价缴付外币；按照南方人民银行牌价缴付金银硬币；按照当地市价缴付稻谷、棉纱、布匹、生油、片糖五种实物。（11）利息支付：本公债的利率定为年息6厘，自缴款之日起算到清还之日止，本息一同还清。（12）偿还期限：本公债还本期限定为两年。认购人依照债券所书明的日期，满两年者，可持债券到指定银行提取本息。（13）偿还机构：本公债偿还本息，由两区行政委员会委托南方人民银行或其他银行办理。（14）流通规定：本公债可用作抵押按揭及自由买卖。如属买卖时，需到南方人民银行总管理处或分行办理过户手续。（15）捐献奖励：本公债持有人，如愿自动将债券捐献给人民民主政府，以表示对人民解放事业之热忱者，可交给两区行政委员会所属的地方政府，并由两区行政委员会分别予以嘉奖，其办法如下：自动捐献1000元以下者，由两区行政委员会联合登报褒扬；自动捐献1000元以上者，未满5000元者，除登报褒扬外，由两区行政委员合发给奖状；自动捐献5000元以上者，除登报褒扬外，由两区行政委员会呈清上级政府发给奖状。（16）惩戒条款：对本公债如有伪造行为时，由人民政府依法惩办。（17）责任机构：两区行政委员会。[①]

在公债券正式印制前，为了方便人民购买公债，广东省东北江行政委员会、潮梅行政委员会先行发给债券购买临时收据。据中国人民银行广东省分行在中华人民共和国成立后偿还胜利公债还本付息清单中所列，胜利公债南方券5138125元，黄金296.23市两，港币649900元。[②]

（八）北江支队胜利公债

根据中共北江地委决定，1949年1月1日发出内部通令，粤赣先遣支队、北江人民自卫总队（新丰）及英翁佛民主先锋队合编，在内部宣布成立"广东人民解放军北江支队，司令员邓俊才，政委邓楚白"。[③] 至是年夏，由于局

---

① 财政部财政科学研究所、财政部国债金融司编：《中国革命根据地债券文物集》，中国档案出版社1999年版，第83~84页。

② 吴志辉、肖茂盛：《广东货币三百年》，广东人民出版社1990年版，第488页。

③ 中共广东省委组织部等编：《中国共产党广东省组织史资料　上》，中共党史出版社1994年版，第412页。

面未开，全队粮食，异常困难。为了克服粮荒，解决军食，以利展开斗争起见，广东人民解放军北江支队司令部根据地委会议关于经济政策决定的精神，决定发行胜利公债，广泛向全区各地进行推销，以补救粮食不足、经济困难的严重状况。并成立公债发行委员会，负责公债发行事宜。7月1日，支队以"公债发行委员会"名义发出《广东人民解放军北江支队司令部关于发行和推销胜利公债的通知》①（简称《通知》）。

1. 公债发行基本条件

根据《通知》及制定的《发行简则》（附于债券正面），胜利公债发行基本政策如下：（1）发行总额：5000担。（2）券面单位及面额：公债以稻谷为本位，分50司斤、100司斤、500司斤三种（1司斤等于1.2市斤）。（3）公债利息：年利2分。（4）偿还期限：由1950年1月1日起，在半年期内收回债券，清还本利。（5）流通规定：公债可用以交纳1950年度公粮，多除少补。公债可以自由买卖。②（6）专职机构：成立公债发行委员会，专门负责胜利公债发行。主任何俊才，副主任黄桐华、林名勋等。

2. 公债发行动员政策

《通知》对如何进行公债推销、动员群众购买等方面具有明确的说明。

（1）为了使群众对于我们胜利公债的发行有正确的认识，使该公债能够为群众踊跃购买，我们必须把推销公债工作与群众工作相结合。各区群工人员，应与推销公债工作同时进行政治宣传工作，务使群众了解全国革命胜利的大势，我队艰苦斗争的情形，说明我们发行公债的真正意义，号召他们慷慨购买，以实际力量来援助革命部队，而加速胜利的早日到来；同时，并须对发行章则详细加以解释，特别对自由购买，并非硬派与有借有利有还这几点，要强调声明，使群众了解到我们的公债发行与国民党的公债有本质上的区别，即与征收公粮方法上也有不同，使公债推销工作能够成为广泛热烈的群众性的拥军运动。

（2）在进行推销公债的工作上，应该注意到下面几件事情：第一，反对用国民党的强迫摊派方式，应通过政治动员说服的工作，采取合理的自由认购

---

① 中国钱币学会广东分会等编：《华南革命根据地货币金融史料选编》，广东省怀集人民印刷厂1991年版，第280页。

② 财政部财政科学研究所、财政部国债金融司编：《中国革命根据地债券文物集》，中国档案出版社1999年版，第84页。

办法。第二，推销对象，应以地主、富农，商人、上层绅士为主，与统战工作结合起来。第三，推销方向，应着重在新区、平原区。重点不要放在老区（尤其是山区），以免增加我们基本群众的负担。第四，向我自新的反动分子及与我联系的蒋伪方人员可按其性质及资产程度，指定其购买一定数额的公债，以代替以前的罚款方式。

（3）各单位收到此通知后，应即进行详细讨论，并根据该区具体情况提出适合当地的推销计划，尤需责成各该区的区、乡政府与各武工队利用一切方式，通过各种关系，切实负责推销，完成上级任务，在推销工作中，如有特别努力、成绩优秀的单位及个人，由领导机关分别予以奖励，对于那种敷衍塞责，甚至置之不理的不良倾向，应严加纠正，并予以处分。①

（九）中共华南分局及华南各解放区领导人联名发行的胜利公债

为支援前线，迎接南下大军迅速解放华南，1949 年 8 月，中共华南分局及华南各解放区领导人联名发行了胜利公债（简称"华南联名胜利公债"），发行人有：方方、林平、梁广、刘永生、蒲特、谭天度、吴有恒、梁嘉、李嘉人、黄声，共 10 人。②

根据该项胜利公债发行说明，公债发行基本政策如下：（1）发行总额为港币 500 万元及黄金 2 万两。（2）以南方矿产钨、锡、锑为发行准备。（3）公债以港币及黄金二项为本位。（4）港币本位票额分 100 元、500 元、1000 元三种；黄金本位票额分 1 两、5 两、10 两三种。（5）公债利息定为年息 6 厘。（6）以两年为期，本息到期清还。华南（主要是粤闽两省）解放后，第一年清还本息一半，第二年全部清还。（7）清还日期及办法，由粤闽两省人民银行及省政府会同公布。（8）先发临时收据，后换取正式债券，均不记名，所需面额的大小，由购买者自由选择。③

华南解放区胜利公债原计划在华南各根据地发行，由于革命形势发展很快，债券发行不久，广东便告解放，此项债券实际上只有在潮梅、东北江地

---

① 中国钱币学会广东分会等编：《华南革命根据地货币金融史料选编》，广东省怀集人民印刷厂1991 年版，第 280~281 页。

② 吴志辉、肖茂盛：《广东货币三百年》，广东人民出版社 1990 年版，第 486 页。

③ 财政部财政科学研究所、财政部国债金融司编：《中国革命根据地债券文物集》，中国档案出版社 1999 年版，第 84 页。

区、香港、暹罗、粤桂边等地有发行。根据华南分局负责人方方在 1949 年 9 月 23 日赣州会议上的讲话，胜利公债"内地发行情况未详，香港已募得 60 万港元，暹罗约 30 万港元"。各地发行的胜利公债，准备于 3 年内全部还清。①

（十）中国人民解放军闽粤赣边纵队军粮公债

随着革命形势的迅速发展，为保证供给支援战争的需要，1949 年 7 月 27 日，中共闽粤赣边区财经委员会由主任魏金水、副主任陈明和林映雪署名，发出《关于发行公债、筹集军粮、增加零用费的决定》②，决定发行军粮公债。同时制定《劝销军粮公债征收公粮手册》③，公布《中国人民解放军闽粤赣边纵队军粮公债条例》④。

根据上述文件，公债发行基本政策如下：（1）公债名称定名为中国人民解放军闽粤赣边纵队军粮公债。（2）发行目的为支援前线，充实军需。（3）发行总额为米 1750 万斤。⑤（4）依照人口、土地、富庶、地区的大小与安定程度分配推销任务，潮汕负责推销 750 万斤，梅州 500 万斤，闽西 500 万斤。（5）推销对象为产业地主和富户。（6）推销公债时，尽可能采用劝销方式，但必要时亦得采用强销方式，务求销完全部债券。必须抓住有利时机大胆推销，保证南下大军到来时有足够的供给。（7）年息 4 厘，周息（6 个月）2%。于各期还本的同时付息，但第一期应得的利息准在开缴时扣除。（8）华南全面胜利后分期偿还本息。自认购之日起 24 个月内分 4 期偿清本息。第一期为 1950 年 1 月，第二期为 1950 年 7 月，第三期为 1951 年 1 月，第四期为 1951 年 7 月。息随本减，并可提前偿还公债的一部或全部。（9）公债一次发行，限期 1949 年 7 月底劝销完毕。（10）潮汕所需的债券，可自行印制。梅州、闽西所需的债券由边区财经委员会发给。在债券未收到，又有条件大量推销时，可先印制临时债券发

①③④ 财政部财政科学研究所、财政部国债金融司编：《中国革命根据地债券文物集》，中国档案出版社 1999 年版，第 84 页。

② 福建省档案馆、广东省档案馆编：《闽粤赣边区革命历史档案汇编 第六辑（1948.7 ~ 1949.9）》，档案出版社 1989 年版，第 331 页。

⑤ 《决定》显示发行总额为米 1750 万斤，但《条例》规定公债定额为糙米 1000 万司斤（1 司斤合 1.2 市斤）。见：《关于发行公债、筹集军粮、增加零用费的决定》，福建省档案馆、广东省档案馆编：《闽粤赣边区革命历史档案汇编 第六辑（1948.7 ~ 1949.9）》，档案出版社 1989 年版，第 331 页；《中国人民解放军闽粤赣边纵队军粮公债条例》，财政部财政科学研究所、财政部国债金融司编：《中国革命根据地债券文物集》，中国档案出版社 1999 年版，第 85 页。

行，将来换发正式债券。（11）各地接到通知后，应认真执行，并将进行情形详细报告。^①（12）债券为无记名式。（13）票面种类分为糙米 1000 司斤、2000 司斤、4000 司斤三种。（14）发行价格：照面额十足发行。（15）公债的认购及偿还本息，可用现钞或金银按时值折抵。（16）债券可自由买卖抵押，并准抵缴田赋。（17）公债应付本息，委托由本军所辖各县人民民主政府或其他委托的机关经理。（18）对于本公债有伪造或毁损信用的行为者，得依法惩治。（19）潮梅地区为了更快更好地推销军粮公债，潮梅人民征粮委员会根据本地区的实际情况，制订了实施方案，提出潮梅地区军粮公债的票面额分为 5 斗、1 石、5 石、10 石、50 石、100 石六种。将票面额分小，易于推销。同时，规定认购人可照票面额以南方券、裕民券、外币、黄金、白银，按当地谷价折算缴付。^②经过努力，边区胜利完成了推销军粮公债的任务，保证了军粮的供给。

（十一）潮梅人民行政委员会 1949 年公粮公债

为迎接大军南下，迅速解放华南，1949 年 7 月，潮梅人民行政委员会决定发行 1949 年公粮公债（简称"潮梅公粮公债"），并公布《潮梅人民行政委员会公粮公债发行条例》^③（简称《条例》）。根据"条例"，公债发行基本政策如下：（1）发行目的为迎接大军南下、迅速解放华南，特发行公粮公债。（2）发行总额为 15 万石。（3）券面以精干谷 1 斗为单位，每斗重司马秤 10 斤。（4）公债面额分为 5 斗、1 石、5 石、10 石、50 石、100 石六种。（5）照票面十足发行，认购人可以南方券、裕民券、外币、黄金、白银，按照当地谷价折算交付。（6）公债利率：定为年息 4 厘。（7）公债自 1950 年 7 月 15 日起，开始还本，逐级抵交公粮。每年抵交公粮日期，定为 7 月 15 日及 11 月 15 日，至 1951 年 11 月 15 日止。如不能抵清，由潮梅人民行政委员会将本利一并补清。（8）潮梅人民行政委员会所属各级人民政府，为发行公债的负责机关。（9）公债可用作抵押，按揭及自由买卖。如属买卖，需向当地人民政府

---

① 福建省档案馆、广东省档案馆编：《闽粤赣边区革命历史档案汇编　第六辑（1948.7～1949.9）》，档案出版社 1989 年版，第 331 页。

② 财政部财政科学研究所、财政部国债金融司编：《中国革命根据地债券文物集》，中国档案出版社 1999 年版，第 85 页。

③ 财政部财政科学研究所、财政部国债金融司编：《中国革命根据地债券文物集》，中国档案出版社 1999 年版，第 86 页。

办理过户手续。（10）公债持有人，如愿自动将债券捐献于人民政府，以表对人民解放事业之热忱者，分别由各级人民政府予以嘉奖，其办法如下：献捐 5 石以下者，由村人民政府发给奖状；捐献 5 石以上 50 石以下者，由县人民政府发给奖状；捐献 50 石以上 100 石以下者，由潮梅人民行政委员会发给奖状；捐献 100 石以上者，由潮梅人民行政委员会呈请上级政府发给奖状。（11）对本公债如有伪造行为者，由人民政府依法惩办。①

（十二）粤桂边区人民解放军 20 团、21 团联合发行胜利公债

粤桂边区人民解放军 20 团和 21 团，为支持人民解放战争及救济受灾民众，于 1949 年下半年发行了胜利公债（简称"粤桂解放军 20 团、21 团胜利公债"）。20 团团长沈鸿周、副团长刘振夏、政委彭扬，21 团团长宋守则、政委卢文联合署名公布了《粤桂边区胜利公债附则》，根据这一附则内容，公债发行基本政策如下：（1）本公债券为粤桂边区人民解放军第 20 团、21 团联合发行。（2）发行目的为加强人民解放斗争力量，及救济遭受国民党反动派烧杀抢掠的受灾乡村民众，恢复春耕。（3）公债券为合法的有价证券，可以让与接受。（4）发行期限定为一年。1950 年随时清还本息，将本券收回。（5）券面以越南货币元为计价单位。也可折合计算，清还之日，按照当时兑换比率，以中国人民银行发行的钞票进行收兑。（6）债券票额分越南货币 20 元、100 元、500 元三种。（7）公债年利率定为 20%。（8）公债以粤桂边区人民解放军 20 团、21 团两团政治信用作偿还保证。（9）凡购买本公债券者，均以资助人民解放事业视之，全国胜利之日，由民主政府明令奖励。（10）本公债券不准擅自涂改及伪冒，违者按情节轻重惩罚。②

（十三）琼崖临时民主政府支援前线借粮

为了解决 1949 年攻势作战的需要，琼崖临时人民政府于 1949 年 2 月 23 日发出《为春季攻势作战准备粮食的决定》（训令第 8 号），决定向全琼同胞举行一次借粮（简称"琼崖支援前线借粮"），要求各区专署及自治区委员会，

---

①② 财政部财政科学研究所、财政部国债金融司编：《中国革命根据地债券文物集》，中国档案出版社 1999 年版，第 86 页。

"应即遵照，并能饬所属切实执行积极工作，以保证达到高度成绩"①。根据训令内容，此次借粮实际上是琼崖临时人民政府发行的一种实物公债。公债发行基本政策如下：（1）发行目的：为了贯彻春季攻势作战及此后连续进行作战的需要，以达到早日解放全琼崖的目的，琼崖临时人民政府特决定向全琼崖同胞提出普遍借粮，以供前线继续作战的充分支援。（2）承借标准：向负担公军粮之户借出其所应出公军粮的半数（例如，出 1 斗者借 5 升）。（3）推销范围：此项借粮运动除在民主地区普遍发动外，应用各种办法，把它推广到一切国统区与一切城市中去，以达到尽可能的最大收成。（4）民众交纳粮款办法：民众应借后，一时无粮交出或有粮交出但因运送极其不便的地方，均可收贷款。但收贷款时，应以光银、叻币（英国殖民政府在马来西亚、新加坡与文莱等国发行的货币）或港币为标准。（5）借据印发：借粮者一律发给本府统一印发的借粮收据。但由于此间办纸料困难，特变通办法，由本府将借据样本刻成本版及本府大印、主席私章等，发给各区行署自行印发。各区专员应以最负责的态度，管理该项样版、印章，以免发生流弊。该项借据发交各县时，应以每百张订成一本，编写连续的号数，于号码之上书以县名之一字（如西区发给临高县者，应写西临字第××号），以资区别备查核，而每县发给多少，应随时将其数目报本府备查。（6）偿还期限：这项借粮，决定琼崖解放后一年内全部清还。（7）抵缴事项：在清还期间，民众可以将该借据所注粮数或款数，当作现粮或现款交纳公粮或赋税给政府。（8）发行时限：此项借粮运动，决定三个月内全部完成。但遇特殊情形可以酌予延长。（9）粮款收发：此项借粮工作开始后，应即一面推销，一面收粮款，并将收款陆续送来琼府转送前线。如前线部队行动在该地时，可由行署将收款直接交与前线部队，另将数目报告本府。各地收到的米数，如部队在该地行动，可直接受与部队应用，否则将粮按时价拍卖，将款送上琼府。（10）宣传动员：发动这项借粮运动工作，应充分地进行深入普遍的宣传解释工作。务使广大民众了解这项借粮，对于全琼解放的早日到来及他自身的早日得到解决，是分不开的重要意义，以激发其踊跃应借与热烈竞借的热情。（11）特殊对象的处理：富户及城市商人，可以按照实情，特别规定借款。（12）借据底据送缴：各县借粮收据的底据，应由

---

① 财政部财政科学研究所、财政部国债金融司编：《中国革命根据地债券文物集》，中国档案出版社 1999 年版，第 87 页。

各行署及时累积，随时送来琼府存核。①

按照训令要求，借粮运动应在 5 月底完成任务。但逾时已久，各区还是不能将春季借粮的半数米粮数额，及已收到的借粮与贷款等数额各若干分别列报。如此拖延，不仅使财政厅无法依照琼府所规定的时间，去结束此项春季借粮工作，而且会妨碍与削弱秋季借粮半数工作的执行，甚至影响到解放军粮食供给，出现青黄不接的窘境。因此，琼崖临时人民政府副主席兼财政厅厅长何浚、副厅长林诗耀联合署名，于 1949 年 7 月 2 日发出《借粮的通知》，要求各区专署及自治区委员会，接到通知后，应赶紧于 7 月 15 日以前，必须将这项春季借粮的半数数额，依照所发给的表式造报。②

（十四）琼崖临时人民政府解放公债

1. 琼崖党委、政府制定公债发行政策

1950 年，大军渡海解放琼崖已为期不远，先遣队已相继从儋县、文昌胜利登陆，但在大军渡海以前，琼崖地区人民必须单独地和敌人进行艰苦的斗争，而应付这一艰苦的斗争，必须付出巨大的财力。为战胜财政经济困难、完成解放全琼的准备工作，中共琼崖区党委决定发行公债（简称"琼崖人民解放公债"）。1950 年 2 月 26 日，中共琼崖区党委向各地委发出《关于发行解放公债的通知》。3 月 4 日，琼崖临时人民政府呈准广东省人民政府后，公布《解放公债发行条例》和《解放公债发行办法》。③ 3 月 19 日，临时人民政府副主席兼财政厅厅长何凌、副厅长林诗耀联合署名向各区专员及自治区行政委员会主任发出《琼府财政厅通令（财字第二号）——关于发卖公债票问题》④。

根据通知、条例、办法和通令等文件，公债发行政策如下：（1）发行目的：为战胜财政经济困难，支援前线战争，完成解放全琼的准备工作，琼崖区党委特请示分局同意，琼崖临时人民政府呈准广东省人民政府，以琼府名义发行解放公债。（2）发行总额及任务分配：公债以光洋计算，全区共发行 40 万元，具体分配：北区发 12 万元，东区发 10 万元，西区发 8 万元，南区发 6 万元，自治区发 4 万元。

---

① ② 财政部财政科学研究所、财政部国债金融司编：《中国革命根据地债券文物集》，中国档案出版社 1999 年版，第 87 页。

③ 财政部财政科学研究所、财政部国债金融司编：《中国革命根据地债券文物集》，中国档案出版社 1999 年版，第 88 页。

④ 海南行政区财经税收史领导小组办公室、海南行政区档案馆编：《琼崖革命根据地财经税收史料选编》，海南人民出版社 1984 年版，第 444 页。

（3）债票面额：公债以 1 元为一份（票），分为 40 万票。（4）认购数量：认购数额以票数为准。每人认购份数量不限定（可购若干份），个别不能自购一份者，可二三人合购一份。（5）发行对象：主要是群众，尤其是以富户为重点。但对机关部队的人员也可推销。（6）推销原则：认购公债，以自觉自愿为主，推销时须加强动员解释，但对各种人的动员方式应有区别。对机关部队人员，如离家日久，经济困难，一般不必采取竞赛方式（动员酝酿由其自愿认购）；对殷商富户，必要时（如情绪低不能按能力购），可估计其认购能力，向他们提出一定数量，劝其认购；对于普通群众，可吸取过去动员工作经验进行。（7）发行时限：公债定于 1950 年 4 月 1 日发行，限于 4 月底结束。各地进行时，须一面推销，一面收款，票销完款也收好，保证于 4 月底完成这一工作，并总结报告区党委。（8）流通规定：公债票可以让与转卖，但不能用以缴纳赋税及作通货用。（9）公债利息：年利定为 5 厘，不满一年清还者，仍以一年计息。（10）偿款来源：呈准广东省人民政府，由省库拨款清还。（11）偿还期限：定 1951 年内分期还清。具体清还时间及数额另行公布。（12）各级任务：各级党政军民机关及全体同志，对于执行推销公债工作，必须认为是一件很重要的工作，应该以执行借粮与扩军工作的精神，来执行推销公债工作，保证这一工作的完成。（13）发行价格及购买货币：解放公债均以市面十足行使的银圆为标准，帆船银圆以八折计算，其他成色不足的银圆，以当地流通价格折买。购票时并得以贵金、金饰、外币（美钞、港币、叻币）付款，其价格以当地市面平均价格折合银圆。琼崖临时人民政府发行的银圆代用券，得按票面十足通用。但国民党残余匪帮发行的一切伪币，均不收受。（14）债票印制、发售及保存：解放公债票统由琼崖临时人民政府印制，分别由各乡人民政府发售。凡购解放公债者，在付债款时，应同时向发售机关领取债票，妥为保存，以凭领回本息。根据财政厅《关于发卖公债票问题》的通令要求，各区专员及自治区行政委员会主任对这次所发去的解放公债票（1 元票面），要按照每本号数顺序登记清楚。发去所属各县府，各县府也同样的登记清楚，作为今后查存。并对公债票保存原本，不得把公债票每本撕出分散发卖，妨免紊乱号数的参差不齐，今后难于检查。至于公债票发卖，要依期卖完（4 月底结束），即将所存票款及存根一齐连同送交财政厅，以得检核保存。① （15）债票遗失处理：购买解放公债者，应将这项债票妥为保

---

① 海南行政区财经税收史领导小组办公室、海南行政区档案馆编：《琼崖革命根据地财经税收史料选编》，海南人民出版社 1984 年版，第 444 页。

存，不得遗失。如因故遗失者，应即向政府登记遗失的债票号码，并在公营报纸上登报声明作废，始准补发。发还解放公债时，一律凭票发还本息，无债票或债票号码印章不符者，一律不发还本息。

2. 各级党委、政府对公债发行动员工作的布置

为了顺利发行这一公债，3月15日，中共琼崖特委机关报《新民主报》发表了《保证完成解放公债的推销和认购数额》的社论，对于解放公债发行的原因和作用，对于完成推销和认购的工作，向全琼同胞和全党同志，提出了指导性意见。一是琼崖临时人民政府为什么要发行解放公债？即为了战胜财政经济困难，支援前线战争，完成解放全琼的准备工作。二是为了完成解放公债的推销和认购工作，应该怎样做？第一，我们的党政军组织和人民团体，要把政府这次发行解放公债看作和借粮、参军一样重大的工作任务，应以最大的努力，保证超额地完成推销的工作。第二，在解放公债尚未分派之前，各地区组织普遍的宣传工作，造成热烈的购债高潮。第三，这次推销公债是普遍的进行，使各阶层人民认定购债是对国家和革命事业应担的义务，但应该强调，富者多购、贫者少购，使富裕的工商业者、归侨、地主、富农，自觉地多担负一些；在地区上，固然老区需要推销，但应该大力向新地区城乡推销，使负担较少的地区人民，多负担一些；在方式上，一般地注意动员群众自动认购，展开竞赛。但注意对于自动性不够或有意推卸责任的地方富豪，按照其财力，分派其适当的认购数额。各级政府机关在讨论布置推销工作时，应全盘考虑这些情况，有详细精密的计算，决定各种不同的数目。第四，解放公债的推销时间，仅限一个月，所以在工作布置上，必须抓紧时间用突击的方式去完成。第五，这次公债的发行，必须一面推销一面缴送，做到工作结束，债款也全部收缴完毕。①

中共琼崖区党委、琼崖临时人民政府决定发行公债后，各地委、行署、县委等地方党政机关遵照相关指示，积极布置。早在1950年1月，琼东县就发出《关于动员认购解放公债的指示》②；3月12日，东区地委发出《执行区党委"关于发行解放公债的通知"的工作指示》③；3月15日，西区行署由专员

①　财政部财政科学研究所、财政部国债金融司编：《中国革命根据地债券文物集》，中国档案出版社1999年版，第88～90页。

②　海南行政区财经税收史领导小组办公室、海南行政区档案馆编：《琼崖革命根据地财经税收史料选编》，海南人民出版社1984年版，第427页。

③　海南行政区财经税收史领导小组办公室、海南行政区档案馆编：《琼崖革命根据地财经税收史料选编》，海南人民出版社1984年版，第437页。

吴明签署向各县县长发出《西区行署训令（西秘字第十二号）——关于发行解放公债问题》；3 月 20 日，南区地委发出《执行区党委"关于发行解放公债通知"的指示》①；3 月 25 日，万宁县委发出《执行东区地委"关于执行区党委发行解放公债"的工作指示》②；3 月 28 日，琼澄县工委发出《执行地委"关于发行解放公债的通知"的通知》③，等等。这些文件，对各地公债发行任务进行了分配，即从各区将任务分配至各县，各县分配至各乡；对宣传动员的内容、方法、动员组织的设立等作出了指示，强调公债发行的意义，认购公债要以自觉自愿互相竞赛为主，对殷商富户要劝其认购，以保、村为动员单位，党政干部要起带头作用，组织公债发行工作团，工作团之下组织工作队，集中力量于较大较有钱的村庄进行动员；对公债发行提出任务，要求高度重视，分头行动，及时完成；对奖励规则进行了明确规定，按照认购份额的不同，给予登报表扬、发给奖章、摄像留念、发给奖旗等不同的奖励。

3. 公债发行结果

在公债推销过程中，各基层单位积极探索工作方法，如文南县，在党政干部内主要是在组织内传达推动竞赛，布置核心，在村会上起先锋模范作用；发动机关干部之间进行竞赛。对外则分老区和新区分别对待。在老区，先召集父老、归侨、教师、伪保甲长等会议进行推销；在未召开村会之前，布置组织成员或热情者推动响应认购；抓住时机个别进行。在新区，不能进行村会的村庄，父老、青年、伪保甲长等，则采取座谈会议进行，且鼓动他们负责帮助政府进行；区府派警卫员去帮助进行。在工作中，有许多积极表现，如：抱定信心正视、克服困难、冲破工作关键；个别乡先前阻止意外事；善于抓住时机和争取时间进行工作；掌握群众心理，针对人民弱点机智地去进行；注意争取群众，利用核心；干部苦做烂干；个别乡地方组织成员响应，机关内干部提出竞赛热潮等。④

① 海南行政区财经税收史领导小组办公室、海南行政区档案馆编：《琼崖革命根据地财经税收史料选编》，海南人民出版社 1984 年版，第 445～446 页。

② 海南行政区财经税收史领导小组办公室、海南行政区档案馆编：《琼崖革命根据地财经税收史料选编》，海南人民出版社 1984 年版，第 447 页。

③ 海南行政区财经税收史领导小组办公室、海南行政区档案馆编：《琼崖革命根据地财经税收史料选编》，海南人民出版社 1984 年版，第 449 页。

④ 海南行政区财经税收史领导小组办公室、海南行政区档案馆编：《琼崖革命根据地财经税收史料选编》，海南人民出版社 1984 年版，第 469～470 页。

琼崖临时人民政府为了发行解放公债做了许多工作，各地也进行了多方布置，但公债发行进展情况并不理想。如 1950 年 4 月中旬，文南县向符专员、王副专员提交的《关于推销公债工作情况简报》内容显示，公债推销进展缓慢，收效甚微。半个月过后，一、二区的小结尚未接到，只收到三区的小结。三区在 150 个村庄进行了公债推销工作，只推销 7812 元（票）光洋、以金物代票获得金 5 两 7 钱 5 分、金耳（圈）21 对、戒指 5 个、谷 4 蓝，其中，已送到区政府的仅有光洋 610 元。① 之所以公债发行推销缓慢，效果不理想，客观上存在一定的困难，主观上也存在一些不足。如南区自 2 月 1 日以来，残敌继续向我解放区游击区进攻，不但占据和恢复了点和线的联系，而且已达到面的控制，因此，解放区游击区的广大群众都被迫妥协，小部分虽无向敌就范，亦被迫避难，处于不安状态。榆三、陵水还有部分被迫走上叛离我们的道路，这给我们动员推销公债一个很大的阻力。另外，广大地区群众都陷入被空前剥削和劫掠的残境，而过着饥饿与困难的生活，我们刚做过借粮工作，有个别人员在进行借粮工作的动员中，强调大军即要到来，但是时至今天，他们仍遭残敌劫掠，致而影响其情绪，这是发行公债的另一个阻力。因此，有些干部成员在执行这一工作中，发生强调困难或无信心的偏向。② 文南县也出现诸如：干部信心不足，夸大困难；布置工作不了解；触犯民众政策；组织上无力；缺乏政治动员；认购数目字大，收款缴送少；检讨过去、策励将来不够等不良倾向。③

为此，文南县提出今后的补救工作：迅速收款缴送；机关内人员竞赛应该支持；在顽地区应普遍地以书信去摊派进行；伪保甲长会议注意公开；在敌驻市区附近村庄，应由通信进行。④

---

① ③ ④ 海南行政区财经税收史领导小组办公室、海南行政区档案馆编：《琼崖革命根据地财经税收史料选编》，海南人民出版社 1984 年版，第 470 页。

② 海南行政区财经税收史领导小组办公室、海南行政区档案馆编：《琼崖革命根据地财经税收史料选编》，海南人民出版社 1984 年版，第 445 页。

第二章　新民主主义革命时期党的
公债政策内容分析

中国革命根据地大多处于经济落后、人民穷苦的贫困山区，缺乏公债发行所需要的良好经济发展、充足社会资金等条件，但革命根据地公债却能够顺利发行，并为新民主主义革命的胜利提供可靠的物质保证。这其中，中国共产党领导革命根据地政权制定的一系列符合革命战争、根据地建设实际的公债政策发挥了重要作用。前文已对新民主主义革命时期党的公债政策制定和实施过程进行了较为详细的个案探讨、微观梳理。本章将在前面研究的基础上，对革命根据地公债的发行政策、流通及使用政策、偿还政策等公债政策内容作一宏观归纳和整体分析。

第一节　公债发行政策

公债发行政策，一般包括公债如何发行，用什么方式、通过什么渠道发行，公债的期限结构如何，公债利率如何，发行价格如何等。[①] 本节拟从公债发行数额、发行利率、发行价格、公债票面、发行对象、发行动员等方面对革命根据地公债发行政策作一宏观分析。

一、公债发行数额

公债发行数额的大小，首先取决于政府所需资金的多少，财政收支缺口

---

① 叶振鹏、张馨：《公共财政论》，经济科学出版社 1999 年版，第 484 页。

大，则需要通过发行公债筹集的资金就多。其次，市场资金的供求也会影响公债的发行数量。当市场资金充足，则政府公债发行额可以增大，反之则减少。此外，政府发行数额大小还应考虑还本付息能力。① 革命根据地公债发行数额的大小，除了以上因素之外，还受到了其他因素的影响，不同时期的公债数额也表现出不同的特征。

（一）土地革命时期根据地发行数额

土地革命时期根据地发行的公债，除了湘鄂赣省经济建设公债数额不详外，其他各项公债都有发行数额的明确记载。有些公债是以元为面额单位，有些公债是以粮食（担）为面额单位。具体情况如下（详见表 2 - 1）：

（1）以货币（元）为计价单位的公债，共 650 万元。

总额为 100 万元以上的公债有 2 项：中华苏维埃共和国经济建设公债数额最大为 300 万元，其次是中华苏维埃共和国二期革命战争公债 120 万元。

总额为 10 万～100 万元以下的公债有 7 项：湘鄂西水利借券为 80 万元，中华苏维埃共和国革命战争公债 60 万元，湘赣省革命战争公债 8 万元，湘赣省二期革命战争公债 15 万元，闽浙赣省决战公债 10 万元，湘赣省补发二期革命（经济建设）公债 20 万元，闽北分苏经济建设公债 20 万元。

总额为 10 万元以下的公债有 4 项：鹤峰借券数额最小 2 万串（合银圆 1 万元），湘赣省收买谷子期票 4 万元（国币），湘鄂赣省短期公债 5 万元（国币），湘鄂赣省二期革命战争公债 8 万元（国币）。

（2）以粮食（担）为计量单位的公债，共 91.5 万担。

总额为 10 万担及以上的公债有 3 项：中华苏维埃共和国秋收借谷数额最大为 60 万担，其次是中华苏维埃共和国临时借谷为 20 万担，中华苏维埃共和国六月借谷为 10 万担。

总额为 10 万担以下的公债有 1 项：闽北分苏为红军借谷 1.5 万担。

土地革命时期是党的公债政策的最早尝试，这一时期公债发行数额有两个明显特征：一是数额总体上不是很大。如上所述，以货币（元）为面额单位

---

① 李琴、宋明娟、熊燕主编：《财政学》，中国工商出版社 2013 年版，第 266 页。

的公债，最大的是中央苏区经济建设公债 300 万元，最小的是鹤峰借券 1 万元。以粮食（担）为面额单位的公债，最大的是中央苏区秋收借谷 60 万担，最小的是闽北分苏为红军借谷 1.5 万担。二是前期发行数额小，后期发行数额大，越到后期数额越大。如中央苏区革命战争公债只有 60 万元，而后的二期公债 120 万元，再后来的经济建设公债就达到 300 万元。湘赣、湘鄂赣革命根据地也是如此，初期的湘赣革命战争公债 8 万元、湘鄂赣短期公债 5 万元，后期的湘赣二期公债、经济建设公债就达到了 20 万元，湘鄂赣二期公债也比前面的短期公债要多，达到 8 万元。之所以总体规模不是很大，主要是政权初建阶段，公债发行是一种尝试，根据地经济条件有限，群众对公债接纳意识还不浓厚，加上当时物价总体上相对稳定，所以发行公债数量相对较小。后期发行数额增大，主要是与当时严峻的革命形势有关。随着前方战争的日益残酷，红军数量急剧增多，部队给养问题愈发严重，财政紧张程度大大增加，所以需要发行公债的数量也就更大。

表 2 – 1　　　　　　　土地革命时期根据地公债发行数额情况

根据地名称	公债名称	发行时间	计划发行数额
湘鄂西革命根据地	鹤峰借券	1930 年春	2 万串（合银圆 1 万元）
	湘鄂西水利借券	1931 年冬	80 万元
中央革命根据地	中央苏区革命战争公债	1932 年 7 月	60 万元
	中央苏区二期公债	1932 年 11 月	120 万元
	中央苏区经济建设公债	1933 年 8 月	300 万元
	中央苏区临时借谷	1933 年 3 月	20 万担
	中央苏区六月借谷	1934 年 6 月	10 万担
	中央苏区秋收借谷	1934 年 7 月	60 万担
湘赣革命根据地	湘赣革命战争公债	1933 年 1 月	8 万元
	湘赣二期公债	1933 年 7 月	15 万元（实际印券 20 万元）
	湘赣经济建设公债	1933 年 11 月	20 万元
	湘赣收买谷子期票	1934 年 4 月	4 万元
湘鄂赣革命根据地	湘鄂赣短期公债	1932 年 12 月	5 万元
	湘鄂赣二期公债	1933 年 10 月	8 万元
	湘鄂赣经济建设公债	1933 年 7 月	不详

续表

根据地名称	公债名称	发行时间	计划发行数额
闽浙赣革命根据地	闽北分苏经济建设公债	1933 年 9 月	20 万元
	闽北分苏为红军借谷	1933 年 9 月	1.5 万担
	闽浙赣省决战公债	1934 年 7 月	10 万元

资料来源:

(1) 财政部财政科学研究所、财政部国债金融司编:《中国革命根据地债券文物集》,中国档案出版社 1999 年版,第 7～30 页。

(2)《财政人民委员部训令(财字第 6 号)——目前各级财政部的中心工作》,载《红色中华》1932 年 9 月 13 日第 6 版。

(3)《借二十万担谷子给红军》,载《红色中华》1933 年 2 月 16 日第 3 版。

(4) 刘崇明、祝迪润主编:《湘鄂西革命根据地货币史》,中国金融出版社 1996 年版,第 96 页。

(4) 陈潭秋:《为迅速完成二十四万担谷子而斗争》,载《红色中华》1934 年 7 月 14 日第 2 版。

(5) 中国社会科学院经济研究所中国现代经济组:《革命根据地经济史料选编 上》,江西人民出版社 1986 年版,第 486～487 页。

(6) 中国人民银行江西省分行金融研究所编:《中华苏维埃共和国国家银行湘赣省分行简史》,中共中央顾问委员会常务委员肖克同志题,1986 年版,第 159～160 页。

(7)《中共湘赣省委关于经济粮食突击总结与节省运动的决定》(1934 年 5 月 14 日),江西省档案局编:《防尘扫埃 地净天蓝 回望中央苏区反腐倡廉岁月》(下),江西人民出版社 2013 年版,第 579 页。

(8)《湘赣省苏维埃财政部增发二十万二期革命公债发行工作大纲》,江西省档案馆编:《湘赣革命根据地史料选编》(下),江西人民出版社 1984 年版,第 534 页。

(二) 抗日战争时期根据地公债发行数额

抗日战争时期,除了闽西南军政委员会借款凭票数额不详、陕甘宁边区政府 1941 年春季借粮是以石为券面单位、胶东区战时借用物品偿还券是以玉米数量作为券面单位之外,其余根据地公债都是以货币 (元) 作为券面单位。具体情况如下 (详见表 2-2):

总额为 1 亿元以上的公债有 2 项:晋察冀边区胜利建设公债 20 亿元,数额最大;豫鄂边区行政公署建国公债 5 亿～10 亿元 (边币)。

总额为 1000 万～1 亿元以下的公债有 1 项:东江纵队生产建设公债 7000 万元 (法币)。

总额为 100 万～1000 万元以下的公债有 5 项:晋冀鲁豫边区生产建设公债 750 万元 (冀钞),陕甘宁边区政府建设救国公债 500 万元 (国币),晋察冀边区行政委员会救国公债为 300 万元 (边币),1941 年豫鄂边区建设公债 100 万元 (法币),阜宁县政府建设公债 100 万元。

总额为 10 万～100 万元以下的公债有 6 项:冀鲁豫边区整理财政借款 98

万元（鲁西钞），冀南行政主任公署救灾公债50万元（国币），晋西北巩固农币公债30万元（银币），淮南津浦路西联防办事处战时公债20万元（法币），淮北路东专署救国公债10万元（法币），襄西区建设公债10万元（法币）。

总额为1万~10万元以下的公债有5项：豫鄂边区孝感县赈灾公债5万元（法币），湖东行政办事处1945年保卫秋收公债10万元（大江银行币），盱眙县政府财委会救国公债3万元（法币），定凤滁三县赈灾公债2万元（法币），最小的为文献伟公债1万元（银币）。

总体而言，抗日根据地建立初期公债发行数额较小，7项公债中只有晋察冀边区行政委员会救国公债300万元，其余各项公债都在100万元以下，定凤滁三县赈灾公债和盱眙县政府财委会救国公债分别只有2万~3万元。根据地严重困难时期公债发行数额有所增大，9项公债中有4项发行额在100万元以上，最高的晋冀鲁豫边区生产建设公债达750万元（冀钞）。到了抗日根据地恢复和发展时期，公债发行数额更大，6项公债中有3项在100万元以上。豫鄂边区行政公署建国公债达5亿~10亿元（边币），晋察冀边区胜利建设公债更是达20亿元。相对于土地革命时期根据地公债，抗日根据地公债数额明显要大得多，最大规模的晋察冀边区胜利建设公债20亿元，是土地革命时期最大数额公债——中央苏区经济建设公债300万元的667倍。抗战时期根据地公债发行数额明显增大，其原因，除了根据地范围逐渐扩大，抗战斗争形势的需要以及部分根据地经济条件好转之外，抗战后期通货膨胀日益严重、物价飞速上涨也是重要因素。晋察冀胜利建设公债、豫鄂边区建国公债、东江纵队建设公债这三项几千万、几亿、几十亿元数额的公债都是在1945年物价急剧上涨的背景下发行的。

表2-2 抗日战争时期根据地公债发行数额情况

时期	根据地名称	公债名称	发行时间	计划发行数额
根据地建立初期	闽西南革命根据地	闽西南借款凭票	1937年7月	不详
	晋察冀边区	晋察冀救国公债	1938年5月	300万元
	晋冀鲁豫边区	冀南救灾公债	1939年11月	50万元
		冀鲁豫整理财政借款	1940年7月	98万元

续表

时期	根据地名称	公债名称	发行时间	计划发行数额
根据地建立初期	华中抗日根据地	定凤滁赈灾公债	1940 年 5 月	2 万元
		盱眙救国公债	1940 年秋	3 万元
		淮北路东救国公债	1940 年	10 万元
根据地严重困难时期	陕甘宁边区	陕甘宁建设救国公债	1941 年 4 月	500 万元
		陕甘宁春季借粮	1941 年 4 月	4.8 万石
	豫鄂边区	襄西建设公债	1941 年 7 月	10 万元
		豫鄂边区建设公债	1941 年 10 月	100 万元
		孝感赈灾公债	1941 年	5 万元
	华中抗日根据地	阜宁建设公债	1941 年 2 月	100 万元
		淮南津浦路西战时公债	1941 年 9 月	20 万元
	晋冀鲁豫边区	晋冀鲁豫生产建设公债	1941 年 7 月	750 万元
	华南抗日根据地	文献伟公债	1942 年初	1 万元
恢复发展时期	晋西北抗日根据地	晋西北巩固农币公债	1943 年 1 月	30 万元
	山东抗日根据地	胶东借用物品偿还券	1944 年 12 月	未规定
	豫鄂边区	豫鄂边区建国公债	1945 年	5 亿~10 亿元
	华南抗日根据地	东江纵队生产建设公债	1945 年 4 月	7 千元
	华中抗日根据地	湖东保卫秋收公债	1945 年 7 月	10 万元
	晋察冀边区	晋察冀胜利建设公债	1945 年 9 月	20 亿元

资料来源:

（1）财政部财政科学研究所、财政部国债金融司编:《中国革命根据地债券文物集》,中国档案出版社 1999 年版,第 30~52、前言第 30 页。

（2）杨秀峰:《杨秀峰文存》,人民法院出版社 1997 年版,第 188~189 页。

（3）中国财政科学研究院主编:《抗日战争时期陕甘宁边区财政经济史料摘编 第 6 编 财政》,长江文艺出版社 2016 年版,第 422 页。

（4）《襄西区建设公债券说明》,载《财政研究资料》1981 年第 31 期,第 22 页。

（5）山西省史志研究院编:《山西通志 第 29 卷 财政志》,中华书局 1997 年版,第 236 页。

（6）刘磊:《试论华南抗日根据地财政工作特征》,财政部财政科学研究所编:《抗日根据地的财政经济》,中国财政经济出版社 1987 年版,第 337 页。

（7）巢湖市地方志编纂委员会办公室编:《巢湖市志》,黄山书社 1992 年版,第 587 页。

（三）解放战争时期根据地公债发行数额

解放战争时期,有 11 项公债未明确规定发行总额或总额不详。如:双城县政府治安保民公债,松江省第一行政专署胜利公债,陕甘宁边区征购地主土地公债，皖南人民解放军长江纵队救国公债，苏皖边区第六行政区赔偿战时人民损失公债，苏皖边区第六行政区补偿中农损失公债，淮海区粮草公债，中原野战军借粮证，云南人民革命公债（4 月），琼崖临时民主政府支援前线借粮，粤桂边区人民解放军20 团、21 团联合发行胜利公债。明确规定了发行总额的公债中，也有分别以货币、粮食（或其他物品）作为券面单位的公债。具体情况如下（详见表 2 - 3）：

（1）以货币为券面单位的公债有 13 项，最大额 150 亿元，最小额 40 万元。

总额为 1 亿元及以上的公债有 4 项：嫩江省生产建设折实公债数额最大 150 亿元，其次为胶东区爱国自卫公债 20 亿元，大连市政建设公债 3 亿元，齐齐哈尔市市政建设有奖公债 1 亿元。

总额为 1000 万 ~ 1 亿元以下的公债有 4 项：苏皖边区政府救灾公债边币 9000 万元，哈尔滨市建设复兴公债 8000 万元，大连县生产建设公债 2220 万元，潮梅、东北江行政委员会 1949 年胜利公债 1000 万元。

总额为 100 万 ~ 1000 万元以下的公债有 3 项：东安地区行政专员公署建设公债 500 万元，呼兰县建国公债 500 万元，华南胜利公债 500 万元及黄金 2 万两。

总额为 10 万 ~ 100 万元以下的公债有 2 项：云南人民革命公债（8 月）70 万元，琼崖临时人民政府解放公债数额最小，为 40 万元。

（2）以粮食（或实物）为券面单位的公债有 6 项。粤赣湘边区公粮公债和潮梅公粮公债均为 15 万石，其次为粤桂边区公粮公债 5 万担，北江支队胜利公债 0.5 万担（稻谷），中国人民解放军闽粤赣纵队军粮公债 1750 万斤（米）。另外，东北生产建设实物有奖公债 600 万分。

解放战争时期根据地公债发行数额比抗日战争时期根据地公债发行数额又要更大，这里同样是一方面革命战争形势的发展需要更多的公债款项争取最后的胜利，解放区范围迅速扩大为公债发行提供了更多的条件；另一方面，全国通货膨胀已经到了极其严重的地步，物价出奇高涨，货币急剧贬值，小面额公债完全不能解决财政需要。

整个新民主主义革命时期根据地发行的公债，从单项公债来看，数额最小的是土地革命时期的鹤峰借券、抗日战争时期的文献伟公债，数额只有 1 万元；数额最大的是解放战争时期的嫩江省生产建设折实公债，150 亿元。从时间上看，1931 ~ 1944 年的公债发行数额不太大，数额最大的为几百万元；

但在 1945～1949 年公债发行数额就非常大，不少公债数额超过 1 亿元，嫩江省生产建设折实公债更是达到 150 亿元。从根据地公债发行实践中，可以得知影响根据地公债规模的三个主要因素：一是根据地财政赤字的大小，即财政的需要程度，确定公债发行的必要数额。二是根据地经济条件的好坏，即能否提供更多的社会资金，确定公债发行的可能数额。三是通货膨胀程度，货币贬值的大小，也在很大程度上影响着公债发行规模的大小。

表 2－3　　　　　　　　解放战争时期根据地公债发行数额情况

时期	根据地	公债名称	发行时间	计划发行数额
争取和平民主建国时期	华东解放区	苏皖救灾公债	1946 年 4 月	9000 万元
	东北解放区	双城治安公债	1946 年 1 月	不详
		松江一专署胜利公债	1946 年 6 月	不详
		哈尔滨建设复兴公债	1946 年 8 月	8000 万元
		东安建设公债	1946 年 10 月	500 万元
		大连市政建设公债	1946 年 12 月	3 亿元
		大连县生产建设公债	1946 年 12 月	2220 万元
		呼兰县建国公债	1947 年上半年	500 万元
		齐齐哈尔市政建设有奖公债	1947 年 6 月	1 亿元
自卫防御战争时期	陕甘宁边区	陕甘宁征购地主土地公债	1946 年 12 月	不详
	华东解放区	长江纵队救国公债	1947 年上半年	不详
		苏皖六区赔偿人民损失公债	1947 年 7 月	不详
		苏皖六区补偿中农损失公债	1947 年 7 月	不详
		胶东爱国自卫公债	1947 年 9 月	20 亿元
		淮海区粮草公债	1947 年	不详
	中原解放区	中原野战军借粮证	1947 年 3 月	不详
战略进攻时期	东北解放区	东北生产建设实物有奖公债	1949 年 3 月	600 万分
		嫩江生产建设折实公债	1949 年 4 月	150 亿元
	华南解放区	粤赣湘公粮公债	1949 年 1 月	15 万担
		云南人民革命公债（4 月）	1949 年 4 月	不详
		云南人民革命公债（8 月）	1949 年 8 月	70 万元
		粤桂边区公粮公债	1949 年 6 月	5 万担

续表

时期	根据地	公债名称	发行时间	计划发行数额
战略进攻 时期	华南解放区	潮梅、东北江胜利公债	1949 年 8 月	1000 万元
		北江支队胜利公债	1949 年夏	0.5 万担
		华南联名胜利公债	1949 年夏	港币 500 万元 黄金 2 万两
		闽粤赣纵队军粮公债	1949 年 7 月	1750 万斤
		潮梅公粮公债	1949 年 7 月	15 万石
		粤桂解放军 20 团、21 团胜利公债	1949 年下半年	不详
		琼崖支援前线借粮	1949 年 2 月	不详
		琼崖人民解放公债	1950 年 4 月	40 万元

　　资料来源：财政部财政科学研究所、财政部国债金融司编：《中国革命根据地债券文物集》，中国档案出版社 1999 年版，第 52～90 页。

二、发行利率

　　公债发行的利息问题，包括利率规定及利息支付的次数与时期两个方面。这里主要讨论革命根据地公债发行的利率规定。一般而言，决定利率高低的因素包括三种：一是金融市场的利率水准。公债利率原则上应依据金融市场的利率来决定，它应与金融市场上的利率水平相一致。如果公债利率过低，则难以发行。但反过来如果公债利率过高，则增加国家负担，而且还可能引起市场利率的上升，妨碍工商业的发展。总的来看，市场利率从根本上决定着公债利率，这是经济决定财政、金融从而也决定公债的根本表现。二是国家信用。如果国家信用高，公债利率即使在一定程度上低于市场利率，也不难以售出。这是因为应募者尽管获得的投资收益相对低，但投资确是可靠的和稳妥的，而其他方面的投资相对于公债投资风险程度较高，发生投资损失的可能性也较大。因而投资者宁愿放弃高利收益而投资于公债，以谋求收益的安全可靠。反之，如果政府的信用程度较差，则公债利率必须高于市场利率才能顺利出售。因为应募者如果不能取得较高的利息以补偿信用不良所可能付出的代价，则不愿意承购公债。三是社会资金的供给量。社会资金供给量较大，公债利率即使低些，也会吸引足够的应募者。若社会资金供给量小，公债利率则要高些，才能更好地完成公债募集任务。一般而言，早期的公债利率较高，现代公债利率较低；经济发达国家公债利率较低，而经济欠发达或较为落后的国家公债利率则相对较高。①

（一）土地革命时期根据地公债发行利率情况

土地革命时期，除了湘鄂赣省经济建设公债利率不详之外，其他根据地公债发行利率情况详见表2－4和表2－5。

（1）发行年利率在1分及以上的公债有7项，占38.89%，最高的是鹤峰借券一年后加倍返还，其他如中华苏维埃共和国革命战争公债、中华苏维埃共和国二期革命战争公债、湘赣省革命战争公债、湘赣省二期革命战争公债、湘鄂赣省短期公债、闽浙赣省决战公债年息均为1分。

（2）年利率在5厘至1分的公债有4项，占22.22%，如：湘鄂赣省二期革命战争公债年息6厘，中华苏维埃共和国经济建设公债、湘赣省补发二期革命（经济建设）公债、闽北分苏经济建设公债年息均为5厘。

（3）无利息的公债有6项，占33.33%，如：湘鄂西水利借券、中华苏维埃共和国临时借谷、中华苏维埃共和国六月借谷、中华苏维埃共和国秋收借谷、湘赣省收买谷子期票、闽北分苏为红军借谷。

总体而言，土地革命时期根据地公债发行利率普遍偏高，这与当时全国范围银行利率较高有关；同时，根据地公债大多是初次发行，民众对此不了解，利息太低，不利于吸引群众购买。

表2－4　　　　　　　土地革命时期根据地公债发行利率情况

根据地	公债名称	发行利率
湘鄂西革命根据地	湘鄂西鹤峰借券	一年后加倍返还
	湘鄂西水利借券	无
中央革命根据地	中央苏区革命战争公债	年息1分
	中央苏区二期公债	年息1分
	中央苏区经济建设公债	年息5厘
	中央苏区临时借谷	无（1）
	中央苏区六月借谷	无（1）
	中央苏区秋收借谷	无（1）

---

① 邓子基：《公债经济学　公债历史、现状与理论分析》，中国财政经济出版社1990年版，第354～355页。

续表

根据地	公债名称	发行利率
湘赣革命根据地	湘赣革命战争公债	年息1分
	湘赣二期公债	年息1分
	湘赣经济建设公债	年息5厘
	湘赣收买谷子期票	无
湘鄂赣革命根据地	湘鄂赣短期公债	年息1分
	湘鄂赣二期公债	年息6厘
	湘鄂赣经济建设公债	不详
闽浙赣革命根据地	闽北分苏经济建设公债	年息5厘（2）
	闽北分苏为红军借谷	无（1）
	闽浙赣省决战公债	年息1分

注：

（1）中央苏区临时借谷、六月借谷、秋收借谷，湘赣省收买谷子期票、闽北分苏为红军借谷，均未见条例说明发行利率，但根据当时情形，可判定这些借谷均不计利息。

（2）闽北分苏经济建设公债，未见条例说明发行利率，但根据闽北分苏行政部向各县发出《训令》指出的"各级财政部根据中央（发行300万经济建设公债工作大纲）去布置工作和宣传"，可推定为年息5厘。见：财政部财政科学研究所、财政部国债金融司编：《中国革命根据地债券文物集》，中国档案出版社1999年版，第29页。

资料来源：财政部财政科学研究所、财政部国债金融司编：《中国革命根据地债券文物集》，中国档案出版社1999年版，第7~30页。

表2-5　　　　　　　　　　土地革命时期根据地公债发行利率分类

利率类别	序号	债项名称	所占项数比例（%）
年息1分以上	1	湘鄂西鹤峰借券	5.56
年息1分	1	中央苏区革命战争公债	33.33
	2	中央苏区二期公债	
	3	湘赣革命战争公债	
	4	湘赣二期公债	
	5	湘鄂赣短期公债	
	6	闽浙赣决战公债	
年息6厘	1	湘鄂赣二期公债	5.56

续表

利率类别	序号	债项名称	所占项数比例（％）
年息5厘	1	中央苏区经济建设公债	16.66
	2	湘赣补发二期（经济建设）公债	
	3	闽北分苏经济建设公债	
无利息	1	湘鄂西水利借券	33.33
	2	中央苏区临时借谷	
	3	中央苏区六月借谷	
	4	中央苏区秋收借谷	
	5	湘赣收买谷子期票	
	6	闽北分苏为红军借谷	
不详	1	湘鄂赣经济建设公债	5.56
债项总计	18		100

资料来源：同表2-4。

（二）抗日战争时期根据地公债发行利率情况

抗日战争时期，闽西南军政委员会借款凭票、冀南行政主任公署救灾公债、淮北路东专署救国公债、阜宁县政府建设公债、淮南津浦路西联防办事处战时公债等5项公债发行利率情况不详，其他根据地公债发行利率情况详见表2-6和表2-7。

（1）年息1分及以上的公债有4项，占18.18％，最高的是湖东行政办事处1945年保卫秋收公债月息2分，其次是文献伟公债和东江纵队生产建设公债年息1分5厘，再次是晋察冀边区胜利建设公债年息1分。

（2）年息5厘至1分的公债有8项，占36.36％，如：陕甘宁边区政府建设救国公债年息7.5厘，襄西区建设公债月息6厘，盱眙县政府财委会救国公债年息6厘，豫鄂边区孝感县赈灾公债月息5厘，1941年豫鄂边区建设公债、晋冀鲁豫边区生产建设公债、晋西北巩固农币公债、豫鄂边区行政公署建国公债等4项年息5厘。

（3）年息5厘以下的公债有2项，占9.09％，即：晋察冀边区行政委员会救国公债、定凤滁三县赈灾公债年息4厘。

（4）无利息的公债有3项，占13.63％，即：冀鲁豫边区整理财政借款、陕甘宁边区政府1941年春季借粮、胶东区战时借用物品偿还券。

从上面数据可看出，抗日根据地公债发行利率总体上处于较为正常的水平。

表 2 - 6　　　　　　　　抗日战争时期根据地公债发行利率情况

时期	根据地名称	公债名称	发行利率
根据地建立初期	闽西南革命根据地	闽西南借款凭票	不详
	晋察冀边区	晋察冀救国公债	年息4厘
	晋冀鲁豫边区	冀南救灾公债	不详
		冀鲁豫整理财政借款	无利息
	华中抗日根据地	定凤滁赈灾公债	年息4厘
		盱眙救国公债	年息6厘
		淮北路东救国公债	不详
根据地困难时期	陕甘宁边区	陕甘宁建设救国公债	年息7厘5毫
		陕甘宁春季借粮	无
	豫鄂边区	襄西建设公债	月息6厘
		豫鄂边区建设公债	年息5厘
		孝感赈灾公债	月息5厘
	华中抗日根据地	阜宁建设公债	不详
		淮南津浦路西战时公债	不详
	晋冀鲁豫边区	晋冀鲁豫生产建设公债	年息5厘
	华南抗日根据地	文献伟公债	年息1.5分（1）
根据地恢复和发展时期	晋西北抗日根据地	晋西北巩固农币公债	年息5厘
	山东抗日根据地	胶东借用物品偿还券	无
	豫鄂边区	豫鄂边区建国公债	年息5厘
	华南抗日根据地	东江纵队建设公债	年息1分5厘
	华中抗日根据地	湖东保卫秋收公债	月息2分
	晋察冀边区	晋察冀胜利建设公债	年息1分

注：（1）《广东省志·财政志》记录，文献伟公债发行利率1.5分。1954年9月6日，中国人民银行广东省分行向海南岛分行发布文献伟公债偿还办法，确定遗留债券利率为年息5厘。见：广东省地方史志编纂委员会编：《广东省志　财政志》，广东人民出版社1999年版，第167页；《中国人民银行广东省分行关于海南文献伟公债偿还办法正》[（54）省库机字第三十五号]（1954年9月6日），中国钱币学会广东分会、海南钱币学会、汕头钱币学会、珠海钱币学会筹备组：《华南革命根据地货币金融史料选编》，广东省怀集人民印刷厂1991年版，第626～627页。

资料来源：

（1）财政部财政科学研究所、财政部国债金融司编：《中国革命根据地债券文物集》，中国档案出版社1999年版，第30～52页。

（2）中国人民银行金融研究所财政部财政科学研究所编：《中国革命根据地货币》（下），文物出版社1982年版，第141页。

（3）《襄西区建设公债券说明》，载《财政研究资料》1981年第31期，第22页。

表 2 - 7　　　　　　　　　　抗日战争时期根据地公债发行利率分类

利率类别	项数	债项名称	项数所占比例（%）
年息 1 分及以上	4	湖东保卫秋收公债	18.18
		文献伟公债	
		东江纵队生产建设公债	
		晋察冀边区胜利建设公债	
年息 5 厘至 1 分	8	陕甘宁建设救国公债	36.36
		襄西区建设公债	
		盱眙县救国公债	
		孝感县赈灾公债	
		豫鄂边区建设公债	
		晋冀鲁豫生产建设公债	
		晋西北巩固农币公债	
		豫鄂边区建国公债	
年息 5 厘以下	2	晋察冀边区救国公债	9.09
		定凤滁三县赈灾公债	
无利息	3	冀鲁豫边区整理财政借款	13.63
		陕甘宁边区春季借粮	
		胶东区战时借用物品偿还券	
不详	5	闽西南借款凭票	22.72
		冀南救灾公债	
		淮北路东专署救国公债	
		阜宁县政府建设公债	
		淮南津浦路西战时公债	
债项总计	22		100

资料来源：同表 2 - 6。

（三）解放战争时期根据地公债发行利率情况

解放战争时期，除了双城县政府治安保民公债、嫩江省生产建设折实公债 2 项发行利率不详之外，其他根据地公债都有发行利率相关记载，具体情况详见表 2 - 8 和表 2 - 9。

（1）年息 1 分及以上的公债有 11 项，占 37%，如：苏皖边区政府救灾公债月息 2 分；松江省第一行政专署胜利公债、东安地区行政专员公署建设公债、呼兰县建国公债、粤桂边区公粮公债年息 1 分；苏皖边区第六行政区补偿中农损失公债利息，在 1947 年秋季归还者为归还粮额 10%，在 1948 年麦季归还者为归还粮额 15%，在 1948 年秋季归还者为归还粮额 20%；苏皖边区第六行政区赔偿战时人民损失公债利息，在 1948 年夏季偿还者为偿还粮额 10%，1948 年秋季偿还者为偿还粮额 15%，1949 年夏季偿还者为偿还额 20%，1949 年秋季偿还者为 25%；胶东区爱国自卫公债利息为 1 分 5 厘；粤赣湘边区公粮公债月息谷 2 斤；粤桂边区人民解放军 20 团、21 团联合发行胜利公债年利率 20%；北江支队胜利公债年利 2 分。

（2）年息 5 厘至 1 分的公债有 8 项，占 26.67%，如：哈尔滨市建设复兴公债、大连市政建设公债、大连县生产建设公债年利 8 厘，齐齐哈尔市市政建设有奖公债、陕甘宁边区征购地主土地公债、琼崖临时人民政府解放公债年息 5 厘，潮梅、东北江行政委员会 1949 年胜利公债、华南联名胜利公债年息 6 厘。

（3）年息 5 厘以下的公债有 5 项，占 17%，如：皖南人民解放军长江纵队救国公债年利 1.5 厘，云南人民革命公债（8 月发行）年息 3 厘，东北生产建设实物有奖公债年息 2 厘，另给奖金 2 厘，中国人民解放军闽粤赣纵队军粮公债、潮梅公粮公债年息 4 厘。

（4）不计利息或未规定利息的公债有 4 项，如：淮海区粮草公债，中原野战军借粮证，云南人民革命公债（4 月），琼崖临时民主政府支援前线借粮。

可见，解放战争时期，革命根据地公债发行利率普遍偏高，这与当时全国严重的通货膨胀形势有紧密的联系。

表 2 - 8　　　　　　　　解放战争时期根据地公债发行利率情况一览

时期	根据地名称	公债名称	发行利率
争取和平民主建国时期	华东解放区	苏皖救灾公债	月息 2 分
	东北解放区	双城治安公债	不详
		松江一专署胜利公债	年利 1 分
		哈尔滨建设公债	年息 8 厘

续表

时期	根据地名称	公债名称	发行利率
争取和平民主建国时期	东北解放区	东安建设公债	年利1分（单利计算）
		大连市政建设公债	年利8厘
		大连县生产建设公债	年利8厘
		呼兰县建国公债	年息1分（单利计算）
		齐齐哈尔市政建设公债	周年5厘
自卫防御战争时期	陕甘宁边区	陕甘宁征购地主土地公债	年息5%
	华东解放区	长江纵队救国公债	年利1.5%
		苏皖六区补偿中农损失公债	1947年秋季归还者为归还粮额10% 1948年麦季归还者为归还粮额15% 1948年秋季归还者为归还粮额20%
		苏皖六区赔偿人民损失公债	1948年夏季偿还者为偿还粮额10% 1948年秋季偿还者为偿还粮额15% 1949年夏季偿还者为偿还额20% 1949年秋季偿还者为25%
		胶东爱国自卫公债	按1分5厘给息
		淮海粮草公债	未规定利息
	中原解放区	中原野战军借粮证	未规定利息
战略进攻时期	东北解放区	东北生产建设实物有奖公债	周息2厘，另给奖金2厘
		嫩江生产建设折实公债	不详
	华南解放区	粤赣湘公粮公债	月息谷2斤
		云南人民革命公债（4月）	不计利息
		云南人民革命公债（8月）	年利3%
		粤桂公粮公债	年利1分
		潮梅、东北江胜利公债	年息6厘
		北江支队胜利公债	年利2分
		华南联名胜利公债	年息6厘
		闽粤赣纵队军粮公债	年息4厘
		潮梅公粮公债	年息4厘
		粤桂解放军20团、21团胜利公债	年利20%
		琼崖支援前线借粮	无利息
		琼崖人民解放公债	年利5厘

资料来源：财政部财政科学研究所、财政部国债金融司编：《中国革命根据地债券文物集》，中国档案出版社1999年版，第52~90页。

表 2 - 9　　　　解放战争时期根据地公债发行利率分类情况一览

利率类别	项数	债项名称	项数所占比例（%）
年息 1 分及以上	11	苏皖救灾公债	40
		松江一专署胜利公债	
		东安建设公债	
		呼兰县建国公债	
		粤桂边区公粮公债	
		苏皖六区赔偿人民损失公债	
		苏皖六区补偿中农损失公债	
		胶东爱国自卫公债	
		东北生产建设实物有奖公债	
		粤赣湘公粮公债	
		粤桂解放军 20 团、21 团胜利公债	
		北江支队胜利公债	
年息 5 厘至 1 分	8	哈尔滨市建设复兴公债	26.67
		大连市政建设公债	
		大连县生产建设公债	
		齐齐哈尔市政建设有奖公债	
		陕甘宁征购地主土地公债	
		琼崖人民解放公债	
		潮梅、东北江胜利公债	
		华南联名胜利公债	
年息 5 厘以下	4	长江纵队救国公债	13.33
		云南人民革命公债（8 月）	
		闽粤赣纵队军粮公债	
		潮梅公粮公债	
无利息	4	淮海区粮草公债	13.33
		中原野战军借粮证	
		云南人民革命公债（4 月）	
		琼崖支援前线借粮	
不详	2	双城治安公债	6.67
		嫩江生产建设折实公债	
总计	30		100

资料来源：同表 2 - 8。

三、发行价格

公债发行的价格一般有三种：一是平价发行。这种发行方法，从理论上看，不影响生产资本而对产业不产生危害，也不致产生投机买卖的弊端。但要平价发行公债，有赖于政府信用的健全与国民资金的充裕。二是溢价发行。这种发行方法，除非将公债利息提高到较市场利息优厚的水平，使购买者有利可图而宁愿付出公债券名义价值更高的承购款，才可以顺利推行。三是折价发行。这种方法，由于将来公债本金的偿还额高于债权人承购公债时的支付额，在发行认购时即已向债权人提供了一笔收益，故容易推销，但政府负担过重。以上三种方法，在平时国家信用良好，社会资金又充裕时，应以平价发行为正当的方法。至于折价发行，实质上是为解决财政困难需尽快筹募经费的方法。与其折价发行，不如照票面名义价值平价发行并规定较高的利率来得有利。利率较高虽然在平时可能增加国家的负担，但折价发行也同样存在这种负担，并且平价发行还可以在将来伺机进行公债调换以降低利息。[①]

革命根据地公债发行价格，绝大多数是平价发行，只有极少数公债是折价发行。

土地革命时期，根据地发行的所有公债，均是平价发行，未见有折扣规定，详见表 2 - 10。

抗日战争时期，晋察冀边区行政委员会救国公债、陕甘宁边区政府建设救国公债、晋冀鲁豫边区生产建设公债、晋察冀边区胜利建设公债 4 项公债明确规定是照票面十足发行，其他根据地公债也均未发现有发行折扣，详见表 2 - 11。

解放战争时期，有 8 项公债明确规定按照公债票面额十足发行或无折扣发行，即：苏皖边区政府救灾公债、哈尔滨市建设复兴公债、东安地区行政专员公署建设公债、呼兰县建国公债、潮梅、东北江行政委员会 1949 年胜利公债、中国人民解放军闽粤赣纵队军粮公债、潮梅公粮公债、中原野战军借粮证。另外，粤赣湘边区公粮公债规定九折实收，1 成为预付利息；琼崖临时人民政府

---

① 邓子基等：《公债经济学——公债历史、现状与理论分析》，中国财政经济出版社 1990 年版，第 352～354 页。

解放公债规定以市面十足行使的银圆为标准发行（成色不足银圆以流通价格购买）。实际上这 2 项也是十足发行。另外 17 项公债未发现有发行折扣。只有大连市政建设公债、大连县生产建设公债 2 项公债，是为了照顾地方习惯以九六折扣出售；淮海区粮草公债中，甲种粮草公债按票面八五折计算，乙种粮草公债按票面八折计算，详见表 2 - 12。

纵观整个新民主主义革命时期，根据地发行的公债，总共只有 3 项公债是明确规定了有发行折扣，而其余数十项公债均明确规定按票面十足发行或者未发现有折扣发行。这与国民政府发行的公债具有明显的不同。国民政府在1927～1937 年发行的 57 项公债中，至少有 37 项公债规定了发行折扣，或是以九八折，或是以九折发行。高利率、大折扣的办法虽然使国民政府能够发行大量的债券，扩充了政府的财源，保持了预算的平衡（尽管是赤字借贷平衡），但这也使国民政府付出了沉重的代价，在财政上造成了巨大的浪费。[①] 革命根据地公债发行则有效避免了这一点。

表 2 - 10　　　　　　　　土地革命时期根据地公债发行价格情况

根据地	公债名称	发行价格
湘鄂西革命根据地	湘鄂西鹤峰借券	未规定折扣
	湘鄂西水利借券	未规定折扣
中央革命根据地	中央苏区革命战争公债	未规定折扣
	中央苏区二期公债	未规定折扣
	中央苏区经济建设公债	未规定折扣
	中央苏区临时借谷	未规定折扣
	中央苏区六月借谷	未规定折扣
	中央苏区秋收借谷	未规定折扣
湘赣革命根据地	湘赣革命战争公债	未规定折扣
	湘赣二期公债	未规定折扣
	湘赣经济建设公债	未规定折扣
	湘赣收买谷子期票	未规定折扣

---

① 潘国琪：《国民政府 1927～1949 年的国内公债研究》，经济科学出版社 2003 年版，第 96 页。

续表

根据地	公债名称	发行价格
湘鄂赣革命根据地	湘鄂赣短期公债	未规定折扣
	湘鄂赣二期公债	未规定折扣
	湘鄂赣经济建设公债	未规定折扣
闽浙赣革命根据地	闽北分苏经济建设公债	未规定折扣
	闽北分苏为红军借谷	未规定折扣
	闽浙赣省决战公债	未规定折扣

资料来源：
（1）财政部财政科学研究所、财政部国债金融司编：《中国革命根据地债券文物集》，中国档案出版社1999年版，第7～30页。
（2）《发行第二期公债条例》，载《红色中华》1932年11月1日第2版。

表 2 – 11 　　　　　　　　　抗日战争时期根据地公债发行价格情况

时期	根据地名称	公债名称	发行价格
根据地建立初期	闽西南革命根据地	闽西南借款凭票	未规定折扣
	晋察冀边区	晋察冀救国公债	照票面十足发行
	晋冀鲁豫边区	冀南救灾公债	未规定折扣
		冀鲁豫整理财政借款	未规定折扣
	华中抗日根据地	定凤滁赈灾公债	未规定折扣
		盱眙救国公债	未规定折扣
		淮北路东救国公债	未规定折扣
根据地严重困难时期	陕甘宁边区	陕甘宁建设救国公债	照票面十足发行
		陕甘宁春季借粮	未规定折扣
	豫鄂边区	襄西建设公债	未规定折扣
		豫鄂边区建设公债	未规定折扣
		孝感赈灾公债	未规定折扣
	华中抗日根据地	阜宁建设公债	未规定折扣
		淮南津浦路西战时公债	不详
	晋冀鲁豫边区	晋冀鲁豫生产建设公债	照票面十足发行
	华南抗日根据地	文献伟公债	不详

续表

时期	根据地名称	公债名称	发行价格
恢复发展时期	晋西北抗日根据地	晋西北巩固农币公债	未规定折扣
	山东抗日根据地	胶东借用物品偿还券	未规定折扣
	豫鄂边区	豫鄂边区建国公债	未规定折扣
	华南抗日根据地	东江纵队建设公债	未规定折扣
	华中抗日根据地	湖东保卫秋收公债	未规定折扣
	晋察冀边区	晋察冀胜利建设公债	照票面十足发行

资料来源：

（1）财政部财政科学研究所、财政部国债金融司编：《中国革命根据地债券文物集》，中国档案出版社1999年版，第30～52页。

（2）《襄西区建设公债券说明》，载《财政研究资料》1981年第31期，第22页。

（3）符思之：《发行"文献伟"公债的回忆》，海南行政区财经税收史领导小组办公室、海南行政区档案馆编：《琼崖革命根据地财经税收史料选编》（革命回忆录部分），海南人民出版社1984年版，第40～41页。

（4）山西地方志编纂委员会办公室编：《山西金融志（上册）》（初稿），1984年版，第99页。

表 2 – 12　　　　　　　　　　解放战争时期根据地公债发行价格情况

	根据地名称	公债名称	发行价格
争取和平民主建国时期	华东解放区	苏皖救灾公债	按票面十足发行
	东北解放区	双城治安公债	不详
		松江胜利公债	未规定折扣
		哈尔滨建设公债	照票面实收，不折不扣
		东安建设公债	以票面金额为发行价格
		大连市政建设公债	照顾地方习惯以九六折出售
		大连县生产建设公债	照顾地方习惯以九六折出售
		呼兰县建国公债	发行价格为票面金额
		齐齐哈尔市政建设公债	未规定折扣
自卫防御战争时期	陕甘宁边区	陕甘宁征购土地公债	未规定折扣
	华东解放区	长江纵队救国公债	未规定折扣
		苏皖六区补偿中农损失公债	未规定折扣
		苏皖六区赔偿人民损失公债	未规定折扣
		胶东爱国自卫公债	未规定折扣

续表

	根据地名称	公债名称	发行价格
自卫防御战争时期	华东解放区	淮海粮草公债	甲种粮草公债按票面八五折计算；乙种粮草公债按票面八折计算
	中原解放区	中原野战军借粮证	无折扣
战略进攻时期	东北解放区	东北生产建设实物有奖公债	未规定折扣
		嫩江生产建设折实公债	不详
	华南解放区	粤赣湘公粮公债	九折实收，一成为预付利息
		云南人民革命公债（4月）	未规定折扣
		云南人民革命公债（8月）	未规定折扣
		粤桂公粮公债	未规定折扣
		潮梅、东北江胜利公债	照票面十足发行
		北江支队胜利公债	未规定折扣
		华南联名胜利公债	未规定折扣
		闽粤赣纵队军粮公债	照面额十足发行
		潮梅公粮公债	照面额十足发行
		粤桂解放军20团、21团胜利公债	未规定折扣
		琼崖支援前线借粮	未规定折扣
		琼崖解放公债	十足银圆标准发行（成色不足银圆以流通价格购买）

　　资料来源：财政部财政科学研究所、财政部国债金融司编：《中国革命根据地债券文物集》，中国档案出版社 1999 年版，第 52～90 页。

四、公债面额单位

　　革命根据地公债的面额单位有两种，一种是货币，一种是粮食或其他实物。根据这两种债券面额单位，根据地发行的公债可以分为货币公债和实物公债两种形式。

（一）土地革命时期根据地公债的面额单位

　　土地革命时期，根据地面额单位情况详见表 2–13 和表 2–14。

1. 货币公债

　　土地革命时期根据地发行的 18 项公债中，有 14 项是货币公债。鹤峰借券使用的面额单位是铜币（串），占苏区公债项次的5.6%；其余13项公债面额使用的面额单位都是国币（元），占72.2%。这一时期根据地发行的公债所使用的货币都是国币，即根据地自己发行的货币，而非国民政府发行的法币，这是因为革命根据地遭到国民政府的军事围剿和经济封锁，根据地财政经济建设完全需要自主解决。

2. 实物公债

土地革命时期根据地发行的公债，有4项是实物公债，即：中央苏区临时借谷、中央苏区六月借谷、中央苏区秋收借谷、闽北分苏为红军借谷等4次借谷券面额是以谷子（担）为单位，占苏区公债项次总数的22.2%。之所以会有以谷子（担）为面额单位的各项借谷（即实物公债）的出现，一是因为根据地群众大多手中只有粮食，而现金缺乏，只能提供粮食给革命政权；二是因为在国民党政府军队的大肆围剿之下，根据地政权最迫切需要解决的是红军粮食短缺问题。因此，在根据地反"围剿"战争进入异常残酷阶段，就以直接向群众借粮食的办法解决红军粮食问题。此前，中国历届政府发行的公债都是以货币作为券面单位的，革命根据地实物公债的出现，在我国公债史上，"开创了粮食公债的先例"①。它为解决战时军粮的急需，提供了十分有益的经验。

表2-13　　　　　　　　土地革命时期根据地公债面额单位情况

根据地	公债名称	公债面额单位
湘鄂西革命根据地	湘鄂西鹤峰借券	铜币（串）
	湘鄂西水利借券（1）	国币（元）
中央革命根据地	中央苏区革命战争公债（2）	国币（元）
	中央苏区二期公债	国币（元）
	中央苏区经济建设公债	国币（元）
	中央苏区临时借谷	谷子（担）
	中央苏区六月借谷	谷子（担）
	中央苏区秋收借谷	谷子（担）

---

① 财政部财政科学研究所、财政部国债金融司编：《中国革命根据地债券文物集》，中国档案出版社1999年版，第3页。

续表

根据地	公债名称	公债面额单位
湘赣革命根据地	湘赣革命战争公债	国币（元）
	湘赣二期公债	国币（元）
	湘赣经济建设公债	国币（元）
	湘赣收买谷子期票	国币（元）
湘鄂赣革命根据地	湘鄂赣短期公债	国币（元）
	湘鄂赣二期公债	国币（元）
	湘鄂赣经济建设公债（3）	国币（元）
闽浙赣革命根据地	闽北分苏经济建设公债（4）	国币（元）
	闽北分苏为红军借谷	谷子（担）
	闽浙赣省决战公债	国币（元）

注：

（1）湘鄂西水利借券没有明确资料显示其面额单位。但根据《中国革命根据地货币》记载，为了统一货币制度，使用中华苏维埃共和国国家银行的货币，1931 年 11 月以后，湘鄂西省农民银行发行了中华苏维埃共和国国家银行湘鄂西特区分行银币券，流通于湘鄂西革命根据地，1933 年红军主力退出湘鄂西根据地后，中华苏维埃共和国国家银行湘鄂西特区分行银币券即停止发行，1931 年冬发行的湘鄂西水利借券货币单位应是国家银行湘鄂西特区分行银币券（即国币）。

（2）为统一中央苏区的货币制度，1932 年 7 月，中华苏维埃共和国国家银行开始发行银币券（面额有 5 分、1 角、2 角、5 角、1 元五种），同时还发行银币和铜币。1934 年 10 月红军主力撤离中央苏区后，国家银行银币券、银币、铜币停止发行。中央苏区各项公债面额单位——国币，即中华苏维埃共和国国家银行发行的货币。

（3）湘鄂赣省经济建设公债券面单位没有明确资料记载，但根据中央苏区及其他苏区发行的经济建设公债券面单位情况，湘鄂赣省经济建设公债也应是使用国币。

（4）闽北分苏经济建设公债面额单位没有明确资料记载。根据闽北分苏行政部向各县发出的《训令》可知，该公债主要是依据中央苏区经济建设公债工作大纲相关精神而发行，因此，可推定该项公债货币单位为国币。

资料来源：

（1）财政部财政科学研究所、财政部国债金融司编：《中国革命根据地债券文物集》，中国档案出版社 1999 年版，第 7～30 页。

（2）中国人民银行金融研究所：《中国革命根据地货币》（上），文物出版社 1982 年版，第 45 页。

表 2－14　　　　　　　　土地革命时期根据地公债面额单位分类情况

货币或券面单位	序号	债项名称	所占次数比例（%）
国币（元）	1	湘鄂西水利借券	72.2
	2	中央苏区革命战争公债	
	3	中央苏区二期公债	
	4	中央苏区经济建设公债	

续表

货币或券面单位	序号	债项名称	所占次数比例（%）
国币（元）	5	湘赣革命战争公债	72.2
	6	湘赣二期公债	
	7	湘赣经济建设公债	
	8	湘赣收买谷子期票	
	9	湘鄂赣短期公债	
	10	湘鄂赣二期公债	
	11	湘鄂赣经济建设公债	
	12	闽北分苏经济建设公债	
	13	闽浙赣省决战公债	
铜币（串）	1	湘鄂西鹤峰借券	5.6
谷子（担）	1	中央苏区临时借谷	22.2
	2	中央苏区六月借谷	
	3	中央苏区秋收借谷	
	4	闽北分苏为红军借谷	
债项总计	18		100

资料来源：同表 2 - 13。

（二）抗日战争时期根据地公债的面额单位

抗日根据地发行的公债，根据面额单位的不同，也有实物公债和货币公债两种。抗日根据地发行公债的面额单位情况详见表 2 - 15 和表 2 - 16。

1. 货币公债

抗日根据地发行的 22 项公债中，有 20 项公债是货币公债，但这些公债面额使用的具体货币存在差异，有法币、边币，也有银圆。

（1）使用法币作为面额单位的公债有 10 项，占抗日根据地公债发行总项数的 43.5%，即：晋察冀救国公债、定凤滁赈灾公债、盱眙救国公债、淮北路东救国公债、襄西建设公债、豫鄂边区建设公债、孝感县赈灾公债、阜宁建设公债、淮南津浦路西战时公债、东江纵队生产建设公债。

（2）使用边区货币为面额单位的公债有 7 项，占 30.4%，即：冀南救灾公债（国币）、冀鲁豫整理财政借款（鲁西钞）、陕甘宁建设救国公债（国币）、晋冀鲁豫生产建设公债（冀南钞）、豫鄂边区建国公债、湖东保卫秋收公债（大江银行币）、晋察冀胜利建设公债。

（3）使用银洋（元）作为面额单位的公债有 2 项，占 4.3%，即：文献伟公债、晋西北巩固农币公债。

（4）另外闽西南借款凭票，有资料显示其面额单位使用的是货币，但具体币种情况不详。

由上观之，抗日根据地公债面额单位使用最多的为法币（元），这与当时国共合作抗日、建立抗日民族统一战线有密切关系。此时，中共领导的根据地政权和军队都纳入国民政府管辖范围，为了顾全大局，根据地发行的公债有相当一部分是以法币（元）为面额单位。特别是抗战初期阶段，这一特征尤为明显。在大多数公债以法币（元）为面额单位的同时，根据地也有不少债券面额是以边币（元）为计量单位，这是抗日根据地仍然保留很强独立性原因所致。抗战进入相持阶段，随着国民党日益走向消极抗日、积极反共，根据地遭到国民政府的经济封锁和军事包围，财政经济逐渐出现严重困难局面，为此根据地发行的公债开始更多的是以根据地货币为面额单位，特别是进入抗日战争后期，更是如此。文献伟公债、晋西北巩固农币公债均以银币作为面额单位，则分别是因为，文献伟公债是在中共抗日民主政权尚未在海南建立、国民党对我大肆封锁的情况下秘密发行的；晋西北巩固农币公债是在根据地建立的西北农民银行发行的货币严重贬值，极有必要减少银洋对农币的冲击、禁止银洋流通的背景下发行的。

在 7 项使用边区货币为面额单位的公债中，各公债所使用的边币种类是不尽一致的。这是因为各个根据地根据抗日斗争形势的需要，各自建立了自己的银行，分别发行了不同的货币，并以此作为该根据地的本位币。如陕甘宁建设救国公债面额使用国币，冀鲁豫整理财政借款面额使用鲁西钞，晋冀鲁豫生产建设公债面额使用冀南钞，湖东保卫秋收公债面额使用大江银行币等。

2. 实物公债

抗日根据地发行的公债中，有实物公债 2 项，即：陕甘宁春季借粮以谷子（担）为券面单位，胶东战时借用物品偿还券以苞米（斤）为券面单位。除了这 2 项是实物公债之外，这里还值得一提的是，豫鄂边区建国公债发行条例第二、第三条规定公债发行总额为边币 5 亿~10 亿元，债券面额分边币 10 万元、5 万元、1 万元、5000 元四种。同时，第五条又规定"为避免债券购买人或债券持有人因货币跌价受损失，本公债票面钱数一律按当地当时谷价折实物，以樊斗计算，还本时付谷或依照还本时之当地谷价折成钱偿还。法币、银圆及一切杂钞使用时均按使用时之当地市价折合。"① 这些规定，实际上是"改变过去的单一货币面额单位为货币和稻谷并用的两种面额单位"。② 因此，它既是货币公债，又具有实物公债的属性。之所以如此，正如条例中所规定的那样，是为避免债券购买人或债券持有人因货币跌价受损失，因为1945年全国已经出现严重的通货膨胀，货币开始大幅度贬值。

表 2 – 15　　　　　　　　　抗日战争时期根据地公债面额单位情况

时期	根据地名称	公债名称	公债面额单位
根据地建立初期	闽西南革命根据地	闽西南借款凭票	货币（具体币种不详）
	晋察冀边区	晋察冀救国公债	法币（元）
	晋冀鲁豫边区	冀南救灾公债	国币（元）
		冀鲁豫整理财政借款（1）	鲁西钞（元）
	华中抗日根据地	定凤滁赈灾公债	法币（元）
		盱眙救国公债	法币（元）
		淮北路东救国公债	法币（元）
严重困难时期	陕甘宁边区	陕甘宁建设救国公债	国币（元）
		陕甘宁春季借粮	谷子（石）
	豫鄂边区	襄西建设公债	法币（元）
		豫鄂边区建设公债	法币（元）
		孝感县赈灾公债	法币（元）
	华中抗日根据地	阜宁建设公债（2）	法币
		淮南津浦路西战时公债	法币（元）
	晋冀鲁豫边区	晋冀鲁豫生产建设公债（3）	冀钞（元）
	华南抗日根据地	文献伟公债	银币（元）
恢复发展时期	晋西北抗日根据地	晋西北巩固农币公债	银币（元）
	山东抗日根据地	胶东战时借用物品偿还券	苞米（玉米）（斤）

① 财政部财政科学研究所、财政部国债金融司编：《中国革命根据地债券文物集》，中国档案出版社1999年版，第45页。

② 厉以宁、江平主编：《证券实务大全》，经济日报出版社1992年版，第714～715页。

续表

时期	根据地名称	公债名称	公债面额单位
恢复发展时期	豫鄂边区	豫鄂边区建国公债	边币（元），谷物（樊斗）
	华南抗日根据地	东江纵队生产建设公债	法币（元）
	华中抗日根据地	湖东保卫秋收公债	大江银行币（元）
	晋察冀边区	晋察冀胜利建设公债	边币（元）

注：

（1）整理财政借款没有明确资料显示其面额使用单位，但根据地当时冀鲁豫边区的银行设立情况可以推测。1940 年整财借款实施范围是南乐县、清丰县、濮阳县、滑县、内黄县。这些县属于豫东北、鲁西地区。据《冀鲁豫边区金融工作概述》记载，1940 年 1 月，鲁西区党委根据中央指示，筹建鲁西银行。5 月发行鲁西银行币。1941 年 7 月，鲁西区与冀鲁豫边区合并，鲁西银行成为这一地区的地方银行，鲁西钞成为这一边区的本位币，冀南银行冀鲁豫办事处并入鲁西银行。由此可见，整理财政借款使用的货币应为鲁西钞。见：中国人民银行金融研究所、中国人民银行山东省分行金融研究所编：《冀鲁豫边区金融史料选编》（上），中国金融出版社 1989 年版，第 3 页。

（2）阜宁建设公债没有明确资料显示其券面单位，但根据当时国共两党关系，基本可以判定该项公债面额单位为法币。见：阿英：《苏北伟大的水利工程建设——宋公堤》，载《江苏水利史志资料选辑》1985 年第 1 期，第 21 页。

（3）晋冀鲁豫边区生产建设公债发行条例未明确规定其券面单位，但根据 1940 年 12 月 10 日"冀太联办"召开第一次专员、县长会议作出的《关于巩固冀钞的十项规定》中第一条"本区以冀钞为本位币，其他杂钞加上党票、五区票（即五区兑换券），各县流通券（即各县银号票）在明年 2 月以前应完全收回，做到货币 1 元化——冀钞"，可以得知，公债发行使用货币为"冀钞"即冀南票。见：张转芳主编：《晋冀鲁豫边区货币史 上 晋东南革命根据地货币史》，中国金融出版社 1996 年版，第 68 页。

资料来源：

（1）财政部财政科学研究所、财政部国债金融司编：《中国革命根据地债券文物集》，中国档案出版社 1999 年版，第 30～52 页、前言第 30 页。

（2）中国社会科学院经济研究所中国现代经济史组：《革命根据地经济史料选编》（中），江西人民出版社 1986 年版，第 730 页。

（3）定远县地方志编纂委员会编：《定远县志》，黄山书社 1995 年版，第 488 页。

（4）江苏省地方志编纂委员会编：《江苏省志 58 金融志》，江苏人民出版社 2001 年版，第 614 页。

（5）《襄西区建设公债券说明》，载《财政研究资料》1981 年第 31 期，第 22 页。

（6）中国人民银行金融研究所、中国人民银行山东省分行金融研究所编：《冀鲁豫边区金融史料选编》（上），中国金融出版社 1989 年版，第 3 页。

（7）张转芳主编：《晋冀鲁豫边区货币史 上 晋东南革命根据地货币史》，中国金融出版社 1996 年版，第 68 页。

表 2 - 16　　　　　　　抗日战争时期根据地公债面额单位分类

公债面额单位	序号	债项名称	占次数比例（%）
法币（元）	1	晋察冀救国公债	43.5
	2	定凤滁赈灾公债	
	3	盱眙救国公债	

公债面额单位	序号	债项名称	占次数比例（%）
法币（元）	4	淮北路东救国公债	43.5
	5	襄西建设公债	
	6	豫鄂边区建设公债	
	7	孝感县赈灾公债	
	8	阜宁建设公债	
	9	淮南津浦路西战时公债	
	10	东江纵队生产建设公债	
边币（元）	1	冀南救灾公债	30.4
	2	冀鲁豫整理财政借款	
	3	陕甘宁建设救国公债	
	4	晋冀鲁豫生产建设公债	
	5	豫鄂边区建国公债（1）	
	6	湖东保卫秋收公债	
	7	晋察冀胜利建设公债	
银币（元）	1	文献伟公债	8.7
	2	晋西北巩固农币公债	
粮食（石、斤）	1	陕甘宁春季借粮	13
	2	胶东战时借用物品偿还券	
	3	豫鄂边区建国公债（1）	
币种不详	1	闽西南借款凭票	4.3
债项总计	23		100

注：（1）豫鄂边区建国公债因具有两种券面单位，所以在"边币"和"粮食"栏中都有出现。如此，抗战时期根据地公债次数由22项变为23项。

资料来源：同表2－15。

（三）解放战争时期根据地公债的面额单位

解放战争时期，根据地发行30项公债的面额单位情况详见表2－17和表2－18。

1. 货币公债有18项，占项次总数的60%。货币种类有根据地货币、苏联红军票、法币、银币、港币、越南币等。

（1）面额单位为根据地货币的公债有 10 项。因为各个根据地使用货币的不同，这些公债又可细分为以下几种：一是东北银行地方流通券（元）6 项：双城治安公债，松江胜利公债，哈尔滨建设公债，东安建设公债，呼兰县建国公债，嫩江生产建设折实公债；二是华中银行币（元）1 项：苏皖救灾公债；三是嫩江省银行币（元）1 项：齐齐哈尔市政建设公债；四是北海银行币（元）1 项：胶东爱国自卫公债；五是南方人民银行币 1 项：潮梅、东北江胜利公债。

（2）面额单位为苏联红军票的公债有 2 项：大连市政建设公债，大连县生产建设公债。

（3）面额单位为法币的公债有 1 项：长江纵队救国公债。

（4）面额单位为银币的公债有 3 项：云南人民革命公债（4 月）和云南人民革命公债（8 月）以云南地方货币半开银圆（1 元等于普通银圆 5 角）为面额单位；琼崖解放公债以光洋（元）为面额单位。

（5）面额单位为港币（元）、黄金（两）为单位的公债有 1 项：华南联名胜利公债。

（6）面额单位为越南货币（元）的公债有 1 项：粤桂解放军 20 团、21 团胜利公债。

2. 实物公债有 12 项，占项次总数的 40%。实物有粮食、生产工具、生活用品等。

（1）仅以粮食为面额单位的公债有 9 项，作为面额单位的粮食，既有北方的小麦、稬头，也有南方的稻谷、糙米等。如：陕甘宁征购地主土地公债面额单位是细粮小麦（石）；苏皖六区补偿中农损失公债（春季归还小麦，秋季归还稬头）和淮海区粮草公债是小麦、稬头（斤）；粤赣湘公粮公债、北江支队胜利公债、粤桂边区公粮公债、潮梅公粮公债、琼崖支援前线借粮是稻谷（担、司斤、斗、升）；闽粤赣纵队军粮公债是糙米（斤）。

（2）以粮食、生产工具、生活用品等多种实物为面额单位的公债有 3 种：苏皖六区赔偿人民损失公债是以牲畜、农具、小麦（斤）为面额单位，即：赔偿人民损失公债，凡各县所没收叛逆的牲畜、农具，一律作为实物赔偿人民。如无实物赔偿时，人民所受损失，则一律依据赔偿时的当地市价，折合小麦计算，发给公债券进行赔偿；中原野战军借粮证以粮、米、面、柴、草、料（市秤斤）为面额单位；东北生产建设实物有奖公债以实物（分）为面额单位，每分是沈阳市高粱米 5 市斤、五福布 1 尺、粒盐 5 市斤、原煤 34 市斤的市价总和。

总体上看，解放战争时期根据地以实物作为面额单位的公债项数明显增多，所占项次比例明显增大。实物公债次数增多，其原因主要有三个方面：

一是为了防止严重的通货膨胀、货币贬值给群众造成经济损失，如东北生产建设实物有奖公债、嫩江生产建设折实公债等。根据地公债面额单位由单一的货币面额单位，发展为货币、实物两种面额单位，再进而发展成为折实单位——"分"。这就更好地解决了货币贬值引起的公债实值下降问题。这是公债制度的重大发展。中华人民共和国成立后，1950 年初发行的胜利折实公债，就是借鉴了这一方法，以一定的实物量为基础，按加权平均批发价折成"分"计算的。[①]

二是解决粮食紧缺问题。在这些实物中，粮食最为重要，每项实物公债都以粮食作为面额单位。这其中，除了避免群众因通货膨胀而造成损失之外，还有一个重要的原因就是人民解放军在夺取全国政权的过程中，粮食紧缺问题相当突出。直接征借粮食，有效地解决了人民解放军粮食困难问题。如：淮海粮草公债，粤赣湘公粮公债，粤桂边区公粮公债，北江支队胜利公债，闽粤赣纵队军粮公债，潮梅公粮公债，琼崖支援前线借粮等。

三是与土地、实物相关的特定原因。也有公债是因为与土地或粮食相关的特定原因而发行，所以用粮食作为公债面额单位，如陕甘宁征购地主土地公债，是在征购地主土地后以粮食对地主进行补偿；苏皖六区赔偿人民损失公债是因为赔偿人民在战争中损失的粮食、牲畜、农具等；苏皖六区补偿中农损失公债则是为了纠正土改运动中侵犯中农利益的错误，加强对中农的团结，而以粮食对中农进行补偿。

表 2-17　　　　　　　　解放战争时期根据地公债面额单位情况

	根据地名称	公债名称	债券面额单位
争取和平民主建国时期	华东解放区	苏皖边区救灾公债	华中银行币（元）
	东北解放区	双城治安公债	东北银行地方流通券（元）
		松江第一专署胜利公债	东北银行地方流通券（元）

① 厉以宁、江平主编：《证券实务大全》，经济日报出版社 1992 年版，第 714~715 页。

续表

	根据地名称	公债名称	债券面额单位
争取和平民主建国时期	东北解放区	哈尔滨建设公债	东北银行地方流通券（元）
		东安建设公债	东北银行地方流通券（元）
		大连市政建设公债	苏联红军票（元）
		大连县生产建设公债	苏联红军票（元）
		呼兰县建国公债	东北银行地方流通券（元）
		齐齐哈尔市政建设有奖公债	嫩江省银行币（元）
自卫防御战争时期	陕甘宁边区	陕甘宁征购地主土地公债	细粮（石）
	华东解放区	长江纵队救国公债	法币（元）
		苏皖六区赔偿人民损失公债	牲畜、农具、小麦（斤）
		苏皖六区补偿中农损失公债	粮食（小麦、稻头）（斤）
		胶东区爱国自卫公债	北海银行币（元）
		淮海粮草公债	粮食（小麦、稻头）（斤）
	中原解放区	中原野战军借粮证	粮、米、面、柴、草、料（市秤斤）
战略进攻时期	东北解放区	东北生产建设实物有奖公债	实物（分：沈阳市高粱米5市斤、五福布1尺、粒盐5市斤、原煤34市斤的市价总和）
		嫩江生产建设折实公债	东北银行地方流通券（元）
	华南解放区	粤赣湘公粮公债	谷（担）
		云南人民革命公债（4月）	半开银圆（1元等于普通银圆5角）
		云南人民革命公债（8月）	半开银圆（1元等于普通银圆5角）
		粤桂边区公粮公债	粮食（担）
		潮梅、东北江胜利公债	南方券（元）
		北江支队胜利公债	稻谷（司斤）
		华南联名胜利公债	港币（元）、黄金（两）、南方券
		闽粤赣纵队军粮公债	糙米（斤）
		潮梅公粮公债	干谷（石）
		粤桂解放军20团、21团胜利公债	越南货币（元）
		琼崖支援前线借粮	粮食（斗、升）
		琼崖解放公债	光洋（元）

资料来源：

（1）财政部财政科学研究所、财政部国债金融司编：《中国革命根据地债券文物集》，中国档案出版社1999年版，第52～90页。

（2）吴志辉、肖茂盛：《广东货币三百年》，广东人民出版社1990年版，第483页。

（3）云南省地方志编纂委员会编：《云南省志 卷12 财政志》，云南人民出版社1994年版，第461页。

表 2 - 18　　　　　　　解放战争时期根据地公债面额单位分类

券面单位 （货币或实物）	序号	债项名称	占次数比例（%）
根据地货币	1	苏皖边区救灾公债	33.3
	2	双城治安公债	
	3	松江第一专署胜利公债	
	4	哈尔滨建设公债	
	5	东安建设公债	
	6	呼兰县建国公债	
	7	齐齐哈尔市政建设有奖公债	
	8	嫩江生产建设折实公债	
	9	胶东爱国自卫公债	
	10	潮梅、东北江胜利公债	
苏联红军票	1	大连市政建设公债	6.7
	2	大连县生产建设公债	
法币	1	长江纵队救国公债	3.33
银币（元）	1	云南人民革命公债（4月）	10
	2	云南人民革命公债（8月）	
	3	琼崖解放公债	
港币（元）、 黄金（两）	1	华南联名胜利公债	3.33
越南货币（元）	1	粤桂解放军20团、21团胜利公债	3.33
粮食（担、斤）	1	陕甘宁征购地主土地公债	40
	2	苏皖六区赔偿人民损失公债	
	3	苏皖六区补偿中农损失公债	
	4	淮海粮草公债	
	5	中原野战军借粮证	
	6	东北生产建设实物有奖公债	
	7	粤赣湘公粮公债	
	8	粤桂边区公粮公债	
	9	北江支队胜利公债	

续表

券面单位 （货币或实物）	序号	债项名称	占次数比例（%）
粮食（担、斤）	10	闽粤赣纵队军粮公债	40
	11	潮梅公粮公债	
	12	琼崖支援前线借粮	
债项总计	30		100

资料来源：同表 2 – 17。

五、公债票面数额

公债票面额的大小，应当看公债的性质，国家的富裕程度以及交易所的习惯来确定。比如，大面额的债券票适合于大资本家，小面额的债券票适合于小额储蓄者。若国家资财雄厚，人民生活富裕，社会游资充斥，则发行公债的数额较大时，为便于资本家应募，应以多发行大面额债票为原则。若发行的公债希望普及于一般民众，使广大的小额储蓄者也可以应募，则以发行小面额债票为宜。至于在交易所推销和买卖公债券时，小票既嫌零碎，大票又难以分割，则以大小票面兼备比较适当。而当若干种公债由银行承受用以调换他种证券时，则公债券以大票为佳，比较整齐划一，对于政府和债权人均比较便利。[①]

（一）土地革命时期根据地公债票面数额

土地革命时期，根据地发行公债的票面数额详见表 2 – 19。除了鹤峰借券、湘鄂西水利借券、中华苏维埃共和国临时借谷、闽北分苏为红军借谷 4 项公债情况不详之外，其他 14 项公债都有明确的债票面额规定。

1. 公债票面数额种类

中华苏维埃共和国六月借谷、中华苏维埃共和国秋收借谷 2 项实物公债的票面额均为 1000 斤、500 斤、100 斤、50 斤。以货币为面额单位发行的公债票面数额种类情况如下：

---

① 邓子基等：《公债经济学——公债历史、现状与理论分析》，中国财政经济出版社 1990 年版，第 352 页。

（1）票面数额为 5 种的公债有 2 项，即：中华苏维埃共和国经济建设公债、闽北分苏经济建设公债的票面为 5 元、3 元、2 元、1 元、5 角。这是土地革命时期票面数额种类最多的 2 项公债。

（2）票面数额为 3 种的公债有 5 项，即：中华苏维埃共和国革命战争公债、中华苏维埃共和国二期革命战争公债、湘赣省二期革命战争公债、湘赣省补发二期革命（经济建设）公债的票面均为 5 元、1 元、5 角。湘赣省革命战争公债票面为 2 元、1 元、5 角。

（3）票面数额为 2 种的公债有 3 项，即：湘鄂赣省短期公债、湘鄂赣省二期革命战争公债、湘鄂赣省经济建设公债的票面均为 1 元、5 角。

（4）票面数额为 1 种的公债有 2 项，湘赣省收买谷子期票、闽浙赣省决战公债票面均为 1 元。

2. 公债票面数额大小

所有苏区发行的公债，票面数额最大的为 5 元，最小的为 5 角。之所以票面额都比较小，其原因主要在于苏区经济落后、群众普遍贫困、手中缺乏游资、物价比较稳定等方面。

表 2－19　　　　　　　　土地革命时期根据地公债票面数额情况

根据地	公债名称	公债票面数额
湘鄂西革命根据地	湘鄂西鹤峰借券	不详
	湘鄂西水利借券	不详
中央革命根据地	中央苏区革命战争公债	5 元、1 元、5 角
	中央苏区二期公债	5 元、1 元、5 角
	中央苏区经济建设公债	5 元、3 元、2 元、1 元、5 角
	中央苏区临时借谷	不详
	中央苏区六月借谷	1000 斤、500 斤、100 斤、50 斤
	中央苏区秋收借谷	1000 斤、500 斤、100 斤、50 斤
湘赣革命根据地	湘赣革命战争公债	2 元、1 元、5 角
	湘赣二期公债	5 元、1 元、5 角
	湘赣经济建设公债	5 元、1 元、5 角
	湘赣收买谷子期票	1 元

续表

根据地	公债名称	公债票面数额
湘鄂赣革命根据地	湘鄂赣短期公债	1元、5角
	湘鄂赣二期公债	1元、5角
	湘鄂赣经济建设公债（1）	1元、5角
闽浙赣革命根据地	闽北分苏经济建设公债（2）	5元、3元、2元、1元、5角
	闽北分苏为红军借谷	不详
	闽浙赣省决战公债	1元

注：

（1）湘鄂赣省经济建设公债，未发现条例，但根据湖南师范大学教师调查平江县发行的建设公债情况可推测，经济建设公债的券面数额为5角和1元两种。见：财政部财政科学研究所、财政部国债金融司编：《中国革命根据地债券文物集》，中国档案出版社1999年版，第29页。

（2）闽北分苏经济建设公债票面数额没有明确资料记载，根据闽北分苏行政部向各县发出的《训令》，该公债是根据中央苏区经济建设公债工作大纲进行发行布置和宣传，因此，推定该公债票面数额与中央苏区经济建设公债票面数额一致，即5角、1元、2元、3元、5元五种。财政部财政科学研究所、财政部国债金融司编：《中国革命根据地债券文物集》，中国档案出版社1999年版，第29页。

资料来源：

（1）财政部财政科学研究所、财政部国债金融司编：《中国革命根据地债券文物集》，中国档案出版社1999年版，第7~30页。

（2）《发行第二期公债条例》，载《红色中华》1932年11月1日第2版。

（3）洪荣昌：《红色收藏　中华苏维埃共和国革命文物探寻》，解放军出版社2014年版，第335页。

（4）《发行第二期公债条例》，载《红色中华》1932年11月1日第2版。

（5）江西省档案馆编：《湘赣革命根据地史料选编》（下），江西人民出版社1984年版，第535页。

（6）汤勤福：《闽浙赣根据地的金融》，上海社会科学院出版社1998年版，第152页。

（二）抗日战争时期根据地公债票面数额

抗日战争时期，根据地公债票面数额情况详见表2-20。

1. 公债票面数额种类

（1）票面数额5种以上的公债有2项，即：闽西南军政委员会借款凭票、晋察冀边区行政委员会救国公债，这是抗日战争时期根据地公债票面数额种类最多的2项。闽西南借款凭票面额分10000元、1000元、100元、10元、5元、1元6种；晋察冀救国公债面额分100元、50元、10元、5元、1元5种。

（2）票面数额4种以上的公债有7项，即：盱眙县政府财委会救国公债，豫鄂边区建设公债，晋冀鲁豫边区生产建设公债，文献伟公债，豫鄂边区行政公署建国公债，湖东行政办事处保卫秋收公债，晋察冀边区胜利建设公债。

（3）票面数额3种以上的公债有3项，即：陕甘宁边区政府建设救国公债，襄西区建设公债，晋西北巩固农币公债。

（4）票面数额 1 种的公债有 1 项，即：定凤滁三县赈灾公债。

（5）票面数额种类不详的公债有 7 项，即：东江纵队生产建设公债（只见 100 元、500 元两种）、淮南津浦路西联防办事处战时公债（只收集到 10 元券）、阜宁县政府建设公债（只收集到 10 元券）、冀南行政主任公署救灾公债（仅见 1 元券）、冀鲁豫边区整理财政借款、淮北路东专署救国公债、豫鄂边区孝感县赈灾公债。

以上是抗日根据地货币公债的票面数额种类情况。抗日根据地实物公债中，胶东区战时借用物品偿还券票面数额有 3 种：100 斤、50 斤、10 斤，陕甘宁边区政府 1941 年春季借粮票面数额种类不详。

表 2－20　　　　　　　　抗日战争时期根据地公债票面数额情况

时期	根据地名称	公债名称	公债票面额
根据地建立初期	闽西南革命根据地	闽西南借款凭票	10000 元、1000 元、10 元、5 元、1 元等
	晋察冀边区	晋察冀救国公债	100 元、50 元、10 元、5 元、1 元
	晋冀鲁豫边区	冀南救灾公债	不详（仅见一元券）
		冀鲁豫整理财政借款	不详
	华中抗日根据地	定凤滁赈灾公债	5 元
		盱眙救国公债	50 元、10 元、5 元、3 元
		淮北路东救国公债	不详
根据地严重困难时期	陕甘宁边区	陕甘宁建设救国公债	50 元、10 元、5 元
		陕甘宁春季借粮	不详
	豫鄂边区	襄西建设公债	50 元、10 元、5 元
		豫鄂边区建设公债	500 元、100 元、50 元、10 元
		孝感赈灾公债	不详
	华中抗日根据地	阜宁建设公债	不详（只收集到 10 元券）
		淮南津浦路西战时公债	不详（10 元等）
	晋冀鲁豫边区	晋冀鲁豫生产建设公债	30 元、10 元、5 元、2 元
	华南抗日根据地	文献伟公债	50 元、10 元、5 元、1 元

续表

时期	根据地名称	公债名称	公债票面额
恢复发展时期	晋西北抗日根据地	晋西北巩固农币公债	10元、5元、2元
	山东抗日根据地	胶东借用物品偿还券	100斤、50斤、10斤
	豫鄂边区	豫鄂边区建国公债	10万元、5万元、1万元、1000元
	华南抗日根据地	东江纵队建设公债	不详（只见500元、100元两种）
	华中抗日根据地	湖东保卫秋收公债	10000元、5000元、3000元、1000元
	晋察冀边区	晋察冀胜利建设公债	10000元、5000元、1000元、500元

资料来源：

（1）财政部财政科学研究所、财政部国债金融司编：《中国革命根据地债券文物集》，中国档案出版社 1999 年版，第 30~52 页、前言第 30、37 页。

（2）中国人民银行金融研究所财政部财政科学研究所编：《中国革命根据地货币》（下），文物出版社 1982 年版，第 141 页。

（3）《襄西区建设公债券说明》，载《财政研究资料》1981 年第 31 期，第 22 页。

（4）凤阳县地方志编纂委员会编：《凤阳县志》，方志出版社 1999 年版，第 440~441 页。

（5）海南行政区财经税收史领导小组办公室、海南行政区档案馆编：《琼崖革命根据地财经税收史料选编》（革命回忆录部分），海南人民出版社 1984 年版，第 40~41 页。

2. 公债票面数额大小

从公债票面数额大小来看，抗日根据地建立初期，票面数额相对较小，除了闽西南军政委员会借款凭票有千元、万元这样的大面额债票之外，其余公债票面额最大的仅百元（晋察冀边区行政委员会救国公债），公债票面数额主要为 10 元、5 元、3 元、1 元等。抗日根据地严重困难时期，票面数额也不大，最大的为 500 元（1941 年豫鄂边区建设公债），其他债票面额也大多为 50 元、30 元、10 元、5 元、1 元等。抗日根据地恢复和发展时期，公债票面数额逐渐增大，开始出现 1000 元、10000 元的债票，如湖东行政办事处 1945 年保卫秋收公债、晋察冀边区胜利建设公债、豫鄂边区行政公署建国公债 3 项。特别是豫鄂边区行政公署建国公债，最大债票面额达 10 万元。之所以会有大面额债票的出现，主要原因有两个，一是抗战后期受通货膨胀的影响，货币贬值。二是部分公债发行对象是富裕者阶层，如豫鄂边区行政公署建国公债发行对象就是边区的商富以及敌占区、大后方的商富。①

---

① 财政部财政科学研究所、财政部国债金融司编：《中国革命根据地债券文物集》，中国档案出版社 1999 年版，第 45 页。

（三）解放战争时期根据地公债票面数额

解放战争时期，根据地公债票面数额情况详见表 2 – 21。

1. 公债票面数额种类

（1）货币公债的票面数额种类。

票面数额为 6 种的公债有 1 项，即：潮梅、东北江行政委员会 1949 年胜利公债票面数额种类为 5000 元、1000 元、100 元、50 元、10 元、5 元。

票面数额为 5 种的公债有 1 项：哈尔滨市建设复兴公债票面数额种类为 150000 元、50000 元、10000 元、5000 元、1000 元。

票面数额为 4 种的公债有 8 项，即：苏皖边区政府救灾公债、双城县政府治安保民公债、东安地区行政专员公署建设公债、大连市政建设公债、大连县生产建设公债、呼兰县建国公债、皖南人民解放军长江纵队救国公债、胶东区爱国自卫公债等。这些公债票面从 20 元、50 元、100 元、500 元、1000 元、5000 元、10000 元、50000 元、1000 万元到 3000 万元不等。

票面数额为 3 种的公债有 2 项，即：华南联名胜利公债、粤桂边区人民解放军 20 团、21 团联合发行胜利公债，票面从 20 元、100 元、500 ~ 1000 元不等，其中，华南胜利公债还有黄金本位票额：10 两、5 两、1 两。

票面数额为 2 种的公债有 2 项，即：齐齐哈尔市市政建设有奖公债、云南人民革命公债（8 月），票面从 1 元、5 元到 1000 元、5000 元不等。

票面数额为 1 种的公债有 1 项，即：琼崖临时人民政府解放公债，票面数额为一元。

票面种类不详的公债有 3 项，即：松江胜利公债（只见 1000 元债券）、嫩江生产建设折实公债（只知以东北地方流通券"元"为单位）、云南人民革命公债（4 月）。

（2）实物公债的票面数额种类。

票面数额为 6 种的公债有 2 项：陕甘宁边区征购地主土地公债票面，以细粮计算，分别为 5 石、4 石、3 石、2 石、1 石、5 斗；潮梅公粮公债为 100 石、50 担、10 石、5 石、1 石、5 斗。

票面数额为 4 种的公债有 4 项：苏皖边区第六行政区补偿中农损失公债为 60 斤、50 斤、40 斤、30 斤；东北生产建设实物有奖公债为全额券（100 分）、1/2 券（50 分）、1/10 券（10 分）、1% 券（1 分）；粤桂边区公粮公债为 5

斗、1 担、5 担、10 担；中国人民解放军闽粤赣纵队军粮公债为 4 千司斤、2 千司斤、1 千司斤。

票面数额为 3 种的公债有 1 项，即：北江支队胜利公债为 500 司斤、100 司斤、50 司斤。

票面数额为 2 种的公债有 1 项，即：粤赣湘边区公粮公债为 5 担、1 担。

票面数额种类不详的公债有 4 项，即：苏皖六区赔偿人民损失公债（按实际损失数额折合小麦计算），淮海粮草公债，中原野战军借粮证，琼崖支援前线借粮。

2. 公债票面数额大小

（1）货币公债票面数额大小。

从公债票面数额来看，解放战争时期根据地公债票面数额比较大，面额 1000 元以上的公债有 11 项，其中，双城县政府治安保民公债、东安地区行政专员公署建设公债、华南联名胜利公债 3 项最高值为 1000 元，齐齐哈尔市市政建设有奖公债、潮梅和东北江行政委员会 1949 年胜利公债 2 项最高值为 5000 元，大连市政建设公债、大连县生产建设公债、呼兰县建国公债 3 项票面最高数额为 10000 元，胶东区爱国自卫公债最高数额为 50000 元，哈尔滨市建设复兴公债票面最高值为 10 万元，皖南人民解放军长江纵队救国公债票面更是最高数额达 3 千万元，而且皖南人民解放军长江纵队救国公债票面最小数额也在 100 万元以上。之所以解放战争时期公债票面数额较大，甚至可以说非常大，其原因与抗战后期公债票面数值较大的原因基本相似，一方面是通货膨胀的因素；另一方面是这些公债发行对象为社会富裕者，如：大连市政建设公债发行主要对象是拥有大量游资的人们，其余则由各界各业承购①；哈尔滨市建设复兴公债发行在国人中由工商界承销 7/10，房产家承销 2/10，其他有力者承销 1/10②；皖南人民解放军长江纵队救国公债实际发售对象主要是地主、富农和农村油坊老板。③

当然，这一时期，也有部分公债票面数额较小，如苏皖边区政府救灾公债

① 《为繁荣连市工商业，市政府发行建设公债，聘请各界人士组成管理委员会》，载《大连日报》1946 年 12 月 8 日第 1 版。

② 《哈市建设公债分担比率商定完毕》，载《东北日报》1946 年 9 月 15 日第 2 版。

③ 财政部财政科学研究所、财政部国债金融司编：《中国革命根据地债券文物集》，中国档案出版社 1999 年版，第 57 页。

票面数额在 50～500 元之间，粤桂边区人民解放军 20 团、21 团联合发行胜利公债在 20～500 元（越南货币）之间，云南人民革命公债（8 月发行）则为 1元和 5 元，琼崖临时人民政府解放公债更小，只有 1 元。

（2）实物公债票面数额大小。

实物公债中，除了东北生产建设实物有奖公债是以 100 分、50 分、10 分、1 分为面额单位之外，其余公债都是以粮食石（或担）、斤（或司斤）为面额单位。其中，潮梅公粮公债票面数额变化幅度最大，从 5 斗到 100 石，100 石是根据地单张公债票面数额最大的。其次为中国人民解放军闽粤赣纵队军粮公债，从1000 司斤到 4000 司斤，最大数额有 4000 司斤（1 司斤合 1.2 斤）。再其次为粤桂边区公粮公债，从 5 斗、1 担、5 担到 10 担，北江支队胜利公债从 50 司斤、100 司斤到 500 司斤，粤赣湘边区公粮公债面额为 1 担、5 担，陕甘宁边区征购地主土地公债面额从 5 斗、1 石、2 石、3 石、4 石到 5 石。票面数额最小的为苏皖边区第六行政区补偿中农损失公债，从 30 斤、40 斤、50 斤到 60 斤。

表 2－21　　　　　　　解放战争时期根据地公债票面数额情况

	根据地	公债名称	公债票面数额
争取和平民主建国时期	华东解放区	苏皖边区救灾公债	500 元、200 元、100 元、50 元
	东北解放区	双城治安公债	1000 元、500 元、100 元、20 元
		松江第一专署胜利公债	1000 元
		哈尔滨建设公债	100000 元、50000 元、10000 元、5000 元、1000 元
		东安建设公债	1000 元、500 元、100 元、50 元
		大连市政建设公债	10000 元、5000 元、1000 元、500 元
		大连县生产建设公债	10000 元、5000 元、1000 元、500 元
		呼兰县建国公债	10000 元、1000 元、500 元、100 元
		齐齐哈尔市政建设有奖公债	5000 元、1000 元
自卫防御战争时期	陕甘宁边区	陕甘宁征购地主土地公债	5 石、4 石、3 石、2 石、1 石、半石
	华东解放区	长江纵队救国公债	三千万元、一千万元、五百万元、一百万元
		苏皖六区赔偿人民损失公债	按实际损失数额折合小麦计算

续表

	根据地	公债名称	公债票面数额
自卫防御 战争时期	华东 解放区	苏皖六区补偿中农损失公债	60斤、50斤、40斤、30斤
		胶东爱国自卫公债	50000元、10000元、5000元、1000元
		淮海区粮草公债	不详（小麦、稻头：斤）
	中原解放区	中原野战军借粮证	不详（粮、米、面、柴、草、料：斤）
战略进 攻时期	东北解放区	东北生产建设实物有奖公债	全额券（100分）、1/2券（50分）、1/10券（10分）、1%券（1分）
		嫩江生产建设折实公债	不详（东北地方流通券：元）
	华南解放区	粤赣湘公粮公债	5担、1担
		云南人民革命公债（4月）	未规定
		云南人民革命公债（8月）	5元、1元
		粤桂边区公粮公债	10担、5担、1担、5斗
		潮梅、东北江胜利公债	5000元、1000元、100元、50元、10元、5元
		北江支队胜利公债	500司斤、100司斤、50司斤
		华南联名胜利公债	港币本位票额：1000元、500元、100元 黄金本位票额：10两、5两、1两
		闽粤赣纵队军粮公债	4000司斤、2000司斤、1000司斤
		潮梅公粮公债	100石、50石、10石、5石、1石、5斗
		粤桂解放军20团、21团胜利公债	500元、100元、20元
		琼崖支援前线借粮	未规定
		琼崖人民解放公债	1元

资料来源：财政部财政科学研究所、财政部国债金融司编：《中国革命根据地债券文物集》，中国档案出版社1999年版，第52~90页。

六、发行对象

公债的发行对象，一般包括银行系统和非银行系统两大类，其中银行系统又包括商业银行和中央银行，非银行系统包括居民、企业和政府机构。[1] 在其他条件一定的前提下，不同发行对象所具有的承购能力是不同的，合理确定公债发行对象是决定能否完成公债发行额度计划的重要因素。[2] 革命根据地公债发行的对象主要是根据地群众，但在不同时期，不同公债的发行对象也有差异。

（一）土地革命时期根据地公债发行对象

土地革命时期，湘赣、湘鄂赣革命根据地 7 项公债的发行对象，或未明确规定，或因资料欠缺无从查考。中央革命根据地、湘鄂西革命根据地和闽浙赣革命根据地 11 项公债的发行对象都有明确规定。这些公债发行对象主要包括（详见表 2－22）：

（1）苏区干部、群众及各界人士。这类公债有 3 项，主要是中央苏区公债，如：中央苏区革命战争公债、中央苏区二期公债和中央苏区经济建设公债的发行对象均是苏区范围内所有党团政府机关工作人员、红军、商人、工农群众等。

（2）苏区富裕者阶层。这类公债有 2 项，即：湘鄂西根据地发行的鹤峰借券和湘鄂西水利借券发行对象均侧重于富裕者阶层。湘鄂西水利借券发行的主要对象是赤白区域的商人和富农，鹤峰借券主要在鹤峰县城及走马、五里坪等地的商人和居民中发行。

（3）苏区农民。这类公债主要是中央苏区 3 次借谷和闽北分苏为红军借谷。中央苏区 3 次借谷的主要对象是根据地普通农民，对于地主、富农主要是没收、征发其粮食或要求捐款，而不是借谷。即便有向富农借谷，也是通过群众力量逼迫的方式进行，而不是说服、动员，如秋收借谷。闽北分苏为红军借谷主要是在闽北农民群众中进行。

（4）苏区和国统区群众。这类公债有 2 项，闽浙赣革命根据地发行的经济建设公债和决战公债，其发行对象为苏区和国统区的广大群众。

土地革命时期，各根据地公债发行动员对象既涉及了富裕者阶层（主要是商人和部分富农，地主不在此范围），也包括了贫苦大众；既有党政机关干部，也有普通工人农民；既在革命红色区域发行，也在国民政府国统区销售。当

---

[1]　朱柏铭：《公共经济学》，浙江大学出版社 2002 年版，第 330 页。
[2]　李俊生、李新华主编：《公债管理》（修订版），中国财政经济出版社 2001 年版，第 107 页。

然，各项公债发行对象各有侧重。总体而言，这一时期公债发行对象主要是广大苏区干部群众，经济上相对甚至极度贫困，经济宽裕的地主不在公债发行对象之列。之所以如此，其原因在于此时的地主是打击的对象，大多数地主财产已被没收，苏区地主基本被消灭。在部分公债发行动员过程中，宣传动员的对象实际上主要是革命干部、工农群众、贫苦人民，富农、大中商人往往不在宣传动员、讲理劝说范围。如中央苏区两次革命战争公债发行时，对于富农、大中商人就可以直接命令、甚至强迫其购买。①

表 2－22　　　　　　　　　土地革命时期根据地公债发行对象情况

根据地	公债名称	发行对象
湘鄂西革命根据地	湘鄂西鹤峰借券	鹤峰县城及走马、五里坪等地的商人和居民
	湘鄂西水利借券	主要对象是赤国统区域的商人和富农；其他热心水利者，可按自己经济力量自愿承销
中央革命根据地	中央苏区革命战争公债	苏区党团政府机关人员、红军、商人、工农群众
	中央苏区二期公债	苏区党团政府机关人员、红军、商人、工农群众
	中央苏区经济建设公债	苏区党团政府机关人员、红军、商人、工农群众（全体工农群众及红军战士）
	中央苏区临时借谷	根据地工农群众（富农向他捐款，不再借谷）
	中央苏区六月借谷	根据地工农群众（没收地主、征发富农的粮食）
	中央苏区秋收借谷	根据地每村每乡的广大群众（对富农必须用群众力量逼迫其借一部分给苏维埃）
湘赣革命根据地	湘赣革命战争公债	未规定
	湘赣二期公债	未规定
	湘赣经济建设公债	未规定
	湘赣收买谷子期票	未规定
湘鄂赣革命根据地	湘鄂赣短期公债	未规定
	湘鄂赣二期公债	未规定
	湘鄂赣经济建设公债	不详

① 财政部财政科学研究所、财政部国债金融司编：《中国革命根据地债券文物集》，中国档案出版社 1999 年版，第 10 页。

续表

根据地	公债名称	发行对象
闽浙赣革命 根据地	闽北分苏经济建设公债	苏区群众、国统区群众
	闽北分苏为红军借谷	闽北农民群众
	闽浙赣省决战公债	苏区与国统区推销

注：有发行条例、说明，而没有明确规定发行对象的，标注为"未规定"；没有条例、说明，且公债发行情况不详的，标注为"不详"。

资料来源：

（1）财政部财政科学研究所、财政部国债金融司编：《中国革命根据地债券文物集》，中国档案出版社1999年版，第7～30页。

（2）《中华苏维埃共和国临时中央政府执行委员会第13号训令》，载《红色中华》1932年6月23日第5版。

（3）江西财经学院经济研究所、江西省档案馆、福建省档案馆编：《闽浙赣革命根据地财政经济史料选编》，厦门大学出版社1988年版，第565页。

（二）抗日战争时期根据地公债发行对象

抗日战争时期，根据地发行的公债中，12项公债没有规定发行对象或发行对象不详，如：冀南行政主任公署救灾公债，定凤滁三县赈灾公债，盱眙县政府财委会救国公债，淮北路东专署救国公债，襄西区建设公债，1941年豫鄂边区建设公债，豫鄂边区孝感县赈灾公债，阜宁县政府建设公债，淮南津浦路西联防办事处战时公债，晋冀鲁豫边区生产建设公债，东江纵队生产建设公债，湖东行政办事处1945年保卫秋收公债。另外10项公债在发行条例、发行说明中明确规定了发行对象，或有资料显示其发行对象。这10项公债的发行对象，主要有以下几种，详见表2-23：

（1）边区干部、群众。这类公债有3项，即：陕甘宁边区政府建设救国公债发行对象为陕甘宁边区人民群众；晋察冀边区行政委员会救国公债发行对象涉及晋察冀边区各阶级、各阶层人民（包括地主、资本家、富农、普通工农群众等）；晋察冀边区胜利建设公债发行对象为工人、农民、地主、商人、妇女、青年、儿童等晋察冀边区广大干部、群众。

（2）边区及敌占区富裕者阶层。这类公债有4项，即：闽西南军政委员会借款凭票发行对象为各县商会、县城、市镇、汽车运输线，以及地主、富农等经济富裕者，一般群众未借；晋西北巩固农币公债发行对象为晋西北社会人士、300万民众，尤其是各地的地主巨商、一般富裕之家；豫鄂边区行政公署建国公债发行对象为边区的富商、敌占区及大后方的富商；冀鲁豫边区整理财政借款，主要是向富有者借款，不向中农以下阶层借款。

（3）党员同志。这类公债有 1 项，即：文献伟公债发行对象为中共文昌县委党员同志。这是我党历史上唯一一次仅在党员同志内部发行的公债。

（4）特定群众。这类公债有 2 项，如：如胶东区战时借用物品偿还券发行对象主要是胶东区战时出借物资的群众；陕甘宁边区政府 1941 年春季借粮主要是针对陕甘宁边区农民群众。

与土地革命时期相比，抗日战争时期根据地公债发行对象同样包括干部和群众、富裕家庭及贫苦大众、边区居民和敌占区民众。不相同的是，这一时期部分公债发行对象包括地主和富农。这是因为抗日战争时期，为了团结全国各民族、各阶层人民共同抗日，对地主、富农由土地革命时期的消灭、打击、限制变成了团结为主的政策，开明地主、富农是抗日阵营的重要力量，自然也是公债发行的对象范围。

表 2 – 23　　　　　　　抗日战争时期根据地公债发行对象情况

时期	根据地名称	公债名称	发行对象
根据地建立初期	闽西南革命根据地	闽西南借款凭票	各县商会、县城、市镇、汽车运输线，以及地主、富农等经济富裕者，一般群众未借
	晋察冀边区	晋察冀救国公债	晋察冀边区各阶级各阶层人民（包括地主、资本家、富农、普通工农群众等）
	晋冀鲁豫边区	冀南救灾公债	不详
		冀鲁豫整理财政借款	向富有者借款，不向中农以下阶层借款
	华中抗日根据地	定凤滁赈灾公债	未规定
		盱眙救国公债	不详
		淮北路东救国公债	不详
根据地严重困难时期	陕甘宁边区	陕甘宁建设救国公债	陕甘宁边区人民群众
		陕甘宁春季借粮	陕甘宁边区农民群众
	豫鄂边区	襄西建设公债	未规定
		豫鄂边区建设公债	未规定
		孝感赈灾公债	未规定

续表

时期	根据地名称	公债名称	发行对象
根据地严重困难时期	华中抗日根据地	阜宁建设公债	未规定
		淮南津浦路西战时公债	不详
	晋冀鲁豫边区	晋冀鲁豫生产建设公债	未规定
	华南抗日根据地	文献伟公债	中共文昌县委党员同志
恢复发展时期	晋西北抗日根据地	晋西北巩固农币公债	晋西北社会人士、300 万民众，尤其各地的地主巨商、一般富裕之家
	山东抗日根据地	胶东借用物品偿还券	胶东区战时出借物资的群众
	豫鄂边区	豫鄂边区建国公债	边区的富商；敌占区及大后方的富商
	华南抗日根据地	东江纵队建设公债	未规定
	华中抗日根据地	湖东保卫秋收公债	不详
	晋察冀边区	晋察冀胜利建设公债	工人、农民、地主、商人、妇女、青年、儿童等晋察冀边区广大干部、群众

注：有发行条例、说明，而没有明确规定发行对象的，标注为"未规定"；没有条例、说明，且公债发行情况不详的，标注为"不详"。

资料来源：

（1）财政部财政科学研究所、财政部国债金融司编：《中国革命根据地债券文物集》，中国档案出版社 1999 年版，第 30～52 页。

（2）河北省税务局等编：《华北革命根据地工商税收史料选编 第一辑（综合部分）》，河北人民出版社 1987 年版，第 66 页。

（3）《襄西区建设公债券说明》，载《财政研究资料》1981 年第 31 期，第 22 页。

（4）海南行政区财经税收史领导小组办公室、海南行政区档案馆编：《琼崖革命根据地财经税收史料选编》（革命回忆录部分），海南人民出版社 1984 年版，第 40～41 页。

（5）晋绥边区财政经济史写组、山西省档案馆编：《晋绥边区财政经济史资料选编 财政编》，山西人民出版社 1986 年版，第 345～346 页。

（6）晋察冀边区政府：《关于动员推行胜利建设公债的讲话材料》，河北省档案馆藏，卷宗号：579－1－63－15。

（三）解放战争时期根据地公债发行对象

解放战争时期，松江省第一行政专署胜利公债、东安地区行政专员公署建设公债、呼兰县建国公债、淮海区粮草公债、云南人民革命公债（8 月）、华南联名胜利公债、潮梅公粮公债、粤桂边区人民解放军 20 团和 21 团联合发行胜利公债等 8 项公债未明确规定发行对象，其余 22 项公债发行对象有明确规定或记载。这 22 项公债的发行对象主要有以下几种，详见表 2－24：

（1）解放区各界人士。苏皖边区政府救灾公债发行对象包括边区党政军民、各界人士，即广大干部、普通群众、中上层人士。双城县政府治安保民公债发行对象为双城县人民群众。

（2）解放区富裕者阶层。在解放战争时期发行的公债中，有12项公债是只在或重点在富裕者阶层中发行。如：哈尔滨市建设复兴公债在国人承销4800万元，外侨中承销3200万元。国人中工商界承销7/10，房产家承销2/10，其他有力者承销1/10。大连市政建设公债、大连县生产建设公债发行对象为工业家、商业家及热心民主建设事业的人士。皖南人民解放军长江纵队救国公债发行对象主要是地主、富农和农村油坊老板及地方爱国民主人士。中原野战军借粮证发行对象只限于地主，禁止向其他阶层借粮，特别禁止向基本群众借粮，并应先向大地主借，然后向中小地主借，借粮数量应分大、中、小地主有所不同。刘邓、陈谢（陈赓、谢富治）大军在执行中，考虑到借粮的困难，也允许中小地主和富农、富裕中农借粮，但对于工商业户、公教人员、自由职业、中农以下的农户，均严禁向其借粮。粤赣湘边区公粮公债发行对象重点在地主富农及商人，其次是有余力负担的中农，贫农不负担而享受免息农贷的利益。云南人民革命公债（4月）主要是动员富户认购。粤桂边区公粮公债发行对象以地主、富农、城镇商人为主，次及中农、贫农。潮梅、东北江行政委员会1949年胜利公债发行对象主要是殷实工商业家和地主、富农，不增加平民负担。北江支队胜利公债发行对象以地主、富农、商人、上层绅士为主。中国人民解放军闽粤赣边纵队军粮公债发行对象是产业地主和富户。琼崖临时人民政府解放公债主要以群众为对象，尤其是以富户为重点对象，但对机关部队的人员也可推销。

（3）城市居民。如齐齐哈尔市政建设有奖公债发行对象为齐齐哈尔市民；东北生产建设实物有奖公债发行对象为城市（镇）工商业家、城市富有者、经纪人、摊贩、自由产业者、店员、公务人员、工人、外商及其他人员，主要是城市及市镇的市民和工商业家，尤其是对非正利投机者进行劝募公债时，不怕其叫喊；对工人、公教人员则提出自愿认购原则，不加勉强，并防止其过分多买，影响生活；而对乡村农民，则根本不动员其购买公债。① 嫩江省生产建设折实公债发行对象以城镇居民为限，不包括农村。

---

① 财政部财政科学研究所、财政部国债金融司编：《中国革命根据地债券文物集》，中国档案出版社1999年版，第70~71页。

（4）特定对象。陕甘宁边区征购地主土地公债发行对象为超过应留土地数量的地主。苏皖边区第六行政区补偿中农损失公债发行对象为土地改革中受损失而政府无适当土地可以偿还的中农。苏皖边区第六行政区赔偿战时人民损失公债发行对象，为凡本区在反顽战争后勤工作中损失牲畜、农具（而又无实物赔偿）的人民。胶东区爱国自卫公债发行对象，是在土改复查中通过清算地主阶级财产而获得金银财宝的群众。

（5）解放区及国统区民众。琼崖临时民主政府支援前线借粮工作，立足解放区，尽力推广到国统区与城市中。

与前两个时期相比，解放战争时期根据地公债发行对象一个明显的特点就是，有相当部分的公债是只在或重点在地主、富农、商人或上层人士中发行。这既与党对地主、农民的政策态度有关，也与革命形势迅猛发展、解放区范围迅速扩大、富裕者阶层人数增多有密切联系。

表 2-24　　　　　　　　　解放战争时期根据地公债发行对象情况

	根据地名称	公债名称	动员（发行）对象
争取和平民主建国时期	华东解放区	苏皖边区救灾公债	边区党政军民、各界人士，即广大干部、普通群众、中上层人士
	东北解放区	双城治安公债	双城县人民
		松江第一专署胜利公债	未规定
		哈尔滨建设公债	国内工商界人士、房产家、其他有力者以及外侨
		东安建设公债	未规定
		大连市政建设公债	工业家、商业家及热心民主建设事业的人士
		大连县生产建设公债	工业家、商业家及热心大连县生产建设人士
		呼兰县建国公债	未规定
		齐齐哈尔市政建设公债	齐齐哈尔市民
自卫防御战争时期	陕甘宁边区	陕甘宁征购地主土地公债	陕甘宁边区超过应留数量土地的地主
	华东解放区	长江纵队救国公债	地方爱国民主人士自愿承购，主要是地主、富农和农村油坊老板
		苏皖六区补偿中农损失公债	土地改革中受损失而政府无适当土地可以偿还的中农

续表

	根据地名称	公债名称	动员（发行）对象
自卫防御战争时期	华东解放区	苏皖六区赔偿人民损失公债	凡本区在反顽战争后勤工作中损失牲畜、农具（而又无实物赔偿）的人民
		胶东爱国自卫公债	在土改复查中，通过清算地主阶级财产，获得金银财宝的群众
		淮海区粮草公债	未规定
	中原解放区	中原野战军借粮证	只限于地主，禁止向其他阶层借粮，特别禁止向基本群众借粮。部分执行中，也可向中小地主和富农、富裕中农借粮，但对工商业户、公教人员、自由职业、中农以下的农户，均严禁向其借粮
战略进攻时期	东北解放区	东北生产建设实物有奖公债	城市（镇）的工商业家、城市富有者、经纪人、摊贩、自由产业者、店员、公务人员、工人、外商及其他
		嫩江生产建设折实公债	以城镇居民为限，不在农村发行
	华南解放区	粤赣湘公粮公债	重点在地主富农及商人，其次是有余力负担的中农，贫农不负担而享受免息农贷的利益
		云南人民革命公债（4月）	主要是动员富户认购
		云南人民革命公债（8月）	未规定
		粤桂边区公粮公债	以地主、富农、城镇商人为主，次及中农、贫农（各地可灵活掌握）
		潮梅、东北江胜利公债	主要是殷实工商业家和地主、富农，不增加平民负担
		北江支队胜利公债	以地主、富农、商人、上层绅士为主
		华南联名胜利公债	未规定
		闽粤赣纵队军粮公债	产业地主和富户
		潮梅公粮公债	未规定
		粤桂解放军20团、21团胜利公债	未规定

	根据地名称	公债名称	动员（发行）对象
战略进攻时期	华南解放区	琼崖支援前线借粮	立足解放区，尽力推广到国统区与城市中
		琼崖人民解放公债	主要以群众为对象，尤其是以富户为重点，但对机关部队的人员也可推销

资料来源：

（1）财政部财政科学研究所、财政部国债金融司编：《中国革命根据地债券文物集》，中国档案出版社 1999 年版，第 52～90 页。

（2）中国钱币学会广东分会等编：《华南革命根据地货币金融史料选编》，广东省怀集人民印刷厂 1991 年版，第 280～281 页。

（3）《市府拨发大批建设公债，培修整顿各学校》，载《东北日报》1946 年 9 月 15 日第 2 版。

七、发行动员

革命根据地公债，不是通过高额利息和大打折扣等经济利益来吸引购买者，而是通过宣传动员、说理讲解的方式发行的。为了顺利发行公债，根据地政权制定了详细的公债发行动员政策，包括动员对象、宣传动员内容、动员的原则和途径等。关于公债发行的这些动员政策，在第一章已有详细的个案介绍和微观梳理，这里主要对根据地公债发行的动员途径作一整体归纳和宏观分析。综合起来，革命根据地公债发行动员途径，主要有以下几种：

（一）党政机关文件部署、指导动员

党政机关文件是公债发行动员的纲领性文件，是动员工作的行动指针。土地革命时期，为了顺利发行公债，临时中央政府或各省苏维埃政府首先会发出布告、训令、指示等对公债发行动员工作进行强调和部署，对宣传动员的内容、工作原则和方法进行顶层设计。如：中央苏区两次革命战争公债、经济建设公债发行时，临时中央政府先后公布了《临时中央政府布告（第九号）》《临时中央政府执行委员会第 13 号训令》《中央执行委员会第 17 号训令——为发行第二期革命战争公债》《关于推销公债方法的训令》《关于推销三百万经济建设公债的宣传大纲》等。中央苏区三次借谷时，临时中央政府分别发出《为革命群众借谷供给红军！——中华苏维埃共和国中央执行委员会训令第 20 号》《为紧急动员 24 万担粮食供给红军致各级党部及苏维埃的信》《关于在今年秋收中借谷 60 万担及征收土地税的决定》等。湘赣省两次革命战争公债及

经济建设公债发行时，中共湘赣省委先后发出《关于战争紧急动员彻底粉碎敌人四次围剿》《关于发行第二期革命公债票的决定》《关于国民经济建设问题的决定》，湘赣省苏维埃财政部发出《增发20万二期革命公债发行工作大纲》等。

抗日战争时期，陕甘宁边区政府为了发行建设救国公债，在制定和发布的系列文件中对公债发行动员进行了详细的部署，如《陕甘宁边区政府关于发行建设救国公债的布告》《陕甘宁边区政府发行建设救国公债实施细则》《关于发行建设救国公债的指示信》《推行建设救国公债宣传大纲》等。晋察冀边区胜利建设公债发行时，发出《关于发行胜利建设公债的指示》强调动员原则，并编辑《关于动员推行胜利建设公债的讲话材料》作为宣传动员的指导材料。各行署、专署也发出文件指导各管辖区域的宣传动员工作，如冀晋区行署发出《关于发行胜利建设公债的具体指示》，中共冀中区党委发出《关于边委会发行胜利建设公债的通知》，冀晋区第四专署发出《关于完成胜利建设公债的补充指示》，中共冀晋区四分区地委以党内文件形式，向各县团发出《关于迅速推行胜利建设公债的指示》，对发行中应注意的问题作补充。

解放战争时期，大连市政建设公债发行时，大连市政府制定《市政建设公债宣传提纲》，对公债发行宣传内容予以指导。琼崖解放公债发行时，各地委、行署、县委等地方党政机关遵照相关指示，积极布置。琼东县发出《关于动员认购解放公债的指示》，东区地委发出《执行区党委"关于发行解放公债的通知"的工作指示》，西区行署发出《西区行署训令（西秘字第十二号）——关于发行解放公债问题》，南区地委发出《执行区党委"关于发行解放公债通知"的指示》，万宁县委发出《执行东区地委"关于执行区党委发行解放公债"的工作指示》，琼崖县工委发出《执行地委"关于发行解放公债的通知"的通知》，等等。这些党政文件，既让根据地群众了解了公债发行的基本政策，也让各级干部明确公债发行动员工作的基本原则、注意事项、方式方法。

（二）革命报刊宣传动员

革命报刊是动员工作最重要的官方媒介，公债发行的方针政策、动员号召、实时进展大多是通过革命报刊进行宣传的，它包括：刊发党和政府制定的公债发行决定、布告、训令、指示、宣传大纲等纲领性文件；各种号召群众踊跃购买公债的评论、动员文章；各种机构、干部动员工作的组织、进展情况；

各地群众购买公债的踊跃情形以及公债发行中出现的问题，等等。所有这些，一方面是让根据地群众了解公债发行的基本政策、发行的意义；另一方面是为了营造"不买公债券是一件革命战士的耻辱"[①] 的浓厚氛围。土地革命时期，中共中央机关报《红色中华》、中央革命军事委员会机关报《红星》、中共中央政治理论机关刊物《斗争》、共产主义青年团苏区中央局机关报《青年实话》、中共江西省委机关报《省委通讯》、湘赣省苏维埃政府机关报《红色湘赣》、中共闽北分区委机关报《红色闽北》等报刊均对公债发行动员进行了大量的宣传和报道。尤其是《红色中华》在中央苏区历次公债发行和借谷过程中发挥了重要作用，刊发中央文件、发表社论、提出口号、跟踪报道、设置专栏，等等。这些报道、专栏在很大程度上营造了紧张、热烈的购买或退还公债的气氛，调动苏区群众异常踊跃地加入公债购买运动中。抗日战争时期，中共中央机关报《新中华报》（1941 年 5 月改为《解放日报》）、中共中央北方局机关报《新华日报》（华北版）、中共晋西区委机关党报《抗战日报》、中共鄂豫边区党委机关报《七七报》、冀晋区第四专署各县所办的《运城报》《胜利报》《反攻报》等报刊分别对陕甘宁边区建设救国公债、晋西北巩固农币公债、豫鄂边区建国公债、晋察冀胜利建设公债等公债发行进行了宣传报道。解放战争时期，中共中央华中分局机关报《新华日报》（华中版）、中共大连市委机关报《大连日报》等分别对苏皖边区救灾公债、大连市政建设公债等进行了宣传。在革命报刊的宣传动员下，根据地群众对公债发行的意义有更为明确的认识，从而积极、踊跃地购买革命政权发行的各项公债。

　　在利用报刊宣传动员之外，有些公债发行时，还特别通过媒体发表官方谈话，以向大家解释公债发行相关政策。如大连市政建设公债发行时，为了让市民更清楚地了解公债发行意义及具体事项，市财政局隋芸生局长招待记者发表谈话，向大家说明公债发行目的、此次公债与旧公债的区别、公债的具体功用、人民与公债的关系、公债发行中的具体问题、公债还本付息问题、公债的种类，等等。[②]

---

　　① 财政部财政科学研究所、财政部国债金融司编：《中国革命根据地债券文物集》，中国档案出版社 1999 年版，第 9 页。

　　② 财政部财政科学研究所、财政部国债金融司编：《中国革命根据地债券文物集》，中国档案出版社 1999 年版，第 65 页。

（三）设立专门机构组织动员

苏区初期发行的几项公债，都没有设立专门的动员机构。自中央苏区经济建设公债开始，这种情况有了改变。苏区公债发行过程中，有 6 项公债设立或指定了专门的动员机构（详见表 2-25）。一是公债发行委员会、推销公债票突击队。中央苏区经济建设公债发行时，临时中央政府在县、区、乡三级都组织了公债发行委员会，专门负责公债发行动员工作。湘赣省经济建设公债以及闽北分苏经济建设公债发行时，依据中央"推销 300 万经济建设公债宣传大纲"相关精神，也在县、区、乡三级组织公债发行委员会。湘赣省二期革命战争公债发行时，组成推销公债票突击队（以群众中有信仰的积极分子组成），充分运用革命的竞赛方法，团体与团体，个人与个人，乡与乡，区与区，进行革命竞赛以完成公债发行任务。① 二是武装保护秋收委员会、扩红突击队。中央苏区秋收借谷的总领导机关，是各级武装保护秋收委员会。中央苏区六月借谷虽然没有单独组织专门机构，但指定现有的扩红突击队兼负动员粮食的突击队任务。②

抗日战争时期，晋察冀边区为了发行救国公债，各县政府和群众团体及士绅组成救国公债征募委员会，运用各种形式，宣传救国公债的性质与意义。③陕甘宁边区建设救国公债发行时，各级组织公债发行委员会。边区设"边区救国公债总发行委员会"，地方为某县发行委员会（推销委员会），如合水县公债发行推销委员会、关中分区东行政区同官区一乡推销建设公债委员会，等等。晋冀鲁豫生产建设公债发行时，由各级政府聘请参议员、有威望的当地士绅及富绅，如群众团体商会等，组织公债推销委员会，深入群众中推销。④ 晋西北巩固农币公债发行时，成立各级公债推销委员会或劝买（募）委员会，如：临县公债推销委员会、岢岚县劝买委员会等。⑤ 在行政村也成立"推销委

---

① 财政部财政科学研究所、财政部国债金融司编：《中国革命根据地债券文物集》，中国档案出版社 1999 年版，第 22 页。

② 财政部财政科学研究所、财政部国债金融司编：《中国革命根据地债券文物集》，中国档案出版社 1999 年版，第 19 页。

③ 魏宏运主编：《晋察冀抗日根据地财政经济史稿》，档案出版社 1990 年版，第 49~50 页。

④ 编辑组等编：《抗日战争时期晋冀鲁豫边区财政经济史资料选编 第 1 辑》，中国财政经济出版社 1990 年版，第 1167~1168 页。

⑤ 《临县一、三两区推销委员会成立》，载《抗战日报》1943 年 3 月 11 日第 2 版。

员会"，自然村成立公债推销小组。① 豫鄂边区建国公债发行时，各级组织劝销委员会。东江纵队建设公债发行时，推销事项由公债管理委员会负责处理。②

解放战争时期，哈尔滨建设公债发行，各界皆组织推销委员会，研究购买公债问题。③ 大连市政建设公债发行时，组织公债宣传、推销委员会，采取制定计划、宣传、讲演、壁报、标语、广播电台、演剧等各种方式，使每个人对市政建设公债的意义有足够的认识，使其自动购买。④ 胶东爱国自卫公债发行时，各县组织劝募公债委员会，设委员 5～9 人，以县长为主任委员，县农会主任为副主任委员，下设劝募、会计两股。⑤ 中原野战军借粮证发行时，组织纵队借粮委员会统一领导，以旅为单位进行。每旅及纵直各成立一借粮组。单独活动的团，由旅借粮组派出适当的人员，随其行动办理借粮的事宜。⑥ 东北生产建设实物有奖公债发行时，组织公债劝募委员会公平分配认购数额。⑦ 粤桂公粮公债发行时，各级党委成立公粮债券委员会作为专门机构，负责公债推销的政治动员及宣传工作。⑧ 北江支队胜利公债发行时，成立公债发行委员会，专门负责胜利公债发行。⑨ 琼崖解放公债发行时，在组织力量较强、群众比较成熟的地区，组织公债推销委员会，吸收党政组织人民团体负责人及地方开明进步绅士、工商业者、海外归侨的代表人物参加，进行宣传解释，协商认购或分派数额，组织竞赛等工作。⑩

---

① 《临县在各区中心村成立推销支点》，载《抗战日报》1943 年 3 月 18 日第 1 版。
② 财政部财政科学研究所、财政部国债金融司编：《中国革命根据地债券文物集》，中国档案出版社 1999 年版，第 47～48 页。
③ 《哈市建设公债分担比率商定完毕》，载《东北日报》1946 年 9 月 15 日第 2 版。
④ 财政部财政科学研究所、财政部国债金融司编：《中国革命根据地债券文物集》，中国档案出版社 1999 年版，第 65～66 页。
⑤ 财政部财政科学研究所、财政部国债金融司编：《中国革命根据地债券文物集》，中国档案出版社 1999 年版，第 59～60 页。
⑥ 财政部财政科学研究所、财政部国债金融司编：《中国革命根据地债券文物集》，中国档案出版社 1999 年版，第 77 页。
⑦ 财政部财政科学研究所、财政部国债金融司编：《中国革命根据地债券文物集》，中国档案出版社 1999 年版，第 69 页。
⑧ 财政部财政科学研究所、财政部国债金融司编：《中国革命根据地债券文物集》，中国档案出版社 1999 年版，第 81～82 页。
⑨ 财政部财政科学研究所、财政部国债金融司编：《中国革命根据地债券文物集》，中国档案出版社 1999 年版，前言第 89 页。
⑩ 海南行政区财经税收史领导小组办公室、海南行政区档案馆编：《琼崖革命根据地财经税收史料选编》，海南人民出版社 1984 年版，第 450 页。

表 2 – 25　　　　　　　　革命根据地部分公债发行动员机构一览表

根据地		公债名称	动员机构
土地革命时期	中央苏区	中央苏区经济建设公债	公债发行委员会
		中央苏区六月借谷	扩红突击队兼负动员收粮任务
		中央苏区秋收借谷	秋收委员会
	湘赣苏区	湘赣二期公债	推销公债票突击队
		湘赣经济建设公债	公债发行委员会
	闽浙赣苏区	闽北分苏经济建设公债	公债发行委员会
抗日战争时期	晋察冀边区	晋察冀救国公债	公债征募委员会
	陕甘宁边区	陕甘宁建设救国公债	公债发行（推销）委员会
	晋冀鲁豫边区	晋冀鲁豫生产建设公债	公债推销委员会
	晋西北抗日根据地	晋西北巩固农币公债	公债推销（劝买）委员会
	豫鄂边区	豫鄂区建国公债	公债劝销委员会
	华南抗日根据地	东江纵队建设公债	公债管理委员会
解放战争时期	东北解放区	哈尔滨建设公债	公债推销委员会
		大连市政建设公债	宣传、推销委员会
		大连县生产建设公债	公债宣传委员会
	华东解放区	胶东爱国自卫公债	劝募公债委员会
	中原解放区	中原野战军借粮证	借粮委员会
	东北解放区	东北生产建设实物有奖公债	公债劝募委员会
	华南解放区	粤桂公粮公债	公粮债券委员会
		北江支队胜利公债	公债发行委员会
		琼崖解放公债	公债推销委员会

资料来源：

（1）财政部财政科学研究所、财政部国债金融司编：《中国革命根据地债券文物集》，中国档案出版社1999年版，第19～20、22、24、29、45、48、57～58、60、62、64～69、77、86、90页。

（2）江西省档案局编：《防尘扫埃　地净天蓝　回望中央苏区反腐倡廉岁月》（下），江西人民出版社2013年版，第652页。

（3）魏宏运主编：《晋察冀抗日根据地财政经济史稿》，档案出版社1990年版，第49～50页。

（4）陕西省档案馆、陕西省社会科学院编：《陕甘宁边区政府文件选编　第3辑》，档案出版社1987年版，第120页。

（5）晋冀鲁豫边区财政经济史编辑组等编：《抗日战争时期晋冀鲁豫边区财政经济史资料选编　第1辑》，中国财政经济出版社1990年版，第1167～1168页。

（6）《临县一、三两区推销委员会成立》，载《抗战日报》1943年3月11日第2版。

（7）中国钱币学会广东分会等编：《华南革命根据地货币金融史料选编》，广东省怀集人民印刷厂1991年版，第281页。

（四）召开大会现场动员

为了迅速推销公债，革命根据地召开了不同层级、不同类别的动员大会，包括党政机关和群众团体、中央部门和地方机构。中央苏区经济建设公债发行，召开了各党支部会议、乡苏代表会、女工农妇代表会、儿童会、青年群众大会、工会、贫农团、互助会、反帝拥苏团体会议。[①] 另外，部队、学校、医院、商人、农民等也召开了各种动员大会。中央苏区临时借谷，召集了各乡主席联席会议，并派人至各区乡开代表会、贫农团、雇农工会、选民大会等。[②] 六月借谷，召开了支部会议、城乡代表会议与各种群众团体的会议。湘赣二期公债、经济建设公债发行，举行了党团政府工会、雇农工会、贫农团、工农妇代表、儿童团等动员大会。[③] 在各种动员大会上，领导讲话，机构号召，详细解释公债发行的意义、用途以及与群众切身利益关系，并由积极分子带头认购、现场发动群众踊跃购买公债。

动员大会召开过程中，强调了党团组织的领导作用。一般先在党政机关进行，使党政干部、代表了解公债发行的意义，再由党政机关干部、代表深入到各个群众团体中对普通工农大众进行宣传和解释。如中央苏区发行革命战争公债，由区、市、乡召集乡代表会议作报告，讨论推销和鼓励群众的办法，由城乡政府和代表召集商民大会，报告政府发行公债的意义与公民的义务。[④] 经济建设公债发行，区委召集支书和活动分子会议，加强党团员的领导作用。[⑤] 湘赣二期公债发行，举行党团支部大会和各群众团体会员大会，专门讨论推销公债工作。[⑥] 湘赣经济建设公债发行后期的经济动员突击运动中，中共湘赣省委、湘赣省苏维埃政府强调指出，经济动员突击是在共产党与苏

---

① 《模范区推销公债新方式》，载《红色中华》1933 年 9 月 21 日第 3 版。

② 财政部财政科学研究所、财政部国债金融司编：《中国革命根据地债券文物集》，中国档案出版社 1999 年版，第 17～18 页。

③ 江西省档案馆编：《湘赣革命根据地史料选编》（下），江西人民出版社 1984 年版，第 632、537 页。

④ 财政部财政科学研究所、财政部国债金融司编：《中国革命根据地债券文物集》，中国档案出版社 1999 年版，第 10 页。

⑤ 《模范区推销公债新方式》，载《红色中华》1933 年 9 月 21 日第 3 版。

⑥ 财政部财政科学研究所、财政部国债金融司编：《中国革命根据地债券文物集》，中国档案出版社 1999 年版，第 22～23 页。

维埃领导之下进行的。①

抗日战争时期，晋察冀救国公债发行时，各地召开各种会议进行现场动员，如平山县政府召集地方士绅的联席会议，解说公债发行的必要性，士绅们在会场上便纷纷签名认购。陕甘宁建设救国公债发行时，召开的动员大会，既包括对普通民众的动员，也包括对基层领导干部以及社会名流、工商各界代表的动员。如延安市政府召集市商会各委员暨工商妇各群众团体代表及党政军各系统经济部门负责同志开会，动员公债发行，讨论推销办法。② 冀南救灾公债发行时，先以区为单位召集各中心村长及群众团体工作人员开联席会议，再以村为单位召开村民大会进行劝募。③ 晋冀鲁豫建设公债发行时，着重利用村选、庆祝边区政府成立及传达临参会等各种会议，进行广泛深入的宣传动员。④ 晋西北巩固农币公债发行时，各级政府召开会议，宣传动员。如兴县先由各区召集行政委员、村长联席会议（各村则召开代表会），聘请群众团体及士绅列席参加讨论，详细解释公债意义及进行办法，然后深入群众中去进行宣传。⑤ 召开座谈会声讨日军的残暴，激发群众的爱国情感，踊跃购买。⑥ 晋察冀胜利建设公债发行时，利用了各种群众会、户主会及团体各组织系统开会等，有的还利用公正士绅及各种英雄模范开会动员。⑦

解放战争时期，大连市政建设公债发行时，先由政府组织座谈会，召集参议员、工商业家、地方士绅及各区公债推售委员 600 余名，动员购买，⑧ 再由大家分头动员。琼崖解放公债，主要以保、村为动员单位，分别召开基层干部

---

① 财政部财政科学研究所、财政部国债金融司编：《中国革命根据地债券文物集》，中国档案出版社 1999 年版，第 25～27 页。

② 《陕甘宁边区人民热心边区建设，踊跃购买救国公债》，载《新华日报》（华北版）1941 年 6 月 9 日第 2 版。

③ 晋冀鲁豫边区财政经济史编辑组等编：《抗日战争时期晋冀鲁豫边区财政经济史资料选编　第 1 辑》，中国财政经济出版社 1990 年版，第 1299 页。

④ 晋冀鲁豫边区财政经济史编辑组等编：《抗日战争时期晋冀鲁豫边区财政经济史资料选编　第 1 辑》，中国财政经济出版社 1990 年版，第 1167～1168 页。

⑤ 《兴临保各地积极勤募公债，深入群众进行宣传》，载《抗战日报》1943 年 2 月 23 日第 2 版。

⑥ 《宁武公债超过发行额，敌占区游击区同胞踊跃认购》，载《抗战日报》1943 年 3 月 25 日第 2 版。

⑦ 冀南三专署：《三专区 1945 年发行胜利建设公债工作总结》（1946 年 1 月），河北省档案馆藏，卷宗号：35 - 1 - 35 - 1。

⑧ 《行政联办处、临参会、市政府召开工商业家、地方士绅座谈会，号召踊跃买公债》，载《大连日报》1946 年 12 月 29 日第 1 版。

会（党政及各种组织成员大会、小组会、或三五成群的、个别的活动），以进行反复的动员工作。再借基层干部及组织成员向群众进行动员教育，等等。①

（五）表演戏剧，化妆演讲

表演戏剧、化妆演讲是公债发行中较为灵活的动员形式，对于普通群众而言，它更乐于接受。中央苏区经济建设公债发行时，就派遣了宣传队化装演讲、表演话剧等，在群众中造成购买公债的热烈空气。② 中央局通过面向全体工作人员开展演讲会的形式深入宣传，鼓动大家购买公债。③ 水口区政府及群众团体，组织了一个新剧团，轮流到乡表演发行经济建设公债票的意义。④ 中央苏区六月借谷，瑞金一个村庄在两个屋子中举行了集会，组织儿童团数人在早晚饭时打锣鼓集中群众，由一个儿童做几分钟的演讲，动员购买。⑤ 湘赣经济建设公债发行，在中共湘赣苏区党委宣传部领导下，由教育部组织一个新剧团，扮演专门关于经济动员突击的戏剧⑥，在群众中造成购买公债的热烈空气。抗日战争时期，晋察冀救国公债发行，运用各种形式，宣传救国公债的性质与意义，借助诸如庙会、演戏及村民大会等有利时机和场合积极推销。⑦ 在群众大会上，在演剧台上，小孩老妇以他们的糖果钱与几十年前陪嫁过来的首饰当众交出来换购公债。⑧ 陕甘宁建设救国公债发行时，也动员各种宣传工具，包括歌咏、剧团等，使大家都懂得建设救国公债这个新事件。⑨

---

① 海南行政区财经税收史领导小组办公室、海南行政区档案馆编：《琼崖革命根据地财经税收史料选编》，海南人民出版社1984年版，第446页。

② 江西省档案局编：《防尘扫埃　地净天蓝　回望中央苏区反腐倡廉岁月》（下），江西人民出版社2013年版，第653页。

③ 《用演讲会来深入宣传鼓动》，载《红色中华》1933年9月21日第3版。

④ 《经济动员中的福建群众》，载《红色中华》1933年9月18日第3版。

⑤ 《瑞金县粮食动员的近况》，载《红色中华》1934年6月19日第2版。

⑥ 财政部财政科学研究所、财政部国债金融司编：《中国革命根据地债券文物集》，中国档案出版社1999年版，第25~27页。

⑦ 魏宏运主编：《晋察冀抗日根据地财政经济史稿》，档案出版社1990年版，第49~50页。

⑧ 财政部财政科学研究所、财政部国债金融司编：《中国革命根据地债券文物集》，中国档案出版社1999年版，第33页。

⑨ 陕西省档案馆、陕西省社会科学院编：《陕甘宁边区政府文件选编　第3辑》，档案出版社1987年版，第120页。

（六）刷标语，贴口号，印发小册子

中央苏区二期公债发行时，江西省苏维埃政府发出财字训令，印发小册子，号召大家踊跃购买。① 湘赣省经济建设公债发行时，湘赣省苏国民经济部提出了"热烈购买公债的口号"，即：赶快买公债，充裕红军给养，发展苏区经济；赶快买公债，发展对外贸易，吃得便宜盐；赶快买公债，发展纺织生产，穿得便宜布；赶快买公债，冲破敌人经济封锁，彻底改善群众生活；赶紧拿谷子，谷子价钱提得高，免得奸商富农来操纵；买公债，很方便，棉花、豆子、布匹、油……都可以，价钱提得高，很快又可买得便宜货；一切经济服从战争；集中一切力量，粉碎敌人五次围剿。并把这些标语口号"好好的写起来，张贴到每个村子里，映入到每个群众的脑海中"②。经济动员突击运动中，中共湘赣省委、湘赣省苏维埃政府要求各机关都单独印发小传单标语③，以造成热烈的气氛。晋察冀救国公债发行时，街头巷尾贴满着"多买一份救国公债就是多增加一份抗日力量""多买一份救国公债等于多尽一份保卫边区的责任""借钱给政府帮助抗战"等显要夺目的标语。④

（七）个别谈话，重点动员

中央苏区经济建设公债发行，中府俱乐部暨各列宁室就开始广泛的宣传，用会议或个别谈话的形式，使购买公债票的意义深入到每一个工作人员中。⑤ 中央苏区六月借谷，运用个别谈话、讲演等通俗的方式，把动员粮食的战斗意义，明白地解释给群众听，把粮食问题与扩大红军及革命战争的中心任务最密切的联系起来。⑥ 瑞金粮食动员突击队还用了新的方法，即找到最顽固的分

---

① 《江西省苏报告（二）》，载《红色中华》1932 年 11 月 28 日第 7 版。

② 财政部财政科学研究所、财政部国债金融司编：《中国革命根据地债券文物集》，中国档案出版社 1999 年版，第 24 页。

③ 财政部财政科学研究所、财政部国债金融司编：《中国革命根据地债券文物集》，中国档案出版社 1999 年版，第 25～27 页。

④ 财政部财政科学研究所、财政部国债金融司编：《中国革命根据地债券文物集》，中国档案出版社 1999 年版，第 33 页。

⑤ 江西省档案局编：《防尘扫埃 地净天蓝 回望中央苏区反腐倡廉岁月》（下），江西人民出版社 2013 年版，第 660 页。

⑥ 财政部财政科学研究所、财政部国债金融司编：《中国革命根据地债券文物集》，中国档案出版社 1999 年版，第 18～19 页。

子，用两三个小时的谈话来说服他。顽固分子一说服，其他人就会没问题了。① 湘赣经济建设公债发行，在村子里经过各种组织，找活动分子谈话，发动其比赛。② 党团员和各革命团体负责同志，除自己热烈购买公债为群众模范外，还负责领导和鼓励几个或一、两个人，至少买一元公债的光荣责任。③ 晋察冀胜利建设公债发行，在动员机构和方式上，运用多种行政组织，用各种形式，包括开大会、开小会以及个别谈话等方式进行动员。④

（八）书信劝说亲友购买

中央苏区经济建设公债发行，福建军区红军战士纷纷写信回家取款，准备购买。中府工农检察部、土地部与运输队第二个单位，大家不但自愿的把伙食尾子节省三个月来购买公债，而且还写信回家去动员家里的人寄钱来购买。⑤ 湘赣经济建设公债发行，湘赣省公债发行委员会主任萧仁山发动各工厂企业的工友（家在苏区的或苏区有亲朋的）都来写三个至五个信件给自己的家庭（如母、妻子或兄弟和姊妹）、亲戚朋友及熟悉的人，领导与鼓励他们每家最低限度节省一担谷子购买公债。⑥ 闽浙赣省决战公债发行，红军战士纷纷写信回家，要家里枭谷送钱来买公债券。⑦ 晋西北巩固农币公债发行，兴县三区在布置此项工作会议后，大家又给亲友写信，发动他们踊跃购买。⑧

总之，革命根据地公债发行期间，调动各方力量，通过各种途径进行了大力动员，在根据地群众之间发动革命竞赛，奖励优胜者，从而达到顺利发行公债的目的。经过强有力的动员工作，诸多革命根据地公债顺利完成、甚至超额完成了发行任务，且涌现出了众多根据地人民为了支持革命战争、根据地建设

---

① 《瑞金县粮食动员的近况》，载《红色中华》1934 年 6 月 19 日第 2 版。

② 财政部财政科学研究所、财政部国债金融司编：《中国革命根据地债券文物集》，中国档案出版社 1999 年版，第 25 页。

③ 江西省档案馆编：《湘赣革命根据地史料选编》（下），江西人民出版社 1984 年版，第 632、710 页。

④ 晋察冀边区政府：《关于动员推行胜利建设公债的讲话材料》，河北省档案馆藏，卷宗号：579 - 1 - 63 - 15。

⑤ 李增辉：《这是推销公债的优胜者》，载《红色中华》第 121 期 1933 年 10 月 27 日第 3 版。

⑥ 江西省档案馆编：《湘赣革命根据地史料选编》（下），江西人民出版社 1984 年版，第 632、711 页。

⑦ 中共横峰县委党史工作办公室编：《中共横峰县地方史　第 1 卷　1925～1949》，中国文化出版社 2011 年版，第 96 页。

⑧ 《兴县各地开始募集公债》，载《抗战日报》1943 年 2 月 27 日第 2 版。

而毫不计较、甘愿奉献的感人事迹。

第二节　公债流通及使用政策

一、流通政策

公债流通政策，是指公债的出售、转让政策，包括公债能否自由买卖、转让；能否向银行抵押、贴现；能否进行公债回购交易、公债期货交易和公债期权交易等。① 结合革命根据地公债实际，本节所谈的公债流通政策，主要包括公债是否允许买卖、转让、抵押、贴现、充当担保品、抵缴税款、购买实物等方面。

（一）土地革命时期根据地公债流通政策

土地革命时期根据地发行的 18 项公债，除了鹤峰借券、湘鄂赣经济建设公债、闽北分苏为红军借谷、闽浙赣决战公债 4 项情况不详之外，其余 14 项公债均属于可流通公债，主要表现在，允许买卖、抵押、充当担保品、抵缴税款等方面。具体政策情况详见表 2 - 26。

（1）允许买卖、抵押、充当其他担保品并可抵缴税款的公债有 5 项，占所有项次的 27.8%，即：中央苏区革命战争公债，可买卖、抵押、当作其他现款的担保品；可抵缴商业税、土地税等国家税收，但抵缴 1932 年税款无利息。中央苏区二期公债，准许买卖、抵押及其他种现款的担保品；满期后准予完纳一切租税，十足通用，但期未满前不准抵纳租税。湘赣革命战争公债，准许买卖抵押及代其他种现款的担保品之用；得以十足作用的完纳商业税、土地税等国家税，但以缴纳 1933 年上半年税者，则无利息。湘赣二期公债，准许买卖抵押及代其他种现款的担保品之用；得以十足作用的完纳商业税、土地税等国家租税，但以缴纳 1934 年上半年租税者，则无利息。湘鄂赣短期公债，准许买卖、抵押及其他现款担保品之用，得以完纳国家租税，但不到还本付息

---

① 编委会编：《财经大辞典　1》，中国财政经济出版社 2013 年版，第 513 页。

期则不付息。

（2）只允许买卖、抵押、充当其他现款担保品的公债有 3 项，占 16.7%，即：中央苏区经济建设公债、湘赣经济建设公债、闽北分苏经济建设公债均规定，准许买卖、抵押并作其他担保品之用。

（3）只允许买卖的公债有 1 项，占 5.6%，即：湘鄂西水利借券，与"借粮"性质相同，能够出售，但不能购买货物。

（4）只允许抵缴税款的公债有 5 项，占 27.8%，即：中央苏区临时借谷，1933 年下半年，准予抵纳本区土地税，完纳和抵税有余的，到期可向区政府领取现款。中央苏区六月借谷，由群众自己从后方运取公谷归还，或是下年征收土地税时归还。中央苏区秋收借谷，由 1935 年与 1936 年土地税归还。湘赣收买谷子期票，到期后准予向企业机关或国家分行兑现，以及完纳国税（没有买卖抵押及作其他现款担保品之用功能）。湘鄂赣二期公债，到还本付息期可完纳国家一切租税。

表 2-26　　　　　　土地革命时期根据地公债流通政策情况及分类

流通政策分类	序号	公债名称	流通政策规定	比例（%）
允许买卖、抵押、充当担保、抵缴税款	1	中央苏区革命战争公债	可买卖、抵押、当作其他现款的担保品；可抵缴商业税、土地税等国家税收，但抵缴 1932 年税款无利息	27.8
	2	中央苏区二期公债	准许买卖、抵押及其他种现款的担保品；满期后准予完纳一切租税，十足通用，但期未满前不准抵纳租税	
	3	湘赣革命战争公债	准许买卖抵押及代其他种现款的担保品之用。可以十足作用的完纳商业税、土地税等国家税，但已缴纳 1933 年上半年税者，则无利息	
	4	湘赣二期公债	准许买卖抵押及代其他种现款的担保品之用。得以十足作用的完纳商业税、土地税等国家租税，但已缴纳 1934 年上半年租税者，则无利息	
	5	湘鄂赣短期公债	准许买卖、抵押及其他现款担保品之用。得以完纳国家租税，但不到还本付息期则不付息	

续表

流通政策分类	序号	公债名称	流通政策规定	比例（%）
允许买卖、抵押、充当担保品	1	中央苏区经济建设公债	准许买卖抵押并作其他担保品之用	16.7
	2	湘赣经济建设公债	准许买卖抵押并作其他担保品之用	
	3	闽北分苏经济建设公债	准许买卖抵押并作其他担保品之用	
允许买卖	1	湘鄂西水利借券	与"借粮"性质相同，能够出售，但不能购买货物	5.6
允许抵缴税款	1	中央苏区临时借谷	1933年下半年准予抵纳本区土地税。完纳和抵税有余的，到期可向区政府领取现款	27.8
	2	中央苏区六月借谷	由群众自己从后方运取公谷归还，或是下年征收土地税时归还	
	3	中央苏区秋收借谷	由1935年与1936年土地税归还	
	4	湘赣收买谷子期票	到期后准予向企业机关或国家分行兑现，以及完纳国税（没有买卖抵押及作其他现款担保品之用功能）	
	5	湘鄂赣二期公债	到还本付息期得完纳国家一切租税	
不详	1	湘鄂西鹤峰借券	未见规定	22.2
	2	湘鄂赣经济建设公债	未见规定	
	3	闽北分苏为红军借谷	未见规定	
	4	闽浙赣决战公债	未见规定	
债项总计	18			100

资料来源：财政部财政科学研究所、财政部国债金融司编：《中国革命根据地债券文物集》，中国档案出版社1999年版，第7～30页。

　　总体而言，土地革命时期根据地允许买卖（包括转让）的公债有9项，即：中央苏区革命战争公债，中央苏区二期公债，中央苏区经济建设公债，湘赣革命战争公债，湘赣二期公债，湘赣经济建设公债，湘鄂赣短期公债，闽北分苏经济建设公债，湘鄂西水利借券。允许抵押或是充当担保的公债均有8项，即：中央苏区革命战争公债，中央苏区二期公债，中央苏区经济建设公债，湘赣革命战争公债，湘赣二期公债，湘赣经济建设公债，湘鄂赣短期公债，闽北分苏经济建设公债。允许抵缴税款的公债有10项，即：中央苏区革命战争公债，中央苏区二期公债，湘赣革命战争公债，湘赣二期公债，湘鄂赣短期公债，中央苏区临时借谷，中央苏区六月借谷，中央苏区秋收借谷，湘赣收买谷子期票，湘鄂赣二期公债。

（二）抗日战争时期根据地公债的流通政策

抗战时期，根据地发行的 22 项公债中，有 10 项是属于可以流通的公债，主要表现在可以自由转让、买卖、抵押、充当担保品、向银行贴现、抵缴税款、购买实物等。具体政策情况详见表 2 - 27。

（1）可转让、充当担保、贴现、抵缴税款的公债有 1 项：豫鄂边区建国公债，可自由转让，并作为一切保证金之用。购入满 1 年后可用以向边区建设银行抵借现款，但不得超过票面额的 30% 。息票到期时可用以抵缴原购买地的田赋公粮。

（2）只可买卖、抵押、充当担保品的公债有 2 项：孝感赈灾公债，可作一切商务契约及法律上的保证、抵押或准买卖，但不得作完粮纳税之用。晋冀鲁豫生产建设公债，得自由买卖、抵押，凡公务上须缴纳保证金时，得作代替品，并可为银行的保证准备金。

（3）只可转让、买卖、抵押的公债有 1 项：东江纵队建设公债，不能当作通货使用，但可转让、抵押、出卖，唯必须向本公债管理委员会声明和登记。

（4）只可抵缴税款、购买实物的公债有 1 项：陕甘宁建设救国公债，还本付息时，可以交纳税款及向边区银行、光华商店、合作社兑换法币，或作购买实物之用。

（5）只可抵缴税款的公债有 5 项：定凤滁赈灾公债，可向各县税局核算本息缴纳田赋。豫鄂边区建设公债，到期债券可抵纳边区一切捐税。阜宁建设公债，至偿还时间可抵完田赋。晋西北巩固农币公债，中签债票及到期息票，可用以完成一切赋税。晋察冀胜利建设公债，期满债票可用于缴纳统累税款。

（6）不可转让买卖的公债有 1 项：胶东借用物品偿还券，不得出卖出借转与他人。

（7）流通政策情况不详的公债有 11 项，即：闽西南借款凭票，晋察冀救国公债，冀南救灾公债，冀鲁豫整理财政借款，盱眙救国公债，淮北路东救国公债，陕甘宁春季借粮，襄西建设公债，淮南津浦路西战时公债，文献伟公债，湖东保卫秋收公债。

总体而言，抗日根据地发行的公债中，可买卖（包括转让）的公债有 4 项次，即：豫鄂边区建国公债，孝感赈灾公债，晋冀鲁豫生产建设公债，东江纵队建设公债。可抵押（包括贴现）的公债有 4 项，这些公债与可买卖（包括转让）的公债相同，即：豫鄂边区建国公债，孝感赈灾公债，晋冀鲁豫生产建设公债，东江纵队建设公债。可用作担保品的公债有 2 项，即：豫鄂边区建国公债，孝感赈灾公债。可用于抵缴税款的公债有 8 项，即：豫鄂边区建国公债，陕甘宁建设救国公债，定凤滁赈灾公债，豫鄂边区建设公债，阜宁建设公债，晋西北巩固农币公债，晋察冀胜利建设公债。可用于购买实物的公债有 1 项，即：陕甘宁建设救国公债。

与土地革命时期根据地公债流通政策相比，抗战时期根据地公债有 3 个不同的特征：（1）1 项公债可向银行贴现，即：豫鄂边区建国公债，购入满 1 年后可用以向边区建设银行抵借现款，但不得超过票面额的 30%。（2）1 项公债可以购买实物，即：陕甘宁建设救国公债。（3）1 项公债明确规定不可转让买卖，即：胶东借用物品偿还券。

表 2－27　　　　　　　抗日战争时期根据地公债流通政策分类

流通政策分类	项数	债项名称	流通政策规定	占比（%）
可转让、充当担保、贴现、抵缴税款	1	豫鄂边区建国公债	可自由转让，作一切保证金之用。购入满一年后可用以向边区建设银行抵借现款，但不得超过票面额的 30%。息票到期时可用以抵缴原购买地的田赋公粮	4.5
可买卖、抵押、充当担保品	1	孝感赈灾公债	可作一切商务契约及法律上的保证、抵押或准买卖，但不得作完粮纳税之用	9
	2	晋冀鲁豫生产建设公债	得自由买卖、抵押，凡公务上须缴纳保证金时，得作代替品，并得为银行的保证准备金	
可买卖、转让、抵押	1	东江纵队建设公债	公债不能当作通货使用，但可转让、抵押、出卖，唯必须向本公债管理委员声明和登记	4.5
可抵缴税款、购买实物	1	陕甘宁建设救国公债	还本付息时，可以交纳税款及向边区银行、光华商店、合作社兑换法币，或作购买实物之用	4.5

续表

流通政策分类	项数	债项名称	流通政策规定	占比（%）
可抵缴税款	1	定凤滁赈灾公债	可向各县税局核算本息缴纳田赋	22.7
	2	豫鄂边区建设公债	到期债券可抵纳边区一切捐税	
	3	阜宁建设公债	至偿还时间可抵完田赋	
	4	晋西北巩固农币公债	中签债票及到期息票，得用以完成一切赋税	
	5	晋察冀胜利建设公债	期满债票可用于缴纳统累税款	
不可转让买卖	1	胶东借用物品偿还券	不得出卖出借转与他人	4.5
不详	1	闽西南借款凭票	未见规定	50
	2	晋察冀救国公债	未见规定	
	3	冀南救灾公债	未见规定	
	4	冀鲁豫整理财政借款	未见规定	
	5	盱眙救国公债	未见规定	
	6	淮北路东救国公债	未见规定	
	7	陕甘宁春季借粮	未见规定	
	8	襄西建设公债	未见规定	
	9	淮南津浦路西战时公债	未见规定	
	10	文献伟公债	未见规定	
	11	湖东保卫秋收公债	未见规定	
债项总计	22			100

资料来源：

（1）财政部财政科学研究所、财政部国债金融司编：《中国革命根据地债券文物集》，中国档案出版社1999年版，第30~52页、前言第37页。

（2）杨秀峰：《杨秀峰文存》，人民法院出版社1997年版，第188页。

（3）海南行政区财经税收史领导小组办公室、海南行政区档案馆编：《琼崖革命根据地财经税收史料选编》（革命回忆录部分），海南人民出版社1984年版，第40~41页。

（三）解放战争时期根据地公债的流通政策

解放战争时期，根据地30项公债中有21项具有可流通属性，主要表现在可以自由买卖、转让、抵押、贴现、充当担保、抵缴税款等方面。具体政策规定情况详见表2-28。

（1）可买卖、抵押、充当担保、抵缴税款的公债有 2 项，即：大连市政建设公债、大连县生产建设公债均规定，可以买卖，到期公债可以抵押、担保、缴税。

（2）只可买卖、抵押、抵缴税款的公债有 2 项，即：哈尔滨建设公债，可以随意买卖、抵押。债券及息票，自偿本付息到期之日起，可以用作完纳哈尔滨市税捐及其他费款；闽粤赣纵队军粮公债，可自由买卖、抵押，并准抵缴田赋。

（3）只可买卖、抵押的公债有 2 项，即：潮梅、东北江胜利公债和潮梅公粮公债均规定，可用作抵押按揭及自由买卖。如属买卖时，须到南方人民银行总管理处或分行办理过户手续。

（4）只可买卖、抵缴税款的公债有 1 项，即：北江支队胜利公债，可以自由买卖，可用以交纳 1950 年度公粮。

（5）只可买卖、转让的公债有 1 项，即：琼崖解放公债，可以让与转卖，但不能用以缴纳赋税及作通货用。

（6）只可抵押、作保证金的公债有 1 项，即：齐齐哈尔市政建设公债，可在本市作抵押或保证金，但不得作为通货使用。

（7）只可抵押、抵缴税款的公债有 1 项，即：陕甘宁征购土地公债，可以转让抵押，但不得在市面流通。到期土地公债的本息，可以抵交农业税，但只限于本县范围。

（8）只可抵押借款的公债有 1 项，即：胶东爱国自卫公债，不得作为货币流通，但自第一期付息后，可俟当时金融财政状况，决定持券人可向北海银行胶东分行及各支行与办事处作抵押借款。

（9）只可转让的公债有 1 项，即：粤桂解放军 20 团、21 团胜利公债，可以让与接受。

（10）只可抵缴税款的公债有 9 项，即：苏皖救灾公债，未到期前不得在市面作通货流通，到期后可依票面金额连同利息完纳 1946 年 11 月 1 日后各种赋税，或向华中银行兑现。双城治安公债，可完纳租税。苏皖六区赔偿人民损失公债和苏皖六区补偿中农损失公债均规定，债券到期，可抵交公粮田赋，或持向当地粮库兑取粮食，但不得转移买卖。倘有损失，经乡政府及乡农会证明，可以补发一次；淮海粮草公债，不准转移、买卖，债券到期可抵交粮赋。中原野战军借粮证，持有者可向当地县、区政府抵交公粮。粤赣湘公粮公债，可作缴纳公粮之用；粤桂公粮公债，还本时若以债券交纳公粮及税额，亦按票面十足通用。琼崖支援前线借粮，在清还期间，民众可以将该借据所注粮数或款数，当作现粮或现款交纳公粮或赋税给政府。

（11）不可流通的公债有 2 项，即：松江胜利公债，不得在市面流通使用。东北生产建设实物有奖公债，不准挂失，不准替代货币行使。

（12）情况不详的公债有 7 项，即：东安建设公债，呼兰县建国公债，长江纵队救国公债，嫩江生产建设折实公债，云南人民革命公债（4 月），云南人民革命公债（8 月），华南联名胜利公债。

表 2 - 28　　　　　　　　解放战争时期根据地公债流通政策分类

流通政策	序号	债项名称	说明	比例（%）
可买卖、抵押、充当担保、抵缴税款	1	大连市政建设公债	可以买卖，到期公债可以抵押、担保、缴税	6.7
	2	大连县生产建设公债	可以买卖，到期公债可以抵押、担保、缴税	
可买卖、抵押、抵缴税款	1	哈尔滨建设公债	可以随意买卖、抵押。债券及息票，自偿本付息到期之日起，可以用作完纳哈尔滨市税捐及其他费款	6.7
	2	闽粤赣纵队军粮公债	债券可自由买卖、抵押，并准抵缴田赋	
可买卖、抵押	1	潮梅、东北江胜利公债	可用作抵押按揭及自由买卖。如属买卖时，须到南方人民银行总管理处或分行办理过户手续	6.7
	2	潮梅公粮公债	可用作抵押，按揭及自由买卖。如属买卖，须向当地人民政府办理过户手续	
可买卖、抵缴税款	1	北江支队胜利公债	可用以交纳 1950 年度公粮，多除少补。公债可以自由买卖	3.3
可买卖、转让	1	琼崖解放公债	公债票可以让与转卖，但不能用以缴纳赋税及作通货用	3.3
可抵押、作保证金	1	齐齐哈尔市政建设公债	可在本市作抵押或保证金，但不得作为通货使用	3.3
可抵押、抵缴税款	1	陕甘宁征购土地公债	可以转让抵押，但不得在市面流通。到期土地公债的本息，可以抵交农业税，但只限于本县范围	3.3
可抵押借款	1	胶东爱国自卫公债	不得作为货币流通。自第一期付息后，依据当时金融财政状况，决定持券人可向北海银行胶东分行及各支行与办事处作抵押借款	3.3

续表

流通政策	序号	债项名称	说明	比例（%）
可转让	1	粤桂解放军20团、21团胜利公债	债券为合法的有价证券，可以让与接受	3.3
可抵缴税款	1	苏皖救灾公债	公债票未到期前不得在市面作通货流通，到期后可依票面金额连同利息完纳1946年11月1日后各种赋税，或向华中银行兑现	30
	2	双城治安公债	可完纳租税	
	3	苏皖六区赔偿人民损失公债	不得转移买卖；倘有损失，经乡政府及乡农会证明，可以补发一次。公债券到期，可抵交公粮田赋，或持向当地粮库兑取粮食	
	4	苏皖六区补偿中农损失公债	不得转移买卖，倘有损失，取得乡农会及乡政府证明可以申请补发一次。公债到期，可抵交公粮、田赋，或持向当地粮库兑取粮食	
	5	淮海粮草公债	不准转移、买卖。公债券到期可抵交粮赋	
	6	中原野战军借粮证	被借户持借粮证可向当地县、区政府抵交公粮	
	7	粤赣湘公粮公债	债券可作缴纳公粮之用	
	8	粤桂公粮公债	还本时若以债券交纳公粮及税额，亦按票面十足通用	
	9	琼崖支援前线借粮	在清还期间，民众可以将该借据所注粮数或款数、当作现粮或现款交纳公粮或赋税给政府	
不可流通	1	松江胜利公债	不得在市面流通使用	6.7
	2	东北生产建设实物有奖公债	不准挂失，不准替代货币行使	
不详	1	东安建设公债	未见规定	23.3
	2	呼兰县建国公债	未见规定	
	3	长江纵队救国公债	未见规定	
	4	嫩江生产建设折实公债	未见规定	
	5	云南人民革命公债（4月）	未见规定	
	6	云南人民革命公债（8月）	未见规定	
	7	华南联名胜利公债	未见规定	
债项总计	30			100

资料来源：财政部财政科学研究所、财政部国债金融司编：《中国革命根据地债券文物集》，中国档案出版社1999年版，第52～90页。

总体而言，解放战争时期根据地可买卖（包括转让）的公债有 9 项，即：大连市政建设公债，大连县生产建设公债，哈尔滨建设公债，闽粤赣纵队军粮公债，潮梅、东北江胜利公债，潮梅公粮公债，北江支队胜利公债，琼崖解放公债，粤桂解放军 20 团、21 团胜利公债。可抵押的公债有 9 项，即：大连市政建设公债，大连县生产建设公债，哈尔滨建设公债，闽粤赣纵队军粮公债，潮梅、东北江胜利公债，潮梅公粮公债，齐齐哈尔市政建设公债，陕甘宁征购土地公债，胶东爱国自卫公债。可用作担保（或保证金）的公债有 3 项，即：大连市政建设公债，大连县生产建设公债，齐齐哈尔市政建设公债。可抵缴税款的公债 15 项，即：大连市政建设公债，大连县生产建设公债，哈尔滨建设公债，闽粤赣纵队军粮公债，北江支队胜利公债，陕甘宁征购土地公债，苏皖救灾公债，双城治安公债，苏皖六区赔偿人民损失公债，苏皖六区补偿中农损失公债，淮海粮草公债，中原野战军借粮证，粤赣湘公粮公债，粤桂公粮公债，琼崖支援前线借粮。

根据以上梳理，整个新民主主义革命时期，根据地发行的公债绝大多数属于可流通性公债，只有少数几项不可流通。当然，由于受客观条件的限制，公债流通市场却并未建立起来。

二、使用政策

本书所指的使用政策，主要是指公债款项的使用问题，包括公债用途规定、使用监管和实际使用等方面。

（一）用途规定

公债发行用途，是指政府发行公债之后所要达到的目的或产生的效果。作为一个财政收入范畴，公债具有多方面的用途，大致可以归纳为筹措战争军费、筹措建设资金、弥补财政赤字、执行经济政策、偿还到期债务、调节季节性资金余缺、平衡国际收支等多个方面。[①] 在和平建设时期，公债用途应以筹措建设资金、执行经济政策、平衡国际收支等方面为主，而在战争年代，公债用途则主要是为了筹措战争经费。亚当·斯密曾说过，"战时为国防设备所需

---

① 高培勇：《公债经济学导论》，湖南人民出版社 1989 年版，第 55～64 页。

的费用，需三四倍于平时，因此在战时的收入，也需三倍四倍于平时收入……而赋税的课征，大抵要经过 10 个月乃至 12 个月，才有税款收入国库。可是，在战争爆发的瞬间，……在危险临到的瞬间，就得负担一项马上就要的大费用，这费用是不能等待新税逐渐地慢慢地纳入国库来应付的。在此万分紧急的情况下，除了借债，政府再不能有其他方法了"[①]。

民主革命时期属于革命战争的特殊年代，供给革命战争经费是根据地财政的首要任务，即以保障战争供给为中心任务和核心动力的军事财政，是根据地财政工作的一个突出特点。[②] 为了尽最大的可能争取革命战争的胜利，就需要提供足够的粮食、衣服、装备、枪支弹药等方面的财政保障和经费支持。在战争激烈进行的时候，除了税收之外，还需要采取群众性的财政动员——发行公债、借谷、捐献和其他措施，来克服当前财政所面临的困难。[③] 在税收制度尚未完全建立、财政收入来源非常有限的情况下，发行公债成为筹集革命战争经费的一个重要财政政策。

1. 土地革命时期根据地公债用途规定

纵观土地革命时期根据地公债发行，筹集革命战争经费用途占最主要，苏区经济建设用途也占有较大比例，同时，还有灾后水利建设、救济避难群众等用途。主要用途情况详见表 2 - 29。

（1）筹集革命战争经费。根据资料显示，土地革命时期共有 5 个根据地发行了 18 项公债，每个根据地发行的公债均有充实革命战争经费的用途。土地革命时期最早的公债，湘鄂西革命根据地的鹤峰借券就是为解决军需供给而发行。中华苏维埃共和国成立后，中央革命根据地发行的革命战争公债、二期公债，湘赣革命根据地发行的革命战争公债、二期公债全部以充实革命战争经费为目的。湘鄂赣革命根据地发行的短期公债、二期公债，虽然条例中未说明，但其补充革命战争经费的用途是很明确的。中央革命根据地发行的经济建设公债也有 1/3 用作革命战争经费，闽浙赣省决战公债则有 80% 是用作充裕革命战争经费。此外，中央革命根据地的临时借谷、六月借谷、秋收借谷，湘

---

① （英）斯密著；郭大力、王亚南译：《亚当·斯密全集 第 2 卷 国民财富的性质和原因的研究》（下），商务印书馆 2014 年版，第 483 页。

② 刘仁荣：《湘鄂赣革命根据地的财经斗争》，财政科学研究所编：《革命根据地的财经经济》，中国财政经济出版社 1985 年版，第 276 页。

③ 星光、冯田夫：《中央革命根据地财政的创建和发展》，财政科学研究所编：《革命根据地的财政经济》，中国财政经济出版社 1985 年版，第 276 页。

赣省收买谷子期票，闽北分苏为红军借谷，用途是保障红军粮食供给，实际也是以争取革命战争胜利为目的。总体而言，充实革命战争经费（保障红军粮食供给）的公债发行次数最多，占土地革命时期革命根据地公债发行总次数的66.6%。

（2）发展苏区建设事业。第一，经济建设事业。除了直接以充实革命战争经费（保障红军粮食供给）为用途，即全力争取革命战争胜利之外，根据地政权还发行了一些公债，为苏区经济建设筹集经费。中央革命根据地的经济建设公债、湘赣省经济建设公债、湘鄂赣经济建设公债、闽北分苏经济建设公债，这些公债都是以经济建设为名义发行。中央苏区经济建设公债300万元总额中，有2/3即200万元是规定用于发展对外贸易、调剂粮食、发展合作社及农业与工业的生产。湘赣省经济建设公债、湘鄂赣经济建设公债、闽北分苏经济建设公债发行款项则是全部用于各个根据地的经济建设，其中，湘赣省经济建设公债20万元中，8万元用于发展对外贸易，8万元用于粮食调剂，4万元帮助合作社。另外，闽浙赣决战公债也将发行总额的10%用于根据地经济建设。第二，灾后水利建设。在苏区公债发行用途中，除了筹集经济建设经费之外，还有公债是为了灾后重建。特别值得一提的是湘鄂西水利借券，这是一项以筹集灾后水利建设经费为目的的公债，是整个土地革命时期根据地发行的公债当中唯一不以战争为目的的公债，也是中国共产党创建的革命根据地中第一次筹集水利建设经费的公债。总之，包括经济建设以及灾后重建等用于苏区建设事业用途的公债发行次数，占整个土地革命时期根据地公债发行次数的28.6%。

（3）救济避难群众。闽浙赣决战公债除了筹集革命战争经费、发展苏区经济之外，还特别将10%的经费用于救济避难群众。这也是苏维埃政权中唯一一次用于救济避难群众的公债。

表2-29　　　　　　　土地革命时期根据地公债发行用途分类

用途分类	序号	债项名称	用途规定	占比（%）
战争经费军需粮草	1	湘鄂西鹤峰借券	解决军需供给	66.6
	2	中央苏区革命战争公债	充实革命战争经费	
	3	中央苏区二期公债	充实革命战争经费	

续表

用途分类	序号	债项名称	用途规定	占比（%）
战争经费军需粮草	4	中央苏区经济建设公债（1）	1/3 作为军事经费	66.6
	5	中央苏区临时借谷	保障红军粮食供给	
	6	中央苏区六月借谷	保障红军粮食供给	
	7	中央苏区秋收借谷	保障红军粮食供给	
	8	湘赣革命战争公债	充实革命战争经费	
	9	湘赣二期公债	充实革命战争经费	
	10	湘赣收买谷子期票	保障红军粮食供给	
	11	湘鄂赣短期公债	充实革命战争经费	
	12	湘鄂赣二期公债	充实革命战争经费	
	13	闽北分苏为红军借谷	保障红军粮食给养	
	14	闽浙赣决战公债（2）	80% 作为决战经费	
建设经费	1	中央苏区经济建设公债（1）	2/3 用于发展对外贸易、调剂粮食发展合作社及农业与工业的生产	28.6
	2	湘赣经济建设公债	苏区经济建设（八万元用于发展对外贸易，八万元用于粮食调剂，四万元帮助合作社）	
	3	湘鄂赣经济建设公债	苏区经济建设	
	4	闽北分苏经济建设公债	苏区经济建设	
	5	闽浙赣决战公债（2）	10% 用作经济建设	
	6	湘鄂西水利借券（灾后建设）	筹集灾后水利修建经费	
救济群众	1	闽浙赣决战公债（2）	10% 用于救济避难的革命群众	4.8
债项总计	21			100

注：（1）（2）中央革命根据地经济建设公债有发展经济建设、充实战争经费 2 项用途，闽浙赣决战公债有充裕战争经费、发展经济建设、救济避难群众 3 项用途，所以苏区公债用途的债项统计总数为 21 项。

资料来源：财政部财政科学研究所、财政部国债金融司编：《中国革命根据地债券文物集》，中国档案出版社 1999 年版，第 7~30 页。

2. 抗日战争时期根据地公债用途规定

抗日战争时期，根据地公债的用途主要有筹集抗战军事费用、经济社会建设、救济灾荒、整理财政金融、筹集交通费用等。下面拟根据各项公债的最主要用途进行分类，具体情况详见表 2-30。

（1）用作抗战军事经费（包括军粮）的公债有 7 项，即：闽西南借款凭票，用于弥补红军改编后的抗战经费；晋察冀救国公债，用于鼓励人民集中财力充救国费用；盱眙救国公债，用于筹措抗日经费；豫鄂边区建国公债，用于弥补财政，就地建国准备反攻之用；湖东保卫秋收公债，用于保卫秋收；晋察冀胜利建设公债，用于集中财力支援前线，庆祝胜利，收回边币，打击伪钞，活跃金融，开展各项建设事业；陕甘宁春季借粮，用于解决军粮严重不足。

（2）用作根据地经济社会建设的公债有 6 项，即：陕甘宁建设救国公债，用于充实抗战财力，发展生产事业，争取抗战胜利；襄西区建设公债，用于筹集建设资金，渡过经济困难；豫鄂边区建国公债，用于建设边区各种生产事业，发展边区经济；阜宁县建设公债，用于修筑海堤；晋冀鲁豫生产建设公债，用于水利建设，人民工、农、林、畜等生产事业，重要公营工业，商业；东江纵队生产建设公债，用于发展农村生产、充裕农村金融、扶持工业合作、救济无力生产的农民，以克服根据地经济困难，争取抗战早日胜利；晋察冀胜利建设公债在集中财力支援前线的同时，也用于开展各项建设事业。

（3）用作救济灾荒的公债有 3 项，即：冀南救灾公债，用于灾后生产贷款，调剂民粮、安置灾民生活，治理河道；定凤滁赈灾公债，用于救济定凤滁三县灾荒；孝感县赈灾公债，用于救济灾民。

表 2－30　　　　　抗日战争时期根据地公债用途分类

用途类别	序号	公债名称	用途规定	占比（％）
抗战经费军需粮草	1	闽西南借款凭票	弥补红军改编后的抗战经费	29.2
	2	晋察冀救国公债	鼓励人民集中财力充救国费用	
	3	盱眙救国公债	筹措抗日经费	
	4	豫鄂边区建国公债	弥补财政，就地建国准备反攻之用	
	5	湖东保卫秋收公债	保卫秋收	
	6	晋察冀胜利建设公债（1）	集中财力支援前线，庆祝胜利；收回边币，打击伪钞，活跃金融；开展各项建设事业	
	7	陕甘宁春季借粮	解决军粮严重不足	

续表

用途类别	序号	公债名称	用途规定	占比（%）
建设经费	1	陕甘宁建设救国公债	充实抗战财力，发展生产事业，争取抗战胜利	29.2
	2	襄西区建设公债	筹集建设经费，渡过经济困难	
	3	豫鄂边区建设公债	建设边区各种生产事业，发展边区经济	
	4	阜宁县建设公债	修筑海堤（灾后建设）	
	5	晋冀鲁豫生产建设公债	水利建设；人民工、农、林、畜等生产事业；重要公营工业；商业	
	6	东江纵队生产建设公债	发展农村生产、充裕农村金融、扶持工业合作、救济无力生产的农民，以克服我区的经济困难，争取抗战早日胜利	
	7	晋察冀胜利建设公债（1）	集中财力支援前线，庆祝胜利；收回边币，打击伪钞，活跃金融；开展各项建设事业	
救灾经费	1	冀南救灾公债	生产贷款；调剂民粮、安置灾民生活；治理河道	12.5
	2	定凤滁赈灾公债	救济定凤滁三县灾荒	
	3	孝感赈灾公债	救济灾民	
整理财政金融	1	冀鲁豫整理财政借款	整理财政、整顿货币	16.7
	2	晋西北巩固农币公债	巩固农币，稳定金融，发展国民经济	
	3	胶东借用物品偿还券	战时借用群众的物资	
	4	晋察冀胜利建设公债（1）	集中财力支援前线，庆祝胜利；收回边币，打击伪钞，活跃金融；开展各项建设事业	
联络费用	1	文献伟公债	抗战联络经费，解决购买椰子、布置船只从海南去香港的资金	4.2
不详	1	淮北路东救国公债	未见规定	8.3
	2	淮南津浦路西战时公债	未见规定	
债项总计	24			100

注：（1）因晋察冀胜利建设公债兼有集中财力支援前线，庆祝胜利；收回边币，打击伪钞，活跃金融；开展各项建设事业三项用途，所以根据地公债用途债项统计总数为24项。

资料来源：财政部财政科学研究所、财政部国债金融司编：《中国革命根据地债券文物集》，中国档案出版社1999年版，第31~52页。

（4）用作整理财政金融的公债有4项，即：冀鲁豫整理财政借款，用于整理财政、整顿货币；晋西北巩固农币公债，用于巩固农币，稳定金融，发展国民经济；胶东战时物品偿还券，用于战时借用群众的物资；晋察冀胜利建设公债在集中财力支援前线、开展各项建设事业的同时，还兼有收回边币、打击伪钞、活跃金融的用途。

（5）用作解决联络交通费用的公债有 1 项，即：文献伟公债，用于解决购买椰子、布置船只从海南去香港的资金。

（6）情况不详的公债有 2 项，即：淮北路东救国公债，淮南津浦路西战时公债。

3. 解放战争时期根据地公债用途规定

解放战争时期根据地公债用途主要有筹集革命战争经费（包括军需粮食）、生产建设经费、救济灾荒、社会治安、补偿损失等。根据各项公债的最主要用途分类，具体用途规定情况详见表 2 - 31。

（1）筹集革命战争经费（包括军需粮食）的公债有 16 项，即：皖南长江纵队救国公债，是为完成解放皖南人民的任务，坚持蒋后斗争，按照合理负担的原则，解决军费问题。[①] 胶东爱国自卫公债，是为了集中群众在土地改革中获得地主阶级的金银财宝，以增强财力，支援人民自卫爱国战争，积极准备反攻，争取解放战争的最后胜利。云南人民革命公债（4 月），为了筹集云南、贵州、广西三省革命战争经费。云南人民革命公债（8 月），主要是为了集中主力作战及解决当前困难之需。潮梅、东北江胜利公债，为了加强两区经济建设，支援革命战争，迅速解放华南。华南联名胜利公债，是为支援前线，迎接南下大军迅速解放华南。琼崖解放公债，为了战胜财政经济困难，支援前线战争，完成解放全琼的准备。淮海粮草公债，为了确保军队粮草供给，支持蒋后游击战争，保护人民利益。中原野战军借粮证，为了解决军队粮食困难问题。粤赣湘公粮公债，为了在粤赣湘边根据地筹集粮食，迎接解放军大军南下。粤桂公粮公债，为了解决军需民食，渡过粮荒，迎接南征大军。北江支队胜利公债，为了克服粮荒，解决军食，以利展开斗争。闽粤赣纵队军粮公债，为了支援前线，充实军队粮食需要。潮梅公粮公债，为了迎接大军南下、迅速解放华南。粤桂解放军 20 团、21 团胜利公债，主要是为了加强人民解放斗争力量。琼崖支援前线借粮，为了贯彻春季攻势作战及此后连续进行作战的需要，早日

[①]　财政部财政科学研究所、财政部国债金融司编：《中国革命根据地债券文物集》，中国档案出版社 1999 年版，第 56 页。

解放全琼。

（2）用于生产建设的公债有 10 项，即：哈尔滨建设公债，为了繁荣哈尔滨市，解决市民生活中最迫切的事项，如道路和桥梁等公共设施建设、医院扩充、学校增添等。东安建设公债，为了筹措急需的建设资金，发展东安地区的各项建设事业，使东安成为永久的和平民主根据地。大连市政建设公债，为了推进大连市政建设和发展工商业，建设新大连。大连县生产建设公债，为筹集大连县农业生产资金。呼兰县建国公债，用于发展本县生产建设事业。齐齐哈尔市政建设公债，筹措齐齐哈尔市政建设资金，如修马路、桥梁、自来水管道、学校房舍、消防器材、卫生设施、电灯等。东北生产建设实物有奖公债，为筹措建设资金发展生产事业。嫩江生产建设折实公债，为了筹集资金，发展嫩江农业、工业生产。云南人民革命公债（8 月），除了集中主力作战及解决当前困难之外，还有举办各种事业之用（如贸易局、合作社、农贷及社会福利事业等）。粤桂解放军 20 团、21 团胜利公债，在加强人民解放斗争力量的同时，还有恢复春耕的目的。

（3）用于社会治安的公债有 2 项，即：双城治安公债，为了筹集双城县治安保民费用而发行。松江胜利公债，为了保护地方治安，推行和平民主建设。

（4）用于救济灾荒、接济群众的公债有 3 项，即：苏皖救灾公债，是为了救济灾荒，改善苏皖边区各地遭受严重的旱灾、水灾、蝗灾之后的群众生活，加强生产。粤桂解放军 20 团、21 团胜利公债，是为了加强人民解放斗争力量，及救济遭受国民党反动派烧杀抢掠的受灾乡村民众，恢复春耕。

（5）用于补偿损失的公债有 3 项，即：陕甘宁征购土地公债，用于征购地主超过应留数量的土地。苏皖六区赔偿人民损失公债，是为赔偿人民在反顽战争后勤工作中所损失的牲畜、农具，以利农村经济发展。[①] 苏皖六区补偿中农损失公债，是因为在土地改革中，曾发生侵犯中农利益的"左"倾错误。为了补偿中农在土地改革中所受的损失，以加强农村团结、发展农村经济，苏皖六区发行补偿中农损失公债，对受损失中农发给公债予以补偿。

---

① 财政部财政科学研究所、财政部国债金融司编：《中国革命根据地债券文物集》，中国档案出版社 1999 年版，第 57 页。

表 2－31　　　　　　　　　　解放战争时期根据地公债用途分类

用途类别	序号	公债名称	用途规定	占比（%）
战争经费军需粮草	1	长江纵队救国公债	为完成解放皖南人民的任务，坚持蒋后斗争，解决军费问题	47.1
	2	胶东爱国自卫公债	集中群众在土地改革中获得地主阶级的金银财宝，以增强财力，支援人民自卫爱国战争	
	3	云南人民革命公债（4 月）	筹集革命战争经费	
	4	云南人民革命公债（8 月）（1）	集中主力作战及解决当前困难之需；举办各种事业之用（如贸易局、合作社、农贷及社会福利事业等）	
	5	潮梅、东北江胜利公债	加强两区经济建设，支援革命战争，迅速解放华南	
	6	华南联名胜利公债	支援前线，迎接南下大军迅速解放华南	
	7	琼崖解放公债	战胜财政经济困难，支援前线战争，完成解放全琼的准备	
	8	淮海粮草公债	确保军队粮草供给，支持蒋后游击战争，保护人民利益	
	9	中原野战军借粮证	解决军队粮食困难问题	
	10	粤赣湘公粮公债	筹集粮食，迎接解放大军南下	
	11	粤桂公粮公债（2）	解决军需民食。各地区军粮及斗争费占 20%；救济缺粮群众占 10%；提交区党委占 30%；预备粮占 40%	
	12	北江支队胜利公债	克服粮荒，解决军食，以利展开斗争	
	13	闽粤赣纵队军粮公债	支援前线，充实军队粮食需要	
	14	潮梅公粮公债	迎接大军南下，迅速解放华南	
	15	粤桂解放军 20 团、21 团胜利公债（3）	加强人民解放斗争力量，及救济遭受国民党反动派烧杀抢掠的受灾乡村民众，恢复春耕	
	16	琼崖支援前线借粮	贯彻春季攻势作战及此后连续进行作战的需要，早日解放全琼	
建设事业	1	哈尔滨建设公债	繁荣哈尔滨市	29.4
	2	东安建设公债	建设东安地区，使之成为永久的和平民主根据地	
	3	大连市政建设公债	推进市政建设和发展工商业	
	4	大连县生产建设公债	发展本县农业	
	5	呼兰县建国公债	发展本县生产建设事业	

续表

用途类别	序号	公债名称	用途规定	占比（%）
建设事业	6	齐齐哈尔市政建设公债	筹措齐齐哈尔市建设资金：修路桥、自来水管道、学校房舍，购买图书、添置消防器材和防空设备，卫生保健设施，添置电灯电话	29.4
	7	东北生产建设实物有奖公债	筹措建设资金，发展生产事业	
	8	嫩江生产建设折实公债	筹集发展农业工业生产资金	
	9	云南人民革命公债（8月）（1）	集中主力作战及解决当前困难之需；举办各种事业之用（如贸易局、合作社、农贷及社会福利事业等）	
	10	粤桂解放军20团、21团胜利公债（3）	加强人民解放斗争力量，及救济遭受国民党反动派烧杀抢掠的受灾乡村民众，恢复春耕	
社会治安	1	双城治安公债	治安保民	5.9
	2	松江胜利公债	保护地方治安，推行和平民主建设	
救济灾荒改善民生	1	苏皖救灾公债	救济灾荒	8.9
	2	粤桂公粮公债（2）	解决军需民食。各地区军粮及斗争费占20%；救济缺粮群众占10%；提交区党委占30%；预备粮占40%	
	3	粤桂解放军20团、21团胜利公债（3）	加强人民解放斗争力量，及救济遭受国民党反动派烧杀抢掠的受灾乡村民众，恢复春耕	
补偿损失	1	陕甘宁征购土地公债	征购地主超过应留数量之土地	8.9
	2	苏皖六区补偿中农损失公债	补偿中农在土地改革中所受的损失，以加强农村团结、发展农村经济	
	3	苏皖六区赔偿人民损失公债	为赔偿人民在反顽战争后勤工作中所损失的牲畜、农具，以利农村经济发展	
债项总计	34	（4）		100

注：

（1）云南人民革命公债（8月）两项用途，即集中主力作战及解决当前困难之需；举办各种事业之用（如贸易局、合作社、农贷及社会福利事业等）。

（2）粤桂公粮公债有两项用途，即解决军需民食，各地区军粮及斗争费占20%；救济缺粮群众占10%；提交区党委占30%；预备粮占40%。

（3）粤桂解放军20团、21团胜利公债的用途是加强人民解放斗争力量，及救济遭受国民党反动派烧杀抢掠的受灾乡村民众，恢复春耕，所以分作三个用途。

（4）因以上几项公债有多项用途，所以公债用途项次总计34次。

资料来源：财政部财政科学研究所、财政部国债金融司编：《中国革命根据地债券文物集》，中国档案出版社1999年版，第52～90页。

（二）款项保管和使用监管

革命根据地发行的公债，多数对公债款项的保管和使用有明确的要求和限制，或是严格要求按规定用途使用公债款项，或是指定专职机构、规定严格程序保管款项（粮食）。如：湘鄂西水利借券发行"条例"中明确规定"本券必须百分之百的用在整顿水利上面，绝对不准移作别用"。① 中央苏区经济建设公债发行时，对所收谷子和款项的保管做了严格的规定，"至所收谷子及款项，则须送交支库或仓库保管委员会保管，取得收据为凭，不得私自处理公债、谷子或款项"②。中央苏区临时借谷时，在《为革命群众借谷供给红军！——中华苏维埃共和国中央执行委员会训令第二十号》中，对所借到的谷子规定了严格的保管和处理办法，即：（1）在江西的：博生、石城、于都、会昌、瑞金、胜利、兴国等县及永丰南部，均集中于区政府，除发一部分给当地医院、政府、部队和其他国家机关作为经费外，其余应妥为保存，听候中央命令处理。公略、万太、永丰的北部，赣县、宜黄、乐安、南广、安远、寻乌，除由各县政府斟酌当地红军（由政府发钱的）、政府、医院、各机关的需要和群众团体有津贴者，应拿出他们所要的部分作为经费发给他们外，剩下的可照市价出卖。（2）在福建的：长汀、宁化，集中于区政府保存，听候中央命令处理。唯上杭、新泉、武平，除供给当地红军、政府机关以及有津贴的群众团体（照价发给）外，其余照价出卖。凡估价出卖的谷，一定要将谷款送交支库，以取得支库五联收据为凭，各级政府不得动用分毫，如有乱用谷款，或谷价以多报少，贪污舞弊者，要受严厉的处分。同时，"训令"还规定"各级财政部收到中央财政部的借谷票后，要另立借谷账簿，将所收群众的谷子数，发出给群众的谷子票数，发出给各机关的谷子数，出卖的谷子价与数，逐项记账，以便清算，其出卖得款缴交支部（库）的部分，支库对于此款，要另立一款，名为'群众借谷款'，不得混在特别收入或红军公谷款内"③。中央苏区六月借谷时，《中央组织局、人民委员会关于粮食动员的紧急指示——无论如何要在 7 月 15 日前完成 24 万担谷的计划》规定：（1）省县区粮食部须按照中央粮食部的指

---

① 刘崇明、祝迪润主编：《湘鄂西革命根据地货币史》，中国金融出版社 1996 年版，第 102 页。

② 《怎样发行经济建设公债》，载《红色中华》1933 年 8 月 25 日第 3 版。

③ 财政部财政科学研究所、财政部国债金融司编：《中国革命根据地债券文物集》，中国档案出版社 1999 年版，第 17 ~ 18 页。

示，负责集中粮食，建立仓库，把收集的粮食运送并保存于指定的仓库之中。粮食动员后必须迅速集中到区，区粮食部必须绝对的执行三联单收据的办法，各县粮食部与突击队向中央报告成绩时，必须将收据同时寄来（三联收号直寄中央粮食部，不必经过省粮食部），没有三联收据的不算数。（2）各级粮食部及保管机关应保障不散失或损坏一粒谷子，要与任何不登记，不给收据等不负责现象，以及任何贪污现象做严厉的斗争。① 中央苏区秋收借谷时，《中共中央委员会、中央人民委员会关于在今年秋收中借谷 60 万担及征收土地税的决定》中指出，在此次 60 万担借谷及征收土地税工作中，各级秋收委员会及苏维埃主席团，必须严格督促各级粮食部切实负责，将动员的每一粒谷子迅速集中，迅速搬运，在适当地点建立谷仓，并且很好地保管起来，不使一粒谷子受到损失。各级党与苏维埃必须切实检查粮食部主管的这些工作，经常给以指导与帮助。粮食部的组织须迅速健全起来，为了在短促的时间完成重大任务，苏维埃的其他一些部门，特别是财政部必须给粮食部以人员上、技术上的实际帮助，军事部对运输工作须负主要的责任。乡一级则组织粮食收集委员会，委员 9～11 人，以主席或支书为主任，担负这一时期内全乡中动员、收集、运输、保管一切粮食之责。② 晋察冀边区救国公债发行时，《募集办法》规定，"县政府经募债票款项，应随时解交本会核收，如系粮食物品，送交各地粮站听候拨用，应将办理情形及所收数目，随时电报本会备查"③。大连市政建设公债发行时，明确规定"公债款项须经监察委员会同意，方准动用"④。关于公债使用程序。隋芸生局长谈话中指出，公债发行有公债管理委员会，在这委员会中又有两个专门委员会——基金保管委员会、监察委员会，专门负责保管和监督公债款项使用等问题。虽然游资集中到保管委员会，但不是政府可以随便动用的，要根据公债发行的目的，由各有关部门做出建设计划，编出开支预算，经过公债管理委员会讨论同意后，建设便可

---

① 《中央组织局、人民委员会关于粮食动员的紧急指示——无论如何要在 7 月 15 日前完成 24 万担谷的计划》，载《红色中华》1934 年 6 月 30 日第 1 版。

② 财政部财政科学研究所、财政部国债金融司编：《中国革命根据地债券文物集》，中国档案出版社 1999 年版，第 19～20 页。

③ 中国社会科学院经济研究所中国现代经济史组：《革命根据地经济史料选编》（中），江西人民出版社 1986 年版，第 730～731 页。

④ 财政部财政科学研究所、财政部国债金融司编：《中国革命根据地债券文物集》，中国档案出版社 1999 年版，第 64 页。

以开始，款项才可以动用。① 监察委员会的工作，是根据政府发行公债的目的
与精神，及时进行检查，在建设方面是否是根据计划执行，否则他可以代表民
意向政府提出意见，批驳预算和建设计划，并停止动用款子。② 胶东爱国自卫
公债发行时，《胶东区发行爱国自卫公债劝募条例》规定"各地募起公债，应
随时解交国库"③。粤桂公粮公债发行时，特别强调"公债使用应对人民对党负
责。公粮债券的发行，除了实行有借有还的政策外，我们还要认识到公粮债券是
人民血汗的积累，为了减轻人民负担，我们吃用公粮时，应当严格节俭，万勿浪
费丝毫"④。并规定了公粮动用办法：（1）各地区军粮及斗争费占20％。（2）救
济缺粮群众占10％。（3）提交区党委占30％。（4）预备粮占40％。以上一、二
两项，由各地委按照各地实际需要适当处理。三项由区党委处理。四项保存各地
区，以充大军到达时军粮、或调剂粮食困难地区需用，但此项非有区党委命令不
准动用。

　　因为对公债款项的保管和使用有严格规定和监管，绝大多数根据地公债发
行所得款项能按照既定用途使用，并在革命战争和根据地建设过程中发挥重要
作用。

第三节　公债偿还政策

　　公债的偿还，是通过支付公债本息的一部分或全部，使这部分公债负担永
远免除。公债偿还的范围与办法，通常依照公债举借时的契约或法律规定的条
件进行，但也需要顾全到国家与债权人双方的利益。⑤ 公债偿还政策包括偿还
基金、还本付息日期、偿还期限、偿还办法、偿还实施等诸多方面的内容。本
节主要从偿还基金、偿还期限、偿还机构、偿还实施等方面对革命根据地公债

---

　　①② 财政部财政科学研究所、财政部国债金融司编：《中国革命根据地债券文物集》，中国档案
出版社1999年版，第65页。

　　③ 财政部财政科学研究所、财政部国债金融司编：《中国革命根据地债券文物集》，中国档案出
版社1999年版，第59～60页。

　　④ 财政部财政科学研究所、财政部国债金融司编：《中国革命根据地债券文物集》，中国档案出
版社1999年版，第81～82页。

　　⑤ 邓子基等：《公债经济学——公债历史、现状与理论分析》，中国财政经济出版社1990年版，
第424页。

的偿还政策作一探讨。

一、偿还基金

（一）土地革命时期根据地公债偿还基金情况

土地革命时期，根据地公债偿还基金情况详见表 2 – 32。

表 2 – 32　　　　　土地革命时期根据地公债偿还基金分类情况

偿还基金类别	序号	公债名称	偿还基金规定	占比（%）
税款或营业收入	1	湘鄂西水利借券	以第二年土地税作担保	22.2
	2	中央苏区经济建设公债	以粮食调剂局、对外贸易及其他国营企业所得利润为付还本息的基金	
	3	湘赣经济建设公债	以粮食调剂局、对外贸易局及其他国营企业所得利润为付还本息的基金	
	4	闽浙赣省决战公债	以苏维埃各种税收为担保品	
公债可用于抵缴税款	1	中央苏区革命战争公债	公债得以十足作用的完纳商业税、土地税等国家租税，但交纳 1932 年税款则无利息	55.6
	2	中央苏区二期公债	满期后准予完纳一切租税，十足通用。期未满前不准抵纳租税	
	3	中央苏区临时借谷	准予抵缴 1933 年下半年土地税	
	4	中央苏区六月借谷	所借之谷，或是由借谷的群众自己从后方运取公谷来归还，或是由下年收土地税时归还	
	5	中央苏区秋收借谷	由 1935 年和 1936 年土地税归还	
	6	湘赣革命战争公债	得以十足作用的完纳商业税、土地税等国家税。但以缴纳 1933 年上半年税者，则无利息	
	7	湘赣二期公债	得以十足作用的完纳 1934 年的商业税、土地税等国家租税，但以缴纳 1934 年上半年租税者，则无利息	
	8	湘赣收买谷子期票	到期后准予向企业机关或国家分行兑现，以及完纳国税	
	9	湘鄂赣短期公债	得以完纳国家租税，但不到还本付息期则不付息	
	10	湘鄂赣二期公债	到还本付息期得完纳国家一切租税	

续表

偿还基金类别	序号	公债名称	偿还基金规定	占比（%）
不详	1	湘鄂西鹤峰借券	不详	22.2
	2	湘鄂赣经济建设公债	不详	
	3	闽北分苏经济建设公债	不详	
	4	闽北分苏为红军借谷	不详	
总计	18			100

资料来源：财政部财政科学研究所、财政部国债金融司编：《中国革命根据地债券文物集》，中国档案出版社 1999 年版，第 7~30 页。

各苏区发行的公债，有 4 项公债明确指定了以某项收入作为公债偿还基金，即：湘鄂西水利借券以第二年土地税作偿还担保；中央苏区经济建设公债、湘赣经济建设公债，均以粮食调剂局、对外贸易及其他国营企业所得利润为付还本息的基金；闽浙赣省决战公债，以苏维埃各种税收为担保品。

另有 10 项公债没有明确指定以某项收入作为偿还基金，但规定了可以用作抵缴某种或是多种税收。这些公债也可视作指定了部分偿还基金。如：中央苏区革命战争公债，得以十足作用的完纳商业税、土地税等国家租税，但交纳 1932 年税款则无利息；中央苏区二期公债，1933 年 6 月满期后准予完纳一切租税，十足通用，但期未满前不准抵纳租税；中央苏区临时借谷，准予抵缴 1933 年下半年土地税；中央苏区六月借谷，可由下年收土地税时归还；中央苏区秋收借谷，由 1935 年和 1936 年土地税归还；湘赣革命战争公债，得以十足作用的完纳商业税、土地税等国家税，但以缴纳 1933 年上半年税者，则无利息；湘赣二期公债，得以十足作用的完纳 1934 年的商业税、土地税等国家租税，但以缴纳 1934 年上半年租税者，则无利息；湘赣收买谷子期票，到期后准予完纳国税；湘鄂赣短期公债，得以完纳国家租税，但不到还本付息期则不付息；湘鄂赣二期公债，到还本付息期可用于完纳国家一切租税。这些可抵缴的各种税收，实际上起到了公债偿还基金的作用。

其余 4 项公债偿还基金情况不详，即：湘鄂西鹤峰借券，湘鄂赣经济建设公债，闽北分苏经济建设公债，闽北分苏为红军借谷。

（二）抗日战争时期根据地公债偿还基金情况

抗日战争时期，各根据地发行的公债，除了冀南救灾公债、盱眙救国公债、淮北路东救国公债、淮南津浦路西战时公债、文献伟公债、湖东保卫秋收公债，这 6 项公债情况不详之外，其余 16 项公债均指定了根据地某种税收或特定收入作为偿还基金。这些公债的偿还基金既有田赋收入，也有工商税收；既有抗日根据地自身收入，也有国民党当局拨付军费。各项公债指定偿还基金具体情况详见表 2 - 33。

（1）以多种赋税为偿还基金的公债有 5 项，即：晋察冀救国公债还本付息基金，由财政处于全区赋税项下拨付；襄西区建设公债，以 1940 年、1941 年田赋、地契税为担保；豫鄂边区建设公债，以豫鄂边区税收为基金，拨交建设银行专储备付；晋西北巩固农币公债，指定田赋、出入口税、田房契税为担保；豫鄂边区建国公债，以边区的田赋及关税收入为担保。

（2）指定田赋为偿还基金的公债有 3 项，即：冀鲁豫整理财政借款，以田赋及政府收入作担保；定凤滁赈灾公债，以定凤滁三县粮赋为偿还担保；孝感县赈灾公债，以 1941 年、1942 年两年度田赋为偿还担保。

（3）以盐税、商业税为偿还基金的公债有 2 项，即：陕甘宁建设救国公债，以本区税款（盐税及商业税）为基金；阜宁县建设公债，以盐税作偿还担保。

（4）以统一累进税为偿还基金的公债有 1 项，即：晋察冀胜利建设公债，以晋察冀边区统一累进税为偿还担保。

（5）以公营收入及金库为偿还基金的公债有 1 项，即：晋冀鲁豫生产建设公债本息偿还基金，指定已办及新办公营事业收入及建设余利充之，由冀南银行专户储存，前项基金如有不足时，由金库如数拨补足额。

（6）以国民党当局拨付款项为偿还来源的公债有 1 项，即：闽西南借款凭票，由国民党当局拨付军费偿还。

（7）规定由政府负责担保的公债有 1 项，即：东江纵队生产建设公债偿还及付息，由东江纵队第二支队及路东各区政府负责担保。

（8）债券可用于抵缴公粮的公债有 2 项，即：陕甘宁春季借粮券可用于抵缴救国公粮；胶东战时借用物品偿还券持有各户在征收秋粮时，到村政府领粮或抵缴公粮。此两项公债，可以抵缴公粮，实际上其偿还来源也是公粮，即也是以田赋作为偿还基金。

表 2 – 33　　　　抗日战争时期根据地公债偿还基金分类情况

偿还基金分类	序号	公债名称	偿还基金规定	占比（%）
多种赋税为基金	1	晋察冀救国公债	还本付息基金，由财政处于全区赋税项下指拨之	22.7
	2	襄西区建设公债	以 1940 年、1941 年田赋、地契税为担保	
	3	豫鄂边区建设公债	以豫鄂边区税收为基金，拨交建设银行专储备付	
	4	晋西北巩固农币公债	指定田赋、出入口税、田房契税为担保	
	5	豫鄂边区建国公债	以边区的田赋及关税收入为担保	
田赋为偿还基金	1	冀鲁豫整理财政借款	以田赋及政府收入作担保	13.6
	2	定凤滁赈灾公债	定凤滁三县粮赋为担保	
	3	孝感县赈灾公债	1941 年、1942 年两年度田赋	
盐税商业税为基金	1	陕甘宁建设救国公债	以本区税款（盐税及商业税）为基金	9.1
	2	阜宁县建设公债	盐税作偿还担保	
统一累进税为基金	1	晋察冀胜利建设公债	以晋察冀边区统一累进税为担保	4.5
公营收入及金库为基金	1	晋冀鲁豫生产建设公债	公债本息基金，指定已办及新办公营事业收入及建设余利充之，由冀南银行专户储存，前项基金如有不足时，由金库如数拨补足额	4.5
国民党当局拨付款项为偿还来源	1	闽西南借款凭票	国民党当局拨付军费	4.5
由政府负责担保	1	东江纵队生产建设公债	公债偿还及付息，由东江纵队第二支队及路东各区政府负责担保	4.5
可用于抵缴公粮	1	陕甘宁春季借粮	抵缴救国公粮	9.1
	2	胶东战时借用物品偿还券	债券持有各户在征收秋粮时，到村政府领粮或抵缴公粮	

续表

偿还基金分类	序号	公债名称	偿还基金规定	占比（%）
不详	1	冀南救灾公债	未见规定	27.3
	2	盱眙救国公债	未见规定	
	3	淮北路东救国公债	未见规定	
	4	淮南津浦路西战时公债	未见规定	
	5	文献伟公债	未见规定	
	6	湖东保卫秋收公债	未见规定	
债项总计	22			100

资料来源：

（1）财政部财政科学研究所、财政部国债金融司编：《中国革命根据地债券文物集》，中国档案出版社 1999 年版，第 31~51 页、前言第 37 页。

（2）《襄西区建设公债券说明》，载《财政研究资料》1981 年第 31 期，第 22 页。

（3）延安时期文献档案汇编委员会编：《红色档案 延安时期文献档案汇编 陕甘宁边区政府文件选编 第 6 卷》，陕西人民出版社 2013 年版，第 458 页

（4）海南行政区财经税收史领导小组办公室、海南行政区档案馆编：《琼崖革命根据地财经税收史料选编》（革命回忆录部分），海南人民出版社 1984 年版，第 40~41 页。

（三）解放战争时期根据地公债偿还基金情况

解放战争时期，根据地公债有 10 项明确指定了偿还基金（详见表 2 - 34）。这些偿还基金当中，有农业税、工商税、市县房产、省库拨款、缴获汉奸或敌人财产等，也有公债是以政府信用做偿还担保。具体情况如下：苏皖救灾公债，以 1946 年午秋两季粮赋收入为还本付息基金，由边区政府财政厅依照应还数额，按期如数拨交华中银行备付；双城治安公债，以双城县内所有汉奸逆产拍卖充为偿还，并可完纳租税；哈尔滨建设公债，以哈尔滨市政府接收的全部敌产为担保；大连市政建设公债，以经常税收及市有房产为担保，依照还本付息金额，按月存入基金保管委员会（因为公债款项的使用发生变化，最终全部贷给工业家、商业家、农业家从事生产，他们按期向银行付本息，这样便不用从政府的税收和市有房产里抽出，工业家付还的本息，就是银行按期收回公债的资金来源）；大连县生产建设公债，以经常税收及县有房产为担保，依照还本付息金额，按月存入基金保管委员会；陕甘宁征购土地公债，以边区农业税及承购者的交价作为偿还基金；胶东爱国自卫公债，由胶东行政公署拨出公

粮 3000 万斤为担保基金；云南人民革命公债（4 月），由本边区人民政府负责担保，在滇桂黔三省完全解放后，准凭所发的革命公债券持交各该县人民政府，汇向滇桂黔三省人民政府的人民银行，分期于半年内按原来粮食实物或银圆实数折合当时市价完全付还；粤桂解放军 20 团、21 团胜利公债，以粤桂边区人民解放军 20 团、21 团两团政治信用作保征；琼崖解放公债，由省库拨款清还。

有 9 项公债可用于抵缴公粮、田赋，或兑取粮食。苏皖六区赔偿人民损失公债、苏皖六区补偿中农损失公债，可抵交公粮田赋，或持向当地粮库兑取粮食；淮海粮草公债，可抵交粮赋；中原野战军借粮证，可向当地县、区政府抵交公粮；粤赣湘公粮公债，可作缴纳公粮之用；粤桂公粮公债，可按票面十足通用，抵缴公粮及税额；北江支队胜利公债，可用以交纳 1950 年度公粮；闽粤赣纵队军粮公债，准予抵缴田赋；琼崖支援前线借粮，可当作现粮或现款交纳公粮或赋税给政府。这些公债指定用于抵缴的公粮、田赋，实际上起着偿还基金的角色。

表 2 – 34　　　　　　　　解放战争时期根据地公债偿还基金情况

	根据地	公债名称	偿还基金规定
	华东解放区	苏皖救灾公债	以 1946 年午秋两季粮赋收入为还本付息基金，由边区政府财政厅依照应还数额，按期如数拨交华中银行备付
争取和平民主建国时期	东北解放区	双城治安公债	以双城县内所有汉奸逆产拍卖充为偿还，并可完纳租税
		松江胜利公债	不详
		哈尔滨建设公债	以哈尔滨市政府接收的全部敌产为担保
		东安建设公债	不详
		大连市政建设公债	以经常税收及市有房产为担保，依照还本付息金额，按月存入基金保管委员会
		大连县生产建设公债	以经常税收及县有房产为担保，依照还本付息金额，按月存入基金保管委员会
		呼兰县建国公债	不详
		齐齐哈尔市政建设公债	不详

续表

	根据地	公债名称	偿还基金规定
自卫防御战争时期	陕甘宁边区	陕甘宁征购土地公债	边区农业税及承购者的交价
	华东解放区	长江纵队救国公债	不详
		苏皖六区补偿中农损失公债	公债券到期，可抵交公粮、田赋，或持向当地粮库兑取粮食
		苏皖六区赔偿人民损失公债	公债券到期，可抵交公粮田赋，或持向当地粮库兑取粮食
		胶东爱国自卫公债	由胶东行政公署拨出公粮 3000 万斤为担保基金
		淮海粮草公债	公债到期，叮抵交粮赋
	中原解放区	中原野战军借粮证	可向当地县、区政府抵交公粮
战略进攻时期	东北解放区	东北生产建设实物有奖公债	不详
		嫩江生产建设折实公债	不详
	华南解放区	粤赣湘公粮公债	债券可作缴纳公粮之用
		云南人民革命公债（4 月）	由本边区人民政府负责担保，在滇桂黔三省完全解放后，分期于半年内按原来粮食实物或银圆实数折合当时市价完全付还
		云南人民革命公债（8 月）	不详
		粤桂公粮公债	可按票面十足通用，抵缴公粮及税额
		潮梅、东北江胜利公债	不详
		北江支队胜利公债	可用以交纳 1950 年度公粮
		华南联名胜利公债	不详
		闽粤赣纵队军粮公债	准予抵缴田赋
		潮梅公粮公债	不详
		粤桂解放军 20 团、21 团胜利公债	以粤桂边区人民解放军 20 团、21 团两团政治信用作保征
		琼崖支援前线借粮	可当作现粮或现款纳公粮或赋税给政府
		琼崖解放公债	由省库拨款清还

资料来源：财政部财政科学研究所、财政部国债金融司编：《中国革命根据地债券文物集》，中国档案出版社 1999 年版，第 52~90 页。

另外 11 项公债未指定偿还基金或情况不详，即：松江胜利公债，东安建设公债，呼兰县建国公债，齐齐哈尔市政建设公债，长江纵队救国公债，东北生产建设实物有奖公债，嫩江生产建设折实公债，云南人民革命公债（8月），潮梅，东北江胜利公债，华南联名胜利公债，潮梅公粮公债。

二、偿还期限

（一）土地革命时期根据地公债偿还期限

土地革命时期，根据地发行的公债有 5 项偿还期限情况不详，即：湘鄂西鹤峰借券、湘鄂西水利借券、湘鄂赣经济建设公债、闽北分苏经济建设公债、闽北分苏为红军借谷。其余 13 项公债均有明确的偿还期限，具体情况详见表2－35。

（1）偿还期限 5 年以上（含 5 年）的公债有 2 项，占苏区公债总项次的11.1%。偿还期限最长的为中央苏区经济建设公债达 7 年，其次为湘赣经济建设公债偿还期限为 6 年。

（2）偿还期限 1 年以上（含 1 年）5 年以下的公债有 5 项，约占苏区公债总项次的 27.8%。中央苏区秋收借谷偿还期限为 26 个月，湘赣二期公债偿还期限为 1 年 2 个月，湘鄂赣短期公债、湘鄂赣二期公债、闽浙赣决战公债 3 项公债偿还期限为 1 年。

（3）偿还期限 1 年以下的公债有 6 项，占苏区公债总项次的 1/3。中央苏区革命战争公债、中央苏区二期公债、中央苏区临时借谷、中央苏区六月借谷、湘赣革命战争公债 5 项偿还期限为 6 个月，湘赣收买谷子期票偿还期限为4 个月。

总体来看，土地革命时期根据地公债是整个新民主主义革命时期根据地公债中偿还期限最短的。它没有任何一项公债达到 10 年，抗日战争时期和解放战争时期根据地发行的公债中，均有一些公债超过 10 年。而且土地革命时期根据地发行的公债，绝大多数偿还期限是在 1 年或 1 年以内，这类公债有 9 项，占苏区公债总项次的 50%。之所以多数公债偿还期限不长，主要是此时尚属公债发行尝试阶段，中共领导人在公债发行方面经验缺乏，苏区群众穷苦、公债意识薄弱，加上革命战争异常残酷，发行长期公债不利于推销。在极其艰难的条件下，发行短期公债更有利于推销，更容易解决革命财政的燃眉之急。

表 2-35 土地革命时期根据地公债偿还期限分类

偿还期限	序号	债项名称	所占次数比例（%）
7 年	1	中央苏区经济建设公债	5.6
6 年	1	湘赣经济建设公债	5.6
26 个月	1	中央苏区秋收借谷（1）	5.6
14 个月	1	湘赣二期公债	5.6
1 年	1	湘鄂赣短期公债	16.7
	2	湘鄂赣二期公债	
	3	闽浙赣决战公债	
半年	1	中央苏区革命战争公债	27.8
	2	中央苏区二期公债	
	3	中央苏区临时借谷	
	4	中央苏区六月借谷（2）	
	5	湘赣革命战争公债	
4 个月	1	湘赣收买谷子期票	5.6
不详	1	湘鄂西鹤峰借券	27.8
	2	湘鄂西水利借券	
	3	湘鄂赣经济建设公债（3）	
	4	闽北分苏经济建设公债	
	5	闽北分苏为红军借谷	
债项总计	18		100

注：

（1）中央苏区秋收借谷没有条例规定其偿还期限，但根据《关于在今年秋收中借谷 60 万担及征收土地税的决定》规定的"由 1935 年与 1936 年土地税归还"，以及借谷票背面附有粮食人民委员陈潭秋署名的"于 1935 年 9 月和 1936 年 9 月，分两期归还"的说明，可知其归还期限为 26 个月。见：财政部财政科学研究所、财政部国债金融司编：《中国革命根据地债券文物集》，中国档案出版社 1999 年版，第 20～21 页。

（2）中央苏区六月借谷没有条例规定其偿还期限，但根据《中共中央委员会、中央政府人民委员会为紧急动员 24 万担粮食供给红军致各级党部及苏维埃的信》规定，"所借之谷，或是由借谷的群众自己从后方运取公谷来归还，或是由下半年收土地税时来归还"。再根据 1934 年 7 月 22 日《中共中央委员会、中央人民委员会关于在今年秋收中借谷 60 万担及征收土地税的决定》中指出，"今年夏季 24 万担动员中的借谷部分，在今年土地税中归还"。可知六月借谷偿还期限大致为半年。见：财政部财政科学研究所、财政部国债金融司编：《中国革命根据地债券文物集》，中国档案出版社 1999 年版，第 19～21 页。

（3）湘鄂赣经济建设公债发行条例尚未查找到，但依据平江县曾发行的建设公债情况，公债偿还期限应为 3 年。见：财政部财政科学研究所、财政部国债金融司编：《中国革命根据地债券文物集》，中国档案出版社 1999 年版，第 29 页。

资料来源：财政部财政科学研究所、财政部国债金融司编：《中国革命根据地债券文物集》，中国档案出版社 1999 年版，第 7～30 页。

（二）抗日战争时期根据地公债偿还期限

抗日战争时期，根据地公债偿还期限情况不明者有 4 项，即：闽西南借款凭票、冀南救灾公债、陕甘宁春季借粮、淮南津浦路西战时公债。其他公债均有明确的偿还期限，具体情况详见表 2 - 36。

（1）偿还期限 10 年以上（含 10 年）的长期公债有 3 项，占抗日根据地公债总项次的 13.6%（不计情况不详的公债，则占 16.7%）。抗日战争时期，公债偿还期限最长的为晋察冀救国公债，达 33 年，这也是整个民主革命时期根据地公债偿还期限最长的一项。其次，陕甘宁建设救国公债、晋冀鲁豫生产建设公债 2 项公债偿还期限为 10 年。

（2）偿还期限 5 年以上（含 5 年）10 年以下的公债共 6 项，占抗日根据地公债总项次的 27.3%（不计情况不详的公债，则占 33.3%）。豫鄂边区建设公债、豫鄂边区建国公债偿还期限为 6 年，晋西北巩固农币公债偿还期限为抗战胜利后 5 年，盱眙救国公债、淮北路东救国公债、胶东战时借用物品偿还券 3 项公债偿还期限为 5 年。

（3）偿还期限 1 年以上（含 1 年）5 年以下的公债共 8 项，占抗日根据地公债总项次的 36.4%（不计情况不明的公债，则占 44.4%）。冀鲁豫整理财政借款、襄西区建设公债、文献伟公债、东江纵队生产建设公债 4 项公债偿还期限为 2 年，孝感县赈灾公债偿还期限为 20 个月，定凤滁赈灾公债、阜宁县建设公债，晋察冀胜利建设公债 3 项公债的偿还期限为 1 年。

（4）偿还期限为 1 年以下的公债有 1 项，即：湖东保卫秋收公债偿还期限为半年。

相对于土地革命时期，抗日战争时期根据地公债偿还期限明显要长些，主要表现在两个方面：一是偿还期限最长的公债达到 33 年，这要远远超过土地革命时期根据地公债 7 年的最长期限；二是 5 年以上公债比例达 40.9%（不计情况不明的公债，则占 50%），要远远大于土地革命时期根据地发行的公债（苏区 5 年以上公债只占总项次的 11.1%，不计情况不详的公债，也仅占 16.7%）。这一时期发行的公债之所以偿还期限更长，其原因在于国内政治环境发生变化，国共两党开始合作抗日，中共政权在国内取得合法地位，这有利于较长期限公债的发行；同时，抗日战争是一场旷日持久、胜利终将属于我们的战争，为了争取抗日战争的胜利，发行较长期限的公债，既有必要，也有可能。

表 2 – 36 　　　　　　　　抗日战争时期根据地公债偿还期限分类

偿还期限	序号	债项名称	占比（%）
33 年	1	晋察冀救国公债	4.5
10 年	1	陕甘宁建设救国公债	9.1
	2	晋冀鲁豫生产建设公债	
6 年	1	豫鄂边区建设公债	9.1
	2	豫鄂边区建国公债	
抗战胜利后 5 年	1	晋西北巩固农币公债	4.5
5 年	1	盱眙救国公债	13.6
	2	淮北路东救国公债	
	3	胶东战时借用物品偿还券（1）	
2 年	1	冀鲁豫整理财政借款	18.2
	2	襄西区建设公债	
	3	文献伟公债	
	4	东江纵队生产建设公债	
20 个月	1	孝感县赈灾公债	4.5
1 年	1	定凤滁赈灾公债	13.6
	2	阜宁县建设公债	
	3	晋察冀胜利建设公债	
半年	1	湖东保卫秋收公债	4.5
不详	1	闽西南借款凭票	18.2
	2	冀南救灾公债	
	3	陕甘宁春季借粮	
	4	淮南津浦路西战时公债	
债项总计	22		100

注：（1）胶东区战时借用物品偿还券发行办法中未说明偿还期限及日期，但根据偿还券的 5 张分期偿还附券，第 5 期为 1949 年还清，可知该券偿还期限为 5 年。见：财政部财政科学研究所、财政部国债金融司编：《中国革命根据地债券文物集》，中国档案出版社 1999 年版，第 55 页。

资料来源：财政部财政科学研究所、财政部国债金融司编：《中国革命根据地债券文物集》，中国档案出版社 1999 年版，第 30～51 页、前言第 37 页、第 55 页。

（三）解放战争时期根据地公债偿还期限

解放战争时期，根据地公债偿还期限情况不详的公债有 4 项，即：双城治安公债（只规定了"俟汉奸逆产拍卖后，分两期偿还"，其他信息不明确）、长江纵队救国公债、中原野战军借粮证、嫩江生产建设折实公债。其他公债都有明确的偿还期限规定，具体情况详见表2－37。

（1）偿还期限10年以上（含10年）的公债有1项，占解放区公债总项次的3.3%（不计情况不详的公债，则占3.8%），即：陕甘宁边区征购土地公债偿还期限为10年，这是解放战争时期根据地公债中偿还期限最长的一项。

（2）偿还期限5年以上（含5年）10年以下的公债有5项，占解放区公债总项次的16.7%（不计情况不详的公债，则占19.2%）。哈尔滨建设公债偿还期限7年，胶东爱国自卫公债偿还期限5年3个月，大连市政建设公债、大连县生产建设公债、齐齐哈尔市政建设公债偿还期限5年。

（3）偿还期限1年以上（含1年）5年以下的公债有15项，占解放区公债总项次的一半（不计情况不详的公债，则占57.7%）。东安建设公债和东北生产建设实物有奖公债偿还期限为3年，潮梅公粮公债期限2年4个月，松江胜利公债、苏皖六区赔偿人民损失公债、潮梅、东北江胜利公债、华南联名胜利公债、闽粤赣纵队军粮公债5项公债偿还期限为2年，琼崖解放公债偿还期限1年9个月，粤桂公粮公债、苏皖六区补偿中农损失公债偿还期限1年半，琼崖支援前线借粮偿还期限为琼崖解放后1年，呼兰县建国公债、云南人民革命公债（8月）、粤桂解放军20团、21团胜利公债3项偿还期限为1年。

（4）偿还期限1年以下的公债有5项，占解放区公债总项次的16.7%（不计情况不详的公债，则占19.2%）。苏皖救灾公债、淮海粮草公债、粤赣湘公粮公债、北江支队胜利公债4项偿还期限为半年，云南人民革命公债（4月）规定在中华人民共和国成立后半年内予以偿还。

总体来看，与抗日战争时期相比，解放战争时期根据地公债大多数偿还期限不长，一是最长期限只有10年；二是5年以下的公债共有20项，占了2/3的比例（不计情况不详的公债，则占77%），抗日根据地偿还期限在5年以下的公债与5年以上（含5年）的公债一样，共9项，占比40.9%（不计情况不明的公债，则占50%）。其中，抗日根据地偿还期限1年以下的公债仅1项，而解放区偿还期限1年以下的公债则有12项，占了40%（不计情况不详的公债，则占46%）。

表 2-37　　　　　解放战争时期根据地公债偿还期限分类

偿还期限	序号	债项名称	占比（%）
10 年	1	陕甘宁征购土地公债	3.3
7 年	1	哈尔滨建设公债	3.3
5 年 3 个月	1	胶东爱国自卫公债	3.3
5 年	1	大连市政建设公债	10
	2	大连县生产建设公债	
	3	齐齐哈尔市政建设公债	
3 年	1	东安建设公债	6.7
	2	东北生产建设实物有奖公债	
2 年 4 个月	1	潮梅公粮公债	3.3
2 年	1	松江胜利公债	16.7
	2	苏皖六区赔偿人民损失公债	
	3	潮梅、东北江胜利公债	
	4	华南联名胜利公债	
	5	闽粤赣纵队军粮公债	
1 年 9 个月	1	琼崖解放公债	3.3
1 年半	1	粤桂公粮公债	6.7
	2	苏皖六区补偿中农损失公债	
琼崖解放后 1 年	1	琼崖支援前线借粮	3.3
1 年	1	呼兰县建国公债	10
	2	云南人民革命公债（8 月）	
	3	粤桂解放军 20 团、21 团胜利公债	
滇桂黔解放后半年	1	云南人民革命公债（4 月）	3.3
半年	1	苏皖救灾公债	13.3
	2	淮海粮草公债	
	3	粤赣湘公粮公债	
	4	北江支队胜利公债	

偿还期限	序号	债项名称	占比（%）
不详	1	双城治安公债	13.3
	2	长江纵队救国公债	
	3	中原野战军借粮证	
	4	嫩江生产建设折实公债	
债项总计	30		100

资料来源：财政部财政科学研究所、财政部国债金融司编：《中国革命根据地债券文物集》，中国档案出版社 1999 年版，第 51～90 页。

三、偿还机构

革命根据地相当部分公债的发行和偿还是同一机构，所以，本部分梳理根据地公债偿还机构时，将发行销售机构一并讨论，两者合称"售还机构"，即负责公债销售及偿还具体事务的专门机构、经手办理机构。一般为政府财政机构、银行、信用社等金融机构，也有其他一些机构。

（一）土地革命时期根据地公债的售还机构

土地革命时期根据地公债的售还机构主要有以下几种：一是根据地政府或财政部门；二是根据地银行等金融机构；三是红军经理处、合作社等机构；四是专职的公债发行机构，如公债发行委员会、秋收委员会等。

土地革命初期，公债发行还不规范，有些根据地发行公债并未指定专门负责公债销售与偿还事务的机构，只是由苏维埃政府负责。如湘鄂西革命根据地的鹤峰借券和水利借券，就是分别由鹤峰县苏维埃政府和湘鄂西省苏维埃政府负责。中华苏维埃共和国成立之后，不少根据地公债发行时指定了专门的销售及偿还机构。中华苏维埃共和国革命战争公债发行时，负责公债发行、还本付息事务的机构指定为四种：一是政府部门的财政机关，二是军队系统的红军经理部，三是金融系统的国家银行，四是政府委托、授权的地方工农银行和合作社。中华苏维埃共和国二期革命战争公债售还机构与革命战争公债相同。中华苏维埃共和国经济建设公债发行时，组织了专门的公债发行委员会，负责发行事宜；所收款项送交分支库；所收谷子，则交与仓库保管委员会。中华苏维埃共和国秋收借谷时，成立武装保护秋收委员会作为总领导机关。各级秋收委员会负责领导完成借谷的收集、运输和保管。粮食部切实负责将动员的每一粒谷子迅速集中，在适当地点建立谷仓，妥善保管。财政部必须给粮食部以人员上、技术上的实际帮助。军事部对运输工作需负主要的责任。乡一级组织粮食收集委员会负责全乡粮食动员、收集、运输和保管。湘赣省革命战争公债，经售债票及还本付息由各级政府财政部、红军经理处、省工农银行等分别办理。湘赣省二期革命战争公债，发售债票及还本付息由各级政府财政部、红军经理处等分别办理。湘赣省补发二期革命（经济建设）公债，发行事宜由各级政府公债发行委员会负责。所收款项送交分支库；所收谷子棉花则交与仓库保管委员会。湘鄂赣省短期公债、二期革命战争公债，均由湘鄂赣省苏维埃政府财政部负责本息兑还。闽浙赣省决战公债发行事宜，由各级苏维埃财政部负责（详见表 2 – 38）。

表 2 – 38　　　　　　　　土地革命时期根据地公债售还机构情况

根据地	公债名称	售还机构
湘鄂西革命根据地	鹤峰借券	鹤峰县政府
	湘鄂西水利借券	湘鄂西省苏维埃政府
中央革命根据地	中央苏区革命战争公债	财政部门，红军经理部，国家银行，政府委托、授权的地方工农银行和合作社
	中央苏区二期公债	财政部门，红军经理部，国家银行，政府委托、授权的地方工农银行和合作社
	中央苏区经济建设公债	公债发行委员会（县、区、乡）
	中央苏区临时借谷	财政部门
	中央苏区六月借谷	各级政府
	中央苏区秋收借谷	秋收委员会总负责，各级粮食部、财政部、军事部执行与配合
湘赣革命根据地	湘赣革命战争公债	各级政府财政部、红军经理处、省工农银行等
	湘赣二期公债	各级政府财政部、红军经理处等
	湘赣经济建设公债	各级政府公债发行委员会负责。所收款项送交分支库；所收谷子棉花则交与仓库保管委员会
	湘赣收买谷子期票	不详

续表

根据地	公债名称	售还机构
湘赣革命根据地	湘鄂赣短期公债	湘鄂赣省苏财政部
	湘鄂赣二期公债	湘鄂赣省苏财政部
	湘鄂赣经济建设公债	不详
闽浙赣革命根据地	闽北分苏经济建设公债	各级财政部、公债发行委员会
	闽北分苏为红军借谷	不详
	闽浙赣省决战公债	各级苏维埃财政部

资料来源：

（1）财政部财政科学研究所、财政部国债金融司编：《中国革命根据地债券文物集》，中国档案出版社 1999 年版，第 7~30 页。

（2）《发行第二期公债条例》，载《红色中华》1932 年 11 月 1 日第 2 版。

（3）江西财经学院经济研究所等编：《闽浙赣革命根据地财政经济史料选编》，厦门大学出版社 1988 年版，第 540 页。

（二）抗日战争时期根据地公债的售还机构

抗日战争时期，除了情况不详的公债之外，其他根据地公债都指定了专门的售还机构。这些售还机构主要有以下几类：一是根据地各级政府或财政部门；二是边区银行等金融机构；三是商店、合作社等；四是专职的公债发行机构，如公债管理委员会等。具体情况如下：

晋察冀边区行政委员会救国公债，由晋察冀边区行政委员会及各县政府经募，各县政府为经收机构、法定付息机关，为适应游击环境及便利商民起见，各县可指定各区区公所代理付息。陕甘宁边区政府建设救国公债，委托边区银行、光华商店以及边区政府指定的各县合作社、金库为债票发售及还本付息机构。各分区县合作社经收人选，由各分区县长负责，物色可靠干部担任，遴选后报由财政厅核准备案。领导公债发行经收工作及其他有关事宜者为边区财政厅。1941 年豫鄂边区建设公债，指定新成立的豫鄂边区建设银行及各县分行为经理支付本息机构。豫鄂边区孝感县赈灾公债，偿还日期由县财政科决定，每月偿还期前 10 天，将有关事项通知持票人。晋冀鲁豫边区生产建设公债还本付息，指定由冀南银行及其他临时委托的机关为经理机关。文献伟公债，由县委发给区委，再由区委发给支部，由支部向党员发动认购。晋西北巩固农币公债还本付息均由晋西北行政公署负责。胶东区战时借用物品偿还券发行时，由县政府按照各户应得到的偿还数，折算成苞米，发给该券。豫鄂边区行政公署建国公债，由原购买地县政府凭息票付给利息。东江纵队生产建设公债发行、推销、偿还等一切其他事项，均由公债管理委员会处理。晋察冀边区胜利建设公债，由晋察冀边区行政委员会分发各行署，经由各县政府、合作社及商店商同抗联经募（详见表2-39）。

表2-39 抗日战争时期根据地公债售还机构情况

时期	根据地	公债名称	售还机构
根据地初建时期	闽西南革命根据地	闽西南借款凭票	不详
	晋察冀边区	晋察冀救国公债	各县县政府，也可指定区公所代理付息
	晋冀鲁豫边区	冀南救灾公债	不详
		冀鲁豫整理财政借款	不详
	华中抗日根据地	定凤滁赈灾公债	不详
		盱眙救国公债	不详
		淮北路东救国公债	不详
根据地严重困难时期	陕甘宁边区	陕甘宁建设救国公债	边区银行、光华商店及各分区县合作社、金库
		陕甘宁春季借粮	不详
	豫鄂边区	襄西建设公债	不详
		豫鄂边区建设公债	豫鄂边区建设银行及各县分行
		孝感赈灾公债	县财政科
	华中抗日根据地	阜宁建设公债	不详
		淮南津浦路西战时公债	不详
	晋冀鲁豫边区	晋冀鲁豫生产建设公债	冀南银行及其他临时委托的机关
	华南抗日根据地	文献伟公债	各级党组织

时期	根据地	公债名称	售还机构
根据地恢复发展时期	晋西北抗日根据地	晋西北巩固农币公债	晋西北行政公署
	山东抗日根据地	胶东借用物品偿还券	县政府
	豫鄂边区	豫鄂边区建国公债	县政府
	华南抗日根据地	东江纵队建设公债	公债管理委员会
	华中抗日根据地	湖东保卫秋收公债	不详
	晋察冀边区	晋察冀胜利建设公债	各县政府、合作社及商店

资料来源：

（1）财政部财政科学研究所、财政部国债金融司编：《中国革命根据地债券文物集》，中国档案出版社 1999 年版，第 30～51 页。

（2）中国社会科学院经济研究所中国现代经济史组：《革命根据地经济史料选编》（中），江西人民出版社 1986 年版，第 731 页。

（3）晋冀鲁豫边区财政经济史编辑组等编：《抗日战争时期晋冀鲁豫边区财政经济史资料选编　第 1 辑》，中国财政经济出版社 1990 年版，第 1169 页。

（4）邢益森、许志民：《抗战时期琼崖根据地的财政经济工作》，广东省中共党史学会编：《广东抗战史研究　纪念抗日战争胜利四十周年论文集》，广东人民出版社 1987 年版，第 176 页。

（三）解放战争时期根据地公债的售还机构

解放战争时期，根据地公债售还机构主要有以下几类：一是根据地各级政府或财政部门；二是银行等金融机构；三是公债发行专职机构，如公债管理委员会、财经委员会、公粮债券委员会等。具体情况如下：

苏皖边区政府救灾公债还付本息由华中银行及其所属各分行为经理机关。哈尔滨市建设复兴公债每年还本付息日期及地点由市政府临时发布公告。大连市政建设公债由公债管理委员会负责发行，下设基金保管委员会与监察委员会。公债还本付息事宜，具体由基金保管委员会负责办理。后来因为公债偿还基金的变更，改由大连银行负责办理还本付息事宜。陕甘宁边区征购地主土地公债偿还的经理机构为陕甘宁边区银行。皖南人民解放军长江纵队救国公债的偿还，由承购人在皖南各县民主政府正式建立后，在规定期限内，凭债券向各县民主政府领取本利。苏皖边第六行政区补偿中农损失公债以及赔偿战时人民损失公债，由华中银行第六分行具体经办发行与偿还。胶东区爱国自卫公债，由北海银行胶东分行代为发行，持券人得按期向该行分支行及办事处支取本息。中原野战军借粮，由纵队借粮委员会统一领导，以旅为单位进行。每旅及纵直各成立一借粮组。单独活动的团，由旅借粮组派出适当的人员，随其行动办理借粮的事宜。东北生产建设实物有奖公债，认购公债者，由银行发给编号债券。公债还本付息给奖，由东北银行总行分支行及其委托的公营企业办理。云南人民革命公债收受与归还办法，均由各县人民政府统一办理。粤桂边区公粮公债由各级党委成立专门机构——公粮债券委员会，负责公债推销工作。北江支队胜利公债由公债发行委员会专门负责。中国人民解放军闽粤赣纵队军粮公债还本付息由军队所辖各县人民民主政府或其他委托的机关经理。琼崖临时人民政府解放公债债票统一由琼崖临时人民政府印制，分别各乡人民政府发售（详见表2-40）。

表2-40　　　　　　　解放战争时期根据地公债售还机构情况

	根据地	公债名称	售还机构
争取和平民主建国时期	华东解放区	苏皖救灾公债	华中银行及其所属各分行
	东北解放区	双城治安公债	不详
		松江胜利公债	不详
		哈尔滨建设公债	哈尔滨市政府
		东安建设公债	不详
		大连市政建设公债	公债管理委员会负责，下设基金保管委员会与监察委员会。公债还本付息事宜，先由基金保管委员会负责办理，后改为大连银行
		大连县生产建设公债	不详
		呼兰县建国公债	不详
		齐齐哈尔市政建设公债	不详
自卫防御战争时期	陕甘宁边区	陕甘宁征购土地公债	边区银行
	华东解放区	长江纵队救国公债	各县民主政府
		苏皖六区补偿中农损失公债	华中银行第六分行
		苏皖六区赔偿人民损失公债	华中银行第六分行
		胶东爱国自卫公债	北海银行胶东分行
		淮海粮草公债	不详
	中原解放区	中原野战军借粮证	纵队借粮委员会统一领导，以旅为单位进行。每旅及纵直各成立借粮组。单独活动的团，由旅借粮组委派人员办理

续表

根据地		公债名称	售还机构
战略进攻时期	东北解放区	东北生产建设实物有奖公债	东北银行总行分支行及其委托的公营企业
		嫩江生产建设折实公债	不详
	华南解放区	粤赣湘公粮公债	区党委设立财经委员会，各地委建立财经小组
		云南人民革命公债（4月）	县人民政府
		云南人民革命公债（8月）	县人民政府
		粤桂公粮公债	公粮债券委员会
		潮梅、东北江胜利公债	不详
		北江支队胜利公债	公债发行委员会
		华南联名胜利公债	不详
		闽粤赣纵队军粮公债	各县人民民主政府或其他委托的机关
		潮梅公粮公债	不详
		粤桂解放军20团、21团胜利公债	不详
		琼崖支援前线借粮	不详
		琼崖解放公债	各乡人民政府

资料来源：

（1）财政部财政科学研究所、财政部国债金融司编：《中国革命根据地债券文物集》，中国档案出版社1999年版，第52～90页。

（2）《哈市建设协助委员会通过建设复兴公债条例》，载《东北日报》1946年8月7日第1版。

（3）《为繁荣连市工商业，市政府发行建设公债，聘请各界人士组成管理委员会》，载《大连日报》1946年12月8日第1版。

（4）艾绍润、高海深主编：《陕甘宁边区法律法规汇编》，陕西人民出版社2007年版，第208～209页。

（5）高贯成主编：《华中银行史》，江苏人民出版社2001年版，第179页。

（6）海南行政区财经税收史领导小组办公室、海南行政区档案馆编：《琼崖革命根据地财经税收史料选编》，海南人民出版社1984年版，第444页。

四、偿还实施

（一）中华人民共和国成立前根据地公债的偿还实施

中国革命根据地公债，尽管当时战争极其残酷，经济条件恶劣，但还是有相当一部分公债在革命战争年代就能按期偿还了，或者有比较好的偿还实施，甚至有些公债还提前予以了偿还。当然因为客观条件的限制，也有诸多公债是等到中华人民共和国成立以后才进行偿还的。总之，不管是革命根据地政权，还是中华人民共和国成立后的人民政府，都对革命根据地公债的偿还工作高度重视，积极实施，从而使革命根据地公债维持了良好的信用。

土地革命时期，湘鄂西鹤峰借券在发行第二年加倍进行了偿还。中央苏区革命战争公债，大部分提前抵缴税收，少量剩余1954年后继续偿还。央苏区二期公债，经过轰轰烈烈的退还公债运动，群众退还90余万元，剩余部分中华人民共和国成立后偿还。中央苏区临时借谷，在根据地群众发起"借谷用不着归还"运动之后，大部分免于偿还。中央苏区六月借谷，部分借谷券在"用不着归还"口号下免于偿还，其余在中华人民共和国成立后进行了偿还。湘赣革命战争公债，根据地群众响应中央"退还公债"运动，大部分免于偿还，剩余部分解放后偿还。湘鄂赣短期公债，部分由群众自动退还，剩余部分中华人民共和国成立后偿还。中央苏区经济建设公债、湘赣二期公债、湘赣补发二期（经济建设）、湘赣收买谷子期票、湘鄂赣二期公债、闽浙赣省决战公债中华人民共和国成立后予以了偿还。

抗日战争时期，晋察冀救国公债，1944年11月一次性提前还清。冀鲁豫整理财政借款，第一期如期归还，其余部分1945年5月归还。淮北路东救国公债，1946年照券面金额加49倍利息如期归还。[①] 陕甘宁建设救国公债，1942年、1943年7月按期偿还两期，1944年7月全部提前偿还，未及时兑换的债票中华人民共和国成立后由人民政府继续兑还。陕甘宁春季借粮，1941年通过抵缴救国公粮的形式全部予以偿还。阜宁县建设公债，1942年按期偿还。豫鄂边区建设公债、晋冀鲁豫生产建设公债、豫鄂边区建国公债，至1953年大部分已偿还。盱眙救国公债、淮南津浦路西战时公债、文献伟公债、晋西北巩固农币公债、东江纵队生产建设公债、湖东保卫秋收公债，中华人民共和国成立后予以偿还。

解放战争时期，大连市政建设公债、大连县生产建设公债，于1947年12月10日起，已分四年四次还清。云南人民革命公债（4月）、云南人民革命公

---

① 《苏皖边区七专署加利收回救国公债》（1946年4月23日），载《新华日报》（华中版）1946年4月23日。

债（8月），解放初期以折抵公粮的形式作了偿还，剩余债券由中国人民银行云南省分行收兑。苏皖救灾公债，大部分已偿还，少量剩余中华人民共和国成立后偿还。长江纵队救国公债，至1955年，剩有2亿元未偿还，由人民银行支付。粤桂公粮公债、潮梅、东北江胜利公债、华南联名胜利公债、琼崖解放公债，中华人民共和国成立后予以了偿还。

（二）中华人民共和国成立后对革命根据地公债的偿还

1. 中华人民共和国对根据地公债的统一偿还

根据财政部统计，中华人民共和国成立后，有资料显示的16种公债中，大部分偿还者有苏皖边区救灾公债、晋冀鲁豫边区生产建设公债、晋察冀边区救国公债、豫鄂边区建设公债、豫鄂边区建国公债、陕甘宁边区建设救国公债6种；已经部分偿还或尚未开始偿还者，计有中央苏区革命战争公债、湘赣省二期公债、中央苏区经济建设公债、闽浙赣省决战公债、湘鄂赣二期公债、湘赣省经济建设公债、湘鄂赣短期公债、晋西北巩固农币公债、晋绥救国公债、晋西北救国公债10种。为了迅速偿还上述公债，1953年12月19日，中央财政委员会发出《关于过去各个苏区解放区所发公债偿还办法的通知》，决定：（1）凡已开始偿还而未收兑完的公债，仍应继续收兑偿还，凡未进行偿还的公偿，立即开始收兑偿还，收兑的截止期，最迟到1954年年底为止；（2）公债兑付牌价，由公债发行所在地省财委提出方案报大区财委批准后执行，并报中央财政部备案（老苏区公债，都是在1933年前发行的，其不论以银圆或中华苏维埃共和国国币计算者，均可参照"解放银钱业存款清偿办法"中所规定的牌价，按公债1元折合人民币1.25万元兑付）；（3）凡有息公债，应按债券规定计算付息，计息时间，到还本日期为止；（4）偿还公债的还本付息工作，由各地人民银行负责办理，所需还本付息资金，由中央财政部拨款；（5）上述尚未公布偿还的公债，均由各该地区人民政府公布偿还，中央不作统一公布。但公布时不必登报或大肆宣传，以免引起群众要求偿还国民党反动派在抗战时期所发公债的问题。[①]

---

① 中华人民共和国国家经济贸易委员会编：《中国工业五十年：新中国工业通鉴　第二部　1953～1957》（上卷），中国经济出版社2000年版，第570页。

通知发出后，逾期公债并未完全如期兑付。此后，再经过几次延期，确定1956年底为截止期。但至1956年底截止期，也还有一些公债没兑完。为了照顾持券人的利益，财政部以1956年11月30日（56）财公贝字第90号及1957年2月8日（57）财公贝字第14号通知规定，该项公债的延长收兑期截止后，如仍有持券人需照顾兑付时，经当地人民委员会批准，可在当地公债推销经费或地方预算的其他支出项目内予以兑付，如兑付金额较大，按上述规定解决有困难时，可在年终专案上报财政部，由财政部拨款归还。[①]

由于种种原因，直到1958年仍有一些债券滞留在群众手中。考虑到解放前根据地人民购买公债支援革命战争，对全国革命取得胜利是有贡献的；另外，收兑期间持券人未到人民银行兑换，主要还是因为宣传不够，因此，为了充分照顾持券人的利益，1958年7月4日，财政部和中国人民银行总行发出《关于由人民银行继续收兑全国解放前苏区、解放区发行的公债的联合通知》〔（58）财公字第154号、（58）储公徐字第24号〕，决定从文到之日起，上述公债券的持有人持券到人民银行要求兑付时，当地人民银行可凭券按规定收兑比价予以收兑，不必再经当地人民委员会批准。但为了防止伪造等舞弊事情发生，人民银行在兑付时应认真进行公债的签别工作，如当地人民银行鉴别有困难，而且数额较大时，可寄给发行该种公债的省人民银行代为鉴别，如发生怀疑，应进行调查证实后再予兑付。为了便于各地人民银行收兑各种公债券，随文附发各苏区、解放区所发行公债的兑付比价表一份（详见表2-41、表2-42）。公债还本付息款的结算、报销和公债券的销毁处理仍按财政部1957年2月8日（57）财公贝字第14号通知的规定办理。公债利息计算仍按前中财委的规定办理，即发行的公债按债券条例规定，目前未到还本截止日期的，计息时间算至实际还本日期；如已过还本付息日期的，其计息时间，以公债票面规定的还本截止日期为止。[②]

---

① 财政部财政科学研究所、财政部国债金融司编：《中国革命根据地债券文物集》，中国档案出版社1999年版，第116页。

② 财政部财政科学研究所、财政部国债金融司编：《中国革命根据地债券文物集》，中国档案出版社1999年版，第117页。

表 2 - 41 苏区发行公债的兑付比价

公债名称	年利率	起息时间	止息时间	每元折付人民币
湘鄂赣短期公债	10%	1933 - 1 - 1	1954 - 8 - 31	1.25
湘鄂赣二期公债	6%	1033 - 11 - 1	1954 - 8 - 31	1.25
中央苏区革命战争公债	10%	1932 - 7 - 1	1954 - 8 - 31	1.25
中央苏区二期公债	5%	1932 - 7 - 1	1954 - 8 - 31	1.25
闽浙赣省决战公债	10%	1934 - 7 - 1	1954 - 8 - 31	1.25
中央苏区经济建设公债	5%	1933 - 10 - 1	1954 - 8 - 31	1.25
湘赣省革命战争公债	10%	1933 - 1 - 1	1954 - 8 - 31	1.25
湘赣省二期公债	10%	1933 - 9 - 1	1954 - 8 - 31	1.25
湘赣省经济建设公债	5%	1933 - 12 - 1	1954 - 8 - 31	1.25

资料来源：财政部财政科学研究所、财政部国债金融司编：《中国革命根据地债券文物集》，中国档案出版社 1999 年版，第 117 页。

表 2 - 42 边区发行公债的兑付比价

公债名称	利率	起息时间	止息时间	每元折成人民币
苏皖边区救灾公债	月 20%	1946	1946 - 11	0.011
晋冀鲁豫生产建设公债	年 5%	1942	1951	0.20
晋察冀救国公债	年 4%	1939 - 7	至兑付日止	1.25
晋察冀胜利建设公债	年 10%	1945	1946	0.0024
陕甘宁边区建设救国公债	年 7.5%	1942 - 7 - 1	1951 - 7 - 31	按当地粮食公司小米牌价每元折付半斤小米价
晋西北巩固农币公债	年 5%	1943	1955	1

资料来源：财政部财政科学研究所、财政部国债金融司编：《中国革命根据地债券文物集》，中国档案出版社 1999 年版，第 117 页。

　　直到 20 世纪 80 年代，根据地公债的偿还问题还未完全解决。1980 年，财政部又分别对于根据地公债的逾期利息的计付问题和遗留公债的处理权限问题做出了规定。1 月 7 日，中国人民银行、财政部向中国人民银行福建省分行、福建省财政局发出《关于苏边区公债与折实公债计息办法的补充规定》〔（80）银储字第 1 号、（80）财预字第 1 号〕，鉴于老苏区公债，时间较长、金额很小，尤其是在战争年代，老解放区的人民冒着生命的危险，省吃俭用支援革命战争，对革命是有贡献的。为了照顾群众的利益，现补充规定如下：苏边区公债已超过还本付息日期的利息，可算到提取日为止。① 8 月 16 日，财政部发出《关于战争年代地方政府和人民军队向群众筹借、筹募的款项，仍由地方政府统一核实处理的通知》〔（80）财预字第 86 号〕通知指出，根据总政群工部来函反映，在处理接待群众来信来访工作中，遇到一些群众要求解决战争年代地方政府和军队向群众筹款、借款的遗留问题，并建议这类问题仍按过去的规定，由地方政府统一处理。由此，财政部同意总政群工部的意见，这类问题，仍按财政部（57）时财字第 149 号"关于对第二次国内革命战争、抗日战争和解放战争时期，我人民政府和人民军队向群众筹借、筹募的款项如何归还问题的通知"，由地方政府统一办理。②

从上述这些规定中，可见我国各级人民政府，对于过去战争年代各根据地政府和部队等团体发行的各种公债和粮食票证等有价证券，是采取十分负责的态度。只要认购人仍保留着债券和粮食票证、借据等，不论逾期多久，政府一概负责如数偿还。特别是对于利息的计算问题，不受原债券规定利息年限的限制，一直计算到实际偿还日期为止，给予了认购者以很大的优惠。政府作出这种规定，主要是考虑到在战争年代，根据地的群众为了支援革命而做出的贡献，他们冒着生命危险，将这些债券保存下来是十分不易的，应该给予他们以奖励。对于根据地公债的偿还问题，还有一些群众反映，在过去战争年代里，他们也曾购买过根据地政府发行的公债，但限于当时的战争环境和敌人的迫害，未能将这些债券保存下来，失去了要求偿还的依据。这种情况，确实是存在的，而且为数不少。但由于无凭无据，政府是无法给予偿还的，只能当作他们对革命事业的无偿贡献，他们的功绩，将永垂于革命胜利的伟大业绩之中！③

2. 华南根据地部分公债的偿还

中华人民共和国成立后，中国人民银行广东省分行对苏区及边区公债进行了偿还。主要有华南胜利公债，东江纵队二支队生产建设公债、琼崖人民解放公债、文献伟公债等。如表 2-43、表 2-44 所示。

---

① ② ③　财政部财政科学研究所、财政部国债金融司编：《中国革命根据地债券文物集》，中国档案出版社 1999 年版，第 118 页。

表 2 – 43　　　　　　　广东省分行历年经办苏区及边区公债还本付息清单

公债名称	面额（元）		折付人民币金额（元）		
	原币名	金额	本金	利息	本息合计
华南胜利公债	黄金	296. 213 两	36939. 82	3548. 90	40488. 72
华南胜利公债	港币	649900	254760. 80	24855. 06	279615. 86
华南胜利公债	南方券	5138125. 96	387772. 06	31689. 41	419461. 47
东江纵队二支队生产建设公债	伪国币	11500	33. 07	49. 60	82. 67
琼崖人民解放公债	银圆	46	51. 20	2. 20	53. 40
东宝路西区生产建设公债	伪国币	756650	2175. 37	3263. 09	5438. 46
文献伟公债	银圆	290	348	34. 80	382. 80
合计			682080. 32	63443. 06	745523. 38

注：

（1）中国人民银行广东省分行兑付该项公债关于利息的计算，是按规定比价的本金折成人民币后，直接乘以利率及时间，故本清单无原币利息栏。

（2）本清单所列所付金额均系新币，所有发行新币前所付出的旧币数经照 1 万元折 1 元的比率折新币，折成新币后分以下的数字为四舍五入。

（3）"琼崖人民解放公债"曾于 1950 年至 1951 年在海南分行先后收兑过三次，该收兑数不在本清单所列数字内。

（4）"华南胜利公债"另有黄金 15 两、港币 2100 元、南方券 300 元，是于 1953 年该项公债收兑期截止后兑付的，款项系由前南方银行盈余项下拨付，计共付旧人民币 29812048 元，也不在本清单所列数字内。

资料来源：中国钱币学会广东分会等编：《华南革命根据地货币金融史料选编》，广东省怀集人民印刷厂 1991 年版，第 628 页。

表 2 – 44　　　　　　　　　　旧人民币、地方币收兑比价

地方币名称	比价	
	现行人民币（元）	地方币（元）
和田币	1. 75	100
南方人民银行币	0. 25	10
粤赣湘边区流通币	0. 25	10
新陆券	0. 25	10
紫金信用流通券	0. 25	10
连和县人民信用流通券	0. 25	10
河源县人民信用流通券	0. 25	10

续表

地方币名称	比价	
	现行人民币（元）	地方币（元）
裕民券	0.25	10
大埔军民合作社流通券	0.25	10
琼崖流通券	0.25	10
海丰券	0.05	1
潮澄饶丰边区军民合作社流通券	0.05	1
光洋代用券	按甲类银圆一元牌价折算	1
旧人民币	1	1 万

注：1955 年 3 月 1 日起，中国人民银行发行新人民币，现行人民币 1 元折合旧人民币 1 万元。

资料来源：中国钱币学会广东分会等编：《华南革命根据地货币金融史料选编》，广东省怀集人民印刷厂 1991 年版，第 629 页。

（1）东江纵队二支队生产建设公债偿还。

关于东江纵队二支队生产建设公债偿还问题，中国人民银行广东省分行根据华南财委（54）财经（财密）字第 198 号函的同意批示，制定《关于清偿东江纵队第二支队发行生产建设公债办法》〔（54）省库机字第二十二号〕，1954 年 6 月 22 日下发惠阳、东莞、宝安支行，要求各支行在当地县府指导下研究布置执行。清偿办法如下：

①清偿地点：东江纵队第二支队发行生产建设公债，当时是由该队在前活动地区惠阳、东莞、宝安三地发行，此次办理清偿亦仅以该三地及所辖各区为限。

②公布方式：该项公债因发行范围不广，债券不多，保存的更少，清偿时可由县人民政府通知区政府，由区政府通知各乡农会或在区农代会宣布。

③清偿期限：由 1954 年 7 月 15 日至 8 月底止为申请偿还登记期间，1954 年 9 月 1 日起至 12 月底止为偿还付款期间，逾期不再清偿。

④偿付对象：土改中评定为地主成分者持有债券，不予清偿。但当地农民认为需要以其偿还斗争果实者，应交由农会兑付处理。工商业兼地主成分者，持有债券需往所在地政府证明其土改中，应交农民的果实已交清者，可予清偿，否则仍交由农会兑付处理；一般富农及城市工商业者，持有债券可以

清偿。

⑤登记及偿付手续：债券持有人须在登记期内先行持券送请所在地的区政府审查登记；经查明其成分及持有的债券确非伪造（该债券系统一印刷盖有部队印信、钢印及负责人名章，编列编号骑缝号数），可以偿还者，即由区政府予以登记（附登记表格式一），并在债券背面盖章批准准予兑付及写明指定兑款的银行（县支行或附近营业所）字样，仍将债票交回持票人，俟偿付期间内由持票人自行到指定银行核验兑付。区政府在审查登记工作完成后，须于 8 月底以前将上项登记表以一份送指定兑款银行核验，以凭付款。如未经区府审查登记的，不予清偿。

⑥持券人如已迁居外地，委托其现住地区人民银行按代理收款办法代向其原籍经付行处转办兑款手续，亦必须经其现住地的区政府证明其成分可以自行兑数者，亦得兑付（已逾清偿期限失效的公债本息票不予受理，但持券人交到转办行之日尚未逾期者仍应受理）。

⑦偿付比率及利息：该项债券偿付比率，按照解放前存款清偿办法所定比率计算偿还（发行年份原为 1945 年，但根据当时物价材料计算，以 1944 年偿付比率折算较为合理，故以 1944 年比率偿付，利息仍按原发行条例规定为周息 1 分 5 厘计足 10 年）。

1944 年偿还标准为 28.75 元

该项公债面额为 500 元，按上列标准计算偿还：

500 × 28.75 元 = 14375 元（本金）

14375 × 1.5%（利率）× 10（年期）= 21563 元（利息）

本息合计 500 元应偿付 35938.00 元

⑧兑付债券所需款项，由各行先行垫付，每旬末日将兑付债款以"代理联行垫款"科目附同兑讫债券及报告表（附式二）划附省分行，拨还归账，如系辖属营业所经兑债款，均拨由支行汇划分行账。[①]

（2）文献伟公债的偿还。

关于"海南文献伟公债"偿付问题，经报奉华南财委第二办公室（54）财经（财）字第 267 号主管海南抄件同意，中国人民银行广东省分行制定

---

① 中国钱币学会广东分会等编：《华南革命根据地货币金融史料选编》，广东省怀集人民印刷厂 1991 年版，第 623～625 页。

《海南文献伟公债偿还办法》。1954 年 9 月 6 日，下发海南岛分行，希望与海南财委联系具体布置执行。偿还办法如下：

①文献伟公债系 1943 年文昌县委因地方经费困难所发行的，发行且有当时任文昌县委书记现任海口市委书记符思之同志证明。因此，为保持我们党的组织威信，应在党内通知定期偿还。

②清偿时由海南区党委通知各县（市）及自治区党委会转各支部 1943 年在文昌县工作的党员同志（现在区外同志可请区内同志联系通知办理）凡持有此项债券者，可向支部登记当时所在文昌县工作的机关、部队名称及地点和时间，并列明证明人，将以支部为单位集中写介绍信往当地银行兑换领款。

③在偿还牌价以光洋为计算单位，当时该项债券每 1 元相当于银圆 1 枚，按现在银行牌价 1.2 万元折计，该项债券 1 元，应该偿还本金人民币 1.2 万元。

④清偿时间：由 1954 年 9 月起至 12 月 31 日止，逾期不再兑付。

⑤利息和发行期限：按一般公债发行利率周息 5 厘计算利息，并定发行期限为 2 年计息。

⑥兑付资金：由当地人民银行垫付后划省分行账，俟清偿结束后统一报中财部核销。①

（3）华南胜利公债的偿还。

关于清偿华南胜利公债，华南胜利公债委员会、中国人民银行华南分区行于 1951 年 1 月 22 日通告各公债持有人办理登记，拟定此前凡以港币、黄金、南方券购债者，现仍分别按照港币汇入价、黄金折港币汇入价折人民币给付，南方券亦提高比率，并根据华南财委"原则可以，请具体算清账，看总的需要多少钱"的批示，于 3 月 9 日，向华南财委报送华南胜利公债偿还本金试算表（见表 2 - 45）。②

---

① 中国钱币学会广东分会等编：《华南革命根据地货币金融史料选编》，广东省怀集人民印刷厂 1991 年版，第 626 ~ 627 页。

② 中国钱币学会广东分会等编：《华南革命根据地货币金融史料选编》，广东省怀集人民印刷厂 1991 年版，第 603 页。

表 2 - 45　　　　　　　　　　　华南胜利公债偿还本金试算

债别	数量	对人民币比价（元）	折合人民币金额（元）
黄金公债	121.7 两	1238923	150776929
港币公债	605000 元	3880	2347400000
南方券公债	5089402 元	750	3817051500
合计			6315228429

注：数量 3.8 截止已登记数，比价系按 3 月 8 日香港大公报所载黄金最高最低平均价每两 319.31 元，按 3 月 8 日南方日报港汇买入价每两 3.880 元折成每两人民币 1238923 元。数量 3.8 截止已登记数，比价是 3 月 8 日港汇买入价数量系当时行数。

资料来源：中国钱币学会广东分会等编：《华南革命根据地货币金融史料选编》，广东省怀集人民印刷厂 1991 年版，第 603 页。

该项公债还本付息办法经呈奉中央财政经济委员会核准，3 月，中南财政经济委员会华南分会（主任叶剑英，副主任易秀湘、张永励）发布通告，并附"华南胜利公债还本付息办法"。通告指出，华南胜利公债发行当时，内地大部分以南方券购买，港澳与海外有以港币或黄金购买者，唯当时南方券、港币、黄金购买价比现时高，为照顾热心购债者利益，规定还本付息办法如下：①以港币为单位的公债，照 4 月 1 日港汇卖出牌价折合人民币计息发还。②以黄金为单位的公债，照 4 月 1 日香港大公报所载黄金平均数为价折计港币，再按照 4 月 1 日港汇卖出牌价折合人民币计息发还。③以南方券为单位的公债，为照顾当时用实物购债者利益，特提高南方券与人民币兑换比率为 1∶750（即 1 元南方券等于人民币 750 元），计算本息发还。[①]

根据 1952 年 10 月 20 日中国人民银行广东省分行"华南胜利公债还本付息工作结束事宜"的呈报，在办理结束期内，中国人民银行广东省分行曾先后偿还港币债券本金 12300 元本息，兑付人民币 52783529 元。中央拨来还本付息款项 110 亿元，除偿还本息共付出人民币 7365816919.59 元，尚结余款 3634183080.41 元。[②]

另外，华南胜利公债有一部分是以胜利股份公司股票的形式在暹罗（泰

————————

[①]　中国钱币学会广东分会等编：《华南革命根据地货币金融史料选编》，广东省怀集人民印刷厂 1991 年版，第 604 页。

[②]　中国钱币学会广东分会等编：《华南革命根据地货币金融史料选编》，广东省怀集人民印刷厂 1991 年版，第 605 ~ 606 页。

国）发行的。由于当时暹罗的政治环境使我们不可能以公债的形式去进行推销，因此，只有采取发行股份公司股票的形式来达到推销公债的目的。当时发行的股票，依照票面（银）金额的多寡分为甲、乙、丙三种，计：甲种每股暹币五百铢，乙种每股暹币一百铢，丙种每股五十铢。当时这项股票的发行工作，是由一个委员会负责筹划进行的。在这个委员会的领导下，另成立四个单位，然后由这四个单位分别通过各民主社团向侨社各界进行推销工作，当时预定推销的股票总额是暹币 50 万铢。到 1950 年中央人民政府发行折实公债时，胜利股份公司的股票即停止发行，并决定把已发行的胜利股份公司的股票·转换为折实公债。转换的办法：①按各单位的不同情况办理。因此，当时有的单位是凭胜利股份公司股票转为折实公债，无票者不得转换；有的单位则对一般遗失股票的认股人，如有前来报失，经过核对股票存根上姓名、（银）额无误者，也照换给折实公债，在当时照这种情形办理的为数不少。②关于转换比率，是根据当天各报登载的折实公债牌价申算。最后截止转换时，当天折实公债的牌价是每份暹币 16.70 铢，根据这个牌价，当时胜利股份公司的丙种股票每股可换折实公债三份。这项转换工作是在秘密情况下进行，因此有许多持有股票的侨胞未能及时办理转换手续。因为负责办理发行这项公债的委员会当局已经将未经转换为折实公债的全部存下来的股款，按照截止转换时的最后牌价转换为折实公债，并将这项折实公债存入中国银行。① 经华侨事务委员会向当时负责办理此种股票工作的沈顺等同志调查清楚后，1954 年 4 月 10 日，中国人民银行广东省分行向华南财委第二办公室提交《关于暹罗胜利股份有限公司临时股票处理意见的报告》〔（54）省库机字第十三号〕，拟同意沈顺等人的处理意见，将临时股票转换胜利折实公债，转换牌价按丙种股票每股换折实公债三份计算。又因胜利折实公债将于 1955 年全部还本付息，且中国人民银行广东省分行已无存有该项公债票，故拟按丙种股票每股以三份公债券折价偿还，关于利息亦按照胜利折实公债规定办理，牌价以偿还日期为准。②

（4）琼崖人民解放公债的偿还。

关于琼崖解放公债的偿还，1951 年，中国人民银行广东省分行（行长方

---

① 中国钱币学会广东分会等编：《华南革命根据地货币金融史料选编》，广东省怀集人民印刷厂 1991 年版，第 621~622 页。

② 中国钱币学会广东分会等编：《华南革命根据地货币金融史料选编》，广东省怀集人民印刷厂 1991 年版，第 622~623 页。

皋，副行长任元志、蔡馥生）向海南岛分行转发中南区行《关于收兑光洋代用券及琼崖人民解放公债的指示》，即：现奉中南区行 6 月 27 日货出字第（1024）号通知：海南岛分行 5 月 9 日海会字第 392 号代电及 5 月 26 日海会字第 454 号函，请示总行关于"1950 年奉海南军政委员会通知收兑光洋代用券及琼崖人民解放公债票，截至本年四月底止，共计垫付人民币 4917755892 元，应如何处理，及昌感县府收回之公债票 600 张，可否收兑"一节，兹奉总行 6 月 19 日总银发发字第 0401/04955 号指示，抄覆如下：一是收兑的光洋代用券及琼崖人民解放公债票所垫付的收兑资金，应由该行造表（附表贰）追回收兑情况，群众反映及原发行地区，一并报总，以便呈请中央财经委员会核准，再行划还该行。至于收兑的光洋公债票暂由该行保存，俟收兑结束后一并处理。二是海南军政委员会转去昌感县府收回的公债票 600 张仍准照原收兑的比价收兑。三是嗣后如再有类似的事情，希转饬该行，应先呈由你行报区行解决。以上各点，希转饬海南岛分行，遵照办理为要等因，希即照办理具复，以凭转报为要。①

---

① 中国钱币学会广东分会等编：《华南革命根据地货币金融史料选编》，广东省怀集人民印刷厂 1991 年版，第 604～605 页。

第三章 新民主主义革命时期党的公债政策评价

革命根据地公债，是我国新民主主义革命时期，党领导各根据地政府以信用形式向人民举借钱粮的一种重要的财政举措。它是我国新民主主义革命时期根据地财政的重要组成部分，贯穿于革命过程的始终。革命根据地公债政策是党在民主革命时期公债政策的体现，它具有其自身的特征，为中国革命的胜利和根据地建设作出了重要的贡献。本章主要从宏观上对新民主主义革命时期党的公债政策的特征、重要意义和作用等进行评价。

第一节 公债政策的特征

一、党的公债政策体现了人民的利益

党的公债政策体现了人民的利益，主要表现在两个方面：一是公债发行目的是为了人民的利益；二是公债发行具体措施体现了人民利益。

（一）公债发行目的是为了人民的根本利益

革命根据地公债发行，从其目的和用途来看，有的是为了充实革命战争经费或军队粮食供给，如：中央苏区革命战争公债，中央苏区三次借谷，晋察冀救国公债等；有的是为了筹集根据地生产建设经费，如：陕甘宁建设救国公债，大连市政建设公债，东北生产建设实物有奖公债等；有的是为了救济根据地受灾群众，如：冀南救灾公债，孝感县赈灾公债，苏皖边区救灾公债等；有

的是为了稳定根据地财政金融秩序，如：冀鲁豫整理财政借款，晋西北巩固农币公债等；也有的是为了维护解放区社会治安，如：双城治安公债等；还有的是为了弥补特定群众的某项损失，如：陕甘宁征购地主土地公债，苏皖第六行政区赔偿人民损失公债，等等（关于根据地公债发行目的和用途，在前面章节已有详述，此处不再列举）。无论其具体用途如何，所有的根据地公债发行目的，都可以归结到为了革命战争和根据地建设两大方面。因为革命战争和人民解放的需要，因为经济建设和人民生活改善的需要，根据地政权发行了数十项公债。这些公债发行，从根本上讲，是为了进行革命使人民获得解放，是为了开展建设使人民生活得到改善，是为了人民的利益。尤其是通过发行公债，使根据地获得足够的革命经费，从而使人民群众从三座大山中获得自身解放，这是人民群众的长远利益，是人民群众最大、最根本的利益。

（二）公债发行具体措施体现了人民的现实利益

根据地公债发行的具体措施，也体现了人民的现实利益。在政策制定过程中，党和根据地政府一方面要考虑公债如何顺利发行，另一方面也要考虑如何使人民群众的现实利益不受损。

1. 为了防止物价上涨而造成人民利益的损失，以实物作为公债发行的面额单位或者偿还单位。如抗日战争时期，山东抗日根据地胶东区发行的战时借用物品偿还券，这是革命根据地第一次为了防止通货膨胀、物价上涨对人民利益造成损害而以实物作为面额单位的公债。这一债券的发行，本来就是因为战时借用了人民大量的财物、粮衣等物品，为了不让人民利益受损而对其进行偿还，另外，还因为当时物价飞涨，如按价发给群众债券分期偿还，群众的经济利益将会受到很大损失，为了保护群众利益，在颁布《胶东区整理村财政办法》的同一天，即 1944 年 10 月 10 日，胶东区行政公署发布《战时借用物品偿还券发行办法》，决定发行战时借用物品偿还券，将战时借用群众的物资，一律按时价折成苞米（玉米），发给群众债券分期偿还，并且制定了详细的战时借用物品偿还券发行办法。[①] 解放战争时期的东北生产建设实物有奖公债，也是因此而以实物作为公债券面单位，同时，"为使认购公债者，不受物价波

---

① 财政部财政科学研究所、财政部国债金融司编：《中国革命根据地债券文物集》，中国档案出版社 1999 年版，第 50 页。

动的影响，并鼓励其储蓄起见，并规定实物还本付息给奖办法"①。齐齐哈尔市政建设公债，则规定"公债还本时，以发行时的高粱价为标准价格，一千元合高粱 21 斤进行偿还"②。以保证人民利益不受损害。

2. 在公债发行动员过程中，时刻强调不准强迫命令、平均摊派，要维护人民的利益。土地革命时期，根据地公债发行，就一直强调要宣传动员群众自愿购买，而不能强迫、命令。中央苏区革命战争公债发行时，《训令》就强调，"切不能用命令强迫""必须严厉纠正过去不发动群众，专靠命令的错误工作方式"③。中央苏区二期公债发行时，再次强调了这一点。④ 对于在动员过程中出现的强迫摊派行为，苏维埃政府进行了严厉批评，要求"各级政府以后对于自己阶级群众，无论如何需任人自由购买，不准再有摊派勒迫行为，违者查出严厉处罚"⑤。中央苏区经济建设公债动员过程中出现平均摊派、强迫购买现象之后，临时中央人民委员会专门发出《关于推销公债方法的训令》，对推销公债提出方法要求，"各级政府主席团及乡苏主席，必须严格防止平均摊派的错误""以后如再发生平均摊派的事，上级政府须立即纠正，纠正不改必须给以处罚"⑥。抗日战争时期和解放战争时期，根据地公债发行同样特别强调不能强迫、摊派。如陕甘宁建设救国公债发行，在出现摊派情形时，也发出《关于推销建设救国公债的指示信》⑦ 进行了及时纠正。晋察冀胜利建设公债发行，在推销方式上出现摊派现象，中共冀晋区第四专区地委向团县、区级发出党内秘密文件《关于推行公债中几个问题的指示》，强调干部工作作风上，要"坚决反对强迫命令"⑧。

---

① 财政部财政科学研究所、财政部国债金融司编：《中国革命根据地债券文物集》，中国档案出版社 1999 年版，第 69 页。

② 财政部财政科学研究所、财政部国债金融司编：《中国革命根据地债券文物集》，中国档案出版社 1999 年版，第 68 页。

③ 财政部财政科学研究所、财政部国债金融司编：《中国革命根据地债券文物集》，中国档案出版社 1999 年版，第 10 页。

④ 财政部财政科学研究所、财政部国债金融司编：《中国革命根据地债券文物集》，中国档案出版社 1999 年版，第 11 页。

⑤ 《中央财政人民委员部第 10 号训令》，载《红色中华》1932 年 11 月 28 日第 6 版。

⑥ 《中央人民委员会训令 关于推销公债的方法》，载《红色中华》1933 年 9 月 6 日第 7 版。

⑦ 陕西省档案馆、陕西省社会科学院编：《陕甘宁边区政府文件选编 第 4 辑》，档案出版社 1988 年版，第 21 页。

⑧ 中共冀晋区四分区地委：《关于推行公债中几个问题的指示》（1945 年 9 月 8 日），河北省档案馆藏，卷宗号：117 - 1 - 30 - 1。

还有其他诸多根据地政权在公债发行过程中维护人民利益的例子，如粤赣湘公粮公债发行时，中共粤赣湘边区党委强调，一方面要照顾军用，另一方面也要考虑解决农民的生活困难①，等等，这里就不一一赘述。

（三）因为体现了人民的利益，所以得到了人民的衷心拥护

正是因为根据地公债发行是为了人民的利益，所以，在公债发行过程中，出现了大量根据地人民为了购买公债而积极奉献、甘愿牺牲的感人事迹，公债发行得到了根据地人民的衷心拥护。如中央苏区革命战争公债发行时，苏区群众积极响应，竞赛购买，为了节省伙食费购买公债，有革命群众决定，每天吃一餐淡粥（没有菜的），以半月内所节省的一餐菜钱购买公债票（因为经验告诉大家一天吃两餐饭和一天吃三餐饭差不多）；节省茶叶费，仅喝白开水；洗冷水脸以及尽可能地洗冷水澡以节省柴火；在不妨碍卫生的条件下，尽量买便宜的小菜吃，等等。② 中央苏区二期公债发行时，苏区群众更是掀起了一场热烈的"退还公债"运动，免除政府的偿债义务。陕甘宁建设救国公债发行时，除了干部群众积极购买之外，甚至看守所犯人也受到感召，"自动竞买公债"③。中央苏区 1933 年临时借谷时，群众表现了极大的热情和牺牲精神。当时每家每户的粮食都很紧张，但哪怕自己的粮食不够吃了，也会想办法挤出一些借给红军。④ 如福建长汀县水口、涂坊、畲心三区群众热烈拥护借谷运动，特别是水口区枚子壩和连湖两个乡的群众更为热烈。连湖乡群众能迅速达到区苏所分配的数量，枚子壩乡群众不但迅速完成区苏所定数目，而且该乡群众积极挑柴卖钱，购米借给红军。挑柴卖钱买米给红军的群众还说道："宁愿自己少吃点饭，多借米给红军，使红军迅速消灭阶级敌人"。这充分的表现了工农劳动群众在这一战争环境下，帮助战争的革命热情。⑤《红色中华》工作人员也做出了让人感佩的举动，他们没有谷子可借，就决定每天只吃两餐杂粮，早

---

　　① 财政部财政科学研究所、财政部国债金融司编：《中国革命根据地债券文物集》，中国档案出版社 1999 年版，第 78 页。

　　②《苏区中央局列宁室紧急会议　购买公债节省经济帮助红军》，载《红色中华》1932 年 7 月 7 日第 4 版。

　　③ 郁文：《犯人不忘爱国，自动竞买公债》，载《解放日报》1941 年 6 月 6 日第 2 版。

　　④ 吴昆：《爷爷珍藏的红军借谷证》，http://epaper. syd. com. cn/syrb/html/2014 – 09/11/content_ 1023777. htm，2016/2/18。

　　⑤ 赖盛华：《宁愿自己少吃一点》，载《红色中华》1933 年 5 月 20 日第 3 版。

餐与晚餐，都不吃米，以其他的食料来代替。并表示"我们这样的已经吃了四天了，觉得营养和平日一样，而且一点儿不觉得容易饥饿。"同时还提倡，"希望其他机关的工作同志，在可能范围之内，尽量的来效仿我们"①。抗日战争期间，晋西北巩固农币公债发行时，各县区群众购买公债极其踊跃，民兵小队长陈中宽，自己一块地也没有，还有两个孩子和老婆靠他吃饭，也自愿购买2元。② 晋察冀胜利建设公债发行时，三专区唐县一区刘俊在村里购买公债时，说要不是咱们的政府，稻子地早种不上了，咱们早饿死了。全村群众深受感动，踊跃认购。文川里村张姓农民当时就没吃的，每天到地里掰棒子吃，买公债500元。张大雪身体有残疾，是个灾民，没衣服穿，号召购买公债时，他说政府先救了我，我对国家没什么出力，这回买公债，我买500元。忠勇村赵占良是个残废军人，家中没有下锅米，自认1000千元，并说，我不能到前线打仗了，买公债非多买点不行。村干部为照顾他的困难，为减去了500元。五区西阳庄粮秣委员会李龙提出过年吃荞麦面饺子，不杀猪，要买18000元的公债。马庄劳动英雄马九义家有四五个小孩，生活也不很强，提起去年冬，敌扫荡的损失，自报1000元。③ 解放战争时期，大连市政公债发行时，在政府公布发行公债后，广大的下层市民与工人，响应政府号召，关心工商业的发展，为了克服困难，把自己一家利益服从全市利益，踊跃购买公债，表现出购买公债的决心与意志。政府检查的结果，发现他们心有余而力不足，政府再三考虑，最后在第一次公债管理委员会议决定停止购买。在这里政府深深感到市民对民主政府的爱护和政治觉悟的提高，已有深刻的认识与进步。④ 可以说，根据地群众积极购买公债的感人事迹不胜枚举。正是公债发行得到根据地人民的衷心拥护，公债对于革命和根据地建设的作用才得到真正的发挥。

二、根据地公债是党领导根据地人民自主决定发行的

整个新民主主义革命时期，除了抗战时期的晋察冀救国公债是呈请国民政

---

① 陈信凌：《江西苏区报刊研究》，中国社会科学出版社2012年版，第481页。

② 《兴县公债工作完成认购阶段》，载《抗战日报》1943年3月20日第1版。

③ 冀南三专署：《三专区1945年发行胜利建设公债工作总结》（1946年1月），河北省档案馆藏，卷宗号：35–1–35–1。

④ 财政部财政科学研究所、财政部国债金融司编：《中国革命根据地债券文物集》，中国档案出版社1999年版，第67页。

府行政院批准发行①之外，中国共产党领导各革命根据地政权发行的其他所有公债，都是根据地政权机关按照自己制定的相关程序发行的，是党领导根据地人民自主决定发行的公债，有其自己的决策机关和发行机构。由于革命斗争形势的复杂性，不同时期、不同根据地公债发行的决定、审批机构、发行程序具有一定的差异。

土地革命时期，全国苏维埃代表大会及中央执行委员会是公债发行的最高决策、审批机关。根据1931年11月7日"一苏大会"通过的《中华苏维埃共和国宪法大纲》和1934年2月17日"二苏大会"通过的《中华苏维埃共和国中央苏维埃组织法》，中华苏维埃共和国最高政权机关为全国工农兵（苏维埃）代表大会。在全国苏维埃代表大会闭会期间，中央执行委员会为最高政权机关。②中央执行委员会闭会期间，中央执行委员会主席团为最高政权机关。全国苏维埃代表大会及中央执行委员会拥有颁布和修改宪法、发行内外公债等权力。③中央执行委员会下组织的行政机关——人民委员会的决议如与大政方针有关系者应提交中央执行委员会或其主席团审查批准，但遇紧急事项，人民委员会可先解决，并报告中央执行委员会或其主席团。④依照上述规定，中央苏区公债发行的最终决定、审批、授权机构为全国苏维埃代表大会及中央执行委员会。在中央执行委员会闭会期间，公债发行的最终决定、审批或授权机关为中央执行委员会主席团。当遇到财政紧急情况时，中央人民委员会具有采取应急措施发行公债的权力，但须报告中央执行委员会或其主席团。由此，中央苏区革命战争公债于1932年6月由中央人民委员会第十七次常会决定发行。⑤二期革命战争公债于1932年10月由中央执行委员会决定发行。⑥经济建设公

---

① 财政部财政科学研究所、财政部国债金融司编：《中国革命根据地债券文物集》，中国档案出版社1999年版，第32页。

② 厦门大学法律系、福建省档案馆编：《中华苏维埃共和国法律文件选编》，江西人民出版社1984年版，第7页。

③ 厦门大学法律系、福建省档案馆编：《中华苏维埃共和国法律文件选编》，江西人民出版社1984年版，第85页。

④ 厦门大学法律系、福建省档案馆编：《中华苏维埃共和国法律文件选编》，江西人民出版社1984年版，第86~87页。

⑤ 《人民委员会第十七、第十八次常会》，载《红色中华》1932年7月7日第4版。

⑥ 《中央执行委员会第17号训令——为发行第二期革命战争公债》，载《红色中华》1932年11月1日第1版。

债于 1933 年 7 月由临时中央人民委员会第 45 次会议决定发行。[①] 1933 年临时借谷由中央执行委员会决定，并由主席毛泽东、副主席项英、张国焘发出第 20 号训令。[②] 1934 年，六月借谷由中共中央委员会、中央人民委员会决定，并发出《为紧急动员 24 万担粮食供给红军致各级党部及苏维埃的信》。[③] 1934 年，七月借谷由中共中央委员会、中央人民委员会做出决定。[④]

中华苏维埃共和国临时中央政权成立以前，其他各革命根据地公债发行审批机构没有统一规定。如湘鄂西革命根据地 1930 年春的鹤峰借券是根据中共鄂西"二大"相关精神，由红二军团指挥部（贺龙任总指挥，周逸群任政委，孙德清任参谋长，柳克明任政治部主任）决定以鹤峰县苏维埃政府名义发行。1931 年，湘鄂西水利借券由中共湘鄂西省委决定发行。[⑤] 中华苏维埃共和国临时中央政权成立以后，1931 年 11 月，中央执行委员会第一次全体会议通过的《地方苏维埃政府的暂行组织条例》以及 1933 年 12 月公布的《中华苏维埃共和国地方苏维埃暂行组织法（草案）》，对地方政权组织作了规定，各苏区公债发行的审批、授权机构开始有了统一的法律依据。省、县、区苏维埃代表大会为各该级政权机关，苏维埃代表大会闭会时其职权由各级执行委员会执行。[⑥] 地方苏维埃政府（从乡苏维埃、城市苏维埃到省执行委员会）负责执行上级苏维埃政府的命令、指令、训令、法令、决议等；制订该政府 1~6 个月的工作计划，及实现这种工作计划的工作日程；指示下级苏维埃政府的工作，并对上级苏维埃政府做工作报告；代收国家捐税等 19 项工作。[⑦] 根据地方组织条例及组织法规定，各革命根据地公债发行的最终决定、审批权集中在临时

①　财政部财政科学研究所、财政部国债金融司编：《中国革命根据地债券文物集》，中国档案出版社 1999 年版，第 13 页。
②　财政部财政科学研究所、财政部国债金融司编：《中国革命根据地债券文物集》，中国档案出版社 1999 年版，第 17 页。
③　财政部财政科学研究所、财政部国债金融司编：《中国革命根据地债券文物集》，中国档案出版社 1999 年版，第 18 页。
④　中共江西省委党史研究室、中共赣州市委党史工作办公室、中共龙岩市委党史研究室编：《中央革命根据地历史资料文库　党的系统　5》，中央文献出版社、江西人民出版社 2011 年版，第 3418 页。
⑤　财政部财政科学研究所、财政部国债金融司编：《中国革命根据地债券文物集》，中国档案出版社 1999 年版，第 7 页。
⑥　厦门大学法律系、福建省档案馆编：《中华苏维埃共和国法律文件选编》，江西人民出版社 1984 年版，第 28~29 页。
⑦　厦门大学法律系、福建省档案馆编：《中华苏维埃共和国法律文件选编》，江西人民出版社 1984 年版，第 32~33 页。

中央。在实践过程中，各苏区公债一般由各苏区地方党政机关作出决定并报请中央批准后发行，或是根据中央指示精神决定发行。如：湘赣省革命战争公债系中共湘赣省第二次全省代表大会根据临时中央"发行革命战争短期公债60万元，其中10万元（后改为7.4万元）由湘赣、湘鄂赣两省推行"指示精神，于1932年11月决定发行；湘赣省二期革命战争公债由中共湘赣党团省委于1933年6月决定并报中央政府批准发行；湘赣省补发二期革命战争（经济建设）公债由中共湘赣省委于1933年10月决定并报经中央批准发行；闽北分苏经济建设公债系闽赣省革委会根据中央发行300万经济建设公债工作大纲决定发行；等等。

抗日战争时期，根据地公债发行的最高决定、审批机关为各边区参议会。为了国共合作抗日，中国共产党将工农政府改为中华民国特区政府，撤销中央工农民主政府西北办事处，成立陕甘宁边区政府。此后，陆续创建各个抗日根据地。随着各根据地抗日民主政权的建立和巩固，根据地先后颁布了各级政权的组织法规，确定了各级议会组织原则，建立了以边区（省）、县、乡三级为基本形式的议会制度（取消了工农兵代表大会制度），以参议会作为人民代表的权力机关。[①] 由于工农政府成为中华民国特区政府，所以中国共产党领导的抗日民主政权没有自己独立统一的中央政权，各根据地政权组织机构的名称和职能也不尽一致。一般而言，边区（省）参议会（晋西北和山东称为临时参议会）是各抗日民主政权的最高权力机关，拥有决定发行地方公债等权力。[②] 县参议会是县级最高权力机关，其组织及所担负的主要任务与边区（省）参议会相仿。乡参议会是乡级最高权力机关（晋察冀边区不设乡，只设村，村民大会或村民代表会是村级最高权力机关）。[③] 另外，为加强对县政府的领导，不少边区政府将所属各县划分为若干行政区。这种在边区（省）和县之间的行政区组织，一般不是政权机构，而是边区（省）的派出机构。但有些行政区（如山东）就是作为一级政权机构存在的，因而有临时参议会的设立。根据法律规定，抗日战争时期，边区（省）参议会是各根据地公债发行的最高决定、审批机关。如：冀南行政主任公署救灾公债由该公署行政扩大会议及冀

---

① 宋伟明、郭渐强：《中国革命政权建设史》，山西人民出版社1993年版，第172页。
② 宋伟明、郭渐强：《中国革命政权建设史》，山西人民出版社1993年版，第173页。
③ 宋伟明、郭渐强：《中国革命政权建设史》，山西人民出版社1993年版，第174页。

南参议会决议发行；阜宁县政府建设公债由阜宁县参议会讨论决定发行①；晋冀鲁豫边区生产建设公债经晋冀鲁豫边区临时参议会决定发行②；晋西北巩固农币公债由晋西北临时参议会决定发行③；等等。

解放战争时期，公债发行的最高决定、审批机关先是根据地参议会，后是人民代表会议或其他党政军领导机关。1945 年 8 月抗战胜利至 1946 年 6 月全面内战爆发，各根据地人民民主政权的性质及其组织形式与抗日战争时期基本相同④，公债发行的决定、审批机关仍为各根据地参议会。如苏皖边区政府救灾公债由边区临时参议会召开驻会委员临时会议决议请政府发行⑤；哈尔滨市建设复兴公债经市临参会决议通过，由哈尔滨市政府财政局公布发行⑥；大连市政建设公债由大连市政府决定发行，并经大连市参议会讨论通过⑦；等等。全面内战爆发后，根据地政权组织形式随着阶级关系的变化和城乡人民政权的发展而发生变化。原先的权力机关——参议会逐渐由人民代表会议替代，如：1946 年 6 月，陕甘宁边区参议会通过《边区宪法原则》规定，"边区、县、乡人民代表会议（参议会）为人民管理政权机关"⑧。人民代表会议成为公债发行的授权机构。但由于解放区范围迅速扩大，革命形势发展突飞猛进，许多解放区来不及组成人民代表会议，有些公债是由边区政府委员会决定发行；有些公债是由解放区行政公署（或专员公署）命令发行；有些公债由解放区党委决定发行；还有些是直接由解放军部队决定发行等。如：陕甘宁边区征购地主土地公债由陕甘宁边区政府委员会决定发行⑨；皖南人民解放军长江纵队救国

---

① 汪汉忠：《转折年代的苏北海堤工程——从"韩小堤"和"宋公堤"看历史转折的必然性》，载《江苏地方志》2011 年第 4 期，第 27 页。

② 财政部财政科学研究所、财政部国债金融司编：《中国革命根据地债券文物集》，中国档案出版社 1999 年版，第 34 页。

③ 财政部财政科学研究所、财政部国债金融司编：《中国革命根据地债券文物集》，中国档案出版社 1999 年版，第 48 页。

④ 宋伟明、郭渐强：《中国革命政权建设史》，山西人民出版社 1993 年版，第 218 页。

⑤ 财政部财政科学研究所、财政部国债金融司编：《中国革命根据地债券文物集》，中国档案出版社 1999 年版，第 54 页。

⑥ 财政部财政科学研究所、财政部国债金融司编：《中国革命根据地债券文物集》，中国档案出版社 1999 年版，第 62 页。

⑦ 《大连市政建设公债条例》，载《大连日报》1946 年 12 月 12 日第 1 版。

⑧ 宋伟明、郭渐强：《中国革命政权建设史》，山西人民出版社 1993 年版，第 218 页。

⑨ 梁星亮、杨洪、姚文琦主编：《陕甘宁边区史纲》，陕西人民出版社 2012 年版，第 524 页。

公债由皖南人民解放军长江纵队研究决定发行①；苏皖边区第六行政区补偿中农损失公债，根据中共华东局和华中分局的指示，由苏皖边区第六行政区专员公署决定发行②；胶东区爱国自卫公债，由中共华东区胶东区党委决定发行③；淮海区粮草公债，由淮海区行政公署决定发行④；东北生产建设实物有奖公债，由中共东北局决定发行，并报请中央批准⑤；嫩江省生产建设折实公债，由嫩江省政府决定发行⑥；粤赣湘边区公粮公债，由中共粤赣湘边区党委决定⑦，以粤赣湘边区纵队政治部名义发行；云南人民革命公债（4 月、8 月两次），由中共桂滇黔边工委前委决定，并报中央批准，以桂滇黔纵队司令部的名义发行⑧；粤桂边区公粮公债，由中共粤桂边区党委根据中共华南分局指示发行⑨；潮梅、东北江行政委员会 1949 年胜利公债，由潮梅人民行政委员会与东北江人民行政委员会，根据中共华南分局相关精神，决定联合发行⑩；中国人民解放军闽粤赣纵队军粮公债，由中共闽粤赣边区财经委员会决定发行⑪；潮梅公粮公债，由潮梅人民行政委员会决定发行⑫；琼崖临时民主政府支援前

---

①　财政部财政科学研究所、财政部国债金融司编：《中国革命根据地债券文物集》，中国档案出版社 1999 年版，第 56 页。

②　财政部财政科学研究所、财政部国债金融司编：《中国革命根据地债券文物集》，中国档案出版社 1999 年版，第 58 页。

③　财政部财政科学研究所、财政部国债金融司编：《中国革命根据地债券文物集》，中国档案出版社 1999 年版，第 59 页。

④　财政部财政科学研究所、财政部国债金融司编：《中国革命根据地债券文物集》，中国档案出版社 1999 年版，第 60 页。

⑤　财政部财政科学研究所、财政部国债金融司编：《中国革命根据地债券文物集》，中国档案出版社 1999 年版，第 69 页。

⑥　财政部财政科学研究所、财政部国债金融司编：《中国革命根据地债券文物集》，中国档案出版社 1999 年版，第 73 页。

⑦　财政部财政科学研究所、财政部国债金融司编：《中国革命根据地债券文物集》，中国档案出版社 1999 年版，第 78 页。

⑧　云南省地方志编纂委员会编：《云南省志　卷 12　财政志》，云南人民出版社 1994 年版，第 461 页。

⑨　财政部财政科学研究所、财政部国债金融司编：《中国革命根据地债券文物集》，中国档案出版社 1999 年版，第 80 页。

⑩　《潮梅人民行政委员会行政会议第一次会议记录》（1949 年 8 月 10 日），载《解放战争时期闽粤赣边区——潮汕地区财政税收史料选编》，1985 年版，第 499 页。

⑪　福建省档案馆、广东省档案馆编：《闽粤赣边区革命历史档案汇编　第六辑（1948.7 ~ 1949.9）》，档案出版社 1989 年版，第 331 页。

⑫　财政部财政科学研究所、财政部国债金融司编：《中国革命根据地债券文物集》，中国档案出版社 1999 年版，第 86 页。

线借粮，由琼崖临时人民政府决定发行①；琼崖临时人民政府解放公债，由琼崖临时人民政府决定并呈准广东省人民政府发行②；等等。

根据地公债是党领导根据地人民自主决定发行的，而各根据地公债也是以中央精神为指导发行的，这一特征在土地革命时期尤为明显。1931年11月，中华苏维埃共和国临时中央政府成立。此后，各苏区公债发行主要以中央精神为指导。中央苏区革命战争公债、二期公债、经济建设公债均是根据临时中央政府的决定、颁布的训令和《条例》发行的，其他各根据地公债也是以中央精神为指针，特别是湘赣、湘鄂赣两个革命根据地也与中央苏区一样，发行了革命战争公债、二期公债、经济建设公债这三项公债，闽浙赣革命根据地也发行了经济建设公债。1932年，临时中央政府发行革命战争公债60万元，中央苏区所在的江西、福建两省负责发行50万元，另外10万元由湘赣、湘鄂赣两省推行。后来由于江西、福建两省推销数超过额定数目，加上交通不便，故在江西增加部分发行任务，只剩7.4万元由湘赣、湘鄂赣两省发行。根据临时中央这一精神，1932年11月，中共湘赣省第二次全省代表大会决定发行"湘赣革命战争公债"8万元。公债发行利率、债票种类、偿还期限、流通事项、售卖及还本付息机构等方面均与中央苏区革命战争公债相同或一致。1933年3月起，中央苏区掀起一场热烈的"退还公债"运动，工农群众把购买的二期公债票退还给临时中央政府、不要政府偿还本金。在这一背景下，中共湘赣省委也决定发动群众不要本息，退还革命战争公债3万元，并得到湘赣苏区群众的热烈响应。1933年6月，经中央政府批准，湘赣省苏维埃执行委员会主席团颁布二期公债发行条例。湘赣省二期公债发行条件在公债利率、债票种类、买卖抵押、售卖偿还机构等方面与中央苏区二期公债相同。1933年10月，中共湘赣省委作出补发二期公债20万元（经济建设公债）的决定，用于对外贸易、粮食调剂、创办合作社等建设事业。在公债发行条件、发行办法上，主要贯彻了中央苏区经济建设公债发行的相关精神。湘赣省经济建设公债与中央苏区经济建设公债一样，都是年利率5厘；偿还期限也一改过去半年、一年的规定而延长至6年；都以粮食调剂局、对外贸易及其他国营企业所得利润为还本

---

① 财政部财政科学研究所、财政部国债金融司编：《中国革命根据地债券文物集》，中国档案出版社1999年版，第87页。

② 财政部财政科学研究所、财政部国债金融司编：《中国革命根据地债券文物集》，中国档案出版社1999年版，第88页。

付息基金；公债准许买卖、抵押并作其他担保品之用；购买公债者，交谷、交银听其自便；公债发行事宜，也由各级政府组织专门的公债发行委员会负责；所收款项，送交分支库，所收谷子，交与仓库保管委员会。在发行过程中，湘赣经济建设公债与中央苏区经济建设公债一样，也在发行任务没有按期完成之后，进行了一场热烈的"经济动员突击运动"。1933 年 9 月，闽赣省革命委员会决定发行经济建设公债 20 万元。这一公债的发行，也是按照中央《发行300 万经济建设公债工作大纲》的要求进行布置工作和宣传的。①

三、革命根据地公债大多具有地方公债属性

按照债务发行（举借）主体的政府级次，公债可以分为中央公债（国债）和地方公债。其中，中央公债是以中央政府作为债务主体的公债，地方公债则是以地方政府作为债务主体。中央公债是以中央政府的信用为担保所发行的公债，信誉度高。地方公债是地方政府发行的公债，以地方政府信用为担保，信誉度略低于国债，地方公债的发行需要中央政府的批准。中央公债的发行、对债务收入的使用和还本付息的安排，是从国家全局和整体考虑的，地方公债则只从本地区的角度来进行，尽管地方公债的发行范围可能会超出本行政区域，但它对国家的影响仍是局部的。新民主主义革命时期，革命根据地发行的公债，除了少数几项明确具有中央公债性质之外，绝大多数公债具有地方公债属性。

土地革命时期，除了中央苏区发行的几项公债之外，其他革命根据地发行的公债都应属于地方公债。《中华苏维埃共和国宪法大纲》和《中华苏维埃共和国中央苏维埃组织法》规定，中央执行委员会下组织人民委员会，处理日常政务，发布一切法令和决议案。② 中央人民委员会为中央执行委员会的行政机关，负责指挥全国政务。人民委员会在中央执行委员会所指定的范围内可颁布各种法令和条例，并可采取适当的行政方针，以维持行政上的迅速和秩序。③根据上述规定，中央人民委员会享有颁布法令和条例发行公债的权力，它是公

---

① 财政部财政科学研究所、财政部国债金融司编：《中国革命根据地债券文物集》，中国档案出版社 1999 年版，第 29 页。

② 厦门大学法律系、福建省档案馆编：《中华苏维埃共和国法律文件选编》，江西人民出版社1984 年版，第 7 页。

③ 厦门大学法律系、福建省档案馆编：《中华苏维埃共和国法律文件选编》，江西人民出版社1984 年版，第 86～87 页。

债发行的主体机构。中央苏区发行的各项公债，如中华苏维埃共和国革命战争公债、中华苏维埃共和国二期革命战争公债、中华苏维埃共和国经济建设公债都是以临时中央政府名义发行，中华苏维埃共和国临时借谷、六月借谷、七月借谷都是以临时中央政府名义举借。[①] 这些公债是属于中央公债。除此之外，其他如湘鄂西、湘赣、湘鄂赣、闽浙赣等各个苏区发行的公债，却具有地方公债的属性。

《地方苏维埃政府的暂行组织条例》（1931 年 11 月通过）以及《中华苏维埃共和国地方苏维埃暂行组织法（草案）》（1933 年 12 月 12 日公布）规定，省、县、区苏维埃代表大会为各该级政权机关。省、县、区执行委员会由各同级苏维埃代表大会选举产生。省、县、区执行委员会之下设立：土地、财政、劳动、军事、文化、卫生、工农检察、粮食、内务等部。[②] 地方苏维埃政府（从乡苏维埃、城市苏维埃到省执行委员会）负责执行上级苏维埃政府的命令、指令、训令、法令、决议等；制定该政府 1～6 个月的工作计划，及实现这种工作计划的工作日程；指示下级苏维埃政府的工作，并对上级苏维埃政府做工作报告；代收国家捐税等。各级地方政府机关的一切收入，须完全缴至中央政府财政人民委员部的各级机关，作为中华苏维埃共和国的国库收入项。[③] 在未得到上级财政部门的支付命令以前，不能自行支配、扣用或抵消；各级行政费用、军伙费用等支出，统由省苏维埃政府财政部和中央军委总经理部审查，再转报中央财政部批准。[④]

中央苏区之外，其他苏区公债大多以省级苏维埃政府名义发行，少数几项公债以县级苏维埃政府名义发行。如：湘鄂西水利借券，以湘鄂西省苏维埃政府名义发行。湘赣、湘鄂赣、闽浙赣革命根据地各项公债，分别以湘赣省苏维埃政府、湘鄂赣省苏维埃政府、闽北分区苏维埃政府、闽浙赣省苏维埃政府名义发行。另外，也有公债是以县级苏维埃政府名义发行（见表 3-1），如鹤峰

---

① 财政部财政科学研究所、财政部国债金融司编：《中国革命根据地债券文物集》，中国档案出版社 1999 年版，第 8～21 页。

② 厦门大学法律系、福建省档案馆编：《中华苏维埃共和国法律文件选编》，江西人民出版社 1984 年版，第 28～29 页。

③ 厦门大学法律系、福建省档案馆编：《中华苏维埃共和国法律文件选编》，江西人民出版社 1984 年版，第 32～33 页。

④ 张静如、梁志祥、镡德山主编：《中国共产党通志 第 4 卷》，中央文献出版社 2001 年版，第 567 页。

借券就是由鹤峰县苏维埃政府发行。① 因为这些公债都是以各地方苏维埃政府名义发行，对债务收入的使用和还本付息的安排也由各地方苏维埃政府负责，所以，这些公债具有地方公债的属性，而且这些公债在土地革命时期发行的公债次数中占了 2/3 的比重。

表 3 - 1　　　　　　土地革命时期根据地公债发行主体（机构）情况

根据地	公债名称	发行主体
湘鄂西革命根据地	湘鄂西鹤峰借券	鹤峰县苏维埃政府
	湘鄂西水利借券	湘鄂西省苏维埃政府
中央革命根据地	中央苏区革命战争公债	临时中央政府
	中央苏区二期公债	临时中央政府
	中央苏区经济建设公债	临时中央政府
	中央苏区临时借谷	临时中央政府
	中央苏区六月借谷	临时中央政府
	中央苏区秋收借谷	临时中央政府
湘赣革命根据地	湘赣革命战争公债	湘赣省苏维埃政府
	湘赣二期公债	湘赣省苏维埃政府
	湘赣经济建设公债	湘赣省苏维埃政府
	湘赣收买谷子期票	湘赣省苏维埃政府
湘鄂赣革命根据地	湘鄂赣短期公债	湘鄂赣省苏维埃政府
	湘鄂赣二期公债	湘鄂赣省苏维埃政府
	湘鄂赣经济建设公债	湘鄂赣省苏维埃政府
闽浙赣革命根据地	闽北分苏经济建设公债	闽北分区苏维埃政府
	闽北分苏为红军借谷	闽北分区苏维埃政府
	闽浙赣省决战公债	闽浙赣省苏维埃政府

资料来源：
（1）财政部财政科学研究所、财政部国债金融司编：《中国革命根据地债券文物集》，中国档案出版社 1999 年版，第 7～30 页。
（2）江西省档案馆编：《湘赣革命根据地史料选编》（下），江西人民出版社 1984 年版，第 632、539 页
（3）江西财经学院经济研究所等编：《闽浙赣革命根据地财政经济史料选编》，厦门大学出版社 1988 年版，第 540 页。

———————————

① 财政部财政科学研究所、财政部国债金融司编：《中国革命根据地债券文物集》，中国档案出版社 1999 年版，第 7 页。

抗日战争时期，因为各抗日民主政权没有设立统一的中央政权，陕甘宁边区是党中央所在地，但不是党领导的中央政权，所以各根据地公债基本上是各个抗日民主政权独立发行，一般不经过陕甘宁边区政府批准。除了个别公债如晋察冀救国公债由晋察冀边区行政委员会决定并呈请国民政府行政院批准发行之外，其他根据地公债也没有呈请国民政府批准。由于各抗日根据地处在战争环境，各自形成一块，未能连成一片，因而所建立的政府机构名称与层级都有所不同。一般情况下，各根据地最高行政机关为边区政府，如陕甘宁、晋冀鲁豫称边区政府。但也有些根据地不同，如在晋察冀称边区行政委员会，在山东称为山东省战时行政委员会，在晋绥及华中又称行政公署。根据陕甘宁边区政府组织法规定，边区政府的主要职责是管理全边区行政，发布命令，制定边区单行条例及规程。① 边区（省）政府之下所设立行政区的行政机关为行政公署。晋察冀边区、晋冀鲁豫边区和山东解放区均在所辖区域内划分若干行政区，设立行政公署。它有同级参议会，行署主任、副主任和委员由同级参议会选举产生，并对同级参议会负责。行政公署除上受边区政府的领导外，其体制与职权和一般根据地作为最高行政机关的行署相同（有些边区政府的派出机构，也叫行署，但它不是独立层级的行政机关，与作为行政机关的行署在性质上不同）。一般较大的根据地在行政区所辖范围内再划分若干专员区，建立行政督察专员公署，简称专署。县政府是抗日根据地县级政权机关，它对县参议会及上级政府负责。②

根据上述组织法规以及各根据地斗争的实际情况，抗日根据地公债发行的主体机构主要有：一是边区各级政府、行政办事处。陕甘宁建设救国公债、陕甘宁春季借粮的债务主体为陕甘宁边区政府，晋冀鲁豫生产建设公债由晋冀鲁豫边区政府发行。晋察冀救国公债、晋察冀胜利建设公债由晋察冀边区行政委员会发行，冀南救灾公债、冀鲁豫整理财政借款分别由冀南、冀鲁豫边区行政主任公署发行，豫鄂边区建设公债、晋西北巩固农币公债、胶东借用物品偿还券、豫鄂边区建国公债分别由豫鄂边区、晋西北、胶东区、豫鄂边区行政公署发行，淮北路东救国公债由淮北路东专署发行，孝感赈灾公债、阜宁建设公债分别由鄂豫边区孝感县、阜宁县民主政府发行，定凤滁

① 宋伟明、郭渐强：《中国革命政权建设史》，山西人民出版社 1993 年版，第 180 页。
② 宋伟明、郭渐强：《中国革命政权建设史》，山西人民出版社 1993 年版，第 181～183 页。

赈灾公债、淮南津浦路西战时公债、湖东保卫秋收公债分别由定凤滁三县联防办事处、淮南抗日根据地津浦路西联防办事处、皖中抗日根据地湖东行政办事处发行。二是地方党委。文献伟公债由中共文昌县委发行。三是军政委员会、部队机关。闽西南借款凭票由闽西南军政委员会发行，东江纵队建设公债由东江纵队第二支队发行。四是地方财经委员会、公债发行委员会。盱眙救国公债、襄西建设公债分别由盱眙以县财经委员会、襄西区建设公债委员会发行（见表 3 - 2）。

表 3 - 2　　　　　　　抗日战争时期根据地公债发行主体（机构）情况

时期	根据地名称	公债名称	发行主体
根据地初建时期	闽西南革命根据地	闽西南借款凭票	闽西南军政委员会
	晋察冀边区	晋察冀救国公债	晋察冀边区行政委员会
	晋冀鲁豫边区	冀南救灾公债	冀南行政主任公署
		冀鲁豫整理财政借款	冀鲁豫边区行政主任公署
	华中抗日根据地	定凤滁赈灾公债	定凤滁三县联防办事处
		盱眙救国公债	盱眙以县财经委员会
		淮北路东救国公债	淮北路东专署
根据地严重困难时期	陕甘宁边区	陕甘宁建设救国公债	陕甘宁边区政府
		陕甘宁春季借粮	陕甘宁边区政府
	豫鄂边区	襄西建设公债	襄西区建设公债委员会
		豫鄂边区建设公债	豫鄂边区行政公署
		孝感赈灾公债	鄂豫边区孝感县民主政府
	华中抗日根据地	阜宁建设公债	阜宁县政府
		淮南津浦路西战时公债	淮南抗日根据地津浦路西联防办事处
	晋冀鲁豫边区	晋冀鲁豫生产建设公债	晋冀鲁豫边区政府
	华南抗日根据地	文献伟公债	中共文昌县委

续表

时期	根据地名称	公债名称	发行主体
根据地发展时期	晋西北抗日根据地	晋西北巩固农币公债	晋西北行政公署
	山东抗日根据地	胶东借用物品偿还券	胶东区行政公署
	豫鄂边区	豫鄂边区建国公债	豫鄂边区行政公署
	华南抗日根据地	东江纵队建设公债	东江纵队第二支队
	华中抗日根据地	湖东保卫秋收公债	皖中抗日根据地湖东行政办事处
	晋察冀边区	晋察冀胜利建设公债	晋察冀边区行政委员会

资料来源：

（1）财政部财政科学研究所、财政部国债金融司编：《中国革命根据地债券文物集》，中国档案出版社 1999 年版，第 32 ~ 51 页。

（2）洪荣昌：《红色收藏 中华苏维埃共和国革命文物探寻》，解放军出版社 2014 年版，第 333 页。

（3）晋冀鲁豫边区财政经济史编辑组等编：《抗日战争时期晋冀鲁豫边区财政经济史资料选编 第 1 辑》，中国财政经济出版社 1990 年版，第 1299 页。

（4）《襄西区建设公债券说明》，载《财政研究资料》1981 年第 31 期，第 22 页。

（5）汪汉忠：《转折年代的苏北海堤工程——从"韩小堤"和"宋公堤"看历史转折的必然性》，载《江苏地方志》2011 年第 4 期，第 27 页。

（6）晋冀鲁豫边区财政经济史编辑组等编：《抗日战争时期晋冀鲁豫边区财政经济史资料选编 第 1 辑》，中国财政经济出版社 1990 年版，第 1169 页。

（7）湖北省新四军研究会等编：《鄂豫边区政权建设史》，武汉出版社 2006 年版，第 270 页。

（8）广东省档案馆、广东惠阳地区税务局编：《东江革命根据地财政税收史料选编》，广东人民出版社 1986 年版，第 102 页。

（9）巢湖市地方志编纂委员会办公室编：《巢湖市志》，黄山书社 1992 年版，第 587 页。

随着解放战争的胜利进行，解放区范围不断扩大，为了更好地进行政权建设和有效支援革命战争，原来比较分散、规模较小的解放区逐渐合并成较大的解放区，并建立大行政区人民政府。在中华人民共和国成立以前，已经建立了陕甘宁边区政府、东北人民政府、华北人民政府和中原临时人民政府。在晋察冀，解放了热河、察哈尔两省，先后召开了两省人民代表会议，成立人民政府。在山东，解放了其中 100 多个县，山东战时行政委员会改为山东省政府。在华中，苏中、苏北、淮南、淮北四个解放区合并为苏皖边区，成立苏皖边区政府。① 从 1946 年 7 月到 1949 年 10 月中华人民共和国成立，随着解放区的扩大，先后建立了几个大行政区的政权机关和一个省级民族自治政府。首先是东北解放区的政权建设。1946 年 8 月，在哈尔滨召开了东北各省代表联席会议，成立东北各省市（特别市）行政联合办事处的行政委员会，简称东北行政委

---

① 宋伟明、郭渐强：《中国革命政权建设史》，山西人民出版社 1993 年版，第 218 页。

员会，作为统一东北各省的最高机关。1949 年 8 月，在沈阳召开东北人民代表会议，选举成立东北人民政府委员会，正式成立了人民政府。其次是华北地区，1948 年 5 月，由晋察冀和晋冀鲁豫两个解放区合并而成，设立华北联合行政委员会为华北解放区最高行政机关。同年 8 月，华北临时人民代表大会在石家庄召开，选举组成华北人民政府，统一华北解放区的政权。再次是陕甘宁边区，即西北解放区。1949 年 2 月，陕甘宁边区与晋绥边区合并成为新的陕甘宁边区，最高行政机关仍称陕甘宁边区政府，共辖晋南、晋西北和陕北三个行署。中华人民共和国成立前最后建立的一个大行政区是中原解放区。1947 年 7 月，我军转入大反攻后，迅速扩大了中原解放区，先后建立起豫西、豫皖苏、鄂豫、皖西、桐柏、江汉、陕南等 7 个行署。1949 年 3 月，中原解放区召开临时人民代表大会，选举产生政府委员会，成立中原临时人民政府。①

　　解放战争时期，各根据地公债的发行主体机构情况如下：苏皖边区救灾公债，由苏皖边区政府发行。双城县政府治安保民公债，由松江省双城县政府发行。松江一专署胜利公债，由松江省第一行政专员公署发行。哈尔滨市建设复兴公债，由哈尔滨市政府财政局公布发行。东安建设公债，由东安地区行政专员公署发行。大连市政建设公债由大连市政府发行。大连县生产建设公债，由大连县政府发行。呼兰县建国公债，由松江省呼兰县政府发行。齐齐哈尔市政建设有奖公债，由嫩江省齐齐哈尔市政府发行。陕甘宁边区征购地主土地公债，由陕甘宁边区政府发行。皖南长江纵队救国公债，由皖南人民解放军长江纵队发行。苏皖六区补偿中农损失公债，以苏皖边区第六行政区专员公署名义发行。② 苏皖六区赔偿战时人民损失公债，由苏皖边区第六行政区专员公署发行。胶东区爱国自卫公债，以胶东区行政公署名义发行。淮海区粮草公债，由淮海区行政公署发行。中原野战军借粮证，以晋冀鲁豫野战军③和中原野战军④的名义公布发行。东北生产建设实物有奖公债，以东北行政委员会名义发行。嫩江省生产建设折实公债，由嫩江省政府发行。粤赣湘边区公粮公债，以粤赣湘边区纵队政治部名义发行。云南人民革命公债（4 月、8 月两次），以

　　① 宋伟明、郭渐强：《中国革命政权建设史》，山西人民出版社 1993 年版，第 217～220 页。

　　② 财政部财政科学研究所、财政部国债金融司编：《中国革命根据地债券文物集》，中国档案出版社 1999 年版，第 58 页。

　　③④ 财政部财政科学研究所、财政部国债金融司编：《中国革命根据地债券文物集》，中国档案出版社 1999 年版，第 77 页。

桂滇黔纵队司令部的名义发行。粤桂边区公粮公债，以中共粤桂边区党委、中国人民解放军粤桂边区纵队司令部名义发行。潮梅、东北江胜利公债，由潮梅人民行政委员会与东北江人民行政委员会联合发行。北江支队胜利公债，由广东人民解放军北江支队司令部，以支队"公债发行委员会"名义发行。华南联名胜利公债，由中共华南分局及华南各解放区领导人联名发行。闽粤赣纵队军粮公债，以中共闽粤赣边区财经委员会名义发行。潮梅公粮公债，由潮梅人民行政委员会发行。粤桂解放军20团、21团胜利公债，由粤桂边区人民解放军20团和21团联合发行。琼崖支援前线借粮，由琼崖临时人民政府发行。[①]琼崖解放公债，由琼崖临时人民政府发行（见表3-3）。

表3-3   解放战争时期根据地公债发行主体（机构）情况

	根据地名称	公债名称	发行主体
争取和平民主建国时期	华东解放区	苏皖救灾公债	苏皖边区政府
	东北解放区	双城治安公债	松江省双城县政府
		松江胜利公债	松江省第一行政专员公署
		哈尔滨建设公债	哈尔滨市政府财政局
		东安建设公债	东安地区行政专员公署
		大连市政建设公债	大连市政府
		大连县生产建设公债	大连县政府
		呼兰县建国公债	松江省呼兰县政府
		齐齐哈尔市政建设公债	嫩江省齐齐哈尔市政府
自卫防御战争时期	陕甘宁边区	陕甘宁征购土地公债	陕甘宁边区政府
	华东解放区	长江纵队救国公债	皖南人民解放军长江纵队
		苏皖六区补偿中农损失公债	苏皖边区第六行政区专员公署
		苏皖六区赔偿人民损失公债	苏皖边区第六行政区专员公署
		胶东爱国自卫公债	胶东区行政公署
		淮海粮草公债	淮海区行政公署
	中原解放区	中原野战军借粮证	晋冀鲁豫野战军、中原野战军

① 财政部财政科学研究所、财政部国债金融司编：《中国革命根据地债券文物集》，中国档案出版社1999年版，第87页。

续表

根据地名称	公债名称	发行主体
东北解放区	东北生产建设实物有奖公债	东北行政委员会
	嫩江生产建设折实公债	嫩江省政府
华南解放区	粤赣湘公粮公债	粤赣湘边区纵队政治部
	云南人民革命公债（4月）	桂滇黔纵队司令部
	云南人民革命公债（8月）	桂滇黔纵队司令部（云南省人民政府）
	粤桂公粮公债	中共粤桂边区党委、中国人民解放军粤桂边区纵队司令部
	潮梅、东北江胜利公债	潮梅人民行政委员会与东北江人民行政委员会
	北江支队胜利公债	广东人民解放军北江支队司令部，以支队"公债发行委员会"名义
	华南联名胜利公债	中共华南分局及华南各解放区领导人
	闽粤赣纵队军粮公债	中共闽粤赣边区财经委员会
	潮梅公粮公债	潮梅人民行政委员会
	粤桂解放军20团、21团胜利公债	粤桂边区人民解放军20团和21团
	琼崖支援前线借粮	琼崖临时人民政府
	琼崖解放公债	琼崖临时人民政府

（战略进攻时期）

资料来源：

（1）财政部财政科学研究所、财政部国债金融司编：《中国革命根据地债券文物集》，中国档案出版社1999年版，第51～90页。

（2）大连市史志办公室编：《大连市志　金融志·保险志》，大连海事大学出版社2004年版，第249页。

（3）梁星亮、杨洪、姚文琦主编：《陕甘宁边区史纲》，陕西人民出版社2012年版，第524页。

（4）云南省地方志编纂委员会编：《云南省志　卷12　财政志》，云南人民出版社1994年版，第461页。

（5）中共汕头市委党史领导小组办公室、汕头市档案馆、汕头市税务局编：《解放战争时期闽粤赣边区——潮汕地区财政税收史料选编》，1985年版，第499页。

（6）中国钱币学会广东分会等编：《华南革命根据地货币金融史料选编》，广东省怀集人民印刷厂1991年版，第280页。

（7）吴志辉、肖茂盛：《广东货币三百年》，广东人民出版社1990年版，第486页。

（8）福建省档案馆、广东省档案馆编：《闽粤赣边区革命历史档案汇编　第六辑（1948.7～1949.9）》，档案出版社1989年版，第331页。

由上观之，从土地革命时期，到抗日战争时期，再到解放战争时期，各革命根据地公债，绝大多数是以各根据地地方政权名义发行的，其款项的使用基本是由各根据地根据自身需要进行支配，公债的偿还也由各根据地自己负责，因此，这些公债均具有地方公债的属性，属于地方公债的范畴。

四、党的公债政策是一个不断完善的过程

根据地的公债，随着革命战争形势的发展，经历了一个从无到有、从不规范到比较规范的发展过程。[①] 党的公债政策，也在这个过程中不断发展和完善，从而使公债政策内容逐渐趋于丰富、全面、科学和有效。就个案而言，如中央苏区历次公债发行政策一次比一次完善，陕甘宁建设救国公债政策内容全面而翔实，大连市政建设公债政策切实而有效，等等。就整体而言，根据地公债发行、流通、使用等各方面政策都是在实践中不断完善的。

（一）公债发行用途的扩大

革命根据地公债发行，最初主要是以筹集革命战争经费为目的，随着革命逐渐走向胜利，公债款项的用途也越来越多地在根据地经济建设、救济灾荒、维护治安等方面发挥实际作用，公债的建设功能逐渐显现。土地革命时期，尽管有几项公债以发展苏区经济建设为目的，如中央苏区经济建设公债、湘赣经济建设公债等，这些公债在苏区经济建设过程中也发挥了积极作用，但由于反"围剿"战争极其残酷，一方面，公债发行任务的完成遇到极大困难，另一方面，能真正用于经济建设的公债款项也是有限的。尤其是到了公债发行后期阶段，"粮食恐慌的现象已经威胁着在我们的面前"[②]，按照预定计划将大部分公债款项用于经济建设已经不可能，如何将公债券兑换成粮食是最为紧迫的任务。因此，不管是中央苏区经济建设公债，还是湘赣省经济建设公债，到了发行后期都转变成为"收集粮食突击运动"[③]，或以筹集粮食为中心任务的"经

---

① 财政部财政科学研究所、财政部国债金融司编：《中国革命根据地债券文物集》，中国档案出版社1999年版，第3页。

② 江西省档案馆编：《湘赣革命根据地史料选编》（下），江西人民出版社1984年版，第632、716页。

③ 财政部农业财务司：《新中国农业税史料丛编　第一册　第一、第二次国内革命战争时期革命根据地的农业税政策法规》，中国财政经济出版社1987年版，第237～239页。

济动员突击运动"。① 进入抗日战争时期，公债对于根据地经济建设的实际作用得到更大程度的发挥，如陕甘宁建设救国公债，它的发行所得是实际用于边区建设，它为陕甘宁边区提供了绝大部分建设所需资金，在极大程度上解决了边区建设资金不足的问题，使陕甘宁边区迅速走上"发展经济、生产自给"的道路，实现丰衣足食。解放战争时期，公债的建设功能得到更为充分的体现，尤其是东北解放区各项公债的发行，如哈尔滨建设公债、东安建设公债、大连市政建设公债、大连县生产建设公债、齐齐哈尔市政建设公债、东北生产建设实物有奖公债、嫩江生产建设折实公债，这些公债都是以发展建设事业为目的，且不少公债款项在东北解放区的建设过程中发挥了重要作用。

值得一提的是，除了经济建设之外，解放战争时期，革命根据地还出现了维护社会治安的公债。如双城治安公债、松江胜利公债，是革命根据地仅有的2项以治安保民为目的的公债，革命根据地公债发行用途进一步拓展至社会稳定建设方面。此外，抗日战争、解放战争时期还有多项公债是用于救济灾荒，如冀南救灾公债、定凤滁赈灾公债、孝感县赈灾公债、苏皖救灾公债等。这些公债对于安置根据地受灾群众，进行灾后恢复生产发挥了积极作用。新民主主义革命中后期，还出现了整理财政、金融秩序的公债，如冀鲁豫整理财政借款、晋西北巩固农币公债。还有解决交通费用的公债，如文献伟公债。还有弥补损失等特定用途的公债，如陕甘宁征购土地公债、苏皖六区补偿人民损失公债等。公债用途的多样化，以及公债建设功能的逐渐凸显、建设实际作用更大程度的发挥，是根据地公债政策得到发展和完善的重要表现。

（二）公债发行面额单位政策适时调整

公债发行，一般是以货币作为债券面额单位的。但革命根据地公债发行，却呈现出另一个明显的特征，即相当数量的公债，是以实物为面额单位，或者允许以实物、特别是粮食来购买公债，而不是局限于货币。这就是通常所说的实物公债，或者具有实物特征的公债。革命根据地实物公债的出现，不是一开始就有的，而是在革命斗争实践中，根据革命斗争的实际需要，作出的公债政策调整，它是公债政策的一个创举。中央苏区 1933 年临时借谷是革命根据地

---

① 江西省档案馆编：《湘赣革命根据地史料选编》（下），江西人民出版社 1984 年版，第 632、631 页。

最早的实物公债。当时国民党政府军队对苏区群众大肆烧杀抢掠，群众财产损失极其严重，钱财丧失殆尽。经过多次反"围剿"战争后，红军粮食给养十分紧张。摆在革命政权面前的一个紧急任务，就是解决红军的粮食给养问题。因为红军粮食极其缺乏，而根据地群众"借出谷来比借出钱来容易得多"[①]，因此，临时中央政府决定向苏区群众临时借谷20万担。随着反"围剿"形势的更加严峻，红军粮食供应更加困难，1934年，中央苏区又进行了六月借谷、秋收借谷。这些都是以粮食作为公债面额单位，直接向根据地群众借粮食，而不是货币，有利于及时解决红军粮食给养困难的问题。中央苏区经济建设公债发行时，虽然是以国币为公债面额单位，但同时又规定"购买本公债者，交谷、交银听其自便"[②]，特别是在公债发行后期，直接开展收集粮食突击运动，这都是为了解决红军粮食给养而实施变通的公债政策。抗日战争和解放战争时期，特别是解放战争时期，也有不少根据地为了防止通货膨胀给群众造成损失，或者解决革命军队粮食供给等原因而发行了一些实物公债。这些实物公债，对于解决当时革命斗争的实际困难，满足革命斗争的实际需要，起了重要作用。

以实物作为公债面额单位的公债政策，在抗日战争和解放战争时期，它又有了新的发展。抗日战争中后期，物价上涨、法币贬值，为了保护持券人的利益，根据地采用实物（粮食）计值的办法，以粮食（斤）为单位取代货币的计算办法。首先采用这种办法的，是山东省胶东行政公署于1944年发行的"胶东区战时借用物品偿还券"，采用了以高粱米为债券面额的计值办法，就是将战争时期借用群众的军用物资，按时价一律折算成高粱米发给群众债券，凭以偿还群众，开创了根据地公债以粮食计值的先例。这一办法在1945年又有了进一步发展，是年豫鄂边区政府发行的"建国公债券"，在债券的票面上分别采用两种计值办法：一是边区"建设银行币"数额；二是和边币等值的"稻谷"数额。这实际上是公债票面上的货币计值，转换成以粮食为计值单位，起着保值作用，使债券人的利益得到保护，不因货币贬值而受到损失。

解放战争时期，公债面额实物计值又有了新的含义。有些比较巩固的根据

---

① 财政部财政科学研究所、财政部国债金融司编：《中国革命根据地债券文物集》，中国档案出版社1999年版，第17~18页。

② 财政部财政科学研究所、财政部国债金融司编：《中国革命根据地债券文物集》，中国档案出版社1999年版，第14页。

地，开始采用经济手段奖励群众认购公债的办法，不仅对公债货币面额实行折实，同时还给予奖励，发行了折实有奖公债。首先采用这种办法的是 1947 年齐齐哈尔市市政建设有奖公债，规定债券面额东北地方流通券 1000 元折合高粱米 21 斤，并规定在偿还债款时进行抽奖，开创了根据地以经济手段鼓励群众认购公债的办法。1949 年，东北行政委员会发行的"实物有奖折实公债"又在此基础上废除了以货币计算债券面值的形式，采取了以"分"值计算公债面值的办法。"分"就是当时以沈阳市的四种生活必须物资（高粱米 4 市斤、五福布 1 尺、煤 34 市斤、粒盐 7 斤）的综合物价值为计算公债面值的单位。它比齐齐哈尔市单一按粮食折算债值的办法，又前进了一步，能够更合理地反映市场的物价状况，保护了持券人的利益，同时，还在偿还本债时实行抽签给奖的办法，以激发群众认购公债的积极性。①

（三）公债发行动员政策不断改进

动员政策对于根据地公债发行起了重要作用。实践证明，根据地公债发行过程中的动员政策是非常成功的，但它也有一个不断完善的过程。以中央苏区革命战争公债为例，从总体上看，革命战争公债发行的政治动员是颇具成效的，公债在很短的时间内得以全部发行就是明证。但并不是说此时的政治动员工作无可挑剔，实际上它偏重于"激励群众积极购买公债"的结果，而忽略了"详细解释公债特征和作用"的宣传过程。在强力政治动员下，出现了"踊跃购买"情形，却有不少购买者并不明白公债的重要意义，或者思想上并未真正接纳公债。如会昌推销公债票，虽然有相当的成绩，超过了预定的计划，但是"这种成绩很少由于群众的自觉，而是带有勉强性的"②；有些地方还"发生强迫摊派及当作纸票买卖"③ 等情形；宁都、公略等县群众以为公债票与国币一样可以在市面流通；兴国杰村区群众受反动分子蛊惑以为公债票毫无用处；不少地方男子买了公债票则阻止其妻子购买等，这些情形都说明公债发行"宣传工作不够"，从而"使群众不能了解公债票的意义与作用，发生误

---

① 财政部财政科学研究所、财政部国债金融司编：《中国革命根据地债券文物集》，中国档案出版社 1999 年版，第 4 页。

② 《中央政府对会昌工作的指示》，载《红色中华》1932 年 8 月 4 日第 4 版。

③ 《财政人民委员部一年来工作报告》，载《红色中华》1932 年 11 月 7 日第 7 版。

会"①。为此，后来的中央苏区二期公债发行，在动员宣传力度方面明显加大，使第二期革命战争公债在发行数额增加的情况下也能得到顺利发行，特别是从1933 年 3 月 6 日起，临时中央政府号召苏区群众"以革命竞赛的方法""节省一个铜板、退还公债、减少伙食费"②，掀起了一场热烈的"退还公债"运动，绝大多数公债最终免于偿还，从而使反"围剿"战争得到了经费上的更大支持。在中央苏区经济建设公债发行时，考虑到"过去发行公债，没有组织专门机关负责，对公债发行是有妨碍的"，因此，特别在县、区、乡三级都组织了专门的"公债发行委员会"加强公债发行的动员工作。③ 从此，根据地公债发行开始有了正式、专门的宣传动员组织机构。为了做好经济建设公债发行动员工作，临时中央政府还专门制定、发布了《关于推销三百万经济建设公债的宣传大纲》对公债发行动员宣传的内容、方法进行了详细的指导。④ 中央苏区秋收借谷，也建立各级武装保护秋收委员会，作为借谷的总领导机关，加强借谷宣传动员工作。此后，在抗日战争、解放战争时期各项公债发行过程中，也对宣传动员工作非常重视，制定各种政策措施。在宣传动员工作出现问题之后，及时纠正错误倾向，强调动员工作的重要性，并进行方法上的指导。如陕甘宁建设救国公债，在发行过程中，就出现宣传不深入、认识不到位等问题，陕甘宁边区政府对动员工作进行了及时改进，发出《关于推销建设救国公债的指示信》⑤，对如何进行宣传推销等问题作了进一步强调和指导。因为宣传动员工作的不断改进，公债发行也取得了良好的效果。

（四）公债流通政策的改进

如中央苏区革命战争公债《条例》第六条规定，"本项公债完全得以十足

---

① 《江西省苏报告》，载《红色中华》1932 年 11 月 28 日第 7 版。

② 《本报号召立即开始节省一个铜板、退还公债、减少伙食费的运动》，载《红色中华》1933 年 3 月 6 日第 3 版。

③ 江西省档案局编：《防尘扫埃 地净天蓝 回望中央苏区反腐倡廉岁月》（下），江西人民出版社 2013 年版，第 652 页。

④ 中共江西省委党史研究室、中共赣州市委党史工作办公室、中共龙岩市委党史研究室编：《中央革命根据地历史资料文库 政权系统 7》，中央文献出版社、江西人民出版社 2013 年版，第 933 ～ 936 页。

⑤ 陕西省档案馆、陕西省社会科学院编：《陕甘宁边区政府文件选编 第 4 辑》，档案出版社 1988 年版，第 21 页。

作用的完纳商业税、土地税等国家租税，但交纳今年税款则无利息"①。这一规定，使得该项公债发行之后出现了一个比较严重的后果，被群众踊跃购买的大批公债票很快又流回到了政府手中。如福建汀州直属市缴纳上半年商业税5000 多元，仅收到现洋 10 元，其余全部是公债票。② 据财政部统计，至 1932 年 10 月下旬，距离收回的期限（1933 年 1 月）还有两三个月，50 余万元公债票已经差不多全部收回。③ 这使中央财政在此后两三个月中少了 50 余万元现金的流通，公债补充革命战争经费的作用没有得到充分的发挥。之所以会出现如此情形，问题就出在《条例》第六条规定。根据这一规定，公债可以用于抵缴国家租税，而且抵缴时间也没有严格限制，仅有的约束是如果抵缴 1932 年税款则不给利息。因为这一条款，使得债券持有者在任何时候用公债券抵缴租税都是合法的。对于不少苏区工农群众来说，"革命战争公债"是一件新鲜事物，公债的有偿属性及其对革命战争的意义，并没有真正了解，甚至部分政府工作人员的思想认识也还不到位，如宁都县苏就有同志把公债条例"当作废纸看待"④。在这样的情况下，尽早将手中的公债券通过抵缴税收的方式"变现"无疑是普通群众的首选行为。因为这次公债发行当中存在这些不足，所以后来发行"第二期革命战争公债"时，临时中央政府就吸取了其中的"教训"，对公债流通政策进行了调整，在《第二期革命战争公债条例》中特别强调公债要"满期后"才"准予完纳一切租税""期满前不准抵纳租税"⑤，这就有效地防止了公债被提前用于抵纳租税情况的出现。

第二节　公债政策的意义和作用

公债具有多方面的用途，它不但对财政活动，而且对整个国民经济活动，都能发挥积极的作用，如：筹措战争经费，争取战争的胜利；筹集建设资金，

---

① 财政部财政科学研究所、财政部国债金融司：《中国革命根据地债券文物集》，中国档案出版社 1999 年版，第 8 页。

② 《龙岩群众热烈购买公债与纳税》，载《红色中华》1932 年 9 月 6 日第 6 版。

③ 《在新的胜利的面前——财政经济问题》，载《红色中华》1932 年 10 月 23 日第 1 版。

④ 鲁文：《把公债条例拿来包东西的于都县苏负责人》，载《红色中华》1932 年 7 月 14 日第 8 版。

⑤ 财政部财政科学研究所、财政部国债金融司：《中国革命根据地债券文物集》，中国档案出版社 1999 年版，第 11 页。

加快经济社会发展速度；弥补财政赤字，应对经济危机、自然灾害，保证政府职能正常实现；执行经济政策，促使国民经济稳定发展；偿还到期债务，减轻政府债务压力；调剂季节性资金余缺，实现短期收支平衡；平衡国际收支，维持对外汇率稳定。① 革命根据地公债发行，为根据地提供了革命战争、根据地建设、救济灾荒、社会治安等各项经费，极大地支持了根据地财政运行，争取了革命战争的胜利，促进了根据地经济社会建设，救济了根据地受灾群众，维护了根据地人民的根本利益。同时，在财政制度建设上，也为中华人民共和国公债发行提供了政策基础。

一、极大地缓解了根据地财政压力，为革命战争提供了大量的经费

新民主主义革命时期，党领导根据地政权发行的公债中，共有约 36 项公债是以筹集革命战争经费为目的。相当部分的公债发行，对于缓解根据地财政压力，为革命战争提供经费、筹集粮食和战略物资等方面发挥了极其重要的作用。

土地革命时期，共有 14 项公债是为了筹集革命战争经费。1930 年春，因为军需粮饷极度困难，贺龙率领红二军团东进洪湖时，发行了"鹤峰借券"2万串。这一借券的发行，为红二军顺利东下，筹集了资金，解决了军需供给困难问题。1932 年 6 月，为了筹集革命战争费用，中华苏维埃共和国临时中央人民委员会发行"革命战争"公债。尽管多数公债券被提前以抵缴租税的方式偿还了，但其补充革命战争经费的重要作用，仍不容否认。毛泽东在《中华苏维埃共和国临时中央政府成立周年纪念——向全体选民工作报告书》中指出，它对于发展革命战争"给予了莫大的帮助"②。1932 年 11 月，为"充分准备战争的经济"、保障反"围剿"战争的完全胜利，中华苏维埃共和国中央执行委员会决定发行"二期公债"120 万元。③ 公债发行任务不但超额完成，

---

① 高培勇：《公债经济学导论》，湖南人民出版社 1989 年版，第 55 ~ 65 页。

② 《中华苏维埃共和国临时中央政府成立周年纪念 向全体选民工作报告书》，载《红色中华》1932 年 11 月 7 日第 3 版。

③ 《中央执行委员会第 17 号训令——为发行第二期革命战争公债》，载《红色中华》1932 年 11 月 1 日第 1 版。

而且将近90万元债券在"退还公债"运动中由群众退还给政府，不用政府偿还。"退还公债"虽然有悖于"信用原则"，但在残酷的反"围剿"战争环境中，前方军事极为紧张、后方财政极为困难，实际上是缺乏真正偿还能力的情况下，却不失为最切合实际的选择。近90万元公债最终免于偿还，这极大程度地补充了革命战争经费、缓解了苏区严重的财政压力，对于争取革命战争的胜利起着极其重要的作用。1933年7月，经历了第四次反"围剿"战争后，苏区"许多地方发生粮荒，米价飞涨，有钱无市"①"红军发生了严重的粮食问题""中央政府各机关每天也要吃一半稀饭。米价很贵，又买不到，真正成了困难问题"②。为了发展经济、补充军事费用，中华苏维埃共和国临时中央决定发行经济建设公债300万元，其中100万元被规定用作军事经费。③关于经济建设公债对补充革命战争经费、争取革命战争胜利的作用，《关于推销三百万经济建设公债的宣传大纲》指出，"革命战争需要钱用，红军需要吃饭穿衣"，这是人人都明白的道理。由于反"围剿"战争的残酷性，我们除了要深入查田运动、实行劳动法、发展文化教育、进行选举运动、召开第二次全苏大会，我们还要"努力做经济建设工作，去打破敌人的经济封锁，发展苏区的经济""只有把苏维埃经济发展了，工农生活才能更加改良，红军才有了充足的给养，红军有了饭吃又有了衣穿，打胜仗就有十分把握，五次'围剿'就可以打他一个落花流水"④。因为反"围剿"战争异常残酷，红军的粮食问题极为紧张，公债发行后期直接转变为"收集粮食突击运动"，以解决前方红军战士的吃饭问题。收集粮食突击运动的积极作用，粮食部部长陈潭秋指出，"收集粮食突击运动取得的成绩，相当程度上解决了粮食困难的问题，保证了红军及后方机关的给养"⑤。公债最终发行220万元，粮食突击运动中收集谷子19.8万担直接用于红军和政府工作人员的伙食给养。⑥ 1933年3月中央苏区临

---

① 中共江西省委党史研究室、中共赣州市委党史工作办公室、中共龙岩市委党史研究室编：《中央革命根据地历史资料文库　政权系统　7》，中央文献出版社、江西人民出版社2013年版，第631页。

② 中共江西省委党史研究室、中共赣州市委党史工作办公室、中共龙岩市委党史研究室编：《中央革命根据地历史资料文库　政权系统　7》，中央文献出版社、江西人民出版社2013年版，第771页。

③ 财政部财政科学研究所、财政部国债金融司编：《中国革命根据地债券文物集》，中国档案出版社1999年版，第14页。

④ 中共江西省委党史研究室、中共赣州市委党史工作办公室、中共龙岩市委党史研究室编：《中央革命根据地历史资料文库　政权系统　7》，中央文献出版社、江西人民出版社2013年版，第935页。

⑤ 陈潭秋：《收集粮食突击运动总结》，载《红色中华》1934年3月31日第5版。

⑥ 古柏：《粮食突击运动总结》，载《红色中华》1934年3月27日第1版。

时借谷，最终借了 16 万担，且大多数在"借谷不要收据""用不着归还"的口号下，被苏区群众无偿捐献给苏维埃政府，免于偿还。在苏区人民群众的热烈支持和拥护下，1933 年，借谷运动"得到了伟大的成功"①，"给苏维埃解决了前方红军的粮食问题"②，使工农红军渡过了粮食难关，为第四次反"围剿"战争的胜利提供了坚实的物质基础。1934 年，中央苏区六月借谷，由于第五次反"围剿"战争异常残酷，经过扩红运动，红军数量急剧增加，在中共中央委员会、中央政府人民委员会《为紧急动员 24 万担粮食供给红军致各级党部及苏维埃的信》中，明确指出了借谷对于红军作战的重要意义，"红军的猛烈扩大与革命战争的急剧开展，要求我们以更大批的粮食，来供给我们的英勇作战的红军""可是我们把现在所有粮食的数量和我们所需要的数量相比，我们的粮食还是不够得很，我们还差 24 万担谷子！""为着保证红军的给养，为着保证前线的战斗，我们无论如何必须动员 24 万担谷子来给与红军"③。其中，群众节省 7.5 万担，没收地主、征发富农粮食 6.5 万担，其余 10 万担"必须努力发动群众借给红军"④。因为战争日益残酷、苏区范围逐渐缩小等原因，24 万担粮食动员的数目没有完成，但对于解决红军粮食供给的燃眉之急还是起了不少的作用，没有这些动员的粮食，红军吃饭问题将会更加困难。除了中央苏区发行的各项公债对于筹集革命战争经费和红军粮食起了重要作用，其他苏区，如湘赣革命根据地、湘鄂赣革命根据地、闽浙赣革命根据地也分别发行了数次"革命战争公债"，这些公债对于缓解各苏区的财政困难、补充革命战争经费和红军粮食发挥了积极作用。1934 年 4 月，为了完成经济建设公债发行遗留下来的任务，并解决湘赣红军和机关粮食供给紧张问题，湘赣省苏发行收买谷子期票 4 万元。尽管没有全部完成发行任务，但一定程度上缓解了湘赣苏区"有钱没有米买的严重的现象"⑤。1934 年 7 月，闽浙赣省苏维埃政府发行粉碎敌人五次"围剿"决战公债 10 万元，规定其中 80%

---

① 《集中一切力量，准备一切牺牲，粉碎敌人的五次围剿》，载《红色中华》1933 年 8 月 4 日第 3 版。

②④ 财政部财政科学研究所、财政部国债金融司编：《中国革命根据地债券文物集》，中国档案出版社 1999 年版，第 19 页。

③ 财政部财政科学研究所、财政部国债金融司编：《中国革命根据地债券文物集》，中国档案出版社 1999 年版，第 18 页。

⑤ 江西省档案馆编：《湘赣革命根据地史料选编》（下），江西人民出版社 1984 年版，第 715 页。

作为决战经费。① 这次公债发行，最终结果超出计划 4 万元，保障了革命战争的军需供给，巩固了苏维埃根据地，为苏区军民反击敌人五次"围剿"的斗争准备了物质基础，发挥了重要作用。②

抗日战争时期，有 7 项公债是因为筹集抗战经费而发行。1938 年 7 月，为了"鼓励人民集中财力充救国费用"③，晋察冀边区发行救国公债 300 万元。该项公债的成功发行，缓解了抗战初期的财政危机，极大地增加了财政收入，为抗日战争提供了重要的经费支持。如冀中区，救国公债占 1938 年 4 月至 1939 年 6 月财政收入的将近一半。期间，冀中区各项财政收入比例为：经常性收入中，田赋占 19.5%，各种税收占 16%，其他占 5%，共计 36%；临时收入中，公债占 50%，拍卖遗产占 6%，清理贷款占 7.4%，其他占 7.4%，共计 64%。可见，晋察冀救国公债的发行对于缓解冀中区的财政困难、筹集抗战经费具有重要的作用。④ 1941 年 4 月，陕甘宁边区发行的建设救国公债 500 万元，虽然主要是为了发展生产事业，但同时也有充实抗战财力、争取抗战胜利的目的。该项公债最终超出发行任务，达到 618 万元。据 1948 年西北财经办事处《抗战以来的陕甘宁边区财政概况》记载，1941 年，陕甘宁边区财政收入和支出情况为：建设救国公债收入 405.09 万元，各项税收收入 787.13 万元，公盐代金收入 700.9 万元，其他收入 76.39 万元，边区全年财政收入总额 1960.51 万元，全年财政支出总额 2577.78 万元。⑤ 根据这一数据，1941 年建设救国公债发行收入占陕甘宁边区全年财政收入 20.6%，占全年财政支出 16.01%。《抗战以来的陕甘宁边区财政概况》之所以显示 1941 年建设救国公债收入为 405.09 万元，是因为公债款项收缴困难，直到 12 月还有大量款项没有集中。实际上，建设救国公债最终发行结果为 618 万元。按照 618 万元计算，建设救国公债发行所得占 1941 年陕甘宁边区全年财政收入中的比重

①　江西财经学院经济研究所等编：《闽浙赣革命根据地财政经济史料选编》，厦门大学出版社 1988 年版，第 540 页。

②　中共横峰县委党史工作办公室编：《中共横峰县地方史　第 1 卷　1925～1949》，中国文化出版社 2011 年版，第 96 页。

③　财政部财政科学研究所、财政部国债金融司编：《中国革命根据地债券文物集》，中国档案出版社 1999 年版，第 32 页。

④　司学红、郑立柱：《抗战初期晋察冀边区发行救国公债的历史意义》，载《武警学院学报》2009 年第 7 期，第 62 页。

⑤　中国财政科学研究院主编：《抗日战争时期陕甘宁边区财政经济史料摘编　第 6 编　财政》，长江文艺出版社 2016 年版，第 34～35 页。

达到 31.5%，在财政支出中所占比重达到 24%。不管建设救国公债是 1941 年实际收款 405.09 万元，还是最终发行 618 万元，它在当年财政收支中都是占了相当的比重。可见，建设救国公债对于边区财政具有非常重要的作用，在极其艰难的时期为边区政府提供了财政资金，极大程度上缓解了政府财政压力，为争取抗战胜利提供了重要的财政支持。1941 年皖南事变后，国民党政府对陕甘宁边区进行军事包围和经济封锁，使边区外援完全断绝，军粮发生严重不足，有的部队甚至发生两天吃不上饭的情况。为了解决极为紧迫的吃饭问题，陕甘宁边区政府下令，从 1941 年 4 月起，前后两次共向群众借粮 4.8 万石。[①]春季借粮，使陕甘宁边区部队和机关终于渡过吃粮难关。1944 年，随着抗战逐渐进入反攻阶段，部队的发展壮大，军饷开支不断增加，加上连年的自然灾害，豫鄂边区财政经济发生严重困难。特别是下半年开始，豫鄂边区财政更是"困难极大"，"经过详细预算之后，从今秋到明秋相差了六个月的全部给养"[②]。为了克服财政困难、迎接对日反攻和建国的财政急需，1944 年底，豫鄂边区行政公署决定向边区、敌占区及大后方的商富发行建国公债 5 亿～10 亿元。该项公债发行得到诸多开明士绅和富商的响应和支持，对于缓解豫鄂边区严重的财政压力起到了积极的作用。

解放战争时期，有 15 项次公债是为了筹集革命战争经费而发行的，如：长江纵队救国公债、胶东爱国自卫公债、云南人民革命公债、潮梅、东北江胜利公债、华南联名胜利公债、琼崖解放公债、淮海粮草公债、中原野战军借粮证、粤赣湘公粮公债、粤桂公粮公债、北江支队胜利公债、闽粤赣纵队军粮公债、潮梅公粮公债、琼崖支援前线借粮，等等。这些公债大多是华南解放区在解放前夕发行的，对于革命斗争形势的迅速发展，夺取解放战争在全国范围的胜利提供了大量的经费和粮食支持。

二、提供了重要的建设资金，促进了根据地经济社会发展

土地革命时期，革命根据地有 6 项公债是为筹集建设经费而发行。这些公

---

① 财政部财政科学研究所、财政部国债金融司编：《中国革命根据地债券文物集》，中国档案出版社 1999 年版，第 43 页。

② 中共武汉市委党史研究室、武汉市新四军研究会编：《鄂豫边区政权建设史》，湖北人民出版社 2005 年版，第 263 页。

债最主要的是经济建设公债，另外，也有灾后水利建设公债。1933 年 7 月，中央苏区决定发行经济建设公债 300 万元，规定 200 万元用于发展对外贸易、调剂粮食、发展合作社及农业与工业的生产。① 尽管这一公债发行任务没有全部完成，公债发行后期也转入了"收集粮食突击运动"，相当部分公债发行所得、特别是筹集的粮食是用于革命战争经费、红军粮食补给，但它对于中央苏区经济建设的作用也是不容否认的。为什么要发行 300 万经济建设公债？为什么经济建设公债可以改良工农群众的生活？② 《关于推销 300 万经济建设公债的宣传大纲》进行了详细的说明，"工农自暴动以来，建立了政权，分得了田地，已经得到了很大的利益。但是万恶的帝国主义国民党，用了经济封锁政策对付我们，使得苏区的货物出口，国统区的货物进口，发生困难。同时，一切出口进口货物，都是商人经手，剥削十分厉害。商人把我们的谷米、花生、豆子、钨砂、木头、纸张、刨烟、樟脑、香菇各项，很便宜的贩出去，去年有些地方四五角钱一担的谷子卖给商人，商人贩到国统区却卖了四五块钱一担，赚去 10 倍利息。商人又把油盐布及洋火洋油各项东西贩了进来，又赚去我们好几倍，广东嘉应州（即梅县）每元 7 斤的盐，贩到苏区有时每元只买 1 斤。这种剥削真是大得吓人。为要打破敌人的封锁，节制商人的剥削，我们自己应该有计划有组织的做起生意来。各区各乡都要组织合作社，一县一省要组织合作总社。中央政府在各地设立了粮食调剂局，设立了对外贸易局，经过这些机关自己收买谷子、木头、钨砂等项东西卖出去，自己又买了国统区的盐油布疋进来。出去的东西，可得高价，进来的东西比较便宜，我们的生活就可以更加改良了。做生意要有本钱，做大生意更要有大本钱，发行经济建设公债，各项出口进口生意就有本钱去做了。商人的剥削，有办法去抵制他了，这不是发行公债可以改良群众生活吗？我们要有大量货物出口，就要发展农业，恢复工业，农业工业都需要资本。譬如，夏季青黄不接时候，贫苦农民同志无钱买米买盐，大大妨碍耕田，我们就要建立起信用合作社来，借钱给这些同志，使春耕更加得力。又譬如我们要开钨砂矿，熬樟脑油，开织布厂，烧石灰窑，这些都是工业部门，要做起来，需有资本。发行 300 万经济建设公债，解决这个资本

---

① 财政部财政科学研究所、财政部国债金融司编：《中国革命根据地债券文物集》，中国档案出版社 1999 年版，第 14 页。

② 中共江西省委党史研究室、中共赣州市委党史工作办公室、中共龙岩市委党史研究室编：《中央革命根据地历史资料文库　政权系统　7》，中央文献出版社、江西人民出版社 2013 年版，第 933 页。

问题，生产增加，出口就增加，出口增加，入口就增加，盐布便宜，现洋也有，我们工农的生活不就可以更加改良了吗？"[1] 因为经济建设公债的发行，粮食调剂局和对外贸易局的资金压力得到缓解，中央苏区的经济建设取得了很大的成绩。在粮食工作方面，新建了五个粮食调剂分局，保障了粮价的稳定，提高了人民群众的生产积极性，为反"围剿"战争提供了充足的粮食。在对外贸易方面，仅 1933 年 8 月、9 月、10 月进出口贸易总额就达到 23 万多元。中央苏区急需而又短缺的粮油、棉布在一定程度上得到了缓解，从而增强了战胜敌人的物资保证。[2] 因为经济建设公债的发行，中央苏区消费合作社也得到了资金支持，使苏区人民群众可以用低价买得他们所需的盐、布等日常生活必需品。这样，既打破了敌人的封锁，又抑制了奸商的剥削。这个由一部分公债加上群众自己集资而兴办的消费合作社，具有广泛的群众基础。在经营方面，粮食收购价格在收获季节高于市价，在青黄不接时又低于市价，使苏区内的粮食价格保持稳定，保障了苏区克服粮食缺乏的困难。群众自发组织起来的生产合作社，制造了不少农具和手工业日用品，供应了群众生产和生活需要。特别值得一提的是当时苏区的消费合作社还对社员和红军家属实行特殊的优惠政策。到 1933 年底，江西、福建两省的合作社达 1423 个，股金达 30 余万元，有效地改善了根据地军民的生活，使苏维埃政权赢得了广大人民群众的信任，为彻底粉碎敌人的军事"围剿"奠定了坚实的物资基础和群众基础。[3] 中央苏区之外，其他革命根据地也发行了一些经济建设公债，如：1933 年 9 月，闽赣省革命委员会决定在闽北发行经济建设公债 20 万元。指示下达后，苏区群众积极购买该项公债，甚至国统区群众也加入购买公债的队伍当中。根据 1933 年 11 月 10 日《红色闽北》（中共闽北分区委机关报）第 25 期《铅山白区群众热烈购买公债和加入粮食合作社》报道，铅山城区、新丰国统区群众在苏维埃经济建设战斗的号令之下，热烈拥护苏维埃发行公债，发展粮食合作社。大家都行动起来，争先恐后购买公债和加入粮食合作社。城区群众在 10 月推销 112 元公债，加入粮食合作社已有 623 股。新丰区群众在 10 月推销 220

---

[1] 中共江西省委党史研究室、中共赣州市委党史工作办公室、中共龙岩市委党史研究室编：《中央革命根据地历史资料文库　政权系统　7》，中央文献出版社、江西人民出版社 2013 年版，第 934 页。

[2] 李霞：《论苏区公债发行及其历史启示》，载《河南教育学院学报（哲学社会科学版）》1999 年第 1 期，第 59 页。

[3] 李霞：《论苏区公债发行及其历史启示》，载《河南教育学院学报（哲学社会科学版）》1999 年第 1 期，第 60 页。

元公债，粮食合作社 230 股。① 1933 年 11 月，为了筹集经济建设资金，湘赣省苏发行了 20 万元经济建设公债。以 8 万元用于发展对外贸易，8 万元用于粮食调剂，4 万元帮助合作社。该项公债发行任务完成至少 90%，且是土地革命时期唯一一项将全部发行款项用于经济建设的公债，对于湘赣省苏维埃经济建设工作起了重要的作用。1934 年 7 月，闽浙赣省苏维埃政府发行粉碎敌人五次"围剿"决战公债 10 万元，其中 10% 作为开展经济建设经费②，这对闽浙赣苏区建设事业具有一定的作用。

除了经济建设公债，土地革命时期，还发行了一次水利建设公债。1931 年冬，为了修筑被水灾破坏的洪湖堤坝工程，中共湘鄂西省委决定发行湘鄂西水利借券 80 万元。这 80 万元约占整个水利建设经费的 20%。这是中国共产党人首次运用财政、金融的手段进行的大规模水利建设。经过大量的思想政治动员工作，公债得到顺利发行。根据地各级政府水利委员会进行了统一规划，采取以工代赈和义务修筑相结合的方式，发动群众参加修堤。③ 经过半年的努力，较好地完成了修堤筑坝的任务。

抗日战争时期，根据地有 6 项公债是为筹集建设经费而发行。抗战时期的建设用途公债，主要是在皖南事变后国民党内掀起反共高潮，致使各抗日根据地既遭到日本军队大肆扫荡，又受国民党军队包围封锁，出现极其严重的财政经济困难的情况下，为了发展根据地经济、充实根据地财政而发行的。1941 年 4 月，为了解决严重的财政经济困难，陕甘宁边区发行建设救国公债 500 万元。这一公债实际发行达到 618 万元，在大量弥补了边区财政的同时，更重要的是它为边区提供了最重要的建设资金。如前所述，公债发行款项中，有 500 万元用于边区经济建设。实际上，1941 年，陕甘宁边区绝大部分建设资金是来源于建设救国公债发行所得。根据 1948 年西北财经办事处《抗战以来的陕甘宁边区财政概况》记载，1941 年，陕甘宁边区经济建设费用支出为 491.77 万元④，按当年公债收入 405.09 万元计算，建设救国公债发行收入占当年经济

---

① 江西财经学院经济研究所、江西省档案馆、福建省档案馆：《闽浙赣革命根据地财政经济史料选编》，厦门大学出版社 1988 年版，第 565 页。

② 江西财经学院经济研究所等编：《闽浙赣革命根据地财政经济史料选编》，厦门大学出版社 1988 年版，第 540 页。

③ 魏胜权主编：《战斗在湘鄂西　张德同志回忆录选编》，中国文史出版社 1990 年版，第 13 页。

④ 中国财政科学研究院主编：《抗日战争时期陕甘宁边区财政经济史料摘编　第 6 编　财政》，长江文艺出版社 2016 年版，第 34 页。

建设费用支出的 82%。毋庸置疑，建设救国公债为当年边区经济建设提供了最为重要的资金支持。其结果是，它不但使陕甘宁边区摆脱了财政经济上的极端困难，成功地粉碎了国民党顽固分子困死我们的企图，而且还使边区迅速走上"发展经济、生产自给"的良性发展道路，实现了丰衣足食。农业方面，1941 年，粮食耕地面积 1222.3 万亩、产量 147 万石，棉花种植面积 4 万亩、产量 51 万斤。1942 年，粮食耕地面积增加至 1248.7 万亩、产量增至 150 万石，棉花种植面积增至 9.4 万亩、产量增至 140.4 万斤。此后，农业产量逐年增加。工业方面，1941~1945 年，取得了前所未有的成就，公营工业发展迅速。1943 年，有纺纱厂 23 家，年产大布 3.29 万匹；造纸厂 11 家，年产纸5671 令；肥皂厂、陶瓷厂、石油厂、火柴厂、制药厂等化学工业工厂 10 家；印刷厂 4 家，被服厂 12 家，炼油厂 2 家，工具厂 8 家，木工厂 7 家等。商业方面，也得到了很好的发展。如：1941 年 6 月，延安市公营商店 46 家，总资本 273.8 万元，到 1943 年，延安市公营商店、客栈资本总额达 2470.5 万元。①边区农工商业等经济的发展，为政府财政收入的好转打下坚实的基础。1944年，边区税收（货物税与营业税）收入 11437 万元，贸易税 13538.88 万元，盐税 2532.98 万元，公盐代金 4579.33 万元，企业收入 18385.44 万元，其他收入 364.42 万元，总计 50838.05 万元。② 1944 年收入比 1941 年的 1960.5 万元增加了 48877.55 万元，比 1942 年的 34887.5 万元增加了 15950.55 万元。③财政收入大幅度增加（其中也有通货膨胀因素），使边区政府偿债能力得到增强、偿债压力大大减轻。1941 年，建设救国公债发行收入 618 万元占陕甘宁边区全年财政收入 1960.5 万元的 31.5%，而 1944 年剩余公债本金 494 万元则仅占当年财政收入 50838.05 万元的 0.97%。财政经济状况的好转，为陕甘宁边区领导军民争取抗战胜利提供了极为重要的物质基础。1941 年 10 月，为了发展生产建设事业、巩固边区金融基础，豫鄂边区发行建设公债 100 万元。发行这项公债，一个直接用途，就是作为豫鄂边区新创办的建设银行的部分本金，通过创办银行为生产提供资金，发展根据地建设事业。根据豫鄂边区第二

---

① 黄正林：《陕甘宁边区乡村的经济与社会》，人民出版社 2006 年版，第 203~204 页。
② 中国财政科学研究院主编：《抗日战争时期陕甘宁边区财政经济史料摘编 第 6 编 财政》，长江文艺出版社 2016 年版，第 56 页。
③ 中国财政科学研究院主编：《抗日战争时期陕甘宁边区财政经济史料摘编 第 6 编 财政》，长江文艺出版社 2016 年版，第 43 页。

次军政代表大会通过的《创办边区建设银行俾资发展边区各种生产事业》提案，创办银行的资本总额定为 100 万元，发行救国公债为创办银行提供 50 万元资金。① 豫皖边区建设公债为边区建设银行的创立、生产建设事业的发展具有重要的积极作用。1941 年 2 月，阜宁县政府发行建设公债 100 万元，目的在于筹集经费修筑 1939 年被大海啸冲垮的旧海堤。公债最终发行 60 万元，实际支付的修堤费用为 51.7 万元，已足够防潮海堤的修筑费用。阜宁县建设公债的发行，为海堤的修筑提供了充足的资金，使海堤的修筑十分顺利。修复的防潮海堤，全长 95 华里，竣工后，防潮效益显著，受到了群众的一致赞扬。为了表彰修堤委员会主席宋乃德在领导修堤工作中的业绩，曾将该堤命名为"宋公堤"，并树立《宋公堤碑文》，历数宋乃德的功绩。②

解放战争时期，革命根据地有 9 项公债是为了筹集生产建设经费，另有 2 项公债是为筹集社会治安经费而发行，这 11 项公债中有 10 项是在东北解放区发行的，这些公债为革命根据地尤其是东北解放区的经济社会建设作出了积极贡献。1946 年 8 月，哈尔滨市政府发行建设复兴公债 8000 万元，计划用于修理下水道、马路、桥梁、自来水等事项；医院的扩充费、修缮费，制药厂的设立费，街道的清扫费，巡回医疗队或医疗队成立费；增添的民校、民众教育馆的设立以及人员住房费、各学校校舍等的修理补助等；警察训练所、巡官补习班的费用；临时发生事项的补助费。③ 该公债实际发行了 5245 万元，款项用于卫生事业建设 262 万元，用于发展教育事业 520 万元，用于补充行政支出 707 万元，借用于电、汽车公用事业 500 万元，等等。④ 其中，发展教育事业方面，因经过敌伪及国民党时代的破坏，急需要修理的学校占整个学校的 4/5，市政府为此特决定将建设公债的一部分首先作为教育建设经费。为在冬季结冰前动工赶修，参议会李国钧议长、于宾海议员等，在公债未收妥之前，特设法专借一笔款项，先行充当教育建设费。9 月中旬，各校工程大部已开工。⑤ 在

---

① 刘跃光、李倩文主编：《华中抗日根据地鄂豫边区财政经济史》，武汉大学出版社 1987 年版，第 61 页。

② 财政部财政科学研究所、财政部国债金融司编：《中国革命根据地债券文物集》，中国档案出版社 1999 年版，第 38 页。

③ 东北解放区财政经济史编写组：《东北解放区财政经济史资料选编　第四辑》，黑龙江人民出版社 1988 年版，第 13 页。

④ 哈尔滨市地方志编纂委员会：《哈尔滨市志　财政　税务　审计》，黑龙江人民出版社 1996 年版，第 34 页。

⑤ 《市府拨发大批建设公债，培修整顿各学校》，载《东北日报》1946 年 9 月 15 日第 2 版。

建设复兴公债款项的支持下，哈尔滨市的教育、卫生、交通等事业得到了良好的恢复和发展。

1946 年 12 月，为推进市政建设和发展工商业，大连市政府发行市政建设公债 3 亿元，其中以 70% 用于生产建设，恢复一切民需的日常用品工厂，如织布、纺纱、制药、火柴、胶皮等工厂，以这钱来买原料、买煤炭；以 30% 扶助文化教育，恢复市内外的交通，充实市内外之卫生建设事业。① 公债发行过程中，考虑到群众的承受能力，实际共收公债款项 15447 万元。因此，在公债款项的使用上，大连市政府也作了调整，将所有款项全部用于生产建设，尤其是工业生产建设当中，即：贷给关东实业公司 5000 万元（包括 12 个工厂）、联合造船公司 5000 万元（包括 73 个工厂）、德光化学工厂 2500 万元、福顺盛煤厂 50 万元、大光电具工业社 150 万元、光大印刷厂 50 万元、铁工同业公会 2087 万元（包括 120 家中小工业）、健生家禽孵化场 50 万元、岭前农园 160 万元、大连县利兴农园 100 万元、新兴制材有限公司 300 万元，合起来正是 154470000 元。② 关于这些贷款用于生产的作用，公债管理委员会 1947 年 4 月 18 日举行的第三次会议上做了总结。公债管理委员会副主任委员陈云涛指出，这次的贷款，从重工业到轻工业，从大工厂到小工厂，共 131 家，对大连市工业的发展，确实起了很大的作用。联合造船公司预计明年一年可出坞 40～50 只船只，不仅造船，还可造其他用具。该公司的组织使 73 家私营工厂开了业，3000 多名工人有了工作，一家照 5 口计算，可养活 18000 人。其他如大光电气工厂获得投资后，解决了关东地区的灯泡供应。造磷工厂在中国是少有的，贷款后，供给了大连市的火柴原料，并供给了外埠各地。此次贷款兼顾到了公、私企业，达到了发展大连市工业的目的。自从贷款发放以后，在全市工业上已出现了新的气象。据工商局的统计，在政府贷款的直接与间接的影响下，已增加工厂 240 余家，大约可养活数万工人。由此可以看出，市政建设公债的发行，对于大连市生产建设的恢复和发展，作出了突出的贡献。在大连市政建设公债发行的同时，大连县也按照大连市政建设公债相同的条例规定，发行了生产建设公债 2000 余万元。通过这项公债的发行，筹集了大量资金，对当时大

---

① 财政部财政科学研究所、财政部国债金融司编：《中国革命根据地债券文物集》，中国档案出版社 1999 年版，第 65 页。

② 财政部财政科学研究所、财政部国债金融司编：《中国革命根据地债券文物集》，中国档案出版社 1999 年版，第 67 页。

连县的经济建设起了重要作用。[①]

1949 年 3 月，为了迅速恢复和发展东北地区的各项建设事业，中共东北局决定分两期发行东北生产建设实物有奖公债 1200 万份，每期 600 万份。之所以此时发行这一公债，是因为时逢交易淡月，城市游资过多，很容易趋向投机居奇，扰乱市场，波动物价，影响民生。如果能把这种游资吸收为公债，那么，一方面生产事业有了大量资金；另一方面，又可以避免游资扰乱市场，使物价稳定，更便于大量发展生产，支援全国，改善民生。也因为这一原因，该项公债主要是面向城市及市镇的市民和工商业家发行。[②] 公债 600 万份，实收 7462 亿，超过计划 25.95%。该项公债既取得了良好的发行成绩，也取得了很好的发展生产的实际效果。东北银行行长王企之在《本期公债工作总结》中指出，"推行公债是有计划发展正当工商业的好办法。根据我们工商业政策，发展哪一行业，限制哪一行业，打击哪一行业，很明显的确定界限，精密分析，规定公债数目。因此，各省、市必须统一经过总的劝委会，掌握负担政策。数目一经分配不能再由区、街随意增加，如果区、街感到负担不当时，可呈报总劝委会考虑补救。根据各省市材料，这次对金店银楼、钱贩子、银行代理店是有些打击。北满材料，对不正当的行商、跑老客的，大体上受到应有的限制。哈市对黑商和富有者，比较深入彻底。这对于我们有方针、有计划发展正当工商业，取缔投机倒把是有效的办法之一"[③]。由于负担政策与打击方面明确，指明了私人资本正当的发展方向，有的工业家在认购大会上，自报认购数字很多，后经劝委会考虑结果，减轻其认购数字。商人反映，还是干工业好，投机倒把吃不开。有些由工人转跑行商或做投机买卖者，这次受到打击，想回老行进工厂。这是公债发行政策引导工人向进步的方向转进的表现。[④] 在公债发行过程中，还发现违反政策的商人许可与行业不符，或无许可的黑商。在评议公债过程中，大家为了负担适当，经过大家追查，发现许可与行业不

---

① 大连市史志办公室编：《大连市志　金融志·保险志》，大连海事大学出版社 2004 年版，第 249 页。

② 财政部财政科学研究所、财政部国债金融司编：《中国革命根据地债券文物集》，中国档案出版社 1999 年版，第 70 页。

③ 财政部财政科学研究所、财政部国债金融司编：《中国革命根据地债券文物集》，中国档案出版社 1999 年版，第 73 页。

④ 财政部财政科学研究所、财政部国债金融司编：《中国革命根据地债券文物集》，中国档案出版社 1999 年版，第 72 页。

符，或无许可的黑商；也有领坐商或领摊床许可，而私自跑行商者。揭发以后，均经各地政府通过购买公债形式冻结其部分资金。可见，东北生产建设公债的发行，很好地实现了预期目的，既筹得了建设资金，又通过合理安排公债承购任务，保护了工商业的发展，限制和取缔了黑商和行商行为。

除了生产建设公债之外，东北解放区还发行了 2 项筹集保护地方治安经费的公债。1946 年 1 月，松江省双城县政府发行了"双城治安保民公债"①。1946 年 6 月，松江省第一行政专员公署发行了一期胜利公债。② 这两项公债都在维护地方治安过程中扮演了积极角色。

三、救济了根据地受灾群众，改善了根据地人民生活

土地革命时期，1934 年 7 月，闽浙赣省苏维埃政府发行的决战公债 10 万元，除了筹集革命战争经费、发展苏区经济之外，还特别将 10% 的经费用于救济避难群众。③ 这是党领导的革命根据地第一次将公债款项用于救济避难群众。公债最终超额完成发行任务，使遭受战争灾难的群众得到了救济，苏区群众的生活得到了改善。

抗日战争时期，根据地发行了 3 项救灾公债。1939 年 11 月，冀南行政主任公署发行了救灾公债 50 万元。是年夏天，冀南区大雨连绵，山洪暴发，卫河、漳河、滏阳河等同时泛滥，出现严重的水灾。冀南被灾区域房屋倒塌，田禾淹没，民众流离失所。据统计，冀南 28 个县内（津浦路东、平汉路西不包括在内）被淹村庄 3183 个，被淹土地 55110 顷，灾民达 1718717 人，灾情相当严重。④ 冀南救灾公债的发行后，所收款项一部分用作生产贷款，一部分调剂民粮、安置灾民生活，一部分治理河道。通过发行救灾公债等措施，冀南灾情得以减轻，第二年的春荒也终于渡过。⑤ 1940 年 5 月，安徽省定远、凤阳、滁县三县民主政府为了救济受灾群众，发行了赈灾公债 2 万元。同年，三县一

---

① ② 财政部财政科学研究所、财政部国债金融司编：《中国革命根据地债券文物集》，中国档案出版社 1999 年版，第 61 页。

③ 江西财经学院经济研究所等编：《闽浙赣革命根据地财政经济史料选编》，厦门大学出版社 1988 年版，第 540 页。

④ 财政部财政科学研究所、财政部国债金融司编：《中国革命根据地债券文物集》，中国档案出版社 1999 年版，第 33 页。

⑤ 杨秀峰：《杨秀峰文存》，人民法院出版社 1997 年版，第 188 页。

带发生灾荒，群众的生活和生产发生了很大困难。三县赈灾公债的发行，起到了良好的救济灾荒的作用。1941 年，鄂豫边区发行了孝感县赈灾公债 5 万元。同年，处于湖北与河南交界地带的鄂豫边区，发生了 60 年未遇的特大旱灾。尤其鄂中的应山和安陆、孝感、京山北部等地，一连 83 天无雨，田地龟裂，禾苗枯死，几乎颗粒无收，在一些地方出现了全家、全村泥门封屋外出乞讨的萧疏景象。安陆刘兴店有个刘家大湾，全湾 45 户人家，外出逃荒的多达 43户。趁遭灾之机，日本鬼子和伪军加紧掠夺农副产品，向抗日根据地大量抛掷法币，造成粮价和生活必需品的价格飞涨，食盐涨到了战前的 200 倍。国民党顽军部队也大肆抢掠物资，还配合日伪军对根据地实行经济封锁，妄图把抗日军民困死、饿死。这越发加重了根据地的困难，连新四军第五师和地方武装也不得不挖野菜捋黄荆条子叶充饥。[①] 孝感县赈灾公债发行所得款项，也在一定程度上缓解了群众饥荒现象。

解放战争时期，革命根据地发行了 3 项救济灾荒及改善民生的公债。1946年 3 月，苏皖边区政府为了救济灾荒决定发行救灾公债 9200 万元。其中，40% 进行直接救济，60% 以工代赈。当时，因为 1945 年苏皖边区遭遇了严重的旱灾、水灾、蝗灾等多重自然灾害，受灾群众的生产、生活发生很大困难。进入 1946 年，许多村庄找不到一粒粮食，卖儿鬻女饿死人的消息屡有所闻。为了活命，有的一个庄上共起来吃，把小猪小牛等都吃了，粮食不准出庄；有的成群结队去"吃挨子""吃啜子"，抢粮、抢公粮；甚至实在无法时，便关在房子里等死。坏人特工借此机会大肆活动造谣，说什么新四军来了什么都好，就是粮食贵了；并鼓动灾民去破坏社会秩序，使灾民的思想不做长期打算。而富有人家看到灾民"吃挨子"，借粮食，同样也激起了反常的心理，或者将粮食藏起来，见死不救；或者索性大吃大喝，吃了完事，过一天是一天，生产情绪大大降低。不少干部看到这种情形，也慌乱起来，感到束手无策。这种严重的现象，不仅影响到生产建设，而且还会破坏社会秩序，同时会大大的降低解放区对全国民主运动的推动作用。为了把 400 万灾民抢救出来，克服灾荒，渡过难关，苏皖边区政府发行了救灾公债。[②] 公债由苏皖边区管辖的 8

---

① 王乱记：《孝感文史资料　第 5 辑　水利史料专辑　孝感水利》，孝感市政协文史资料委员会1998 年版，第 8 页。

② 财政部财政科学研究所、财政部国债金融司编：《中国革命根据地债券文物集》，中国档案出版社 1999 年版，第 53～54 页。

个行政区分配数额各自发行，发行所得的款项在各个行政区之间调配使用，"经济发达地区购买任务大，灾情严重地区用款多"①。由于边区干部群众的积极认购和发扬互助互济精神，公债发行任务和发行目的均得到良好地实现。第六行政区发行任务 600 万元，完成 550.64 万元。通过苏皖边区政府平衡，实际用款 1500 万元，全部用于本区各县，直接用于赈灾救济的达 414.24 万元，其余用于修水利、筑路等以工代赈。② 苏皖边区救灾公债的发行为救济边区受灾群众筹集了重要的资金，使救灾工作得以顺利进行。1949 年 6 月，粤桂边区发行的公粮公债，在筹集大军南下作战经费的同时，将其中一部分公债款项用于救济缺粮群众。当时粤桂边区纵队控制区域迅速扩大，适逢春荒到来，新区公粮未能全部收起，这些新地区因连年在蒋政权苛政暴敛下，早已十室九空，闹着严重的粮荒，广大缺粮群众，亟待新政权的救济。③ 粤桂边区公粮公债的发行，对于救济最新解放区域群众的粮食困难问题起了积极作用。1949 年下半年，粤桂解放军 20 团、21 团联合发行胜利公债，在加强人民解放斗争力量的同时，对于救济遭受国民党反动派烧杀抢掠的受灾乡村民众也具有积极的作用。

四、维护了根据地财政金融秩序的稳定

（一）整理财政的作用

1944 年 10 月，胶东区行政公署发行了战时借用物品偿还券，目的在于对战时借用群众的物资进行清账偿还。日军实行"三光"政策、国民党政府实行经济封锁之后，山东抗日根据地胶东区八路军和抗日民主政府在极其困难的情况下进行旷日持久的民族自卫战争，期间得到了人民群众的大力支持，借用了人民大量的财物、粮衣等物品。④ 随着抗战形势的逐渐好转，根据地财政也有所缓和。因此，有必要对战时政府与人民在财政上的一些账项进行清理。战

---

① 高贯成主编：《华中银行史》，江苏人民出版社 2001 年版，第 146 页。
② 编纂委员会编：《淮阴市金融志》，中国金融出版社 2006 年版，第 344 页。
③ 财政部财政科学研究所、财政部国债金融司编：《中国革命根据地债券文物集》，中国档案出版社 1999 年版，第 81 页。
④ 青岛市政协文史资料委员会编：《青岛文史资料 第十三辑》，中国文史出版社 2005 年版，第 101 页。

时借用物品偿还券的发行，对抗战期间借出财物、粮衣物品的群众进行了偿还，完成了一些旧账的清理，有助于根据地财政的良性运转。

（二）稳定金融的作用

在根据地发行的公债中，有多项公债对稳定金融秩序起了重要作用。1941年，陕甘宁边区建设救国公债，除了为边区提供财政支持、经济建设资金外，还为稳定边区金融秩序作出了重要贡献。为了应对国民政府的经济封锁，陕甘宁边区自1941年开始发行边币，禁止法币流通，但很快出现通货膨胀，人民生活受到影响。建设救国公债发行之后，吸收了600多万元边币，使得市场上边币数量得到减少，有效地起到了调节金融、稳定金融秩序的作用。如关中区因征收公债，收缩边币40余万元，使边钞信用大为提高。因此，征收公债，"不仅可解决财政困难，且是稳定金融之良策"[1]，为抗战胜利争取了良好的金融环境。

根据地还有公债是专门为稳定金融秩序而发行，1943年1月发行的晋西北巩固农币公债就是其中典型的一例。晋西北抗日根据地建立后，因为该地域经济落后，财政状况十分困难。为了发展根据地经济，促进物资交流，晋绥边区政府决定在原兴县农民银行的基础上，成立晋西北农民银行，开始发行西北农民银行币。由于缺乏金融货币工作的经验，只急于解决当时所面临的财政供给困难，仅在西北农民银行币的发行办法中提出"一律以法币为本位，无论军民人等，一概不准折扣和贴水"，未能明确提出边区的金融政策，即没有明确提出西北农民银行币是晋绥边区的法定本位币，对于如何保证农币的信用也没有明确的规定和适当的措施。到了1940年八九月间，由于农币的过量发行，出现了农币的大幅贬值，在市场上1元农币仅为法币的0.25元至0.2元，引起市场动荡。部队、机关和公营商业亦开始以大量农币在市场上争购物资，促使农币币值进一步贬值，甚至出现了一些商民拒收农币的现象。在这种农币信用不断低落的同时，银圆又开始在市场复活，西北农民银行币面临着一场严重的挑战。[2] 尽管边区政府采取了一些措施，但实际上，晋西北农币仍然急剧贬

---

[1]　编委会编：《红色档案　延安时期文献档案汇编　陕甘宁边区政府文件汇编　第4卷》，陕西人民出版社2013年版，第108页。

[2]　财政部财政科学研究所、财政部国债金融司编：《中国革命根据地债券文物集》，中国档案出版社1999年版，第48页。

值。按照当时官方兑换率计算，晋西北农币 1940 年 5 元折合银洋 1 元，到 1943 年晋西北农币 120 元折合银洋 1 元，增长 25 倍。[①] 为此，极有必要采用新的措施，遏制农币贬值的趋势，维护金融秩序的稳定。晋西北巩固农币发行后，得到了边区群众的热烈支持，圆满完成了发行任务，所收款项占当年上半年财政收入总额的 42%。边区政府将公债发行收入全部充作了西农币基金[②]，对于巩固西北农币的本位币地位、稳定根据地金融秩序和人民生活起了积极作用。

1949 年 3 月，东北行政委员会发行的生产建设实物有奖公债，在筹集建设资金，保护工商业发展的同时，还在以下方面稳定了金融秩序：（1）达到了紧缩货币、稳定物价的目的。因为公债发行过程中，是根据政府既定的发展生产、保护正当工业、限制和取缔黑商与行商等政策，实施精准的根据不同行业、不同人群分配承购任务的，政府扶植发展的行业购买公债任务就轻，反之，购买公债任务就重，所以，3 月 6 日公布公债发行决定后，物价很快稳定下来。因为城市工商业家看到报纸以后，很敏感地意识到市场过多的游资会冻结到公债方面上来，物价必然下跌。于是他们争先出售物资，准备购买公债。至 4 月公债发行时，物价普遍下跌。沈阳 4 月物价较 3 月跌 1%，5 月较 4 月跌 7.7%。直到 6 月下旬，物价仍是稳定的。特别是报上公布全年公债有上、下两期，上期完了，还有下期，这对投机商人威胁很大，再不敢兴风作浪了。（2）冻结市场过多的游资，打击隐蔽的游资活动。这次公债负担比较重大者，商业有金店银楼、代理店、五金电料、西药；工业有粮米加工、烟厂、纸厂、清凉饮料、化妆工业，很明显地把一部不正当的游资冻结起来。同时，各地发现了一些隐蔽的游资活动，予以适当的打击。如有些以小铺门面掩护其对缝行为或以假账来掩护其大额投机交易行为者，均给揭发，并动员其多买公债。[③] 通过这些措施，有效地打击了隐蔽的游资，冻结了过多的游资，帮助社会金融秩序走向稳定。

五、促进了根据地土地改革的顺利进行

根据地公债，还直接有助于解放区土地改革运动的顺利进行。1946 年 12

---

① ②　山西省史志研究院编：《山西通志　第 29 卷　财政志》，中华书局 1997 年版，第 236 页。

③　财政部财政科学研究所、财政部国债金融司编：《中国革命根据地债券文物集》，中国档案出版社 1999 年版，第 71～72 页。

月发行的陕甘宁边区征购地主土地公债就很好地起到了这一作用。帮助穷苦农民获得土地，是我党一直以来的奋斗目标。抗日战争时期，为了实行抗日民族统一战线，为了团结全国各族、各阶层人民共同抗战，所以在土地问题上，实行的是地主"减租减息"、农民"交租交息"的政策。这既反映了农民的需求，也照顾了地主的利益。直到抗日战争胜利初期，1945 年 11 月 7 日，毛泽东在为中共中央起草的党内指示《减租和生产是保卫解放区的两件大事》中也还明确指出："目前我党方针，仍然是减租而不是没收土地"①。1946 年，国内形势发生了较大的变化，一方面，国民党基本完成内战准备，局部战争已经爆发；另一方面，随着主要矛盾的转化，农民要求解决土地问题的愿望也非常强烈。因此，抗战时期实行的"减租减息"土地政策已不适应当时形势发展的要求，必须在"减租减息"的基础上，分阶段有步骤地解决农民的土地问题，逐步实现耕者有其田的土地制度。② 5 月 4 日，中共中央发出了《关于土地问题的指示》（即《五四指示》）。一方面要求"在反奸、清算、减租、减息、退租、退息等斗争中，从地主手中获得土地，实现'耕者有其田'"；另一方面，要求"决不可侵犯中农土地""一般不变动富农的土地""对于中小地主的生活应给以适当照顾，对待中小地主的态度应与对待大地主、豪绅、恶霸的态度有所区别，应多采取调解仲裁方式解决他们与农民的纠纷""集中注意于向汉奸、豪绅、恶霸作坚决的斗争，使他们完全孤立，并拿出土地来。但仍应给他们留下维持生活所必需的土地，即给他们饭吃"③。根据《五四指示》精神，7 月 16 日，边区政府颁布了《关于减租和查租的指示》，对《五四指示》在边区的贯彻落实做了具体部署。④ 并派出三个工作组分赴绥德、陇东、安边等地，帮助各地开展了比较彻底的减租和查租。经过减租运动及部分开明地主自动献地义举，部分土地已逐渐转入农民手中。但在地主阶级手中仍占有相当数量的土地，农民中无地耕种或耕地不足者亦不在少数。因此，在查租、清算工作接近尾声时，为实现耕者有其田，同时，中央考虑到在抗日战争时期

① 毛泽东：《减租和生产是保卫解放区的两件大事》（1945 年 11 月 7 日），《毛泽东选集》（第四卷），人民出版社 1991 年版，第 1173 页。

② 叶美兰、黄正林、张玉龙等著：《中华民国专题史 第七卷 中共农村道路探索》，南京大学出版社 2015 年版，第 503 页。

③ 刘少奇：《刘少奇选集》上卷，人民出版社 1981 年版，第 337～381 页。

④ 陕西省档案馆、陕西省社会科学院编：《陕甘宁边区政府文件选编 第 10 辑》，档案出版社 1991 年版，第 186 页。

国共合作抗战的历史和旧政协提出的《和平建国纲领》，陕甘宁边区政府根据本边区的土地占有情况和政治斗争形势，拟采用发行土地公债的办法征购地主的土地，来实现"耕者有其田"的目的。

通过发行征购地主土地公债，很好地解决了农民迫切需要的土地问题，激发了农民阶级的革命斗志。而且在尚未放弃与国民党政府的和平希望、未与地主阶级彻底决裂的情况下，也照顾了地主阶级的情绪，使他们没有立即投入反革命阵营，同时获得了社会各界的理解，从而保证了自卫战争的顺利进行。如：绥德县新店区一乡贺家石村，胜利完成征购与承购工作后，全村 61 户无地或少地的农民，用 19 石 8 斗米，买了 424 垧半地（内有典地 141 垧半）；30 户没窑住的人，用 18 石 4 斗米，买得 20 孔窑和两块窑的崖面。地主党仲昆夏上就把 152 垧地献给了穷人，他在大会上说："人家说'家当'是赚的，起先当然是赚的，可是后来就是靠钱剥削人家的。这次实行土地公债，我很高兴！现在人家还借住我些窑，我愿把这些窑献给没窑住的人。"地主党自红很高兴地说："实行土地公债，我实在痛快！以后的儿孙，咋能熬做好劳动啦！从来懒子弟是出在有钱家的，穷人家个个都劳动好！"贫穷外来户李生春，这次买下了 20 垧地、两孔窑，他高兴地说："啊！美死啦！多年想的事，今年咋办到了！"43 岁的王怀义，11 岁起揽了 31 年的工，省吃节穿买下了 8 垧半地、两孔窑和典的 5 垧地。他狂喜地说："咱过去头顶人家的天，脚踏人家的地，这下典地成了咱的产业啦！真比'坐朝廷'还乐哩！"很穷的刘茂林这次买下 15 垧地，有人问他："你怕不怕反动派来抢地？"他说："不能让他狗日的来，要来了，咱给他个'老王打狗，一齐下手！'死也要保住这块地哩！"[①]

关于征购地主土地公债的这一积极作用，1947 年 2 月 8 日，中共中央向各中央局、各区党委发出《关于陕甘宁边区若干地方试办土地公债经验的通报》（以下简称《通报》）中有详细的说明。《通报》指出，最近在陕甘宁边区若干地方试办土地公债结果，证明这是彻底解决土地问题——最后取消封建土地关系与更多满足无地少地农民土地要求的最好办法之一。并总结了 7 条优点：（1）由政府颁布法令以公债征购地主土地的办法，如与群众的诉苦清算运动相结合，绝不会减弱群众运动，相反，大大加强群众运动，使群众的清算

---

① 张之温：《绥德新店区贺家石村试行土地公债胜利完成》，载《解放日报》1946 年 12 月 20 日第 1 版。

更加站在合法地位，使群众感觉有政府法令的保证而更敢于斗争，使地主感觉更非拿出全部余额土地不可。公债征购本身是一个发动群众的口号，只有在把它变成简单买卖关系时，才不能发动群众。（2）公债征购可以使地主把余额土地完全拿出，交给农民。因仅用清算、献地等办法，常不能把地主余额土地算完、献完，或献出坏地保留好地等。还有些农民也感受某些清算的理由不充足，除清算、献地等办法外，如果采用公债征购办法，则地主无法保留多余土地，且可使农民避免某些理由不充足的清算，使自己得到的土地更有合法的保证。在经验中证明许多地主宁愿献地，写献约，而不愿得公债卖地，写卖约。田地主感觉如写了卖约，以后再无借口收回土地。（3）有些抗日地主、开明士绅的土地不便清算者，可以公债征购。对于外国教堂、外国侨民的土地，及其他某些公地如用公债合法征购比用清算办法更可避免一些外交纠纷。（4）在必须取得某些个别富农的土地以分配给农民时，用公传购买的办法比用清算的办法使富农比较容易接受一些。（5）在土地改革时期，地价大跌，故以公债征购土地的市价很低，公债本息偿还时期又规定很长，故我们政府与群众完全能负担得起，很为群众所欢迎。我们最初认为无力负担偿还公债本息的想法，是不合实际的。（6）公债对于地主的生活亦有若干帮助，地主希望以公债缴纳逐年的公粮。（7）边区公债条例传到北平时，很得中外记者赞许，认为共产党的土地政策已经有所变更，故土地公债的办法可使我们的土地改革增加一般的合法地位，减少中间派资产阶级的反对。《通报》还指出，根据以上各项，用公债征购土地分给农民的办法，很可能在各解放区采用，只要与诉苦、清算配合起来，不把它看做一种单纯的买卖关系，是只有好处而无害处的。因为不是以公债征购的办法去代替清算、献地等办法，而是在采用清算、献地等办法之外，再增加一个征购的办法，多一个办法总比少一个办法要好。在陕甘宁边区也和各解放区一样，发动群众清算是解决土地问题的主要办法（这是由下而上的），但如果再加一个由上而下的由政府颁布法令以公债征购土地的办法来配合，就更能发动群众，更能使土地问题迅速彻底而完全地解决。①

随着土地改革运动的深入发展和内战的全面爆发，通过和平方式分配土地

---

① 财政部财政科学研究所、财政部国债金融司编：《中国革命根据地债券文物集》，中国档案出版社 1999 年版，第 76 页。

已不能适应形势的需要，1947 年 10 月《中国土地法大纲》颁布以后，实行了彻底平分土地的政策。由于征购土地的政策进展顺利，因此在土改时，边区的土地问题基本上解决了。1948 年 2 月，毛泽东提道："陕甘宁约 100 万至 120 万人口的老区，土地大体上早已平分了，即是大体上早已实现了土地法，在这里不是再来一次平分，而是调剂土地填平补齐"①。4 月，西北局书记习仲勋在《关于土地改革和整党的总结报告》中也指出，在边区"基本区包括老区半老区的大部分，约 130 万人口，其中经过土地革命地区，封建早已消灭，经过减租征购，去春及今春土改地区，封建也基本消灭了"②。由此可以看出，征购地主土地公债的发行，征购地主土地工作的展开，比较彻底地解决了边区的土地问题，首先实现了耕者有其田。

1947 年 7 月，苏皖边区第六行政区发行的补偿中农损失公债，与陕甘宁征购地主土地公债是在同样的政治背景下发行的，也起到了同样性质的作用。苏皖边区第六行政区在执行中央《五四指示》、实行土地改革过程中，由于对政策的理解和掌握出现偏差，加之工作方法有一定问题，曾发生侵犯中农利益的"左"倾错误，严重违反了党关于团结中农的政策，造成了不良影响。③ 为了团结中农，扩大革命的支持力量，极有必要纠正这一错误倾向，并对中农所受损失及时补偿。公债的发行，一方面，帮助了农民阶级在土地改革中顺利获得迫切需要的土地；另一方面，也对在土地改革中受到利益侵犯的中农进行了补偿，团结了中农，有利于革命的胜利进行。

六、使根据地债务举借趋于规范化，为中华人民共和国公债发行奠定了政策基础

（一）公债发行使根据地债务举借趋于规范化

革命根据地创建初期，根据地公债大多是以临时借据的形式出现的，很不

---

① 中央档案馆编：《中共中央文件选集　第 17 册　1948》，中共中央党校出版社 1992 年版，第 33 页。

② 叶美兰、黄正林、张玉龙等著：《中华民国专题史　第七卷　中共农村道路探索》，南京大学出版社 2015 年版，第 508 页。

③ 《中国的土地改革》编辑部、中国社会科学院及经济研究所现代经济史组编：《中国土地改革史料选编》，国防大学出版社 1988 年版，第 305 页。

规范。有的是部队或机关团体统一印制加盖了公章的借据；也有的是部队或机关团体随手书写的便条借据，群众对这些借据统称为"红白条"。借据的内容五花八门，需要钱就借钱，需要粮就借粮。没有固定的出具机关，任何一个机关团体都可以出具借款、借粮或借其他物资。所借钱物的数量也无规定，需要多少就向群众借多少。所借群众钱物何时偿还？由谁偿还？更无任何规定，借支的情况是十分混乱的。[①] 革命根据地公债发行的出现改变了以往混杂的根据地债务举借形式，开始由财政部门统一以债券形式公开发行，它有明确的公债条例、有举借的规章、有本息偿还的约束性条款，无论是内容还是形式上都更为规范。1930 年，春鹤峰县苏维埃政府借券是根据地最早发行的公债，也是根据地债务举借走向规范化的最早尝试。1932 年 6 月，中央苏区革命战争公债，是中国共产党建立中央政权后发行的首次公债，标志着革命根据地债务举借开始走向规范化。这也是根据地财政走向统一、公开和透明的重要表现。1932 年 11 月，中央苏区二期革命战争公债，制定了比革命战争公债更为详细、合理的政策。为了发行二期公债，临时中央政府制定、明确了总额、利率、票面额等公债发行基本条件，公债发行数额分配、时间安排、发行机构、款项集中地点、债券印制与使用等公债发行具体办法，公债发行动员政策，公债流通和使用政策以及公债偿还政策等。这些政策，相对此前发行的一期公债而言，更为完善。除了总额比一期公债多了 60 万元之外，二期公债充分吸取了一期公债券被大量提前归还的教训，修改了部分条款，有效防止了公债被提前抵纳租税情况的出现。二期公债的发行，使公债发行开始成为苏区一个常态化的财政政策。详细而更趋完善的公债政策表明苏区债务、财政政策进一步走向规范化。

（二）不断完善的公债政策为中华人民共和国公债发行奠定了政策基础

公债的发行，有赖于良好的社会经济条件、充裕的社会资金、发达的金融机构、足够的政府债信以及群众良好的公债意识等，但各个革命根据地，都处于贫困落后山区，群众的公债意识淡薄，经济条件不足，社会资金缺乏，公债发行所需要的条件都不具备，要发行这些公债实属不易。然而多数

---

① 财政部财政科学研究所、财政部国债金融司：《中国革命根据地债券文物集》，中国档案出版社 1999 年版，第 3 页。

公债却能在各个革命根据地顺利发行，其直接原因就是根据地政权制定了详细、实际有效的公债发行、动员政策。如中央苏区二期革命战争公债发行，临时中央政府在制定公债发行基本条件、具体办法、流通和使用政策之外，还特别对公债发行动员工作进行了部署。当动员出现问题和不足，临时中央政府又及时进行纠正，严厉批评强迫摊派等行为，并再次强调和加大动员工作力度，使公债最终得到顺利发行。在临近偿还期，因为残酷的战争导致苏区财政极为紧张，苏区人民进行了热烈的"退还公债"运动，而使得大量公债免于偿还。这实际是苏区人民群众极大革命热情表现的结果。而苏区群众的革命热情就是来自持续、强劲动员工作的直接推动。动员工作在公债发行目标实现过程中起着关键的作用。再如陕甘宁边区建设救国公债发行，除了经济落后、民众贫穷、社会资金缺乏、金融机构有待完善、群众公债意识淡薄等不利条件之外，不少地区遭受了严重的灾荒，同时还有反动分子散布谣言、蛊惑群众，建设救国公债发行的困难可想而知。然而，最终发行结果却是超出预定计划 100 多万元。其中的原因，就是陕甘宁边区制定了切合实际的公债政策，做了大量、细致、持续的动员工作，克服了种种困难，获得了人民群众的支持。为了发行这一公债，陕甘宁边区发出《布告》《条例》《指示》《细则》《大纲》、"二次指示"等一系列政策文件，其中包括总额、利率、价格、债票种类等公债发行的基本条件，发行原则、换购标准、奖励规则、数额分配、发行手续、推销期限等非常详细的公债发行具体办法，公债发行动员政策及后续措施，公债流通、使用、偿还等政策。这些周密、翔实的政策不仅有利于建设救国公债顺利发行，也为此后的公债发行积累了有效的政策经验。

公债发行过程中，革命根据地所制定的发行基本条件、发行动员政策、流通及使用政策、偿还政策等一系列公债政策，不仅相当程度地解决了根据地战争经费、财政金融、经济建设、救济灾荒等诸多现实困难和问题，而且还为中华人民共和国公债发行提供了宝贵的政策经验，奠定了中华人民共和国公债发行的政策基础，是中华人民共和国公债政策的实践来源。中华人民共和国成立后，特别是成立初期的公债发行，基本沿用了民主革命时期的公债政策。如根据地的实物公债政策，就在中华人民共和国成立初期得以沿用。中华人民共和国成立后发行的第一笔公债——1950 年人民胜利折实公债相关政策，实际上是在 1949 年东北生产建设实物有奖公债政策以及华东地区发行的人民公债条例（草案）基础上制定的。① 此外，如公债发行中的宣传动员政策，它不但在根据地公债发行过程中起了重要作用，而且也是中华人民共和国成立初期公债发行的重要举措。1960 年，江西省地方经济建设公债发行时期，江西地方经济遭到"大跃进"的极大破坏，人民生活受到严重影响，在完成 2000 万元公债发行任务的过程中，也采用了如民主革命时期所运用的宣传动员方式，政府发出《指示》，组织公债推销机构，利用报刊广泛宣传，巡回放映公债宣传片，等等。② 正是因为实施了积极、有效的宣传动员政策，才使本来难以完成的公债发行任务，最终得以顺利完成。

第三节　公债政策的不足

一、部分公债发行规模过大，在一定程度上加重了根据地人民的负担

公债本来是要在具有较多社会游资的情况下才能更好地发行，但党领导的革命根据地公债发行，却大部分不具备这一条件。革命根据地均处于各省交界的贫困山区，经济落后，人民生活疾苦，社会游资非常有限。因为革命和建设的需要，根据地政权在财政困难的情况下，又必须发行公债进行补充。这些发行的公债是全部要由根据地人民来承担的。公债发行规模不大的情况下，根据地人民还可以承受。公债发行规模过大，超出根据地人民的承受范围，就必然会成为人民的沉重负担。在整个新民主主义革命时期，出现过若干次公债发行超出人民承受范围的情况，如中央苏区的经济建设公债、秋收借谷等，就是在根据地人民已经承受了巨大经济压力的情况下发行的，一定程度上加重了人民的经济负担。中央苏区经济发展水平低，人民生活贫困，因为长期处于战争环境，苏区人民需要持续为革命战争提供足够的财政来源。"随着军事紧张、资源消耗加剧，苏区人民在资源紧缺背景下，为支持革命战争、维护根据地不得

---

① 迟爱萍：《新中国第一年的中财委研究》，复旦大学出版社 2007 年版，第 217 页。

② 刘晓泉：《1960 年江西省地方经济建设公债述略》，载《当代中国史研究》2014 年第 5 期，第 104 页。

不承受更大压力，付出巨大牺牲"①。1932 年 6 月、1932 年 10 月和 1933 年 7 月，由于财政紧张，苏维埃中央政府先后三次发行革命战争公债、二期公债、经济建设公债。革命战争公债 60 万元大都用抵缴租税的方式很快就被归还了。因为这个原因，革命战争公债补充财政的效果没有得到很好地发挥，所以二期公债发行数额增加了一倍达到 120 万元。这一数额对苏区农民来说着实是一笔不小的负担。② 最终，二期公债在"退还公债"运动下大部分被免于偿还，人民购买公债的资金基本上成了一种无偿捐献，这使得根据地人民肩上的负担已经没有减轻的余地。因为革命战争形势的更加严峻，财政更为紧张，经济建设公债发行数额更是达到 300 万元，远远超出前面两次公债发行数额。前面已经有 120 万元二期公债由苏区人民无偿承担了，现在继续增加 300 万元经济建设公债，这对需要从多个方面大力支持苏区财政的根据地人民来说，无疑又是一个极大的负担，而且它的偿还期限远在 7 年之后。实际上经济建设公债还没来得及偿还，红军已经被迫走上长征的道路。"如果把 1933 年发行的 300 万元公债平摊到苏区约 300 万人口中，人均负担将有成倍的增加"③。除了发行以货币为计量单位的公债券之外，中央苏区还进行了三次借谷，直接向苏区人民举借粮食，以补充日益缺乏的粮食供给。1933 年 3 月，中央苏区进行了临时借谷，最终借了 16 万担。当时正处于"退还公债"运动时期，这 16 万担借谷，也在"借谷不要收据""用不着归还"的口号下，大量无偿"捐献"给了苏维埃政权，由根据地人民无偿承担。1934 年，中央苏区再进行了六月借谷 10 万担，实际上这属于中央要求紧急动员 24 万担粮食供给红军的范围。也就是说，此时苏区人民需要提供 24 万担粮食给前方作战的红军战士。尽管"党已经把粮食动员的任务，提到第一等重要的地位"④，且进行了长时间的多方动员，但至 7 月中旬 24 万担粮食只完成 42%，一直持续到 8 月粮食动员工作还在进行。除了干部、群众的认识和动员工作方法不到位之外，实际上群众负担

---

① 黄道炫：《张力与限界：中央苏区的革命 1933～1934》，社会科学文献出版社 2011 年版，第 283 页。

② 万振凡：《弹性结构与传统乡村社会变迁 以 1927～1937 年江西农村革命与改良冲击为例》，经济日报出版社 2008 年版，第 171 页。

③ 黄道炫：《张力与限界：中央苏区的革命 1933～1934》，社会科学文献出版社 2011 年版，第 284 页。

④ 《社论：动员二十四万担粮食是目前我们第一等的任务》，载《红色中华》1934 年 7 月 5 日第 1 版。

已经很沉重是非常重要的客观原因。因为反"围剿"战争日益残酷，前方大批红军粮食供给问题更为严重，24 万担粮食动员任务还没完成，1934 年 7 月，中央苏区又进行了秋收借谷 60 万担，根据地人民所需要提供、承担谷子的数量比以前更大，翻了一倍以上。"1934 年苏区政权借谷近百万担，每担以价值 5 元计算，总值近 500 万元，而此时中央苏区人口已下降到 200 万人左右，人均实际负担 2 元多，加上其他支出，苏区民众人均负担已超过 3 元"①。毫无疑问，这笔负担对本来就异常贫困的根据地人民来说，是非常沉重的。

当然，公债发行给根据地人民所增加的负担，是不以党和根据地政权的意志为转移，而是由残酷的革命斗争形势、极其匮乏甚至是濒临绝境的财政状况所决定的。其最终目的是为了获得革命战争的胜利，是为了全国人民的解放。这实际上是当前利益服从长远利益，牺牲的是根据地人民的当前利益，为的是全国人民取得革命胜利、获得自身解放的长远利益。这种牺牲是具有伟大意义的。

二、动员工作中存在一些不足，造成了一定的不良影响

革命根据地公债发行过程中，或者说绝大多数公债之所以能够顺利发行，除了基本政策较为合理之外，持续、强有力的动员工作起着关键的作用，但这并不是说革命根据地公债发行过程中的动员工作就是无可挑剔，其中也存在着一些不足和值得改进的地方。

中央苏区各项公债发行动员过程中，都不同程度地存在一些问题。如：中央苏区经济建设公债发行时，瑞金县某些区，把推销公债看作只是财政部的事，没有推动区一级的群众团体做一致的动员，以致在许多乡中发生了平均摊派的严重现象。不经过工会、贫农团、妇女代表大会及其群众团体的讨论与承认，不在乡苏的代表会议工作报告，更不开群众大会将公债意义解释清楚，而只把公债票发给乡苏，乡苏平均分配于各个乡代表，乡代表又平均分配于群众，不管群众了解不了解，一律平均分摊。个别地方则强迫中农买，不买就说

---

① 黄道炫：《张力与限界：中央苏区的革命 1933～1934》，社会科学文献出版社 2011 年版，第 284 页。

他是富农，以致许多地方引起了群众不满意，妨碍了公债的推销。① 尽管国民经济部部长吴亮平指出，"用强迫命令摊派的方式来推销公债，是只会破坏公债的推销，而不能促进公债的推销"②，但在后期动员过程中，仍然有些干部存在官僚主义倾向，推销公债像逼迫富农捐款。如博生县竹笮岭区新街乡苏主席邓日升与新街乡小组长赖福山将领得的 2500 元公债票，写几张 5 元、7 元、8 元的条子，派交通员按姓名分送各家各户，引起各村群众的不满和反对。同样是博生县竹笮岭区某乡有三个村，不论村大小，每村摊派 500 元。这些命令强迫平均摊派的现象不只是博生有，在于都、万太等地也存在。③ 在后期的粮食突击运动中，不少地方也存在工作认识不到位、官僚意识浓厚、阶级异己分子破坏等现象。瑞金下肖乡苏把公债票锁在箱子里不发给群众；九堡乡未推销的 6000 余元公债大部分为富农把持，说要分清了阶级后再缴谷子；官山乡仓库主任，私卖公债谷子，得价 8 块钱一担，再把现金缴还公家，作 5 块钱一担，从中赚取差价。④ 有些地方还存在"边区不能收谷""群众缺乏谷子"等机会主义观点。⑤ 会昌麻洲区麻洲乡各种工作，素来很坏，对于推销公债收集土地税尤为落在其他各项的后面，最近在工农群众威力之下，调查出前次的代理主席（曾外发）贪污公债破坏公债（早已扣留），此次的主席又是一个赌博鬼，兼之消极怠工（现已撤职），文书又是一个富农，他们隐藏在苏维埃里面来进行破坏苏维埃，以至该乡工作这样糟糕。⑥ 长汀县因为市场谷价较高，而交纳公债谷价较低，所以把谷价提高至 8 元一担，后经中央工作团纠正。⑦ 突击运动的时期已过了十多天，长汀只推销七八千元的公债，而收入非常之少，大概还有 9900 多元没有收清，4 万多元尚未推销。这种落后的原因，主要的是由于，县苏对这一工作采取了放任的态度，再加以官僚主义的领导，在十多天的日子里，还不了解各区的实际情形，没有及时打击各种机会主义（如三洲区认为经济突击比扩大红军还要困难，无法完成等），因此，干部的积极

---

① 财政部财政科学研究所、财政部国债金融司编：《中国革命根据地债券文物集》，中国档案出版社 1999 年版，第 16 页。

② 杨德寿主编：《中国供销合作社史料选编 第二辑》，中国财政经济出版社 1990 年版，第 45 页。

③ 《粉碎命令强迫平均摊派》，载《红色中华》1933 年 12 月 26 日第 3 版。

④ 《猛烈开展突击，争取收集运动的全部胜利》，载《红色中华》1934 年 2 月 16 日第 1 版。

⑤⑥ 《迅速完成收集粮食的突击》，载《红色中华》1934 年 2 月 20 日第 2 版。

⑦ 《长汀突击运动检阅》，载《红色中华》1934 年 2 月 14 日第 1 版。

性并未最大限度地提起来。此外，如肃反工作还没有紧张起来，有些突击队本身还没有健全，也是突击运动不能开展的重要原因。[①] 中央苏区六月借谷动员过程中，也出现了一些问题，如：（1）组织不健全。广昌自县粮食部长逃跑后，县粮食部仅有工作人员 1 人，实际等于无人负责，区粮食部在名义上有 2 个工作人员，事实上也时常找人不到。[②]（2）反动分子破坏和贪污现象。西江城市区东郊王声煌，破坏粮食动员，鼓动红军家属把米卖去，没有米吃就向政府要，并且还教红属不要参加生产，田荒了就要乡代表负责。会昌上堡区一贪污分子，贪污公谷 38 担，公债 40 元。贫农团主任隐瞒公谷 4 担。高排区仓库隐瞒 100 多担谷子，麻州区竹篙山乡隐瞒公谷 200 余担。[③]（3）宣传不深入，消极怠工，或是简单粗暴。广昌在粮食动员中，不去作深入的宣传解释工作，只是简单的说一声"红军要吃饭"，或者说一句"群众不在家，没有谷子"，来掩饰自己的消极怠工，或者就只有几个突击队去工作，不晓得团结干部，不从组织上去动员群众，同时对肃反工作也很忽视，一直有个别地方发生群众带着粮食逃跑上山的严重现象。龙岗南坑区的雄江乡，乡苏负责人和代表不肯去做广大的宣传鼓动工作，只抄一张谷单发到各家去，要每个人交几升米子。在长胜因为指名摊派，使有些群众哭起来。[④] 抗日战争时期，冀鲁豫边区整理财政借款工作中，由于政治动员与宣传解释工作进行不够，执行工作中的方式方法不妥善、下级干部徇私、调查工作不确实、分配不公平等原因，敌叛即以"反对借款"作为反对边区民主政府口号之一，甚至后来，一些会道门也利用这一口号来反对边区抗日民主政府，因此，出现了一些不好的政治影响。[⑤]

归纳起来，根据地公债发行动员工作的不足，主要有以下几点：一是干部对动员工作认识不到位，或是盲目乐观，或是信心不足，导致宣传动员工作不深入；二是动员干部、工作人员存在浓厚的官僚意识，导致动员实施过程中出现强迫摊派、平均分配和弄虚作假等现象；三是动员过程中，对阶级异己分子的破坏缺乏足够的警惕，使公债发行效果受到影响。这些动员工作中的不足，

---

① 《迅速完成收集粮食的突击》，载《红色中华》1934 年 2 月 20 日第 2 版。

② 《反对忽视粮食动员的严重现象》，载《红色中华》1934 年 6 月 21 日第 2 版。

③ 《剧烈开展粮食动员中肃反和反贪污的斗争》，载《红色中华》1934 年 6 月 21 日第 2 版。

④ 《粮食突击不能如期完成的危险是在威胁着我们！——粮食人民委员陈潭秋同志的谈话》，载《红色中华》1934 年 7 月 5 日第 2 版。

⑤ 财政部财政科学研究所、财政部国债金融司编：《中国革命根据地债券文物集》，中国档案出版社 1999 年版，第 34 页。

既有主观上的原因，也有客观上的因素，如中央苏区经济建设公债、六月借谷时出现的强迫摊派行为，在客观上也确实存在公债发行规模过大，工作任务繁重的原因，导致不少工作人员工作方法简单粗暴。不管是何种原因，动员工作中的错误做法和倾向，不仅影响了公债的顺利发行，而且还造成了很坏的政治影响。当然，在错误倾向、不良问题出现之后，革命根据地政权都及时进行了纠正，或进行了相关政策的调整，使得根据地公债发行动员政策趋于完善，有助于根据地公债更加顺利地发行以及根据地人民对公债发行政策的理解。

三、个别公债发行引起根据地经济波动、生产受损

根据地公债中，有不少公债对根据地建设做出了积极贡献，但也有公债对经济建设产生了负面影响，如晋察冀边区胜利建设公债的发行，对解决大反攻后出现的财政困难起了应急作用，但由于购买公债，紧缩了货币，在一定程度上造成了市场物价下跌，出现了"谷贱伤农"的问题。如南汉宸所指出，"1945 年秋反攻后，由于地区扩大，加上为准备进城发行胜利建设公债，紧缩了一批货币，致使物价大跌，谷贱伤农"[1]。一是大量农民出卖物资购买公债。由于边区群众大多贫穷，加上过去物价直线上涨，存货不存钱的思想很深，尤其防旱备荒时有钱的人全买了粮食（大批是麦）。一些大户锄苗当中支付了大批工钱，又预征统累税款拿的多，故少有存款，绝大多数群众是通过变卖家里的粮食和实物来购买公债的。如唐县大长峪和明伏两个村，有存款的 9 户人家中，除王英桂存 7500 元外，其余均在 3000 元以下。王英桂也不是旧存，而是她见到发行公债条例在日报上公布，即积极出粜粮食，故存款较多。在两村总共认购的 86000 元当中，只有 27.3%，即 23500 元是存款，其他 72.7% 的款项全部是通过变换家庭物资获得的。其他县所反映的情况也大多如此，即存款户也是不多。总体上估计，购买公债的群众掌握的现款最多不过占公债总额的 40%，其余 60% 都依靠变卖物资得来。[2] 二是物价暴跌。因为群众存款不多，大部购买是靠出卖物资，因此在推行中引起了物价暴跌，经济上受到波动。根据唐县、定北、完县、望都、阜平几个县相关统计数据，8 月 21 日 ~9

---

[1] 魏宏运主编：《晋察冀抗日根据地财政经济史稿》，档案出版社 1990 年版，第 390 页。

[2] 冀南三专署：《三专区 1945 年发行胜利建设公债工作总结》（1946 年 1 月），河北省档案馆藏，卷宗号：35 - 1 - 35 - 1。

月 8 日，在半月期间里，小米每市斗跌落一倍，尤其是 9 月初，公债刚布置下去时，一集即骤跌 100 余元。另外，在布匹、牲口方面，也跌落很多，在公债布置时，每匹布约 1200 元，后跌到 700 元。一头驴 15000 元跌倒 10000 元。物价暴跌原因，是一般商人贱价出售货，存款不存货（唐县二区一家私人染房，存款 50 万元），使一般农民估计物价将来会更低，抢着出卖。再就是认购公债的农户，也纷纷出卖东西准备交款。在短期物价狂跌下，群众情绪极度不安，有东西变不出款来，以前真正自愿认购的到现在也没办法。因此，各县不断反映，请上级在金融物价上应想有效的办法。此时，虽说有商店的购布任务，起了些作用。但没得到大的效果。① 三是农业生产、群众生活受到影响，小商小贩赔了本钱。在村级无限额的要求，超过计划数字，不顾及群众的经济力量的情况下，致使群众出卖牲口的很多，如唐县阴伏村卖牲口的有 23 户，有一天拉了 26 头驴到集市上卖了。定北有的户计划买肥料种麦，但因为购买公债的缘故，不少人家买肥料种麦由多而少，由少而不施。由于物价暴跌，群众大量粜粮食，影响了群众的生活，特别是小商贩在这一时期赔了本钱的很多。②

四、部分公债偿还工作不到位，造成了一定的负面影响

革命根据地发行的公债，只要有资料记载的，最终绝大部分都得到了偿还，但相当部分是在中华人民共和国成立以后才完成偿还工作的，在革命战争年代，不少公债没能按期偿还，甚至无法偿还。部分公债因为偿还工作不到位，造成了一定的负面影响。

中央苏区二期公债在顺利发行之后，1933 年 3 月，苏区群众发起了一场异常热烈的"退还公债""不要还本"运动。随后，1933 年 4 月，正在进行的中央苏区临时借谷也提出了"借谷不要收据""用不着归还"的口号。1933 年 5 月，湘赣省革命战争公债发行之后也响应中央号召，掀起"退还公债"竞赛。三项公债的"退还公债"运动都得到了苏区人民的热烈支持和拥护，中央苏区二期公债的"退还公债"运动中，将近 90 万元公债被退还政府，免于偿还，中央苏区临时借谷大部分被免于偿还，湘赣省革命战争公债也有相当部

---

① ② 冀南三专署：《三专区 1945 年发行胜利建设公债工作总结》（1946 年 1 月），河北省档案馆藏，卷宗号：35 - 1 - 35 - 1。

分退还给了政府。"退还公债""不要还本"运动，使苏区财政获得了更大的支持，从而渡过了暂时的财政难关，但其负面影响也是不容忽视的，使根据地公债信用受到一定程度的影响就是其中的重要一项。公债之所以能成立，是因为国家拥有主权、国民财富和资源。国家凭借其主权，能够从其掌握的国民财富和资源中获得必要的收入用于偿还债务，从而形成了国家强有力的信用。①如果国家不能获得必要的收入用于偿还债务，公债也就无从谈起。所以，公债有举借，必须要有偿还。中央苏区二期公债、临时借谷、湘赣省革命战争公债的"退还公债"运动，从理论上讲是不符合公债这一基本规则的。虽然苏区群众在热烈的革命氛围下，积极响应政府号召，以最大的牺牲支持苏区困难的财政，但购买公债却得不到偿还的不良影响的确是存在的，尤其是在缺乏真正革命觉悟的群众当中。紧接着后来的中央苏区经济建设公债、六月借谷、湘赣省二期革命战争公债发行效果都不理想，虽然有规模过大、任务繁重等因素，但也不能说与前期"退还公债"所造成的不良影响没有任何联系。当然，"退还公债"运动虽有悖于"信用原则"，却是当时最切合实际的选择，它极大程度地缓解了苏区严重的财政压力。

晋冀鲁豫边区生产建设公债发行后，因为抗战形势严峻，生产建设公债没能按计划完成推销任务，其偿还工作也没法做到及时，虽曾发布公债偿还命令，但并未落到实处。如1943年2月29日，冀鲁豫行署发布命令，要求所辖冀南区和冀鲁豫区偿还公债，但各地尚未能彻底进行，致使部分群众对政府产生怀疑或不满情绪。②

革命根据地公债政策存在的不足，对于根据地公债发行以及政治、经济上产生了一些不良的影响。但问题出现之后，中国共产党领导根据地政权根据实际情况，及时调整相关政策，或是在后期工作中总结经验教训，从而使公债发行、偿还工作得以顺利进行，并最终取得了良好的效果。

---

① 邓子基：《公债经济学　公债历史、现状与理论分析》，中国财政经济出版社1990年版，第274页。

② 晋冀鲁豫边区财政经济史编辑组等编：《抗日战争时期晋冀鲁豫边区财政经济史资料选编　第1辑》，中国财政经济出版社1990年版，第1170~1171页。

结　语

公债起源于西方资本主义国家。我国公债从清末开始，北洋政府时期，尤其是国民政府时期，大量盛行。中国历届旧政府的公债，或是伴随丧权辱国的政治经济条件，或是沦为旧政府统治的财政工具。革命根据地公债，是以人民根本利益为出发点，是为革命战争的胜利和根据地建设而发行的，与历届旧政府的公债具有本质的不同。它既为新民主主义革命的胜利作出了贡献，也为我们留下了宝贵的经验，具有重要的历史意义。回顾新民主主义革命时期党的公债政策，至少能给予我们以下几点经验和启示：

一、公债政策运用得当，可以在经济社会发展过程中发挥重要作用

关于公债在经济社会发展过程中的作用问题，自现代公债产生以来，人们对其进行了激烈的讨论，出现了诸多不同的观点。以亚当·斯密（1723～1790）为代表的"古典学派"认为，公债的用途是非生产性的，因而举债对于国民经济的发展是不利的。亚当·斯密指出："当国家费用由举债开支时，该国既有资本的一部分，必逐年受到破坏；从来用以维持生产性劳动的若干部分年生产物，必会被转用来维持非生产性劳动"[①]。公债累积带来的弊害，不仅使政府吸收的产业资本充当不生产支出，而且债台高筑必定导致国家破产。以凯恩斯（1883～1946）为代表的"新兴学派"则对公债持积极的肯定态度，

---

① 亚当·斯密：《国民财富的性质和原因的研究》（简称《国富论》）下卷，商务印书馆1979年版，第489页。

认为扩大支出能挽救经济危机，解决失业问题；通过赤字预算扩大财政支出，能够促使经济繁荣，从而逐步实现预算的平衡。而在扩大支出中形成的赤字，可以通过发行公债来弥补，这就使公债成为重要的政策手段。凯恩斯主义的继承者们进一步提出"公债无害而有益""公债非债""公债无须偿还""公债可以随着经济的发展而增长""公债不会造成下一代的负担"等诸多观点。①马克思、恩格斯也曾作了精辟的论述，指出公债对于资本主义制度的形成和发展起了重要的推动作用。马克思指出，"原始积累的不同因素，多少是按时间的顺序特别分配在西班牙、葡萄牙、荷兰、法国和英国。在英国，这些因素在17 世纪末系统地综合为殖民制度、国债制度、现代税收制度和保护关税制度……所有这些方法都利用国家权力，也就是利用集中的有组织的社会暴力来大力促进从封建方式向资本主义方式的转变过程，缩短过渡时间"②。"公债成了原始积累最强有力的手段之一。它像挥动魔杖一样，使不生产的货币具有了生殖力，这样就使它转化为资本，而又用不着承担投资于工业，甚至投资于高利贷时所不可避免的劳苦和风险。国家债权人实际上没有付出什么，因为他们贷出的金额变成了容易转让的公债积累。这些公债在他们手里所起的作用和同量现金一样。于是就出现了由此产生的食利阶级，充当政府和国民之间中介人的金融家就大发横财，每次国债的一大部分就成为从天而降的资本落入包税者、商人和私营工厂主的手中。撇开这些不说，国债还使股份公司、各种有价证券的交易、证券投机，总之，使交易所投机和现代的银行统治兴盛起来"③。

从以上理论概述中可知，公债对经济社会发展既可以发挥积极的作用，也可能产生消极的影响。中国共产党领导的革命根据地公债发行实践，也证明了这一点。新民主主义革命时期根据地公债的用途，既有筹集战争经费，也有筹集建设经费；既有兴修水利，也有维护社会治安；既有整理财政问题，也有整顿金融秩序；既有救济避难群众，也有补偿人民损失；等等。这些公债，对于争取革命战争的胜利、加强根据地经济社会建设、改善人民群众生活、维护财政金融秩序等诸多方面做出了积极的贡献。土地革命时期各革命根据地发行的数次革命战争公债，极大程度地补充了革命战争经费、缓解了苏区严重的财政困难。晋察冀边区救国公债增加了边区财政收入，为抗日战争提供了重要的经

① 卢文莹：《中国公债学说精要》，复旦大学出版社 2004 年版，第 79～80 页。
② 《马克思恩格斯全集》第 23 卷，人民出版社 1972 年版，第 819 页。
③ 《马克思恩格斯全集》第 23 卷，人民出版社 1972 年版，第 823 页。

费支持。长江纵队救国公债、胶东爱国自卫公债、云南人民革命公债、潮梅、东北江胜利公债、华南联名胜利公债、琼崖解放公债、北江支队胜利公债等，为夺取解放战争在全国范围的胜利提供了大量的经费。中央苏区临时借谷、六月借谷、秋收借谷、湘赣省收买谷子期票等，在相当程度上解决红军粮食供给的燃眉之急。陕甘宁边区春季借粮，使边区军民渡过了吃粮难关。淮海粮草公债、中原野战军借粮证、粤赣湘公粮公债、粤桂公粮公债、闽粤赣纵队军粮公债、潮梅公粮公债、琼崖支援前线借粮等，为解放军提供了大量的粮食支持。中央苏区经济建设公债、闽北经济建设公债、湘赣省经济建设公债等，对于发展苏区对外贸易、粮食调剂、合作社等都起了不同程度的作用。陕甘宁边区建设救国公债为边区提供了最重要的建设资金，为争取抗战胜利提供了极为重要的物质基础。豫鄂边区建设公债对边区建设银行的创立、生产建设事业的发展具有重要的积极作用。哈尔滨市建设复兴公债使哈尔滨市的教育、卫生、交通等城市建设事业得到了良好的恢复和发展。大连市政建设公债为大连市工业生产建设的恢复和发展发挥了重要作用。东北生产建设实物有奖公债既筹措了建设资金，又保护了工商业的发展。松江省双城治安保民公债、第一专署胜利公债在维护地方治安过程中扮演了积极角色。湘鄂西水利借券、阜宁县建设公债为修筑水灾冲破的河、海堤坝提供了重要的资金。冀南救灾公债、安徽定凤滁三县赈灾公债、鄂豫边区孝感赈灾公债，起到了良好的救济灾荒的作用，缓解了灾区群众饥荒现象。苏皖边区救灾公债为救济边区受灾群众筹集了重要的资金，使救灾工作得以顺利进行。胶东区战时借用物品偿还券对抗战期间借出财物、粮衣物品的群众进行了偿还，有助于根据地财政的良性运转。晋西北巩固农币公债对于巩固西北农币的本位币地位、稳定根据地金融秩序和人民生活起了积极作用。东北生产建设实物有奖公债，在筹集建设资金，保护工商业发展的同时，有效地使社会金融秩序走向稳定。陕甘宁边区征购地主土地公债，既让农民获得了土地，也使地主获得一定程度的补偿，使解放区土地改革运动得以顺利进行。苏皖六区补偿中农损失公债，也使土地改革中受到利益侵犯的中农得到了补偿，团结了中农，有利于革命的胜利进行。根据地公债发行实践证明，只要政策运用得当，公债对于争取革命战争胜利、对于经济社会发展是可以发挥重要作用的。当然，在运用公债政策时，也要注意避免其消极影响。

中华人民共和国成立后，人们对于公债作用的认识经历了一个曲折发展的过程。在发行了数次公债以后，因为受到极"左"思想的影响，曾经出现既无内债，又无外债的时期。改革开放后，公债的积极作用再被重新认识，尤其是实施积极财政政策之后，公债发行数量逐渐增大。2009 年，地方公债发行也在长期封禁之后以财政部代发的形式重新开启。2015 年，新的《预算法》实施，地方政府开始拥有"自发自还"地方政府债券的权力，地方公债开始有更大规模的发行，相关政策也在逐步走向完善。公债（尤其是地方公债）发行规模的扩大，说明我国对公债的积极作用有了更为充分的认识。随着公债政策的逐步完善，公债在经济社会发展中的作用也将得到更进一步的发挥。

二、制定科学的政策，是实现公债发行任务和财政目标的前提

公债发行，需要具备一定的经济社会条件，如社会资金充足，金融机构发达，人们生活宽裕，公债意识较强等，但在党领导下的各个革命根据地，这些条件基本不具备。按照公债经济学理论，这些革命根据地公债是很难发行的，但实际情况却是不少革命根据地公债不仅顺利发行，而且还有些公债超额完成任务，从而为争取革命战争的胜利、为革命根据地建设事业做出了积极的贡献。如：中央苏区二期公债，不但顺利完成发行任务，而且临近偿还期还掀起一场热烈的"退还公债"运动，大部分公债免于偿还，极大程度地支援了革命战争。其原因就在于，为了发行这一公债，临时中央政府吸取了一期公债被大量提前偿还的教训，制定了详细、切实的公债发行、动员、使用和偿还政策。陕甘宁边区建设救国公债在经过有效动员之后，超额完成发行任务，充实了边区财政，支持了边区经济建设，稳定了边区金融秩序，对于争取抗战胜利起了十分重要的作用。当时陕甘宁边区除了经济条件落后、群众公债意识淡薄之外，不少地区还遭受了严重的灾荒，同时，还有反动分子散布谣言、蛊惑群众，公债发行实属不易。然而，最终发行结果却是超出预定计划 100 多万元。其中的原因，就是陕甘宁边区制定了切合实际的公债政策，做了大量、细致、持续的动员工作，克服了种种困难，获得了人民群众的支持。正是因为有这些周密的政策，所以建设救国公债能得到顺利发行。大连市政建设公债在恢复城市工业生产建设方面发挥了重要作用，其原因，除了制定了科学的公债发行基本条件，如特别照顾地方习惯以九六折扣发售公债之外，还制定了详细的动员政策，尤其是公债款项的使用政策及其实施方面做得非常出色，从而保证了所有款项用于生产建设。可见，公债发行目标得以实现，科学、符合实际的公债

政策是基本前提。包括合理的公债发行规模、发行利率、债票种类、发行价格、动员政策、流通政策、使用政策、偿还政策，等等。

当前，我国经济社会发展面临新的形势，同样需要科学的、符合时代发展要求的公债政策、财税体制及相关政策。2013 年 11 月，中共十八届三中全会通过《关于全面深化改革若干重大问题的决定》，开启了我国新一轮财税体制改革的进程。2014 年 6 月，中共中央政治局审议通过了《深化财税体制改革总体方案》，财税体制改革开始了实质性操作。经过几年的努力，改革已经有所突破，但相对滞后的状态并未根本改变。[①] 其原因，就在于根本性的问题尚未得到真正解决。改进预算管理制度、完善税收制度、建立事权和支出责任相适应的制度——全面深化财税体制改革的三大任务中，理顺央地财政关系是改革中最难啃的硬骨头，同时也是推进国家治理体系和治理能力现代化的重要内容。接下来该如何做？中国财政科学研究院院长刘尚希指出，"财税改革紧锣密鼓走到现在，应以事权和支出责任为轴心，围绕这个轴心来推动预算改革和税制等一系列改革全面推进"[②]。值得注意的是，2016 年 12 月 16 日闭幕的中央经济工作会议提出，2017 年要加快制定中央和地方收入划分总体方案，抓紧提出健全地方税体系方案。这意味着被视为财税体制改革"最难啃骨头"的央地财政关系改革将全速推进。抓住问题的核心，直击新形势下财政工作的主要矛盾，新一轮财税体制改革将取得重要成果，全面建成小康社会和中华民族伟大复兴中国梦的奋斗目标的实现，将得到现代财政制度的保障。

改革是一个系统工程，在抓住主要矛盾的同时，其他方面也不容忽视。就备受关注的地方公债政策而言，虽然新《预算法》规定了省级政府可以发行地方政府债券以筹措部分建设资金，但地方债务管理制度设计仍需优化，如：发行额度的确定与分配，省级人大和省级政府的管理责任，地方债的长期发展前景等。[③] 还有其他方面如：地方政府举债法律制度需要逐步体系化，地方政府债券市场化机制需要进一步完善，投资主体有必要朝多样化发展，流动性也

---

①　高培勇、汪德华：《本轮财税体制改革进程评估（上）》，载《财贸经济》2016 年第 11 期，第 5 页。

②　《2017 年我国央地财政关系改革将全速推进》，中华人民共和国中央人民政府网站：http://www.gov.cn/zhengce/2016 - 12/16/content_5149111.htm，2017 - 01 - 09。

③　高培勇、汪德华：《本轮财税体制改革进程评估（上）》，载《财贸经济》2016 年第 11 期，第 11 页。

有必要进一步加强，等等。①

三、实施正确的工作方法，是实现政策目标的重要环节

革命根据地公债发行，之所以能取得良好效果，除了制定科学、合理的公债政策之外，在政策实施上也采取了正确的工作方法。尤其是在公债发行动员过程中，根据地采取了多种方式进行动员，如政府发布公告文件、组织专门的动员机构、利用报刊宣传报道、召开群众大会现场动员、领导干部参与动员、刷标语、贴墙报、演话剧，等等。正是因为有这些灵活多样的动员方法，才使根据地群众更加了解公债发行的意义，激发了革命群众购买公债的积极性。在公债款项的使用过程中，实施了严格的使用程序，从而保证了公债款项能按照既定用途使用，在革命和建设过程中发挥重要作用。

公债政策实施过程中的成功典型，除了中央苏区发行的二期公债、陕甘宁边区发行的建设救国公债之外，还有其他不少公债，如晋西北巩固农币公债发行过程中各界群众踊跃购买，其原因就在于工作方法得当。在宣传动员工作中，各地区采取了灵活、切实的工作办法，因此取得了良好的效果。主要有如下几个方面：（1）吸收地方知名人士参加劝募工作。如保德县吸收地方知名人士参加劝募工作，对保德工作的顺利开展有着不少的帮助。参议员张映暄参加了县及一区的劝募委员会，他花了一周多的时间，走遍了十几个自然村去劝募，收到很大效果。王家滩某地主，参加村的劝募委员会，跑遍了 5 个自然村进行劝募工作，成为该村公债完成较快的原因之一。其他如参议员马兰亭先生等亦曾奔走劝募不辞辛劳，表现了各阶层对政府发行公债一致拥护的热忱。②（2）将经济条件较好的人家作为宣传动员的重点对象。如宁武劝募公债的对象，着重在财力胜任者。根据公粮分数财产税、整理田赋及春耕种子调查等工作，以了解各户的财力，再由熟悉村中情形及有威信的人士民主讨论，然后在村民大会上进行劝募。同时利用各种集会进行，如在某地的庆祝废约及红军胜利大会上，进行了宣传，在大家热烈的情绪下认购甚为踊跃。（3）召开座谈会声讨日军的残暴。如在某地举行了敌占区、游击区知识分子、士绅及有名望

---

① 江苏省财政厅国库处：《完善我国地方政府债券发行机制的思考》，载《预算管理与会计》2016 年第 9 期，第 32～33 页。

② 《保德吸收地方知名人士参加劝募工作》，载《抗战日报》1943 年 3 月 18 日第 1 版。

人士座谈会，由于他们深知敌人的残暴，及我军的艰苦奋斗，对政府发行公债与他们的利益有深刻了解，因此，莫不踊跃购买。① （4） 及时改正不良的工作方式。个别地区的公债工作在开始时，因为还有用摊派或负担方式进行的，以致许多富者认购，还不及贫农踊跃，如某村 18 个地主富农只认购 137 元，而 158 户中农贫农却购买了 383 元。某村在第一次认购时同样犯此毛病。这些缺点经区公所指出后，很快便改正了并重新认购一次，结果在这两个村庄，有的从 7 元增至 30 元，有的从 15 元增购到 32 元。② 因为有妥当的工作方法，晋西北巩固农币公债发行取得了良好的效果。

晋察冀胜利建设公债在发行动员过程中，也留下了一些方法上的经验：（1） 宣传动员至关重要，特别是动员干部。干部有了信心，就没有问题。如阜平县完成任务的这些村子，开始有的干部信心不够高，后来以算账的办法来动员干部，即数目看着不小，但是以分配到各户，就不显得多了。干部有了信心，再动员群众，就能顺利进行。在动员群众时，把八路军、共产党八年来给老乡群众所谋的利益和敌人扫荡的损失联系起来动员，群众最容易接受。东下关老太太，自动认购 7000 元，就是这种动员的结果。③ 真正实行政治动员，群众自愿认购的，拿款也不困难，完成后各方面也不受影响。强迫分配的不但按时完不成，而且会发生些困难问题。（2） 最有效的动员方式是培养骨干带动一般、树立模范带动落后。动员干部、动员群众都需要如此。④ 发现了模范马上表扬奖励，如在黑板上登喊口号、鼓掌欢迎等方式，能起很好的作用。对个别落后的分子采取先不叫认，大家都认完了，最后大家来动员他，都说他少，并反复说明，明年保证给他，这样收效很大。⑤ 发动全民通过各团体组织系统，是工作完成的关键。一个人一个办法，两个人两个办法，负担的人多了，不但众擎易举，而且能使工作提前完成。若不把全民动员好，即便一个家长认购了数字，其他的人也会起相反的作用，影响工作的完成。（3） 政府特别关心灾民抗属，而灾民抗属也真诚地拥护政府。灾民抗属在个人生活相当困难的条件

① 《宁武公债超过发行额，敌占区游击区同胞踊跃认购》，载《抗战日报》1943 年 3 月 25 日第 2 版。

② 《兴县公债工作完成认购阶段》，载《抗战日报》1943 年 3 月 20 日第 1 版。

③⑤ 中共阜平县委：《推行公债工作简单报告》（1945 年 9 月 5 日），河北省档案馆藏，卷宗号：520 - 1 - 313 - 1。

④ 冀南三专署：《三专区 1945 年发行胜利建设公债工作总结》（1946 年 1 月），河北省档案馆藏，卷宗号：35 - 1 - 35 - 1。

下而购买公债帮助国家，对群众的影响作用实非浅显。[1]

实施正确的工作方法，是实现政策目标的重要环节。因为实施了正确的工作方法，根据地公债发行取得了良好效果。正确、灵活、有效的工作方法，将有助于公债、财政政策目标的实现。反之，政策目标将难以实现，甚至造成不良的后果。这是革命根据地公债发行实践得出的工作方法上的经验教训。

四、坚持党的领导和群众路线，是实现政策目标的根本保证和关键因素

革命根据地政权，是党领导的革命根据地政权。革命根据地公债，是党领导的革命根据地政权发行的公债。革命根据地公债政策，是党的公债政策在各个革命根据地公债发行、使用、偿还过程中的具体体现。从土地革命时期，到抗日战争时期，再到解放战争时期，革命根据地公债的发行以及各项公债政策的制定最终是由党领导的革命根据地政权机关所决定的。各项公债政策的实施，也是由党领导的革命根据地政权机构组织进行的。坚持党的领导，是革命根据地公债、财政政策目标方向和实现的根本保证。

公债发行、使用、偿还的具体工作，是由革命根据地广大党员领导干部组织实施的。党员干部模范作用，是实现政策目标的核心因素。革命根据地公债之所以能够顺利发行并实现预期目标，与广大党员干部的组织领导、模范带头作用是分不开的。如：东北生产建设实物有奖公债发行过程中，由于各级党的负责领导，各级政府及各部门干部在推销中充分发挥了积极作用，依靠群众，了解情况，发现问题，掌握正确负担政策，所以，胜利完成并超过任务。党的领导和干部的带头作用"是决定胜利完成超过任务的主要因素"[2]。关于干部的模范作用，晋察冀胜利建设公债《工作总结》中所指出，"凡是一个政治动员工作干部，只要不自私，不本位，能起模范带头作用，他有资本动员说服别人。大部分群众跟着干部走的，即有少数顽固的只要耐心的去说服，并有群众的影响及舆论，也不会讨的什么便宜，工作容易成功，干部也得到群众的拥

---

① 冀南三专署：《三专区1945年发行胜利建设公债工作总结》（1946年1月），河北省档案馆藏，卷宗号：35-1-35-1。

② 财政部财政科学研究所、财政部国债金融司编：《中国革命根据地债券文物集》，中国档案出版社1999年版，第73页。

护。如果以行政命令摊派，干部取巧，就不易完成。即便强迫完成，也是脱离群众的"[①]。在晋察冀胜利建设公债发行过程中，干部的模范带头作用也很出色，如阜平县有的村支委会首先自己来认购数目，开小组长联席会首先讨论支委的数目，然后再由小组来自认。全体党员通过了自己应购数目后，公开会议上再报。还有的村子，全村各部门的干部在干部会上自己先认自己的数目。通过自己的表率，支部影响党员，党员影响群众，很顺利的就完成了党内的计划。最初有个别的村干部模范作用不够，借词掩盖个人少出理由。经过区干部的及时纠正，结果很快完成。如五区开村干部会时，由区干部（家在本区的干部）报告了自己家的认购数目（5 个干部共认了 33000 元），这样村干部的情绪就动员起来了。[②] 干部有了信心，再动员群众，就能顺利进行。晋西北巩固农币公债发行时，各级干部高度重视并起了模范带头作用。如兴县在工作进程中，县政府深入具体指导，不仅写过三次书面指示，而且还派人下去宣传解释。由于宣传解释的深入，领导上能及时纠正偏向与缺点，加以群众的爱国热忱高涨，因此不但完成了任务，许多地方还超过了原来发行的数字。[③] 临县某村抗联工人部长张满金及村主任张家女对公债工作都非常积极。张满金在公债开始时即领导工人响应工会号召，鼓励工人应跑在前面。在认购大会上，大家都说他很穷，不用买，但他却坚持要买。张家女是一个模范工人，又是一个模范村主任，一向爱护群众，对政府法令和决议能认真执行，上面给他的任务都能提前完成。对抗属及抗日军人很关心，他时常给穷苦的人募集食物，慰劳抗属，颇得群众的赞扬。在这次公债工作中，他整整牺牲了四天的时间，昼夜不分的去向群众宣传解释，到开会募集时，他又打冲锋首先买了 1 元，引起大家热烈响应。因为"村干部积极"，所以"工作顺利完成"。[④] 因为"工作深入，干部们的模范作用"[⑤]，此次政府发行公债，各阶层人士热烈拥护，在购买时表现特别踊跃。

党的公债政策，要通过党员干部组织、发动群众来实施。公债政策目标能

---

① 冀南三专署：《三专区 1945 年发行胜利建设公债工作总结》（1946 年 1 月），河北省档案馆藏，卷宗号：35 - 1 - 35 - 1。

② 中共阜平县委：《推行公债工作简单报告》（1945 年 9 月 5 日），河北省档案馆藏，卷宗号：520 - 1 - 313 - 1。

③ 《兴县公债工作完成认购阶段》，载《抗战日报》1943 年 3 月 29 日第 1 版。

④ 《村干部积极，工作顺利完成》，载《抗战日报》1943 年 4 月 8 日第 2 版。

⑤ 《三专区公债工作进入收款阶段》，载《抗战日报》1943 年 4 月 1 日第 1 版。

否实现，关键在于能否依靠群众，能否获得群众支持。坚持党的群众路线，是顺利实现政策目标的关键因素。如中央苏区二期公债顺利发行且大部分免于偿还，极大程度地缓解了中央苏区财政压力，从政策层面上讲，是因为临时中央政府制定了详细的公债发行办法、进行了强有力的宣传动员。从更深层次讲，则是因为苏维埃政府是代表人民利益的政府，人民群众对革命政权衷心拥护，甘愿奉献。公债发行与"免于偿还"过程，实际"是依靠广大人民群众的革命热情来完成的"①。对苏区政府财政和革命战争的大力支持，实际是"广大群众将苏维埃政府真正看作是自己的政府，看作是工农兵的政府"②的结果。坚持群众路线，在革命战争过程中发挥了极其重要的作用。再如东北生产建设实物有奖公债发行之后，东北银行行长王企之在总结公债发行经验时强调，"公债工作是个复杂工作，必须依靠群众"③。为了适当地冻结市场上不正当游资，冻结什么人的游资，在这次推销公债过程中，很明显的表现了这种复杂斗争性。在公债公布之初，就有些滑头户企图逃避公债，报歇业、躲风头，或转换方式隐蔽形迹。一些无形的投机暴利分子，则死顽固，没有实际材料，难以说服。也有中等商户"挤大户"的空子，想把负担集中在少数有形的大户身上，以减少自己的负担。与此相反，广大群众及正当小户则深知公债发行是为了人民群众的利益，所以能热烈拥护我们的负担政策，积极供给情况，在劝购与公议中起了积极的作用。大户中也有开明的，愿意多购公债，懂得公债发行可以稳定物价，物价稳定买卖就好做了。这次认购公债中，工人阶级发挥了伟大的爱护自己国家、支持经济建设的热情，推动了城市工商业家和城市富有者，掀起认购公债的热潮。在劝募过程中，正是因为坚持了群众路线，依靠群众的揭发与舆论的压力，实行民主评议，正确对准打击对象，才使投机分子逃不掉公债购买责任，从而使公债发行达到了预期目的。

革命时期，坚持群众路线具有重要意义。建设时期，特别是在当前国内外环境极为复杂以及经济社会发展面临新的严峻挑战时期，坚持群众路线同样至关重要。践行群众路线，不仅是一般的方法问题，"而是根本的政治问题、党

---

① 邓子基：《公债经济学　公债历史、现状与理论分析》，中国财政经济出版社 1990 年版，第208 页。

② 中共江西省委党史研究室：《中共江西地方史　第 1 卷》，江西人民出版社 2002 年版，第 366 页。

③ 财政部财政科学研究所、财政部国债金融司编：《中国革命根据地债券文物集》，中国档案出版社 1999 年版，第 72 页。

性问题"①。只有坚持群众路线，体现人民利益，党和政府才能得到人民群众的衷心拥护和支持，政令才能得到顺利执行。《中共中央关于全面深化改革若干重大问题的决定》指出，财政是国家治理的基础和重要支柱，科学的财税体制是优化资源配置、维护市场统一、促进社会公平、实现国家长治久安的制度保障。② 而建立科学的财税体制，同样必须坚持群众路线。只有体现人民利益的财税体制，才能真正适应新时期经济社会发展的需要，才能得到人民的支持和正确的执行，才能发挥其应有的作用。"坚持党的群众路线，坚持人民主体地位，时刻把群众安危冷暖放在心上""切实把人民利益维护好、实现好、发展好""让群众时刻感受到党和政府的关怀"③，人民群众将在社会主义建设过程中，释放出巨大活力，发挥其巨大潜力和作用。新时期的奋斗目标定将顺利实现。

---

① 肖文燕、张宏卿：《政党文化　制度体系　行为模式：苏区群众路线考察的一个视角》，载《江西财经大学学报》2015 年第 6 期，第 108 页。

② 《中共中央关于全面深化改革若干重大问题的决定》，新华网：http：//news. xinhuanet. com/2013 - 11/15/c_118164235. htm，2017 - 01 - 11。

③ 习近平：《全面贯彻落实党的十八大精神要突出抓好六个方面工作》，载《求是》2013 年第 1 期，第 6 页。

参 考 文 献

一、报刊、档案、资料汇编

[1]《红色中华》(1931 年 12 月 11 日~1934 年 10 月 3 日)。

[2]《红旗周报》(1931 年 3 月 9 日~1934 年 3 月 1 日)。

[3]《红星报》(1931 年 11 月 7 日~1935 年 8 月 3 日)。

[4]《解放日报》(1941 年 5 月 16 日~1946 年 12 月 20 日)。

[5]《新华日报》(华北版)(1941 年 6 月 9 日~1944 年 11 月 14 日)。

[6]《新华日报》(华中版)(1946 年 4 月 23 日)。

[7]《抗战日报》(1943 年 1 月 30 日~1943 年 3 月 25 日)。

[8]《大连日报》(1946 年 12 月 8 日~1947 年 5 月 15 日)。

[9]《东北日报》(1946 年 8 月 7 日~1946 年 9 月 25 日)。

[10] 河北省档案馆馆藏档案,卷宗号:3 - 1 - 74 - 14、35 - 1 - 35 - 1、110 - 1 - 84 - 1、117 - 1 - 10 - 1、117 - 1 - 30 - 1、119 - 1 - 17 - 1、127 - 1 - 29 - 1、130 - 1 - 46 - 1、130 - 1 - 46 - 3、130 - 1 - 46 - 2、520 - 1 - 313 - 1、529 - 1 - 193 - 8 - 1、579 - 1 - 63 - 15。

[11] 财政部财政科学研究所、财政部国债金融司编:《中国革命根据地债券文物集》,中国档案出版社 1999 年版。

[12] 中国社会科学院经济研究所中国现代经济史组:《革命根据地经济史料选编》(上、中、下),江西人民出版社 1986 年版。

[13] 赣州市财政局、瑞金市财政局编:《中华苏维埃共和国财政史料选编》,2001 年版。

[14] 湖南省财政厅编:《湘赣革命根据地财政经济史料摘编》,湖南人民出版社 1986 年版。

[15] 刘仁荣:《湘鄂赣革命根据地财政经济史料摘编》,湖南人民出版社 1989 年版。

[16] 江西财经学院经济研究所、江西省档案馆、福建省档案馆编:《闽浙赣革命根据地财政经济史料选编》,厦门大学出版社 1988 年版。

［17］ 中国财政科学研究院主编：《抗日战争时期陕甘宁边区财政经济史料摘编　第6编　财政》，长江文艺出版社2016年版。

［18］ 魏宏运：《抗日战争时期晋察冀边区财政经济史资料选编（第1～4编）》，南开大学出版社1984年版。

［19］ 晋冀鲁豫边区财政经济史编辑组等编：《抗日战争时期晋冀鲁豫边区财政经济史资料选编　第1辑》，中国财政经济出版社1990年版。

［20］ 绥边区财政经济史编写组、山西省档案馆编：《晋绥边区财政经济史资料选编　财政编》，山西人民出版社1986年版。

［21］ 广东省档案馆、广东惠阳地区税务局编：《东江革命根据地财政税收史料选编》，广东人民出版社1986年版。

［22］ 东北解放区财政经济史编写组：《东北解放区财政经济史资料选编》（第4辑），黑龙江人民出版社1988年版。

［23］ 编辑组编：《华北解放区财政经济史资料选编（第1～2辑）》，中国财政经济出版社1996年版。

［24］ 王礼琦：《中原解放区财政经济史资料选编》，中国财政经济出版社1995年版。

［25］ 海南行政区财经税收史领导小组办公室、海南行政区档案馆编：《琼崖革命根据地财经税收史料选编》（革命回忆录部分），海南人民出版社1984年版。

［26］《财政研究资料》1981年第31期（收录了革命根据地公债条例）。

［27］ 江西省档案局编：《防尘扫埃　地净天蓝　回望中央苏区反腐倡廉岁月》（下），江西人民出版社2013年版。

［28］ 中共中央文献研究室编：《建党以来重要文献选编》（1921～1949），中央文献出版社2011年版。

［29］ 中央档案馆编：《中共中央文件选集　第17册　1948》，中共中央党校出版社1992年版。

［30］ 西南政法学院函授部编：《中国新民主主义革命时期法制建设资料选编　第1册》，西南政法学院函授部1982年版。

［31］ 厦门大学法律系、福建省档案馆编：《中华苏维埃共和国法律文件选编》，江西人民出版社1984年版。

［32］ 江西省档案馆、中央江西省委党校党史教研室：《中央革命根据地

史料选编》，江西人民出版社 1982 年版。

[33] 中共江西省委党史研究室、中共赣州市委党史工作办公室、中共龙岩市委党史研究室编：《中央革命根据地历史资料文库　党的系统　5》，中央文献出版社、江西人民出版社 2011 年版。

[34] 中共江西省委党史研究室、中共赣州市委党史工作办公室、中共龙岩市委党史研究室编：《中央革命根据地历史资料文库　政权系统　7》，中央文献出版社、江西人民出版社 2013 年版。

[35] 江西省档案馆编：《湘赣革命根据地史料选编》（下），江西人民出版社 1984 年版。

[36] 编委会编：《红色档案　延安时期文献档案汇编　陕甘宁边区政府文件选编》（第 3、4、6、8、10、12 卷），陕西人民出版社 2013 年版。

[37] 陕西省档案馆、陕西省社会科学院编：《陕甘宁边区政府文件选编第 3、4、10 辑》，档案出版社 1991 年版。

[38] 艾绍润、高海深主编：《陕甘宁边区法律法规汇编》，陕西人民出版社 2007 年版。

[39] 陕甘宁边区银行纪念馆编：《陕甘宁边区金融报道史料选》，陕西人民出版社 1992 年版。

[40] 中国人民解放军历史资料丛书编审委员会编：《新四军文献　4》，解放军出版社 1995 年版。

[41] 山东省档案馆、山东社会科学院历史研究所合编：《山东革命历史档案资料选编　第 18 辑　1946.11 ~ 1947.4》，山东人民出版社 1985 年版。

[42] 福建省档案馆、广东省档案馆编：《闽粤赣边区革命历史档案汇编第六辑（1948.7 ~ 1949.9）》，档案出版社 1989 年版。

[43] 杨德寿主编：《中国供销合作社史料选编　第二辑》，中国财政经济出版社 1990 年版。

[44] 江西省邮电管理局编：《华东战时交通通信史料汇编　中央苏区卷》，人民邮电出版社 1995 年版。

[45] 财政部农业财务司：《新中国农业税史料丛编　第 1 册　第一、二次国内革命战争时期革命根据地的农业税政策法规》，中国财政经济出版社 1987 年版。

[46] 河北省税务局等编：《华北革命根据地工商税收史料选编　第一辑

(综合部分)》，河北人民出版社 1987 年版。

[47] 晋察冀日报史研究会编：《晋察冀日报社论选 1937~1948》，河北人民出版社 1997 年版。

[48] 苏皖边区政府旧址纪念馆编：《淮安文史资料 第 22 辑 苏皖边区史略》，中国文史出版社 2005 年版。

[49] 中国钱币学会广东分会等编：《华南革命根据地货币金融史料选编》，广东省怀集人民印刷厂 1991 年版。

[50] 《中国的土地改革》编辑部、中国社会科学院及经济研究所现代经济史组编：《中国土地改革史料选编》，国防大学出版社 1988 年版。

[51] 中共广东省委组织部等编：《中国共产党广东省组织史资料》（上），中共党史出版社 1994 年版。

[52] 巍胜权主编：《战斗在湘鄂西 张德同志回忆录选编》，中国文史出版社 1990 年版。

[53] 青岛市政协文史资料委员会编：《青岛文史资料 第十三辑》，中国文史出版社 2005 年版。

[54] 国务院法制办公室：《中华人民共和国法规汇编 1958~1959 第 4 卷》，中国法制出版社 2005 年版。

[55] 才溪乡调查纪念馆编：《才溪革命史资料》（一），才溪乡调查纪念馆 1983 年版。

[56] 中共中央革命军事委员会编：《军事文献 第二次国内革命战争时期 党内绝密文件》（二），1957 年版。

[57] 潘金生等主编：《中外证券法规资料汇编》，天津市国际信托投资公司编 1993 年版。

[58] 薛本汉：《抗日征途，战时区划》，政协江苏省盱眙县委员会文史资料研究委员会编：《盱眙县文史资料 第 1 辑》，1984 年版。

[59] 政协江苏省盱眙县委员会文史资料委员会编：《盱眙文史资料选辑 第 6 辑》，1989 年版。

[60] 鄂豫边区革命史编辑部编：《鄂豫边区抗日根据地历史资料 第 3 辑 政权建设专辑 1》，1984 年版。

[61] 鄂豫边区革命史编辑部编：《鄂豫边区抗日根据地历史资料 第 7 辑政权建设专辑 2》，1985 年版。

［62］当阳市政协文史资料委员会、当阳市两河乡人民政府：《当阳文史第 14 辑　革命老区脚东》，1994 年版。

［63］王乱记：《孝感文史资料　第 5 辑　水利史料专辑　孝感水利》，孝感市政协文史资料委员会 1998 年版。

二、著作

［1］《马克思恩格斯全集》第 23 卷，人民出版社 1972 年版。

［2］毛泽东：《毛泽东选集》（第三、四卷），人民出版社 1991 年版。

［3］刘少奇：《刘少奇选集》（上卷），人民出版社 1981 年版。

［4］亚当·斯密：《国民财富的性质和原因的研究》（简称《国富论》）下卷，商务印书馆 1979 年版。

［5］李嘉图：《政治经济学及赋税原理》，商务印书馆 1976 年版。

［6］凯恩斯：《就业、利息和货币通论》，商务印书馆 1981 年版。

［7］邓子基：《公债经济学　公债历史、现状与理论分析》，中国财政经济出版社 1990 年版。

［8］高培勇：《公债经济学导论》，湖南人民出版社 1989 年版。

［9］夏锦良主编：《公债经济学》，中国财政经济出版社 1991 年版。

［10］李士梅：《公债经济学》，经济科学出版社 2006 年版。

［11］张雷宝主编：《公债经济学　理论·政策·实践》，浙江大学出版社 2007 年版。

［12］卢文莹：《中国公债学说精要》，复旦大学出版社 2004 年版。

［13］李俊生主编：《公债管理》，中国财政经济出版社 1994 年版。

［14］肖鹏：《公债管理》，北京大学出版社 2010 年版。

［15］宋永明著：《公债管理政策研究》，吉林出版集团有限责任公司 2008 年版。

［16］陈志勇主编：《公债学》，中国财政经济出版社 2007 年版。

［17］李延均主编：《公共经济学》，立信会计出版社 2012 年版。

［18］厉以宁、江平主编：《证券实务大全》，经济日报出版社 1992 年版。

［19］财政部国家债务管理司编：《国债工作手册》，中国财政经济出版社 1992 年版。

［20］编委会编：《财经大辞典　1》，中国财政经济出版社 2013 年版。

［21］万立明：《中国共产党公债政策的历史考察及经验研究》，上海人民

出版社 2015 年版。

[22] 何伟福:《中国革命根据地票据研究 (1927~1949)》,人民出版社 2012 年版。

[23] 潘国琪:《国民政府 1927~1949 年的国内公债研究》,经济科学出版社 2003 年版。

[24] 许毅:《中央革命根据地财政经济史长编》(上、下),人民出版社 1982 年版。

[25] 项怀诚:《中国财政通史》(革命根据地卷),中国财政经济出版社 2006 年版。

[26] 财政科学研究所编:《革命根据地的财政经济》,中国财政经济出版社 1985 年版。

[27] 余伯流:《中央苏区经济史》,江西人民出版社 1995 年版。

[28] 张侃、徐长春:《中央苏区财政经济史》,厦门大学出版社 1999 年版。

[29] 孔永松、邱松庆:《闽粤赣边区财政经济简史》,厦门大学出版社 1988 年版。

[30] 财政部财政科学研究所编:《抗日根据地的财政经济》,中国财政经济出版社 1987 年版。

[31] 魏宏运主编:《晋察冀抗日根据地财政经济史稿》,档案出版社 1990 年版。

[32] 星光、张杨主编:《抗日战争时期陕甘宁边区财政经济史稿》,西北大学出版社 1988 年版。

[33] 刘跃光、李倩文主编:《华中抗日根据地鄂豫边区财政经济史》,武汉大学出版社 1987 年版。

[34] 朱建华主编:《东北解放区财政经济史稿 1945.8~1949.9》,黑龙江人民出版社 1987 年版。

[35] 张伟良:《晋察冀边区财政经济史稿》,解放军出版社 2005 年版。

[36] 张静如、梁志祥、镡德山主编:《中国共产党通志 第 4 卷》,中央文献出版社 2001 年版。

[37] 余伯流、何友良:《中国苏区史》(下),江西人民出版社 2011 年版。

[38] 凌步机:《中华苏维埃共和国简史》,中央文献出版社 2009 年版。

[39] 叶美兰、黄正林、张玉龙等:《中华民国专题史 第七卷 中共农

村道路探索》，南京大学出版社 2015 年版。

[40] 黄道炫：《张力与限界：中央苏区的革命 1933~1934》，社会科学文献出版社 2011 年版。

[41] 万振凡：《弹性结构与传统乡村社会变迁　以 1927~1937 年江西农村革命与改良冲击为例》，经济日报出版社 2008 年版。

[42] 中共江西省委党史研究室：《中共江西地方史　第 1 卷》，江西人民出版社 2002 年版。

[43] 赵凌云主编：《中国共产党经济工作史　1921~2011 年》，中国财政经济出版社 2011 年版。

[44] 严帆：《中央苏区新闻出版印刷发行史》，中国社会科学出版社 2009 年版。

[45] 陈信凌：《江西苏区报刊研究》，中国社会科学出版社 2012 年版。

[46] 洪荣昌：《红色票据：中华苏维埃共和国票据文物收藏集锦》，解放前出版社 2009 年版。

[47] 杨会清：《中国苏维埃运动中的革命动员模式研究》，江西人民出版社 2008 年版。

[48] 党史资料征集协作小组编：《湘赣革命根据地》（上），中共党史资料出版社 1990 年版。

[49] 陈启华：《会昌人民革命史》，中国文联出版社 2000 年版。

[50] 中共横峰县委党史工作办公室编：《中共横峰县地方史　第 1 卷 1925~1949》，中国文化出版社 2011 年版。

[51] 宋伟明、郭渐强：《中国革命政权建设史》，山西人民出版社 1993 年版。

[52] 闫树声等主编：《陕甘宁边区史》（抗日战争时期中、下篇），西安地图出版社 1993 年版。

[53] 梁星亮、杨洪、姚文琦主编：《陕甘宁边区史纲》，陕西人民出版社 2012 年版。

[54] 黄正林：《陕甘宁边区乡村的经济与社会》，人民出版社 2006 年版。

[55] 湖北省新四军研究会等编：《鄂豫边区政权建设史》，武汉出版社 2006 年版。

[56] 中共中央宣传部新闻局等编：《永远的丰碑　红色记忆　第 3 部》，

学习出版社 2007 年版。

[57] 中国新四军和华中抗日根据地研究会编：《永恒的记忆 华中抗日根据地史》，当代中国出版社 2005 年版。

[58] 黑龙江省档案馆编：《大生产运动 1945.9～1949.10》，黑龙江人民出版社 1985 年版。

[59] 蒋祖缘、方志钦：《简明广东史》，广东人民出版社 2008 年版。

[60] 中共云南省委党史研究室：《中共云南地方史 第 1 卷》，云南人民出版社 2001 年版。

[61] 编写组：《东江纵队史》，广东人民出版社 1985 年版。

[62] 任兰萍主编：《中国共产党德兴历史 第 1 卷 1925～1949》，中共党史出版社 2008 年版。

[63] 中共中央党史研究室科研部编：《纪念抗日战争胜利五十周年学术讨论会文集》，中共党史出版社 1996 年版。

[64] 广东省中共党史学会编：《广东抗战史研究 纪念抗日战争胜利四十周年论文集》，广东人民出版社 1987 年版。

[65] 方志敏：《我从事革命斗争的略述》，载《方志敏文集》，人民出版社 1985 年版。

[66] 杨秀峰：《杨秀峰文存》，人民法院出版社 1997 年版。

[67] 编辑委员会：《邓子恢传》，人民出版社 1996 年版。

[68] 编写组编：《林伯渠传》，红旗出版社 1986 年版。

[69] 雍桂良等：《吴亮平传》，中央文献出版社 2009 年版。

[70] 张谨主编：《淮安周恩来纪念地研究文集 第 1 辑》，文物出版社 2010 年版。

[71] 朱光：《崇敬与思念 献给为中国革命英勇奋斗的南方革命志士》，2009 年版。

[72] 中共广东省委党史研究室编：《踏遍青山 纪念左洪涛》，花城出版社 1993 年版。

[73] 中国人民银行金融研究所财政部财政科学研究所编：《中国革命根据地货币》（下），文物出版社 1982 年版。

[74] 罗华素、廖平之主编：《中央革命根据地货币史》，中国金融出版社 1998 年版。

[75] 刘崇明、祝迪润主编：《湘鄂西革命根据地货币史》，中国金融出版社 1996 年版。

[76] 罗开华、罗贤福主编：《湘赣革命根据地货币史》，中国金融出版社 1992 年版。

[77] 中国人民银行江西省分行金融研究所编：《中华苏维埃共和国国家银行湘赣省分行简史》，中共中央顾问委员会常务委员肖克同志题 1986 年版。

[78] 汤勤福著：《闽浙赣根据地的金融》，上海社会科学院出版社 1998 年版。

[79] 姜宏业著：《中国金融通史　第 5 卷》，中国金融出版社 2008 年版。

[80] 河北省金融研究所编：《晋察冀边区银行》，中国金融出版社 1988 年版。

[81] 高贯成主编：《华中银行史》，江苏人民出版社 2001 年版。

[82] 吴志辉、肖茂盛：《广东货币三百年》，广东人民出版社 1990 年版。

[83] 中国人民银行安徽省分行志编纂委员会编：《中国人民银行安徽省分行志 1949～1990》，复旦大学出版社 1992 年版。

[84] 洪荣昌：《红色收藏　中华苏维埃共和国革命文物探寻》，解放军出版社 2014 年版。

[85] 中华人民共和国财政部中国农民负担史编辑委员会：《中国农民负担史　第 3 卷　中国新民主主义革命时期革命根据地的农民负担　1927～1949》，中国财政经济出版社 1990 年版。

[86] 陕西审计学会、陕西省审计研究所编：《陕甘宁边区的审计工作》，陕西人民出版社 1989 年版。

[87] 迟爱萍：《新中国第一年的中财委研究》，复旦大学出版社 2007 年版。

[88] 中华人民共和国国家经济贸易委员会编：《中国工业五十年：新中国工业通鉴　第二部　1953～1957》（上卷），中国经济出版社 2000 年版。

[89] 湖南省地方志编纂委员会编：《湖南省志　第 15 卷　财政志》，湖南人民出版社 1987 年版。

[90] 福建省地方志编纂委员会编：《福建省志　财税志》，新华出版社 1994 年版。

[91] 福建省地方志编纂委员会编：《福建省志　金融志》，新华出版社 1996 年版。

［92］福建省地方志编纂委员会编：《福建省志　军事志》，新华出版社1995年版。

［93］江西省弋阳县县志编纂委员会编：《弋阳苏区志》，三联书店上海分店1989年版。

［94］定远县地方志编纂委员会编：《定远县志》，黄山书社1995年版。

［95］盱眙县县志编纂委员会编：《盱眙县志》，江苏科学技术出版社1993年版。

［96］淮阴市地方志编纂委员会编：《淮阴市金融志》，中国金融出版社2006年版。

［97］江苏省地方志编纂委员会编：《江苏省志　58　金融志》，江苏人民出版社2001年版。

［98］凤阳县地方志编纂委员会编：《凤阳县志》，方志出版社1999年版。

［99］广东省地方史志编纂委员会编：《广东省志　财政志》，广东人民出版社1999年版。

［100］山西省史志研究院编：《山西通志　第29卷　财政志》，中华书局1997年版。

［101］山西省史志研究院编：《山西通志　第33卷　政务志　政府篇》，中华书局1999年版。

［102］山西省史志研究院编：《山西通志　第50卷　附录》，中华书局2001年版。

［103］无为县地方志编纂委员会编：《无为县志》，社会科学文献出版社1993年版。

［104］巢湖市地方志编纂委员会编：《巢湖市志》，黄山书社1992年版。

［105］哈尔滨市地方志编纂委员会：《哈尔滨市志　财政　税务　审计》，黑龙江人民出版社1996年版。

［106］大连市史志办公室编：《大连市志　金融志·保险志》，大连海事大学出版社2004年版。

［107］云南省地方志编纂委员会编：《云南省志　卷12　财政志》，云南人民出版社1994年版。

［108］傅林祥、郑宝恒：《中国行政区划通史　中华民国卷》，复旦大学出版社2007年版。

［109］王培乐：《黑龙江建置述略》，海洋出版社 1993 年版。

［110］李德润主编：《吉林省行政区划概览》（全新版），吉林人民出版社 2007 年版。

三、论文

［1］潘国旗：《抗战时期革命根据地公债述论》，载《抗日战争研究》 2006 年第 1 期。

［2］万立明：《中央苏区的公债发行述论》，载《苏区研究》2017 年第 3 期。

［3］万立明：《解放战争时期中国共产党对公债发行的新探索》，载《兰州学刊》2015 年第 9 期。

［4］刘晓泉：《中华苏维埃共和国第一期公债发行述论》，载《江西社会科学》2015 年第 6 期。

［5］刘晓泉：《中央苏区"二期公债"政策及其当代启示》，载《江西财经大学学报》2017 年第 2 期。

［6］刘晓泉：《1960 年江西省地方经济建设公债述略》，载《当代中国史研究》2014 年第 5 期。

［7］王研峰：《抗战时期陕甘宁边区的建设救国公债》，载《西安文理学院学报》（社会科学版）2016 年第 4 期。

［8］司学红、郑立柱：《抗战初期晋察冀边区发行救国公债的历史意义》，载《武警学院学报》2009 年第 7 期。

［9］李霞：《论苏区公债发行及其历史启示》，载《河南教育学院学报》（哲学社会科学版）1999 年第 1 期。

［10］张启安：《浅议中央苏区所发行的三次公债》，载《人文杂志》2001 年第 3 期。

［11］解武军、毛赛蓉：《湘赣省革命战争公债券考略》，载《中国钱币》2006 年第 3 期。

［12］陈洪模：《谈湘赣苏区第二期革命公债发行量》，载《南方文物》2005 年第 4 期。

［13］李洪、苏春生：《吉安发现湘赣省革命战争公债新版别》，载《内蒙古金融研究》2003 年第 A3 期。

［14］曹春荣：《解读湘赣苏区的收买谷子期票》，载《党史博览》2014

年第 5 期。

[15] 罗词安：《湘赣苏区收买谷子期票之研究》，载《金融与经济》2015年第 3 期。

[16] 尹静：《中华苏维埃共和国湘赣省收买谷子期票考略》，载《党史文苑》2013 年第 8 期。

[17] 洪荣昌：《红军时期的期票》，载《中国钱币》2009 年第 2 期。

[18] 汪汉忠：《转折年代的苏北海堤工程——从"韩小堤"和"宋公堤"看历史转折的必然性》，载《江苏地方志》2011 年第 4 期。

[19] 安跃华：《东江抗日根据地路东生产建设公债券考述》，载《中国钱币》2011 年第 2 期。

[20] 王景文：《胶东爱国自卫公债券》，载《烟台晚报》2007 年 4 月 18日第 18 版。

[21] 刘丽周：《浅析 1938 年晋察冀根据地救国公债的发行》，载《文艺生活》（文艺理论）2012 年第 1 期。

[22] 刘吉德、唐武云：《湘赣省革命战争公债券有关问题调查研究》，载《中国钱币》2010 年第 1 期。

[23] 高培勇、汪德华：《本轮财税体制改革进程评估（上）》，载《财贸经济》2016 年第 11 期。

[24] 江苏省财政厅国库处：《完善我国地方政府债券发行机制的思考》，载《预算管理与会计》2016 年第 9 期。

[25] 肖文燕、张宏卿：《政党文化　制度体系　行为模式：苏区群众路线考察的一个视角》，载《江西财经大学学报》2015 年第 6 期。

[26] 习近平：《全面贯彻落实党的十八大精神要突出抓好六个方面工作》，载《求是》2013 年第 1 期。

[27] 吴昆：《爷爷珍藏的红军借谷证》，http：//epaper. syd. com. cn/syrb/html/2014 - 09/11/content_1023777. htm，2016 - 2 - 18。

[28]《中共中央关于全面深化改革若干重大问题的决定》，新华网：http：//news. xinhuanet. com/2013 - 11/15/c_118164235. htm，2017 - 1 - 11。

[29]《2017 年我国央地财政关系改革将全速推进》，中华人民共和国中央人民政府网站：http：//www. gov. cn/zhengce/2016 - 12/16/content_5149111. htm，2017 - 1 - 9。